MADAME ÉLISABETH

DU MÊME AUTEUR

Prix Saint-Louis 1999 pour l'ensemble de son œuvre

Les Grandes Heures de la Chouannerie, Librairie Académique Perrin, 1993.
Bernadette Soubirous, Librairie Académique Perrin, 1994 ; Presses Pocket, 1995 ; « Tempus », 2008. Traduit en italien et en néerlandais.
Madame de Sévigné, Librairie Académique Perrin, 1996. Prix Gabrielle d'Estrées, 1997.
Enquête sur les Anges, Librairie Académique Perrin, 1997. Traduit en allemand et en portugais.
Mémoires de Ponce Pilate, Plon, 1998 ; Presses Pocket, 2000. Prix de l'Académie de Bretagne, 1999. Traduit en allemand, portugais, espagnol, grec, russe et lithuanien.
Saint Ambroise, Clovis, 1999.
Histoire générale de la Chouannerie, Librairie Académique Perrin, 2000. Grand prix catholique de littérature, 2001.
Brutus, Librairie Académique Perrin, 2001. Traduit en russe.
La Vie cachée de Catherine Labouré, Librairie Académique Perrin, 2001. Traduit en italien.
Saint Jérôme, Clovis, 2002. Prix Renaissance, 2003.
Les Chrétiens dans l'empire romain, Librairie Académique Perrin, 2003 ; « Texto », 2013.
Saint Grégoire le Grand, Clovis, 2004.
Charette, Librairie Académique Perrin, 2005.
Clotilde, Pygmalion. 2006.
Les Chrétientés d'Afrique, Éditions de Paris, 2006.
Radegonde, Pygmalion, 2007.
Le mystère du quatrième archange, Éditions de Paris, 2009.
Notre-Dame en France, Éditions de Paris, 2010.
Frédégonde, Pygmalion, 2012.

ANNE BERNET

MADAME ÉLISABETH

Sœur de Louis XVI

TALLANDIER

© Éditions Tallandier, 2013
Éditions Tallandier – 2, rue Rotrou 75006 Paris

www.tallandier.com

SOMMAIRE

Chapitre premier. – L'enfant de la Providence.................. 11

Mort d'un dauphin de France, p. 15 – Disparition d'une mère effacée, p. 18 – Les deux orphelines, p. 20 – Une éducatrice, une mère, une compagne, p. 23 – La tête bien faite, l'âme mieux encore, p. 25 – L'apprentissage du dur métier royal, p. 29 – La fin du mal-aimé, p. 31.

Chapitre II. – Madame, sœur du roi.......................... 37

Le lieutenant de Dieu, p. 39 – Une croix et sa consolation, p. 42 – Les proies des factions de Cour, p. 47 – Un impérial rideau de fumée, p. 51 – On marie le « cher ange », p. 55 – Une prophétesse de malheur, p. 57.

Chapitre III. – L'apprentissage de ce pays-ci................. 59

Une maison princière, p. 59 – Marly, p. 64 – Sortie d'éducation, p. 67 – L'inoculation : une volonté d'exemplarité, p. 70 – La guerre des clans, p. 72.

Chapitre IV. – Le temps des tourments...................... 81

« Rester fille en ce pays-ci », p. 81 – Insatisfaction, p. 84 – Tenter d'aimer le monde, p. 89 – *Memento mori*, p. 92 – La cible de toutes les jalousies, p. 97 – Fugue en rets mineurs, p. 100 – Résultats d'un complot de cour, p. 104.

Chapitre V. – Les travaux et les jours 111

    Une vie de couventine, p. 114 – La providence de tous les malheureux, p. 115 – La dot de Mme de Vincens, p. 119 – La cour de Montreuil, p. 124.

Chapitre VI. – Derniers feux 129

    La dernière des Valois, p. 132 – Mise en cage d'un gros pigeon, p. 134 – Les malheurs des Causans, p. 136 – La reine outragée, p. 142 – Refus d'un canonicat, p. 144.

Chapitre VII. – Le temps des adieux 149

    L'inexplicable crise, p. 155 – La triste année 1787, p. 161 – De sombres présages, p. 165.

Chapitre VIII. – Voici venir l'orage 171

    Le désastre des États généraux, p. 173 – Un roi incertain, p. 177 – L'écroulement d'une vieille Bastille, p. 180 – La tentation de l'exil, p. 185 – Un été de feu et de flammes, p. 189 – Un veto périlleux, p. 192.

Chapitre IX. – Des otages 197

    L'adieu à Versailles, p. 209 – Un palais fantomatique, p. 212 – Tout Paris dans sa chambre, p. 215 – Premières avanies, p. 218 – L'infortuné Favras, p. 227.

Chapitre X. – Des complots, des revers, des départs… 231

    Si j'étais roi…, p. 234 – Un pauvre roi, p. 238 – Un triste lieutenant de Dieu, p. 244 – Une volonté de réparation, p. 246 – Séparations, p. 250 – Des projets extravagants, p. 253 – L'honneur de M. de Bombelles, p. 262 – Demeurer ferme, p. 266 – Mésaventures de « deux vieilles carpes », p. 270 – Les « chevaliers du poignard », p. 272 – Le roi pêcheur, p. 278 – « La grosse Babet », p. 281.

SOMMAIRE

Chapitre XI. – La route de Varennes 289

La route la plus longue, la nuit la plus courte, p. 292 – La nuit de Varennes, p. 295 – Les captifs, p. 299 – Les nouveaux maîtres du jeu, p. 303.

Chapitre XII. – *Via Crucis* 313

À devenir folle, p. 314 – Discordes et complots, p. 321 – À désespérer, p. 327 – Piques et bonnets rouges, p. 333 – Dernières chances, p. 341 – Le bruit d'une couronne qui tombe, p. 348.

Chapitre XIII. « Madame à sa tour monte... » 357

Une princesse dans une souillarde, p. 359 – L'enfermement, p. 362 – Le sang de septembre, p. 366 – Mille ans sont comme un jour, p. 369 – L'improbable réseau, p. 372 – Une haine attentive, p. 376 – Si Louis est innocent, la Révolution est coupable !, p. 385 – Le roi est mort, vive le roi !, p. 388 – La reine accablée, p. 391 – La vengeance d'une folle, p. 395 – La mère douloureuse, p. 397.

Chapitre XIV. – L'accomplissement 401

Le pain des pauvres, p. 404 – Le crime le plus odieux, p. 405 – La femme à abattre, p. 412 – Golgotha, p. 419 – « On n'allume pas une lampe pour la mettre sous le boisseau », p. 424 – Le sang de France, p. 434 – L'Enclos du Christ, p. 441.

Notes 443
Bibliographie 467
Index des noms de personnes 471

Chapitre premier

L'ENFANT DE LA PROVIDENCE

Bien qu'elle mît un point d'honneur à n'en rien laisser paraître, la dauphine Marie-Josèphe de Saxe, en ce glacial printemps 1764, n'était plus, depuis longtemps déjà, une femme heureuse. L'avait-elle, d'ailleurs, jamais été ? Elle se prenait à en douter.

Fallait-il attribuer cette mélancolie, ou cette lucidité, à la fin d'une grossesse, la douzième, qui fatiguait la princesse et l'inclinait aux idées noires ? À une saison sinistre, grise et pluvieuse, tristement assortie aux désastres des derniers mois ?

L'année écoulée avait été mauvaise, marquée, le 10 février 1763, par la signature du calamiteux traité de Paris qui, mettant fin à la guerre de Sept Ans, avait entériné la défaite française, abandonné à l'Angleterre l'empire des Indes, mais aussi le Canada, la Louisiane, le Sénégal, quelques îles de l'archipel antillais.

Louis XV avait supporté ce revers avec une fausse sérénité dont beaucoup lui faisaient grief. Même son fils unique. Le dauphin Louis Ferdinand était toujours prompt à prendre le contre-pied des choix paternels. Quoiqu'on eût grand soin de sauver la face et de ne pas manifester une affliction trop publique, l'ambiance de la Cour avait été toute l'année fort morose. Pour ajouter au malaise ambiant, les parlements s'agitaient et le roi, irrité, envisageait de dissoudre ces chambres de privilégiés persuadées de parler au nom d'un peuple qu'elles ne représentaient guère.

Louis XV ajoutait à ces contrariétés un chagrin intime : le 15 avril, la marquise de Pompadour avait rendu l'âme à quarante-deux ans. Elle avait su, de maîtresse, se muer en amie et en conseillère, de sorte qu'elle était demeurée, malgré le défilé des passades royales, la favorite. C'était cela, précisément, que l'entourage du dauphin ne lui pardonnait pas.

La mort de la marquise, si elle affligeait modérément la dauphine, rappelait de manière abrupte la fragilité de l'existence, ce qui ajoutait à son angoisse en ces dernières semaines de grossesse. Quatre fausses couches, les naissances de sept enfants dont trois n'avaient pas survécu[1] avaient enseigné à la princesse saxonne les douleurs de la maternité.

Dix-huit ans plus tôt, lors de son mariage, Marie-Josèphe aimait Louis Ferdinand, et croyait qu'elle saurait s'en faire aimer en retour. Le temps et la réalité avaient usé ces illusions, laissant place à l'amertume, aux faux-semblants, à un agacement qu'elle peinait à cacher, provoqué par les défauts, les ridicules, les bizarreries et les infidélités de son mari.

Déjà adolescent, Louis Ferdinand accusait un embonpoint contre lequel il avait définitivement renoncé à lutter. Marie-Josèphe répugnait à supporter les assauts conjugaux d'un partenaire obèse qui lui inspirait un dégoût combattu au nom de la sainteté du mariage. Sainteté dont Louis Ferdinand faisait, quant à lui, bon marché. S'excusant des grossesses de sa femme, le dauphin, qui condamnait si fort en public les infidélités du roi, s'autorisait en coulisses les mêmes privautés. Marie-Josèphe n'arrivait pas à se satisfaire de cet arrangement, mais était trop fière pour se donner le ridicule de se montrer jalouse. Pourtant, elle n'était pas assez fatiguée de Louis Ferdinand pour se réjouir de le voir prendre son plaisir ailleurs...

Cependant, ce n'était pas des catins passagères que Marie-Josèphe se sentait viscéralement jalouse. Sa pire rivale, dressée éternellement entre elle et son mari, reposait depuis dix-huit ans à Saint-Denis.

L'ENFANT DE LA PROVIDENCE

En 1745, le dauphin, seul fils de Louis XV, avait épousé Marie-Thérèse d'Espagne. Mariage dynastique devenu passion dévorante, et bonheur fugitif brisé net quand, le 22 juillet 1746, l'infante était morte en couches. La raison d'État ne laissait pas aux princes le loisir de pleurer. Six mois après ce veuvage, Louis Ferdinand convolait avec la princesse saxonne.

Durant les cérémonies, le dauphin avait gardé contenance, mais, lorsque les mariés s'étaient retrouvés seuls, le chagrin qu'il rentrait s'était soudain débondé et, perdant tout contrôle, il s'était écroulé, en larmes, sur le lit conjugal. Il avait sangloté toute la nuit et toute la nuit, Marie-Josèphe l'avait consolé. À l'aube, elle avait dit :

– Je suis bien aise, Monsieur, de vous voir verser des larmes sur votre première épouse ; elles m'annoncent que je serai la femme la plus heureuse si j'ai le bonheur de vous plaire comme elle, ce qui fait mon unique étude.

Dix-huit ans plus tard, force lui était d'admettre qu'elle n'avait jamais réussi à lui plaire « comme elle ». Marie-Josèphe avait été longue à se résigner. Quand elle avait admis qu'elle n'obtiendrait jamais de son mari mieux qu'une affection polie, elle avait cherché refuge dans une pratique religieuse étroite et pointilleuse qui constituait à peu près le seul sujet d'intérêt commun qu'elle eût avec lui. Tout le reste relevait du devoir, accompli strictement et sans joie. Cette dernière grossesse ne faisait pas exception.

Mai 1764 débuta sans apporter un changement de temps. Une bise digne de novembre soufflait sur le château et, dans la chapelle royale, on gelait. La dauphine continuait cependant à s'y rendre chaque jour entendre la messe, et, le 1er mai, elle eut la satisfaction de communier des mains de son jeune frère, le prince-abbé de Saxe, récemment ordonné. Cet effort l'épuisa et, le soir, elle écrivit à son directeur de conscience, sollicitant d'être relevée des obligations auxquelles étaient astreintes les dames de l'ordre de la Croix[2] qui célébrait sa fête annuelle le 3 mai, jour de l'Invention de la Sainte Croix à Jérusalem.

13

D'ordinaire, la naissance d'un potentiel héritier du trône jetait Versailles dans l'émoi, mais, avec trois fils vivants, Louis Auguste, duc de Berry, Louis Stanislas, comte de Provence, et Charles Philippe, comte d'Artois, sans parler d'une fille, Clotilde, Marie-Josèphe avait en principe assuré l'avenir de la dynastie. Ce 3 mai 1764, quoique le roi se trouvât à Versailles, on ne jugea pas utile de le déranger et l'on attendit son réveil pour l'informer de l'heureuse délivrance de sa bru. La dauphine était accouchée d'une fille entre une 1 heure et 2 heures du matin. Hélas, l'enfant était chétive ; les médecins ne répondaient pas de sa vie et conseillaient de procéder aussitôt au baptême. On obtempéra.

Mgr de La Roche-Aymon, archevêque de Reims, grand aumônier de France, administra le sacrement à l'issue de la messe royale, et donna au nouveau-né les prénoms d'Élisabeth Philippine Marie Hélène.

Geste délibéré, le dauphin avait choisi pour marraine et parrain son ancienne belle-mère, la reine douairière d'Espagne, Élisabeth Farnèse, et son ancien beau-frère, l'infant don Felipe, duc de Parme[3]. Marie-Josèphe endurerait cela comme le reste ; elle avait l'habitude. Seule concession faite à la mère, ce prénom d'Hélène, ajouté afin d'honorer l'inventrice des reliques de la Croix, fête du jour.

Le jeune duc de Berry suppléa l'infant et tint sa sœur sur les fonds baptismaux, flanqué de sa tante, Madame Adélaïde. Le froid demeurait si vif que le roi fit hâter la cérémonie et ramener au château le nouveau-né[4].

On le remit entre les mains de sa nourrice. Mme Levellery, née Marie-Thérèse Hecquet, était mère d'un fils de quelques mois dont l'éclatante santé devait répondre de celle de sa sœur de lait. Six berceuses ou remueuses, des femmes de chambre, sans parler d'un moindre personnel, allaient pourvoir aux premiers besoins de la princesse, et assurer sa survie. Mme Levellery voulait qu'Élisabeth vécût ; elle s'y employa avec une telle ardeur qu'en quelques semaines, elle fit d'une fillette fragile une enfant « aussi ronde et grasse qu'un pudding[5] ».

Pour l'heure, cette naissance offrait une heureuse parenthèse.

Sous le choc de la disparition de Mme de Pompadour, Louis XV observait un deuil intime. Les rancunes inexprimées du dauphin et de ses sœurs, focalisées autour de la défunte marquise, ne trouvaient plus d'aliments, de sorte qu'une espèce d'apaisement, un retour d'affection se dessinait entre le roi et ses enfants. Les appartements de la dauphine représentaient un terrain neutre, espace de tranquillité domestique où Louis XV aimait à passer un moment. Comme le dauphin affectait de ne pas quitter le chevet de sa femme, les visites que le roi faisait à l'accouchée fournissaient prétextes à des rencontres informelles entre père et fils ; par la diplomatie de Marie-Josèphe, ces rencontres ne s'aigrissaient pas.

Quelle était la part de sincérité, la part de calcul dans les scènes qui se jouaient là ? Rien de ce qui se passait à Versailles ne demeurait secret. Peut-être la comédie de l'unité familiale recouvrée qui se donna en ce mois de mai 1764 n'avait-elle d'autre fonction que faire taire les commérages concernant une opposition entre le roi et son successeur. Au lendemain du traité de Paris, la France devait présenter au monde l'image d'une entente sans faille.

Élisabeth, prétexte à ces prémices de réconciliation, tétait dans son coin et, à la demande, sa nourrice la faisait admirer aux visiteurs. Occupée à prospérer puis à hurler jusqu'à épuiser la troupe des remueuses et berceuses, elle atteignit l'âge d'un an. Contre toute attente, la parenthèse de réconciliation familiale ouverte par sa naissance se prolongeait. Cet état de grâce n'allait pas durer.

Mort d'un dauphin de France

Le dauphin passa le mois de juillet 1765 au camp de Jassy où son régiment participait à des manœuvres. Il s'y dépensa, attribua à ces exercices une importante perte de poids. Le dimanche 11 août, à la sortie de la messe, il se fit surprendre par l'averse, regagna son logis trempé, se coucha, en proie à une gêne pulmonaire qui fit croire aux médecins à un refroidissement, mais ce mal, loin de guérir, persista. Au début de l'automne, le prince toussait à fendre l'âme et peinait à dissimuler une fatigue touchant à l'épuisement.

Plus lucide que la Faculté, Louis Ferdinand ne s'illusionnait plus : il s'agissait de phtisie et à un stade très avancé encore. Quant à deviner où il l'avait contractée, ce n'était pas difficile : au chevet de son aîné, Bourgogne, que ce mal avait emporté en sa dixième année.

Fin octobre, la Cour s'établit à Fontainebleau, que le dauphin préférait à Versailles mais où son état s'aggrava. Le 12 novembre, Louis Ferdinand suffoquait si fort que l'on crut la fin imminente. Le 13, Mgr de La Roche-Aymon l'administra. Cette triste cérémonie expédiée, l'on attendit la fin. La fin ne vint pas. Le dauphin employa ce répit à organiser un avenir dont il serait absent. Début décembre, il dit au roi qu'il souhaitait que Marie-Josèphe fût « maîtresse absolue » de l'éducation de leurs enfants. Pouvait-il s'illusionner sur ses chances d'être entendu ? Ses fils appartenaient à l'État, leur aïeul déciderait plus sûrement que leur mère.

Quelle place tenait Élisabeth dans les pensées de son père agonisant ? Une minuscule. Cette fillette de dix-huit mois qu'il n'avait pratiquement jamais vue car elle vivait parmi ses femmes, loin de ses parents, qu'il n'avait peut-être jamais prise dans ses bras, possédait à peine d'existence. Bien entendu, lors des adieux solennels du mois de novembre, il avait demandé qu'on la lui amenât afin de lui donner sa bénédiction paternelle, mais, en sa présence, n'avait su que dire, se bornant à marmonner :

– Elle a de bons yeux.

Comme un chien de manchon, et le fait est qu'elle ne comptait guère plus pour lui. En ses derniers jours, quand Louis Ferdinand parlait de « ses enfants », il pensait « ses fils ».

Le 15 décembre 1765, l'état du dauphin se dégrada ; le 16, il était au plus mal, le 18 à l'agonie. Si Berry, Provence et Artois se trouvaient au pied du lit paternel avec Clotilde, capable, à six ans, de comprendre le drame en train de se jouer, son entourage n'avait pas jugé utile d'amener Élisabeth. Le bref discours que le dauphin fit répéter par son confesseur, car le souffle et la voix lui manquaient, l'englobait cependant, au même titre que ses aînés :

– Monsieur le dauphin recommande à ses enfants, par-dessus toute chose, la crainte de Dieu et l'amour de la religion, de bien profiter de la bonne éducation que vous leur donnerez, d'avoir toujours pour le roi la plus parfaite soumission et le plus profond respect, et de conserver toute leur vie à Madame la dauphine l'obéissance et la confiance qu'ils doivent à une mère aussi respectable.

C'était résumer en peu de mots beaucoup de devoirs. Sur ce, Louis Ferdinand rendit l'âme, la nuit du 20 décembre 1765.

Élisabeth restait orpheline de père. Elle ne le sut pas et ce malheur ne changea rien à sa vie quotidienne.

Sitôt le dauphin expiré, suivant l'usage de la monarchie qui interdisait au roi de se souiller au contact d'un mort, la Cour avait quitté Fontainebleau. Tandis que Louis XV s'enfermait à Choisy, sa bru, à laquelle il venait de conférer pleine autorité sur ses enfants, regagnait Versailles avec eux. Élisabeth retrouva ses appartements de l'aile du Midi dont les fenêtres donnaient de plein pied sur les parterres de l'orangerie.

Ceux, voisins, de sa mère, étaient pour des semaines, tendus de deuil, mais cela échappa à l'enfant car Marie-Josèphe, exclusivement occupée de ses fils, se faisait très peu amener ses filles. Écartée d'une mère que le chagrin cloîtrait chez elle, Élisabeth restait en apparence indifférente au désarroi ambiant.

Le contrecoup de la mort du dauphin s'estompait à peine que la nouvelle du trépas de Stanislas Leszczynski atteignit Versailles. L'ancien roi de Pologne avait succombé, le 23 février 1766, en son château de Lunéville aux suites d'un stupide accident : levé tôt, il avait voulu ranimer le feu, était tombé dans le foyer. Ce ne serait pas le seul deuil de cette triste période.

Disparition d'une mère effacée

L'on avait attribué au chagrin les changements survenus en Marie-Josèphe de Saxe. À l'hiver 1766-1767, il fallut y chercher d'autres causes. Confinée chez elle, la dauphine exhibait un teint blafard et des traits amaigris. Elle avait perdu l'appétit, ne montrait plus d'intérêt pour les livres ni pour la musique, regardait à peine ses enfants, et se plaignait que son beau-père la dérangeât en lui rendant visite. Les médecins avaient parlé de mauvaises habitudes d'hygiène, exigé l'ouverture des fenêtres, de l'exercice. Ces mesures de bon sens venaient trop tard. Au lendemain de Noël, Marie-Josèphe fut saisie de fortes fièvres accompagnées de toux inextinguibles et se mit à cracher le sang. La phtisie la dévorait, comme son époux avant elle. En deux mois, la dauphine fut à l'article de la mort.

Le 5 mars, elle fit appeler ses fils à son chevet, usa ses dernières forces à leur parler de leur père, à le peindre comme un modèle qu'ils devraient imiter dans les moindres circonstances, leur en fit un devoir de piété filiale et une nécessité politique. Il fallait un certain aveuglement pour exalter ainsi un prince mort sans avoir donné la preuve de ses capacités. Le 6 mars, Marie-Josèphe se souvint qu'elle avait aussi deux filles et qu'il serait convenable de leur manifester un semblant d'intérêt.

Si elle ne pouvait rien prévoir des dispositions prises pour leur établissement, elle n'avait aucune inquiétude s'agissant de leur éducation religieuse et morale. Elles grandiraient dans la crainte de Dieu et le respect du roi, tenues à l'écart des mauvaises lectures, mauvaises gens, mauvaises mœurs et deviendraient, à l'exemple maternel, les compagnes dévouées d'un prince ou d'un roi qui les traiterait aussi mal que Louis Ferdinand avait traité leur mère. Et il faudrait qu'elles s'en accommodassent car tel était, depuis toujours, le sort des filles de sang royal.

Marie-Josèphe se reposait entièrement sur la gouvernante des Enfants de France, Mme de Marsan, pour leur inculquer ces excellents principes et les résigner à la volonté de Dieu, qui se confondrait avec la raison d'État. Elle tint aux petites, d'une voix affaiblie, un discours parallèle, à cela près qu'il était dénué de portée politique, à celui qu'elle avait adressé à leurs frères. Il y fut question du bon exemple que leur laissaient leurs parents, du soin qu'il leur faudrait appliquer à leurs études, d'être bonnes chrétiennes, de ne jamais omettre de prier pour le repos éternel de leurs père et mère.

Clotilde, bouleversée, s'était mise à pleurer à chaudes larmes et Élisabeth, par esprit d'imitation car il était impossible de lui demander, à trente-quatre mois, d'entendre quoique ce fût aux événements, avait choisi d'en faire autant, de sorte qu'il fallut l'emmener car ses hurlements fatiguaient la mourante.

À peine de retour dans ses appartements, la petite sécha ses larmes et se reprit à jouer avec ses chiens et ses joujoux.

Si cette mère qu'elle connaissait à peine lui était déjà sortie de l'esprit, force est de reconnaître que la réciproque était vraie. Il restait à Marie-Josèphe une semaine à vivre[6] mais ses pensées ne revinrent pas vers ses filles. Les deux codicilles, numéros 5 et 6, qu'elle leur consacra dans son testament, par leur brièveté même, résumaient ce détachement : « Je laisse à ma fille aînée : premièrement un reliquaire vermeil doré contenant une relique de saint Jean Népomucène que ma mère m'a laissé par testament[7] ; deuxièmement un tableau de la Sainte Vierge tenant l'Enfant Jésus, peint par la reine[8] pour Monsieur le dauphin qui l'avait dans son oratoire.

Je laisse à ma fille Élisabeth premièrement une relique de la vraie Croix dans une croix de cristal ; deuxièmement une Vierge d'ivoire qui était dans l'oratoire de Monsieur le dauphin. »

C'était peu...

Clotilde et Élisabeth se virent dès lors remises entre les mains de l'une des seules personnes qui possédât l'entière confiance de leurs défunts parents, la gouvernante des Enfants de France, Mme de Marsan.

Geneviève de Rohan-Soubise était, à vingt-trois ans, demeurée veuve de Charles de Marsan, cadet de la maison souveraine de Lorraine, et, dans l'impossibilité de retrouver un parti qui égalât le disparu, avait renoncé à se remarier. Son orgueil nobiliaire exacerbé faisait dire qu'elle « était très Rohan et très Lorraine ». Il n'est pas certain qu'il fallût y voir un compliment... Marie-Josèphe de Saxe s'était accommodée du caractère de celle qu'elle appelait « petite chère amie » et qui se retrouva, en 1767, seule maîtresse de l'éducation des deux fillettes.

Les deux orphelines

Par malchance, Mme de Marsan réserva toute l'affection, assez chiche, dont elle était capable, à Clotilde, consciente que l'aînée, méchamment surnommée « Gros Madame », lourde, maladroite, disgracieuse, avait besoin d'être mise en valeur, et fit bientôt sentir à la cadette cette préférence. Cela l'ancra dans une révolte, enfantine mais décidée, qui la transforma pour longtemps en cauchemar de ses éducatrices.

Babet[9], comme on la surnommait, révéla un caractère trempé, emporté, violent, doublé du sentiment exacerbé, surprenant chez une si petite fille, de la grandeur de sa naissance. Masque d'une détresse intime que ses éducatrices ne comprirent pas et qui se traduisait, à la moindre contrariété, par des colères effroyables.

Elle avait maintenant l'âge d'apprendre à lire et écrire, mais y mettait une telle mauvaise volonté que ses institutrices ne savaient plus comment s'y prendre avec elle. Lui disaient-elles qu'elle ne saurait ni lire ni écrire et qu'elle en rougirait, elle répliquait :

— Les rois, les reines, les princes et les princesses ont toujours auprès d'eux des gens pour leur faire la lecture. À quoi bon, alors, se fatiguer inutilement à apprendre ses lettres ?

C'était moins le refus d'apprentissage qui inquiétait que le ton employé. Quelqu'un s'avisa-t-il de remarquer que ces défauts, en lesquelles certaines qualités royales pouvaient s'enraciner, étaient typiquement masculins ? Peut-être ne se serait-on pas acharné à les arracher si elle avait été un garçon...

Il manquait à Élisabeth, pour se corriger, une affection, une attention qui lui faisaient défaut, ce qu'elle ressentait comme une intolérable injustice de la part de Mme de Marsan, trop occupée de Clotilde ; celle-ci fit bientôt les frais de ses crises de rage.

Il eût été aisé pour Clotilde, âgée de onze ans, très mûre, occupée par ses études, de se plaindre des méchancetés de sa cadette, de demander, ce qu'elle eût obtenu, à voir ses activités séparées des siennes. Elle ne le fit pas, et même n'y songea pas. Plus clairvoyante que ses pédagogues, elle avait compris que Babet réclamait désespérément de l'amour ; elle décida de lui en prodiguer, à profusion.

Il arriva qu'Élisabeth tomba malade, dut garder le lit. Clotilde réclama le droit de ne pas quitter son chevet. Convalescente, la petite, éperdue de reconnaissance, ne jurait plus que par son aînée, laquelle décida d'en profiter pour lui enseigner cet alphabet sur l'apprentissage duquel ses maîtres successifs s'étaient cassé les dents.

Les méthodes empiriques de Clotilde ne pouvaient se comparer à celles d'une institutrice, mais ce fut ce qui en assura la réussite. Élisabeth se détournait de ce qui l'ennuyait, elle voulait apprendre en s'amusant. Clotilde s'appliqua à distraire sa cadette tout en l'enseignant. En quelques semaines, Élisabeth sut lire couramment. Puis on passa à l'écriture et au calcul. L'apprentissage n'alla pas sans douleur mais il se fit. Le succès de Clotilde tenait à la patience qu'elle n'avait cessé de montrer au long de ces leçons difficiles, mais aussi, et surtout, à un argument dont elle sut user avec habileté : l'obéissance à Dieu.

Face aux préludes des colères de sa sœur, Clotilde disait : « Babet, Notre Seigneur Jésus-Christ, qui est Dieu, fut obéissant toute Son enfance. » Ces simples mots suffisaient à calmer la petite.

Deux événements vinrent faciliter cette amélioration. Le premier fut le mariage du dauphin, en mai 1770, le second la décision de Mme de Marsan de s'adjoindre des assistantes plus compétentes et moins occupées de réussite sociale que les deux sous-gouvernantes, sa nièce la princesse de Guéméné et Sophie Cook de Butler.

Clotilde et Élisabeth n'avaient pas été du voyage qui conduisit la Cour à Compiègne où le dauphin devait se porter au-devant de l'archiduchesse Antonia. Elles continuaient, par la volonté de Mme de Marsan, à vivre à l'écart de la famille royale. De ce fait, elles n'assistèrent ni à la rencontre du 13 mai, ni aux festivités qui suivirent, et tardèrent à faire la connaissance de leur nouvelle belle-sœur. Ce désintérêt marquait leur place subalterne.

Marie-Antoinette, lorsqu'enfin on lui amena les fillettes, hors de tout protocole, manifesta à Clotilde de l'indifférence et joua avec Babet comme avec une poupée. L'immaturité d'une dauphine de quatorze ans trouvait à se rassurer en compagnie d'une enfant de six ans mais beaucoup, à commencer par Mme de Marsan qui ne le pardonna pas, pensèrent que la laideur de « gros Madame » rebutait l'archiduchesse, comme sa maturité agaçait cette écervelée. Si Clotilde le ressentit, elle eut l'intelligence de n'en rien montrer, consciente que, « dans ce pays-ci », il convenait de cacher ses sentiments, ses affections, ses antipathies, et surtout ses blessures. D'ailleurs, elle était incapable de rancune ou d'aversion. Quant à Élisabeth, tout cela lui passait au-dessus de la tête.

Une éducatrice, une mère, une compagne

Ce fut un autre événement qui changea sa vie de manière décisive, lorsque Mme de Marsan obtint du roi la permission d'engager deux sous-gouvernantes supplémentaires.

Si la place de sous-gouvernante n'égalait pas l'importance de la gouvernante en titre, elle constituait un emploi enviable et envié, car il promettait de puissants appuis. Les dames les mieux nées se fussent battues pour l'obtenir, ce qui garantissait leurs qualités d'intrigantes et d'ambitieuses, sûrement pas leurs vertus personnelles ni leurs capacités d'enseignantes. Consciente du problème, Mme de Marsan s'adressa à des femmes par définition étrangères à toutes vanités et demanda aux Dames de Saint-Louis à Saint-Cyr si elles pouvaient lui recommander deux personnes dont elles répondaient. Les supérieures avancèrent les noms de deux anciennes élèves : Rosalie d'Aumale, célibataire de trente-sept ans, et Marie-Angélique de Fitte de Soucy, quarante-huit ans, veuve du baron de Mackau, diplomate d'origine irlandaise longtemps en poste à Ratisbonne, accablée de tracas depuis ce veuvage et contrainte de vivre petitement à Strasbourg avec ses trois enfants.

Mlle d'Aumale et Mme de Mackau avaient reçu l'éducation et les principes de Saint-Cyr, et y étaient demeurées attachées, conservant dans le monde les façons d'être de la maison. Mme de Marsan les convoqua pour un entretien ; et pria Mme de Mackau d'amener sa fille.

Élisabeth, tard venue, s'était retrouvée isolée, avec pour unique compagnie une sœur de cinq ans plus âgée qui jouait la mère de substitution. Comme il n'existait rien pour les princesses qui ressemblât à l'institution des menins pour les princes, Babet vivait entourée d'adultes. Mme de Marsan comprenait ce que cette situation avait d'anormal et désirait y pallier. Si, par chance, Angélique de Mackau, de deux ans l'aînée d'Élisabeth[10], s'entendait avec elle, c'en serait fini de son isolement.

Eu égard à son caractère difficile, rien n'était gagné mais Angélique de Mackau, à la première seconde, fit sa conquête. La proximité d'âges, de goûts, une sympathie immédiate, abolirent le fossé qui les séparait et derrière lequel, d'ordinaire, Élisabeth, par timidité autant que par hauteur, se retranchait. Elle n'avait jamais eu d'amie, on lui en offrait une ; elle reçut ce don inespéré sans se poser de questions. Angélique pareillement. La glace brisée, on les envoya jouer sur cette terrasse du Midi où elle s'était jusqu'alors si souvent et si fort ennuyée. Il n'en fallut pas davantage pour que la présence de Mlle de Mackau lui devienne indispensable. Restait à convaincre la baronne de Mackau de l'intérêt de cet arrangement.

Marie-Angélique de Mackau ne possédait aucune expérience de la Cour, ni l'envie d'en posséder. C'était une femme droite, intelligente, d'une piété inentamable ; elle plaçait ses ambitions ailleurs qu'à Versailles, misait sur d'autres biens que ceux de ce monde. Elle estimait la Cour le dernier endroit où il fallût élever ses filles. S'étant bien portée de l'éducation des Dames de Saint-Louis, elle entendait leur confier ses enfants, et s'empressa de le dire à Mme de Marsan. Celle-ci laissa entendre qu'elle userait de son influence mais se garda de presser le mouvement, prenant soin, en revanche, de multiplier les occasions de rencontre entre Élisabeth et la petite Mackau, jusqu'au point où les visites d'Angélique devinrent pour la princesse un plaisir dont elle ne savait plus se passer ; Mme de Marsan en fit le prix d'une leçon apprise, d'une obéissance consentie et, devant le succès de cette stratégie, demanda à Louis XV l'autorisation d'attacher Mlle de Mackau à sa petite-fille, en un équivalent inédit du système des menins. Les Mackau étant dépourvus de fortune et d'appuis, la promesse de doter Angélique, une place pour elle à la Cour devaient venir à bout des réticences de sa mère[11]. L'offre était si mirifique que Mme de Mackau se laissa tenter. D'autant plus facilement qu'elle conserverait la haute main sur l'éducation de sa fille en même temps que sur la princesse.

Ce changement survenait au moment opportun. Il fallait désormais donner à Clotilde, outre une éducation mondaine indissociable de son rang, une instruction plus poussée. Sous l'influence des Dames de Saint-Louis, désireuses de former de bonnes chrétiennes mais aussi des femmes cultivées, Mmes de Mackau et d'Aumale estimaient les filles aussi aptes que les garçons à s'instruire, y compris en des matières scientifiques ou philosophiques que l'on ne jugeait pas utile de leur enseigner. Elles décidèrent d'associer Élisabeth et Angélique à ces leçons.

La tête bien faite, l'âme mieux encore

En ces premiers mois, on s'en tint à parfaire chez Élisabeth la maîtrise de la lecture et de l'écriture, amender une orthographe fantaisiste, améliorer la syntaxe, lui apprendre l'art de rédiger une lettre, l'intéresser aux auteurs classiques ; s'y ajoutaient des notions de géographie et une fastidieuse approche de l'histoire sous forme de chronologie rimée. Consciente de l'ennui monumental que tout cela engendrait, Mme de Mackau dispensa une partie de cet enseignement sous forme de comédies, proverbes et saynètes. Mme de Marsan en avait un stock dont elle se disait l'auteur, d'une grande insipidité mais riche en traits de générosité et de vertu, plein de moralités édifiantes.

L'arrivée des Mackau acheva la transformation d'Élisabeth. Elle demeura difficile, volontaire, mais ces défauts ne se manifestèrent plus que par crises de moins en moins fréquentes. Mme de Mackau y mit bon ordre, en menaçant d'éloigner Angélique.

Pour le reste, les princesses continuaient leur éducation à l'écart des événements de la Cour, et même de ceux de leur famille.

Elles ne furent pas, en mai 1771, des cérémonies du mariage de leur frère Provence qui épousa Marie-Joséphe de Savoie, jugée fort laide, fort noire et fort velue. Ne firent qu'entrapercevoir cette nouvelle belle-sœur qui, timide, embarrassée, ne leur manifesta aucun intérêt.

En revanche, leurs éducatrices jugèrent utile de leur mettre sous les yeux un exemple édifiant : l'une de leurs tantes, Madame Louise, prit le voile au carmel de Saint-Denis le 20 octobre 1771. Cette cérémonie austère constitua l'une des rares occasions de sortie d'une vie toujours aussi minutieusement réglée, encadrée, retirée. Même l'annonce officielle des fiançailles de Clotilde avec le prince de Piémont ne modifia pas véritablement ce quotidien.

Dès 1772, le programme scolaire s'était alourdi. Il fallait que Clotilde parlât italien avant son départ pour Turin. On chargea Goldoni, le fameux dramaturge, de le lui enseigner et, comme l'on n'avait pas écarté l'éventualité pour Élisabeth d'un mariage piémontais, il fut jugé utile de l'associer à ces leçons. L'écrivain avait vite constaté que vouloir l'intéresser aux subtilités de la grammaire italienne revenait à courir à l'échec, à l'instar du professeur de lettres, l'abbé de Montégut, qui ne tirait rien de la fillette ni en français ni en latin mais s'obstinait dans ses méthodes de cuistre. Avec un joli sens de la formule, Goldoni résumait le problème en disant : « Madame Élisabeth n'aime pas s'appesantir sur les difficultés vétilleuses mais veut faire de son occupation un amusement[12]. » Il opta pour une pédagogie axée sur l'oral, jusqu'à ce que ses élèves pussent tenir une conversation en italien. Après quoi, il leur donna à lire ses propres œuvres.

Goldoni était intelligent, l'abbé de Montégut nettement moins puisqu'il continua à s'accrocher à ses grammaires et exiger d'Élisabeth des efforts qu'elle ne voulait pas faire, au risque de la dégoûter des matières qu'il était chargé de lui enseigner. Son orthographe demeurait erratique. Quant au latin, elle ne le maîtrisa jamais assez pour lire les classiques dans le texte. Si elle prit goût à la culture latine, elle le dut à sa maîtresse de philosophie, Mme de La Ferté-Imbault. Vouloir donner une teinture de philosophie à des « personnes du sexe », au moment où Rousseau condamnait la chose en affirmant les femmes incapables de s'élever au niveau d'une pensée abstraite, n'était pas le point le moins audacieux du programme des princesses.

Mme de Marsan, fidèle aux principes de feu Marie-Josèphe de Saxe, se souvenait combien le couple delphinal avait en horreur les idées des Lumières. Elle arriva à la certitude que le meilleur moyen de garantir Élisabeth et sa sœur contre ces doctrines était de leur en donner d'autres plus en accord avec les principes chrétiens. Elle chargea Mme de La Ferté-Imbault de les mettre à l'école de Cicéron, Sénèque et Plutarque.

Le but de cette initiation était, sinon d'amener les fillettes à disserter de questions trop lourdes pour leur âge, en tout cas de leur enseigner à penser par elles-mêmes en s'appuyant sur des modèles. « Les beaux exemples » des héros antiques facilitaient cet apprentissage et inclinaient à reproduire des comportements où les notions de dévouement à la cause publique et de sacrifice étaient magnifiées.

Les imprégner d'une morale purement philosophique n'était pas le but de cette éducation et le stoïcisme n'eût rien été s'il ne s'était appuyé sur une formation religieuse solide. Il revenait à l'abbé de Montégut de catéchiser les enfants et, s'il usait des mêmes méthodes qu'en français et latin, tout était à craindre. Ses leçons furent heureusement relayées par un prêtre intelligent, l'abbé Madier, qui, en 1773, succéda à l'abbé Soldini comme directeur de conscience de Clotilde et d'Élisabeth.

L'abbé Madier, ancien jésuite, conservait les qualités d'éducateur qui avaient fait la gloire de la Compagnie avant son interdiction. Sans se piquer d'éloquence, il parlait avec une justesse de ton qui allait au cœur. En le nommant curé de Saint-Séverin, Mgr de Beaumont avait voulu utiliser ce don afin de ramener une paroisse bourgeoise infestée de jansénisme à une approche plus saine du catholicisme, l'abbé Madier y avait réussi, s'appuyant sur la dévotion à Notre-Dame et celle au Sacré-Cœur.

Aux antipodes de la foi desséchante du jansénisme qui prêchait un Dieu vengeur et condamnait la piété mariale, l'abbé Madier avait ramené la majorité de ses ouailles à la communion fréquente, au rosaire, à un Christ d'amour et de miséricorde, Celui qui, cent ans plus tôt, à Paray-le-Monial, avait révélé à une visitandine, sœur Marguerite-Marie Alacoque, « ce Cœur qui avait tant aimé les hommes » et en avait reçu en retour tant d'affronts et d'opprobres. Il insista auprès de ses jeunes pénitentes sur d'autres aspects de cette dévotion : l'amour miséricordieux du Seigneur, invitant à bannir la crainte pour s'abandonner à Sa Providence ; la réparation offerte à Dieu puisque l'abandon à Sa volonté passait par l'acceptation des épreuves et des croix. L'abbé Madier ne manquait pas de rappeler à Élisabeth que sa venue au monde le 3 mai avait un sens, sur lequel elle devait s'interroger. Si cette association aux souffrances de la Passion et de la Rédemption pouvait effrayer, il disait que les sacrements, la communion, si possible quotidienne, existaient afin de soutenir le chrétien sur une voie souvent douloureuse. Il la forma aux trois moyens de sanctification promus par les jésuites : l'examen de conscience, la méditation et l'oraison.

Mmes de Mackau et d'Aumale perfectionnaient ces leçons en veillant à leur donner une application concrète dans la vie de tous les jours. Cela passait par l'obéissance, l'attachement au devoir d'état, le respect des autres, la pensée constante de Dieu.

Dans ce programme scolaire, les sciences tenaient aussi une place considérable. Guillaume Leblond, professeur de mathématiques des princes, continua ses leçons à leurs sœurs. Élisabeth y manifesta des dispositions étonnantes, un goût prononcé pour la géométrie et l'algèbre. De la géométrie à la géographie, il n'y avait qu'un pas, de sorte que Leblond dispensait aussi ses lumières en cette matière où la cartographie tenait une place importante. Lui demander d'ajouter à ce cursus les leçons d'histoire s'avéra moins judicieux car ce n'était pas un sujet qui le passionnait.

Les sciences naturelles relevaient du docteur Lemonnier, médecin qui devait sa réputation internationale à ses travaux de botaniste et d'agronome. Nul ne se fût aventuré à susurrer devant les princesses que la faveur du docteur tenait à la grande intimité qui l'avait uni jadis à Mme de Marsan... Ce détail n'altérait en rien les capacités de cet authentique savant doublé d'un philanthrope. Bien que familier de la Cour, médecin du roi, professeur des princesses, Lemonnier avait su se garder de toute courtisanerie. Passionné, il avait le talent de faire partager ses passions à son auditoire et, en obtenant du roi l'autorisation d'emmener les enfants herboriser dans les bois de Satory ou visiter les serres royales, fameuses pour l'acclimatation d'espèces exotiques, il leur offrait l'occasion d'échapper à l'existence claustrale qui était la leur.

Les arts d'agréments n'étaient pas exclus de ce programme. Les princesses suivaient des cours de dessin, de chant, Clotilde apprenait à jouer de la mandoline, Élisabeth de la harpe et du clavecin. La danse n'était pas oubliée car elle favorisait la grâce et le maintien. La couture, la tapisserie, la broderie venaient en complément.

Vers le même temps, on commença à préparer les princesses à leur rôle de représentation et de mondanités.

L'apprentissage du dur métier royal

Le 25 juillet 1773, elles firent leur première apparition publique lors d'une visite officielle à Paris. Elles n'avaient jamais vu la capitale. Après le tour des boulevards en voiture, elles allèrent aux jardins des Tuileries où une collation fut servie. Des enfants de leur âge y étaient invités, avec lesquels elles firent partager par des domestiques biscuits et macarons.

Le 31 juillet, leur cousine Louise Adélaïde de Bourbon-Condé[13] les reçut au château de Vanves et les promena dans une incroyable féerie rousseauiste.

Mlle de Condé entraîna Mesdames jusqu'au temple de l'Amitié. Caché sous les frondaisons, un orchestre à vent joua « une musique proprement céleste », et Richer, chanteur qui triomphait sur la scène parisienne, entonna un hymne à l'Amitié. La dernière note expirée, on apporta un somptueux livre relié de maroquin blanc. Les noms des trois cousines, gravés en lettres d'or, figuraient sur les premiers feuillets et ce fut sur cette bible profane posée sur un autel de pacotille que les adolescentes enlacées prononcèrent un serment qui les liait « d'éternelle amitié ». Le plus surprenant fut que leurs éducatrices, pénétrées de principes catholiques, laissèrent les princesses se prêter à cette comédie à connotations maçonniques dont elles ne comprenaient pas le sens.

Élisabeth commençait à être fatiguée de ce divertissement interminable et abscons. Elle n'en avait pas fini, pourtant, puisque surgirent dix des innombrables enfants de l'acteur Audinot, qui jouèrent une fable filandreuse mettant aux prises deux fillettes avec un singe, un ours, un chat et un âne. Il s'agissait de dénoncer les méfaits des mensonges courtisans et l'hypocrisie des flatteurs...

Clotilde trouva la force de se déclarer « enchantée de tout ce qu'elle avait vu et fit les plus grands remerciements aux auteurs de la fête[14] ». Le métier, le dur métier de représentation royal, rentrait.

Ainsi allait la vie des princesses, ponctuée par les leçons quotidiennes et des sorties officielles qui prenaient une place croissante dans leur emploi du temps, qu'il s'agisse de visiter la Bibliothèque royale et son cabinet des Médailles, ou d'inaugurer le Salon de peinture.

Distractions sérieuses, en accord avec une fin d'année maussade : au terme d'un été pluvieux, les récoltes se révélaient médiocres, les prix enchérissaient et la peur de la disette, plus que la disette elle-même, suscitaient dans l'opinion un mécontentement ponctué d'émeutes frumentaires. Louis XV savait en tenir compte : il eût été de mauvais goût de donner à la France inquiète le spectacle de dépenses inconsidérées. Aussi les festivités du mariage du comte d'Artois, en novembre 1773, perdirent-elles beaucoup en éclat.

Charles Philippe, le plus beau des trois princes, épousa discrètement Marie-Thérèse de Savoie, sœur de la comtesse de Provence et de ce prince de Piémont auquel Clotilde était désormais fiancée. Moins laide que son aînée, la nouvelle comtesse d'Artois, le nez trop long, le visage allongé et sec, les yeux « mal tournés », d'une taille en dessous de la normale, n'avait rien pour séduire. À ce physique sans grâce, elle joignait une personnalité insignifiante. Son mari s'en moquait, il irait chercher l'amour ailleurs.

Si Clotilde participa à la plupart des festivités, Élisabeth demeura à l'écart, et le resta au cours des mois qui suivirent, durant lesquels les jeunes couples princiers tentèrent d'établir une intimité, gage de l'union de ses frères autour du dauphin. Parfois, pour parfaire cette image de concorde familiale, l'on demandait la présence des princesses. Élisabeth, qui devenait jolie, amusait par sa spontanéité, sa vivacité, des réparties enjoués et curieusement mûres.

La fin du mal-aimé

L'hiver 1773-1774 coula. Le printemps revint et le temps pascal. Les prédicateurs tonnèrent, c'était leur rôle, contre la liaison de Louis XV et de la comtesse du Barry. Fatigué, en proie à de noirs pressentiments, le souverain en fut fortement remué. Le dauphin, qui avait déjeuné et chassé avec lui, le 27 avril 1774, à Trianon, le trouva préoccupé.

Au crépuscule, les équipages royaux regagnèrent Trianon sans avoir sonné l'hallali, le cerf s'étant forlongé. En mettant pied à terre, le roi fut saisi de vertiges. Il fallut l'aider à se coucher. Mme du Barry, dans la nuit du 27 au 28 avril, fit appeler le docteur Lemonnier, qui prit la situation au sérieux, et, parce qu'il y avait une étiquette à respecter, réclama le premier chirurgien, La Martinière. Celui-ci accourut, et, ayant tâté le pouls de son royal patient, lança de ce ton catégorique propre à sa profession :

– Sire, c'est à Versailles qu'il faut être malade !

Louis XV conservait l'esprit assez clair pour mesurer les implications de ce conseil péremptoire, et les tracas qu'il induisait. « À Versailles », c'est-à-dire au château car, à Trianon aussi, on était à Versailles, devant la famille royale et la cour, l'Europe et le monde, il faudrait envisager la fin, faire en sorte qu'elle fût conforme à ce que l'on attendait du Très Chrétien.

Au vrai, le roi se sentait si mal qu'il n'avait pas envie de passer outre aux recommandations des médecins. Il donna l'ordre d'atteler.

Anxieuse, Mme du Barry, devant l'incapacité de Lemonnier et La Martinière à poser un diagnostic, appela le docteur de Bordeu, l'un des meilleurs médecins de Paris qui ne se montra pas plus prolixe que ses confrères. Il fallait moins attribuer l'embarras des praticiens à l'ignorance qu'à la prudence : il s'agissait du roi, aucun faux pas ne serait pardonné… Une fois déjà, à Metz, jadis, Sa Majesté étant fort mal, ses médecins avaient paniqué, parlé des derniers sacrements, les prélats avaient exigé le départ de la favorite, Mme de Châteauroux. Louis XV avait guéri, mais jamais oublié. La Martinière et compagnie n'entendaient pas commettre pareille bévue et préféraient attendre.

La nuit du 28 au 29 avril et la journée suivante n'apportèrent aucun changement, mais la nuit du 29 au 30 fut mauvaise. La Martinière décida de recourir à la panacée universelle, fit procéder à une première saignée, puis à une seconde, abondante, dans l'espoir d'en éviter une troisième car, selon les codes tacites de la cour, réclamer une troisième saignée, c'était céder la place aux prêtres.

Clotilde et Élisabeth avaient été averties de la maladie de leur aïeul et invitées à prier pour lui. Quant à aller le voir, il n'en était pas question. Un peu parce que la Faculté restait dans l'expectative sur la nature du mal et n'écartait point un risque de contagion ; beaucoup parce que la comtesse du Barry se tenait au chevet de son amant. Dans la soirée du 29 avril, tandis qu'on allumait les lampes dans la chambre du roi, l'un des médecins vit que le visage et le corps entier de Louis XV s'étaient couverts de pustules, éruption caractéristique de la petite vérole[15] confluente et maligne, autrement dit la variole. L'idée les avait effleurés mais ils l'avaient écartée, dans la certitude fondée que l'on n'attrapait jamais deux fois la variole ; or, le roi était réputé l'avoir eue en son adolescence[16].

Déjà convaincus qu'ils ne sauveraient pas le roi, âgé, usé par les excès, comme soupirait Lemonnier en regardant méchamment Mme du Barry, les médecins prirent en urgence des mesures d'isolement. On condamna la porte du malade. Ne furent exemptées de la mesure, outre le corps médical et la domesticité indispensable, que la dauphine, inoculée contre la variole et qui ne risquait donc rien, Mesdames Adélaïde, Victoire et Sophie, décidées à obséder leur père de considérations pieuses jusqu'à ce qu'il acceptât de renvoyer « sa putain » et demander les secours de la religion, et « la putain » en question...

On informa Clotilde et Élisabeth de la gravité de l'état de leur grand-père. La mort demeurait trop familière pour en dissimuler les approches aux enfants. On leur dit aussi de prier beaucoup afin que le roi réclamât les sacrements. Pour la première fois, on laissa entendre aux princesses que leur aïeul était un pécheur en risque de se damner.

Pour l'heure, il fallait attendre, espérer, tenter de fléchir le Ciel. Après tout, l'on guérissait parfois de la variole.

On était le 3 mai. Élisabeth fêtait son dixième anniversaire mais, dans l'inquiétude générale, nul n'y songea et la journée se passa tristement, dans l'attente de nouvelles de la santé du roi.

Cette célébration de la Sainte Croix acheva de mettre Louis XV en face des vérités éternelles et de ses fins dernières. Dans la soirée, il pria Mme du Barry de se retirer. Il resta seul avec ses pensées, ses médecins, et les rares qui trouvaient assez de courage, d'affection ou de fidélité pour l'assister car les pustules avaient crevé et, avec la chaleur lourde de ce beau printemps, le malade dégageait une odeur insoutenable.

Le 5 et le 6, le roi se sentit un peu mieux, prétendit se lever, dut renoncer. Il ne pouvait plus manger ni boire tant ses lèvres et sa bouche étaient tuméfiées ; n'arrivait plus à ouvrir complètement les yeux, parce que les humeurs lui collaient les paupières, mais il luttait.

Mme de Marsan et les sous-gouvernantes épargnaient aux fillettes la description de cette agonie, pas ses enjeux : Bon Papa tardait à se confesser et jouait avec son âme. Il convenait de prier. Le dauphin en faisait autant, terrifié à l'idée de régner.

Enfin, à l'aube du 7 mai, Louis XV admit sa mort imminente. Ses dernières forces le quittaient, ses souffrances, atroces, augmentaient. Par moments, la fièvre le terrassait, le laissait divagant de longues minutes. S'il tardait trop, il n'aurait plus ses esprits. Il réclama le curé de Versailles.

Il était 5 heures du matin. Réveillé, le dauphin appela le prêtre, fit prévenir le grand aumônier, Mgr de La Roche-Aymon, de préparer l'extrême onction. L'on ne déplaçait point le Très Haut, fût-ce pour le Très Chrétien, sans Lui rendre tous les honneurs possibles. Dans le même temps, Louis Auguste fit avertir ses frères et sœurs.

Clotilde et Élisabeth se tenaient, avec leur famille, au pied du grand escalier que le cardinal emprunterait. Dans l'aube d'un matin de mai qui promettait d'être radieux, elles virent s'avancer un dais de soie blanche porté par quatre gentilshommes de la cour, sous lequel Mgr de La Roche-Aymon marchait avec gravité. Seul derrière lui, ou plutôt derrière Dieu, le dauphin s'avançait, les yeux rougis de larmes qu'il ne parvenait pas à cacher, l'air si malheureux que c'était à faire pitié.

Ce fut à ce moment-là qu'Élisabeth s'en remit, d'un mouvement spontané, à Dieu pour assurer la suite. Elle n'aurait plus ni parents ni grands-parents, mais, comme elle le dirait un jour aux orphelines de Saint-Cyr, elle fut, dès lors, à leur instar, « une enfant de la Providence ». Jamais plus elle ne dévierait de cette attitude.

Là-haut, Louis XV, malgré ses souffrances qui ne cessaient d'augmenter, avait, en voyant entrer le Grand Aumônier, exigé de se lever. À ceux qui tentaient de le dissuader de cet effort, le roi, dans un accès d'humilité et de piété sincère, avait rétorqué :

– Quand mon grand Dieu fait l'honneur à un misérable comme moi de venir le trouver, c'est le moins qu'Il soit reçu avec respect !

Et c'était à genoux, au prix d'un redoublement de douleurs, que le plus puissant monarque du monde avait communié. Puis Mgr de La Roche-Aymon sortit de la chambre royale et dit :

– Nous sommes chargés de déclarer, au nom du roi, qu'il se repent de ses péchés et que, s'il a scandalisé son peuple, il en est bien fâché, et que, si Dieu lui accorde encore des jours de vie, ce sera pour les employer à la gloire de la religion et au bonheur de son peuple.

Démarche humiliante mais indispensable, cette réparation publique conditionnant la validité de l'absolution accordée. Sur ce, le clergé se retira et l'on referma précipitamment les portes des appartements royaux car l'odeur pestilentielle avait envahi le vestibule en vingt minutes et se répandait jusque dans l'escalier.

L'attente reprit. Se prolongea toute la journée du samedi, celles du dimanche, du lundi. Louis XV s'accrochait à la vie, ou plutôt, la vie s'accrochait à lui. Par moments, cependant, le roi sombrait dans des états semi-comateux dont il émergeait péniblement, pour des périodes de plus en plus courtes. Tout espoir de le sauver était désormais perdu.

Durant ces trois interminables journées, l'orage, accablant, pesa sur Versailles, sans éclater. La chaleur lourde, oppressante, ajoutait à l'intolérable attente et aux douleurs de l'agonisant.

Dans la soirée du 9 mai, le roi sombra dans une torpeur dont il ne semblait plus devoir sortir. À l'aube du 10, les médecins le dirent entré en agonie. Selon l'usage, on alluma à la fenêtre de sa chambre une chandelle, symbole de la précarité de l'existence, que l'on éteindrait au dernier souffle du souverain. L'apparition de cette faible lueur sur l'appui de la fenêtre acheva de dissiper les ultimes doutes quant à l'issue de la maladie. Comme trois heures sonnaient au cartel de la chambre, Louis XV, enfin, rendit l'âme.

Sur un signe des médecins, un valet alla à la fenêtre, l'ouvrit, et souffla la chandelle.

Chapitre II

MADAME, SŒUR DU ROI

Depuis des heures, l'on guettait l'extinction de cette flamme. À peine eut-on la certitude qu'on l'avait bien soufflée, ce fut, dans le palais, une cavalcade vers les appartements du couple delphinal. Ces centaines d'empressés qui accouraient vers l'astre levant produisaient, en galopant sur les parquets cirés, une rumeur de tonnerre.

Louis Auguste l'entendit. Marie-Antoinette aussi. Ils échangèrent un regard paniqué, s'accrochèrent l'un à l'autre en quête d'un soutien, mais l'émotion leur coupait les jambes et, quand les plus prompts arrivèrent à leur porte, au lieu de souverains triomphants, ils découvrirent deux enfants éperdus, à genoux sur les tapis de la Savonnerie, en larmes. Certains entendirent Louis XVI sangloter :

– Mon Dieu, protégez-nous ! Nous régnons trop jeunes !

Au vrai, bien d'autres Princes ne comptaient pas plus d'années à l'heure de ceindre la couronne, mais l'on avait tant répété au dauphin qu'il n'était point né pour ce rôle, qu'il usurpait la place de l'irremplaçable Bourgogne qu'il avait fini par s'en convaincre. Il eût fallu du temps à Louis XV pour persuader son petit-fils du contraire, ce temps lui avait été refusé. Restait à espérer que le jeune homme saurait surmonter ses effrois et ses incertitudes.

Les rois, en France, quittaient la demeure où l'un de leurs proches avait expiré. Que la variole eût tué le Bien-Aimé rendit l'exode plus urgent qu'à l'accoutumée. La crainte de la contagion était fondée. Il fallait partir et vite. La famille royale plia hâtivement bagages. Au crépuscule du 10 mai 1774, Versailles se retrouva abandonné.

La Cour se rendit d'abord à Choisy, puis, le 15 mai, gagna La Muette. Le 16 juin, le roi, la reine, Provence, Artois et leurs épouses partirent pour Marly, dont le séjour enchanteur devait les aider à surmonter l'épreuve de l'inoculation à laquelle ils avaient décidé de concert de se soumettre, afin d'être une fois pour toutes à l'abri de la variole.

On renonça à faire inoculer les deux princesses, sans doute pour ne faire courir aucun risque à leur teint. Clotilde, de plus en plus ronde, n'avait rien d'une beauté ; mieux valait éviter ce qui pouvait gâter son peu de charme. Quant à Élisabeth, qui promettait d'être très jolie, on attendrait avant de l'exposer à pareil péril.

La Muette se vida, laissant les adolescentes seules avec leurs familiers. Il était question d'admettre Élisabeth à la communion. L'abbé Madier, qui sentait éclore dans l'âme de sa jeune pénitente d'assez belles promesses, tenait à l'y préparer, et ces semaines de solitude prirent valeur de retraite. Cela dura jusqu'au 1er août. À cette date, Louis XVI décida de finir l'été à Compiègne. D'ordinaire, Clotilde et Élisabeth restaient à Versailles mais le jeune roi tint expressément à leur présence.

Durant ce séjour, Louis XVI commit sa pire erreur : il rappela les parlements que son aïeul, exaspéré des éternelles embrouilles de ces Messieurs, leur talent pour interdire toute réforme et leur certitude infondée de représenter le peuple, avait dissous. Il ne tarderait pas à s'en mordre les doigts.

Le printemps 1775 commença mal. Sans qu'il fût possible de comprendre qui tirait les ficelles, des spéculations sur les grains, ajoutés aux médiocres récoltes de l'été précédent, laissaient craindre aux Parisiens de manquer de pain. Aucune pénurie n'était à redouter mais certains, refusant la politique du contrôleur des Finances Turgot, avaient intérêt à en brandir le spectre pour discréditer le ministre.

Le 2 mai 1775, des bandes de désoccupés professionnels, auxquels se mêlaient d'honnêtes gens mécontents se portèrent à Versailles, parvinrent à pénétrer dans la cour du château qui n'était pas gardée. La promesse de maintenir le prix du pain suffit à les calmer, cependant, d'autres émeutiers se répandirent dans Paris, y brisèrent des devantures de boulangeries, pillèrent les fournées, méfait pour lesquels, le surlendemain, le Parlement de la capitale, rétabli en ses droits et qui ne plaisantait pas, fit pendre deux ou trois malheureux parmi les moins coupables, qui avaient eu la malchance d'être pris en flagrant délit. Louis XVI fut ahuri de cette sévérité disproportionnée, qu'il n'avait certes pas prévue en rappelant des parlementaires qu'il regardait naïvement comme les protecteurs des humbles et une barrière contre le despotisme... Il comprit un peu tard pourquoi son aïeul s'était débarrassé de ces encombrants. Malheureusement, il n'était pas en position de les renvoyer à son tour et dut se contenter, pour marquer son mécontentement qu'on eût pendu de ses sujets pour une miche de pain, quand on lui remit le dossier de l'émeute, de l'expédier dans la cheminée, signifiant que l'affaire était close et qu'il n'entendait pas y donner suite. Ce n'était qu'un incident fâcheux, on ne sut pas en tirer la leçon.

Le lieutenant de Dieu

Début juin, la cour quitta Versailles pour Reims où Louis XVI, malgré les ricanements des philosophes, avait tenu à être sacré. Clotilde et Élisabeth montèrent dans le carrosse de la reine. C'était le premier vrai voyage que les deux princesses entreprenaient. Il faisait un temps glorieux.

Leurs places étaient retenues à la cathédrale, dans la tribune de la reine, à l'entrée du chœur.

Un peu en retrait derrière sa belle-sœur, Élisabeth vit son frère se prosterner face contre terre dans le chœur, tel un prêtre au jour de son ordination, bras en croix, au côté de Mgr de La Roche-Aymon, l'archevêque de Reims dont les mauvais plaisants prédisaient que ses rhumatismes lui interdiraient de se relever. Suivirent les neuf onctions rituelles avec l'huile de la sainte ampoule, qu'au soir de la Noël 496 et du baptême de Clovis, une colombe avait, disait la Tradition, apportée à saint Remi. Cela fait, par-dessus la tunique et la dalmatique de satin argent, on passa au roi le manteau du sacre, gigantesque cape de velours bleu de France broché de mille deux cents fleurs de lys d'or, doublé et bordé d'hermine, d'un poids considérable. Puis Mgr de La Roche-Aymon glissa au doigt du souverain l'anneau du sacre, qui symbolisait ses noces mystiques avec la France et son statut d'évêque du dehors.

Souvenir du temps de Hugues Capet plébiscité par les grands du royaume, la couronne devait être soutenue au-dessus de la tête royale par les représentants des pairs laïcs, les ducs de Bourgogne, de Normandie, d'Aquitaine, les comtes de Toulouse, de Flandre et de Champagne. Ces apanages se trouvaient représentés par les comtes de Provence et d'Artois, les ducs d'Orléans et de Chartres, le prince de Condé et le duc de Bourbon. Ni les frères du roi ni ses cousins ne semblaient à l'aise dans ces rôles. D'aucuns, parmi ceux qui entouraient Louis XVI, prétendirent l'avoir entendu soupirer, quand la lourde couronne de Charlemagne fut posée sur son front : « Elle me gêne... »

On remit ensuite au roi la main de justice taillée dans l'ivoire d'une corne de narval et le sceptre couronné d'un lys d'or et d'émaux.

Le sacre et le couronnement s'achevaient là, suivis de l'intronisation, lorsque l'archevêque de Reims conduisait le roi jusqu'à son trône où, après l'avoir embrassé, et les pairs après lui, il le faisait solennellement asseoir avant de le présenter à l'assistance en s'écriant trois fois : « *Vivat Rex in æternum !* » « Vive éternellement le roi ! »

Cette scène, répétée presque à l'identique depuis plus d'un millénaire, possédait une grandeur si extraordinaire qu'elle devait encore agir, ce jour-là, sur le cœur et l'intelligence de tenants des Lumières venus se gausser de ces façons d'un autre temps et qui, au moins sur le coup, s'en reconnurent étrangement saisis. À plus forte raison sur ceux capables d'en saisir le sens. Marie-Antoinette[1] avait fondu en larmes. Elle n'était pas la seule.

Élisabeth s'essuyait les yeux, elle aussi, mais ses sentiments dépassaient la sentimentalité et l'attendrissement. Issue de cette lignée capétienne, et, par Isabelle de Hainaut, première épouse de Philippe Auguste, des Carolingiens, elle participait, de toutes les fibres de son être, de cette mystique royale. Elle savait que ces onctions avaient transformé son aîné en homme d'une essence à part, héritier d'un sacerdoce laïc qui le plaçait, pour cette vie et pour l'Autre, sur un plan différent du commun des mortels. Elle ne l'oublierait jamais.

Pour ajouter à l'intensité du moment, les cloches s'étaient remises à sonner, les canons tonnaient. On avait ouvert les portes du sanctuaire pour procéder à un lâcher de centaines de colombes. La cérémonie n'était pas terminée ; restait à entendre la messe.

Beaucoup, dans l'assistance, et même sur la scène, se prenaient à trouver le temps long. À commencer par les princes : Provence cachait mal son agacement et Artois, qui ne retenait plus ses bâillements, avait enlevé sa couronne de pair tel un attribut dérisoire et gênant. Enfin, la dernière bénédiction reçue, la maîtrise de la cathédrale ayant fait résonner la nef aux accents des acclamations carolingiennes, l'assistance commença à se disperser. La reine, les princesses, leurs dames se rendirent au palais épiscopal où se donnait le festin, autre rituel quasi sacramentel. Assis en majesté, entouré de trente dignitaires, Louis XVI dîna[2] solennellement, sa femme, ses sœurs, ses tantes et ses cousines regardant depuis une tribune. Ce repas parut interminable à tout le monde, y compris au roi qui, entre deux plats, enleva sa couronne. C'était plus confortable mais cela perdait en majesté. On ne fut pas fâché d'aller se coucher, d'autant qu'il faudrait recommencer le lendemain.

Le 12 juin, Louis XVI chevaucha en grand équipage jusqu'à l'abbaye Saint-Remi. Dans les jardins, 2 400 malheureux atteints d'écrouelles, complication tuberculeuse entraînant un gonflement douloureux des ganglions formant des plaies ouvertes d'aspect répugnant, attendaient que le roi leur imposât les mains. Depuis Robert II, le second Capétien, les rois, en France, possédaient le pouvoir thaumaturgique de guérir, parfois, cette affection. Aucun d'entre eux n'avaient jamais manqué à ce devoir et l'on comptait assez de miracles pour que l'annonce d'un toucher fît accourir les malades mais, puisqu'il fallait le dire, Louis XV y avait, contraint et forcé, mis un terme en 1738. Pécheur public, adultère, ayant renoncé à se confesser et communier, le Bien-Aimé, faute d'être en état de grâce, avait perdu sa grâce d'état... Cette longue abstention expliquait l'affluence de désespérés.

Le toucher des écrouelles marquait la fin des cérémonies du sacre. La tradition voulait qu'au retour, la reine et les princesses fissent un détour par Notre-Dame de Liesse, au diocèse de Laon. Cela fait, l'on regagna Versailles.

Des événements s'y préparaient, de la plus grande importance : la communion et la confirmation d'Élisabeth, le 11 et le 13 août ; le mariage de Clotilde, le 21 août, et son départ pour l'Italie.

Une croix et sa consolation

Clotilde ne montrait guère de joie à une union avec ce prince du Piémont qui, s'il ressemblait à ses sœurs, n'avait rien pour séduire. De son côté, trop consciente de son physique ingrat, la princesse redoutait la cour de Turin si celle-ci ressemblait à Versailles où l'on chantait, allusion à l'obésité de la fiancée : « Le bon Savoyard qui réclame le prix de son double présent[3], en échange reçoit Madame ! C'est le payer bien grassement ! »

La seule consolation de Clotilde, qu'Élisabeth peinait à apprécier car elle aimait peu la gouvernante, serait d'emmener Mme de Marsan.

La jeune fille, par fierté, défiance envers un entourage peu porté à s'attendrir sur son sort et capable de la tourner en ridicule – la reine n'étant pas la dernière à se prêter à ce jeu –, feignait de n'éprouver ni tristesse ni angoisse. Il fallait singulièrement manquer de psychologie pour s'y laisser prendre, comme Marie-Antoinette qui se plaignait du peu d'affliction de sa belle-sœur.

Ces aigreurs de la souveraine avaient une explication : le 6 août, la comtesse d'Artois avait accouché de son premier enfant, Louis Antoine, titré duc d'Angoulême. Cette naissance, et d'un mâle en plus, pour l'heure seul et unique héritier du trône, soulignait une stérilité du couple royal que personne ne s'expliquait, et même si l'on répétait à l'envie le joli mot de la duchesse de Quintin, dame de la comtesse d'Artois, qui, en présentant l'enfant à la reine, avait eu le tact de déclarer : « Madame, voici le Précurseur ! », l'événement, loin de réjouir, plombait l'atmosphère.

Clotilde s'y trouvait plus sensible que sa cadette. Élisabeth, avec la facilité de son âge, passait en un instant de la gravité à l'insouciance, et de la joie aux larmes. Il lui arrivait d'oublier le départ de son aînée, de ne pas en mesurer le caractère définitif, d'ajouter, sans le vouloir, à la peine de Clotilde. Un matin qu'elles regardaient manœuvrer les Gardes, la cadette demanda :

– Ma sœur, pensez-vous qu'il y ait d'aussi beaux soldats à Turin ?

Clotilde se détourna en murmurant :

– Je ne sais pas...

Tout le drame des mariages royaux tenait en cette ignorance des princesses remises, pour raisons diplomatiques, à des pays étrangers, des belles-familles parfois insupportables, des époux qui, souvent, ne l'étaient pas moins, séparées de leurs patries, de leurs proches, obligées de parler des langues qu'elles maîtrisaient plus ou moins bien, se faire à des mœurs et des traditions étranges, dans l'impossibilité de se rebeller, ou même de se plaindre. Élisabeth, à onze ans, bien que promise à un destin comparable, restait dans l'incapacité d'imaginer de telles complications. Au même moment pourtant, c'était son mariage, son exil que l'on préparait dans les cabinets ministériels.

L'éventualité d'une intervention française dans le conflit qui couvait entre l'Angleterre et ses colonies d'Amérique prenait consistance : le traité de Paris restait fiché dans la mémoire des diplomates et officiers français, dans celle aussi du roi ; toute occasion serait bonne qui permettrait d'en effacer la honte. De telles affaires se préparaient de loin. Il s'agissait de placer un maximum de pions sur l'échiquier avant de faire parler la poudre. Élisabeth constituait l'un de ces pions.

Le royaume de Portugal était allié de l'Angleterre. Ministre de la Marine, Vergennes ambitionnait de renverser cette alliance et pensait que le meilleur moyen d'infléchir le jeu était de marier l'héritier lusitanien à une fille de France. Le 14 juillet 1775, le mariage semblait conclu, Marie-Antoinette en écrivait à sa mère comme d'une chose faite. Ce renversement d'alliance paraissant urgent, il était question de marier Élisabeth sous quelques mois, le temps qu'elle fût nubile. La reine, venue en France à quinze ans, jugeait cet âge avancé responsable de ses difficultés à se faire aux façons françaises et abondait dans le sens d'un départ précoce, persuadée que sa belle-sœur, déracinée au sortir de l'enfance, souffrirait moins. De ces projets, Élisabeth ne connaissait rien, et chacun, parmi ceux qui savaient, trouvaient que tout allait bien ainsi.

Pour l'heure, elle s'absorbait avec ferveur dans la préparation de sa communion, prenait avec sérieux de très belles résolutions afin de se corriger de ses défauts dominants. Effet de l'éducation dispensée par l'abbé Madier, adversaire des pratiques jansénistes qui écartaient les fidèles de la Sainte Table, Élisabeth s'approcherait pour la première fois de l'Eucharistie dans des sentiments l'incitant, sa vie entière, à la communion fréquente. Cette pratique entraînait, elle le savait, des confessions tout aussi fréquentes. C'était un chemin de perfection destinée à la garder même du péché véniel sur lequel l'entraînait l'abbé Madier. Elle s'y engagea résolument[4].

Les observateurs superficiels ne perçurent rien de cette métamorphose, ou la mirent sur le compte du passage de l'enfance à l'adolescence. Méconnaissance largement partagée puisque le *Journal historique* du 30 août 1775, rendant compte de la première communion de la princesse, se borna à des considérations mondaines : « Madame Élisabeth de France, sœur du roi, accompagnée de la comtesse de Marsan, gouvernante des Enfants de France, et de la princesse de Guéméné, aussi gouvernante des Enfants de France en survivance, se rendit ce 13 août à la chapelle du château où elle fit sa première communion par les mains de l'évêque de Senlis, premier aumônier du roi. La nappe [de communion] était tenue par la comtesse de Marsan et la princesse de Guéméné. » Il y avait un grand absent dans ce commentaire : le Christ, qu'Élisabeth venait de recevoir.

Le 16 août 1775, les ambassadeurs piémontais arrivés, les fiançailles de Clotilde, cérémonie dont le lustre devait égaler celui des noces turinoises, furent célébrées dans la galerie des Glaces. Gros Madame était somptueusement habillée du grand habit broché d'or, mais même le corset étroitement lacé ne parvenait pas à contenir ses rondeurs, et tout l'éclat qui brillait autour d'elle, loin de l'embellir, accentuait la disgrâce de sa silhouette, de sorte que l'on riait sans se cacher au passage de cette mariée pathétique fardée et poudrée pour la première fois de sa vie. Sous l'air de dédain princier, étranger à son caractère, qu'affectait la jeune fille, se dissimulait une affreuse angoisse.

Élisabeth tenait avec Artois la traîne en gaze d'or de sa sœur. Elle assista, le 21, sans y parapher, à la signature du contrat de mariage, puis au mariage par procuration dans la chapelle royale. Une pleine semaine, la Cour célébra cette union censée, en liant les Savoie par un triple lien conjugal aux Bourbons, les retenir du parti de la France qu'ils avaient, dans le passé, trahie à maintes reprises. Puis il fallut se résoudre à partir.

Le 27 août, la princesse de Piémont monta en voiture avec la comtesse de Marsan qui l'accompagnait en Italie. Faux départ puisque le cortège fit halte à Choisy où la famille royale, qui avait officiellement dit adieu à Clotilde à Versailles, s'était ménagé un ultime instant d'intimité. Là, le matin du 28, Élisabeth embrassa sa sœur pour la dernière fois et comprit qu'elle ne la reverrait plus.

Les princesses qui partaient mouraient à leurs familles. Les chances de revoir leurs proches étaient quasiment nulles. Quant à la correspondance, elle relevait de la diplomatie, les jeunes femmes l'apprenaient bientôt, parfois à leurs dépens quand elles ne comprenaient pas assez vite qu'elles se devaient désormais aux seuls intérêts de leur nouvelle patrie. Clotilde, quand elle aurait passé les grilles de Choisy, aurait cessé d'exister pour les siens.

En s'arrachant à cette sœur qui avait représenté, tant d'années, l'affection dans sa vie d'orpheline, en comprenant qu'un moment allait venir où ce serait à son tour de partir, Élisabeth eut une attaque nerveuse, s'effondra pâmée entre les bras de Clotilde qui en parut plus contrariée qu'émue. Quand elle revint à elle, le cortège avait disparu.

Les derniers jours d'août et les premiers de septembre 1775 furent pénibles. Le choc causé par le départ de Clotilde, les troubles de la puberté, la poussée pénible d'une molaire, le changement de vie et de régime auquel la princesse de Guéméné, à peine sa tante envolée, prétendit soumettre son élève se conjuguèrent et mirent Élisabeth au lit, en proie à un accès de fièvre qui causa un peu d'inquiétude. Puis les choses rentrèrent dans l'ordre. Par chance, Mme de Guéméné manquait de suite dans les idées et la fastidieuse réalité de sa charge de gouvernante des Enfants de France lui étant vite apparue, elle ne tarda pas à s'en remettre comme devant à Mmes de Mackau et d'Aumale pour l'assumer à sa place, n'en conservant que les avantages sans s'encombrer des obligations.

Les proies des factions de Cour

Cependant, le quotidien de la princesse se trouva sérieusement modifié puisque, en ce début d'automne, elle qui vivait presque cloîtrée dans ses appartements et ne se mêlait qu'en de rares occasions aux occupations de la famille royale, y fut dorénavant associée.

Marie-Antoinette avait reproché à la comtesse de Marsan d'avoir chambré ses pupilles. Elle avait vu dans ce choix de sombres calculs politiques liés à la question d'Autriche, une volonté de contrer son influence quand il s'agissait de soustraire les enfants à une ambiance que cette prude estimait délétère. Il fallait maintenant montrer à Élisabeth la vraie vie, le monde, la société, lui apprendre à y tenir sa place, ne fût-ce que pour éviter le ridicule d'expédier une couventine au prince du Brésil[5]...

Sitôt rétablie, Élisabeth fut donc invitée chaque soir au souper de la famille royale. Celui-ci avait lieu en petit comité, réunissant le roi et la reine, le comte et la comtesse de Provence, le comte et la comtesse d'Artois. La présence de leur jeune sœur refréna les plaisanteries lestes et les sous-entendus dont les princes raffolaient d'autant plus que leurs épouses, les indigestes « gâteaux de Savoie », n'y entendaient goutte. L'enfant apporta une fraîcheur, une grâce, une innocence qui feraient dire à ce viveur d'Artois que « Babet était leur rayon de soleil à tous ».

Dans la journée, elle poursuivait ses études en compagnie d'Angélique de Mackau, manifestait un goût croissant pour les matières scientifiques et les mathématiques, ce qui lui donnait des sujets de conversation avec Louis XVI, amateur d'algèbre et de théorèmes.

L'art de tenir un cercle, indispensable aux souveraines, prenait une place grandissante dans cet emploi du temps, ce qui impliqua l'arrivée de nouveaux visages dans son entourage.

À la fin de l'année, Louis XVI autorisa la présence, officieuse car Élisabeth ne pouvait avoir sa maison avant l'âge de quatorze ans, d'une dame à accompagner, la marquise de Causans.

De bonne noblesse désargentée, veuve, mère d'un fils qu'elle ne savait comment établir, et de quatre filles qu'elle désespérait de marier, Mme de Causans tenait, dans ce poste, la chance de se tirer de ses ennuis, mais ne paraissait point vouloir s'en servir pour elle ni pour ses filles. Elle avait décrété que ces demoiselles entreraient en religion, et, n'étant pas assurée de la qualité de leur vocation, n'entendait pas prendre le risque de la voir chanceler en l'exposant aux tentations du monde. Cette pieuse et tyrannique exigence tenait les trois cadettes, Louise, Marie et Françoise, enfermées dans l'étroit appartement dévolu à leur mère à Versailles sans qu'il leur fût permis d'en sortir, au regret d'Élisabeth qui, depuis le départ de Clotilde, et avertie que Mme de Mackau échafaudait des projets de mariage pour Angélique, redoutait de se retrouver privée de compagnie juvénile. L'une des préoccupations de la princesse, en 1776, fut de trouver un moyen de faire la connaissance de Mlles de Causans.

En attendant, elle partageait les moments que lui laissaient ses études entre la reine et Mesdames Tantes, ce qui revenait à la soumettre à des influences contradictoires.

Marie-Antoinette s'était prise d'affection envers sa petite belle-sœur, encore assez enfant pour qu'il ne fût pas nécessaire de se contraindre devant elle au sérieux. Elle pouvait en sa compagnie se permettre des jeux et des enfantillages que l'étiquette interdisait. Toutefois, au-delà, existait une volonté, partagée par le roi, d'écarter Élisabeth du cercle de Mesdames Tantes.

Celles-ci, après avoir rêvé d'exercer une influence sur leur neveu, s'étaient retrouvées exclues des cercles du pouvoir. Elles se cantonnaient désormais dans leur château de Meudon, entourées d'un petit groupe aussi aigri qu'elles, prédisaient les pires malheurs et se répandaient en ragots sur le compte de Marie-Antoinette. Depuis Saint-Denis, Louise parvenait à tenir sa partie dans le jeu de ses sœurs.

Au cœur de leurs intrigues se trouvait Élisabeth, qui ne s'en doutait pas. Mesdames qui, pendant plus de dix ans, ne s'étaient jamais souciées d'elle, prétendirent soudain en raffoler. Elles réclamaient sa présence pour un oui pour un non, boudaient si on la leur refusait. Quelle part de tendresse y avait-il dans cet intérêt soudain ? Fort peu. L'explication se trouvait ailleurs.

Mesdames avaient toujours abhorré l'alliance autrichienne. Ce mariage s'était fait malgré elles et elles avaient prédit qu'il n'apporterait rien de bon. Peut-être une princesse pieuse et effacée eût-elle désarmé leurs préventions, mais Marie-Antoinette ne se souciait pas de leur plaire. De surcroît, sa stérilité aggravait ces griefs. Depuis quelques mois, Louis XVI savait que les pires calomnies courant sur le compte de sa femme, les plus infâmes libelles, ce surnom d'Autrichienne qu'on commençait à lui donner, venaient de Bellevue et du carmel de Saint-Denis...

Dans leur détestation de la reine, Mesdames Tantes ne pouvaient supporter que Marie-Antoinette exerçât une influence sur Élisabeth et s'ingéniaient à la lui soustraire. Sans succès car leur nièce détestait se rendre à Bellevue à cause de l'ennui féroce qui sourdait de l'entourage de ses tantes. Seule Madame Louise échappait à cette répugnance.

Élisabeth aimait l'atmosphère du carmel, lieu de silence à l'écart du monde, et son amour grandissant de la prière s'y satisfaisait. Autorisée, privilège de filles de roi, à pénétrer dans la clôture, elle y ressentait une joie intime qui l'incitait à revenir. Après les enfantillages de Marie-Antoinette, les sottises auxquelles la princesse de Guéméné prétendait l'obliger, elle trouvait aux graves conversations de sœur Louise des attraits. Cela laissa croire à une inclination inexistante.

Vers cette époque, rendant visite à sœur Louise, admise à partager le dîner de la communauté et s'étant vu proposer de le servir, Élisabeth fit, en fin de service, tomber de la lourde planche tenant lieu de plateau le dernier bol : incident prévu par la règle. S'agissant d'une enfant pour laquelle le transport de ce pesant ustensile représentait un effort considérable, la communauté était d'avis d'excuser la maladresse. Pas sœur Louise qui, implacable, lança :

– Ma Révérende Mère, la règle ne veut-elle pas qu'en pareille occurrence, la coupable baise la terre ?

Élisabeth n'avait aucune obligation d'obéir. Pourtant, sans une protestation, elle s'agenouilla et baisa le dallage.

L'incident, ébruité, répandit l'idée fausse d'une vocation carmélitaine. À tort. En revanche, tout le caractère d'Élisabeth était dans ce contraste entre l'idée qu'elle avait de sa naissance, et la conscience de son statut de pécheresse. Elle pouvait s'humilier volontairement, mais ne tolérerait jamais de laisser humilier ce que sa famille incarnait, et il n'était pas en son pouvoir d'y rien changer.

Qui, d'ailleurs, eût voulu rien changer à cet ordre ? Deux ans après sa prise de pouvoir, la popularité de Louis XVI était intacte et s'étendait à sa famille. Élisabeth le constata le 9 octobre 1776 lorsqu'elle accompagna pour la première fois la reine à l'Opéra. Depuis l'avant-veille, Gluck, que Marie-Antoinette protégeait, faisait jouer son *Alceste*.

On n'avait pas revu la princesse à Paris depuis cette promenade quand elle avait huit ans. On se souvenait d'une fillette, on retrouvait une jeune fille. Elle fut applaudie, ce à quoi elle ne s'attendait pas ; le prit avec bonne grâce et même une certaine aisance. Le lendemain, la presse[6] insista sur le fait que ces « applaudissements marqués » lui étaient adressés. Elle ne comprit pas que cette précision signifiait que le public n'avait pas applaudi la reine...

Choix politique : Marie-Antoinette, « l'Autrichienne », sobriquet lancé par Madame Adélaïde, c'était le parti de Vienne, l'alliance avec les Habsbourg si combattue sous le règne précédent. Que la reine eût imposé Gluck passait pour un succès de cette ligne détestée, et suffisait à justifier le silence du public quand Marie-Antoinette était entrée dans la loge royale. La rumeur qui enfla de fiançailles d'Élisabeth avec l'empereur s'inscrivit dans ce contexte.

Un impérial rideau de fumée

Depuis sept ans que l'archiduchesse était mariée, qu'elle n'eût pas encore donné le moindre espoir de maternité commençait à alarmer sérieusement, à Vienne plus encore qu'à Versailles. L'impératrice Marie-Thérèse, mère de dix-huit enfants, attendait de ses filles la même prolixité et la stérilité d'Antonia l'alarmait. Pis encore, la jeune femme n'avait pas réussi à imposer à Louis XVI une entière adhésion aux visées impériales et la méfiance antiautrichienne demeurait forte en France. Maintenant, l'impératrice redoutait qu'on lui renvoyât sa fille.

Il n'existait, en droit royal comme en droit canonique, que deux prétextes à casser un mariage princier : sa non-consommation ou une stérilité imputable à l'épouse. En ce qui concernait la consommation du mariage, Louis XV, au lendemain des noces, avait affirmé à l'impératrice qu'elle avait eu lieu et, comme le roi s'y connaissait, Marie-Thérèse n'en avait pas douté. Restait la stérilité... Imputable à Antonia ? Ou à son mari ? L'impératrice avait quelques doutes. Certes, « l'Antoine », comme on l'appelait autrefois en famille, donnait l'impression d'être au lit une rude empotée mais, en ce domaine, Louis semblait plus maladroit encore...

En fait, les explications embarrassées de la reine donnaient l'impression qu'il existait dans le couple une mésentente intime, un manque d'attirance réciproque, et que ces deux adolescents, jetés dans la même couche aussi innocents l'un que l'autre, n'avaient su comment s'y prendre et qu'ils restaient, après sept ans de mariage, dans le même doute.

S'y ajoutaient-ils des causes physiques ? Voilà ce que Marie-Thérèse tenait à savoir et, pour ce faire, elle avait décidé d'envoyer Joseph confesser sa sœur et son beau-frère.

L'empereur en profiterait pour parler avec le roi des dossiers brûlants dans lesquels Marie-Antoinette n'avait pas brillé non plus. Il serait question de la Pologne, la Prusse, la Bavière, des affaires des Allemagnes, de ce conflit sur le point d'éclater entre la France et l'Angleterre, sous couvert de révolution américaine.

Comme il n'était pas question d'évoquer, serait-ce en termes voilés, les difficultés conjugales du couple royal, pas davantage des affaires diplomatiques susceptibles de déboucher sur une conflagration européenne, le vague prétexte d'un éventuel remariage de l'empereur fournirait une couverture crédible à ce voyage. On en laissa courir le bruit sans s'inquiéter des conséquences. Et d'abord pour Élisabeth.

En ce tournant de l'an 1776, le projet du mariage portugais, jamais sorti des limbes de la diplomatie secrète, venait d'y retourner. Les Bragance n'avaient pas donné suite car ils tenaient dur comme fer à leur alliance anglaise.

Il n'était donc plus question de Lisbonne, mais ce choix rendait l'établissement d'Élisabeth ardu. La maison de France avait, s'agissant du mariage de ses filles, d'énormes exigences ; certains disaient « de prétentions »... Elle exigeait un souverain régnant ou un prince héritier, catholique de surcroît ; la liste des épouseurs s'en trouvait considérablement rétrécie. Élisabeth arrivait à l'âge du mariage à un mauvais moment car tous les aînés de maisons régnantes fidèles à la foi de Rome se trouvaient établis, excepté le prince de Brésil, qui l'avait refusée, et l'empereur d'Autriche.

De vingt et un ans son aîné, veuf d'une princesse de Parme et d'une cousine autrichienne dont personne n'avait su si elles étaient déjà perturbées avant de l'épouser ou si leur mari les avait rendues folles, Joseph, sec, arrogant, pédant et prétentieux, n'avait rien pour séduire. Croyait-on aux chances de cette union ? Oui côté français ; pas du tout côté autrichien parce que Joseph II, résigné, faute de postérité, à laisser la couronne à l'un de ses frères ou neveux, n'avait aucune envie de reprendre femme. Il eût fallu, pour le faire changer d'avis, des intérêts considérables, que Louis XVI n'entendait pas lui accorder, ou qu'il tombât sous le charme d'une princesse si séduisante qu'il n'eût pu y résister. Il n'y avait aucun risque qu'une fillette de treize ans lui inspirât pareils sentiments, mais, comme ce projet dissimulait sa mission, il se prêta au jeu.

L'idée de l'alliance française, l'empereur le savait, venait de sa sœur, par sentimentalité. Marie-Antoinette ignorait combien ses défuntes belles sœurs avaient été malheureuses et se persuadait qu'il n'était pas de sort plus ravissant que régner à Vienne. La différence d'âge, l'absence de goûts communs, les bizarreries de Joseph ne pesaient rien face à pareil destin ! Et puis, ainsi que la reine l'avait écrit à sa mère, à considérer Mesdames Tantes, « il ne faisait pas bon rester vieille fille dans ce pays-ci ».

Ces calculs viennois, ces rêveries versaillaises avaient un aspect négatif : qu'adviendrait-il, maintenant que la rumeur se propageait d'une visite à but matrimonial, si le mariage ne se concluait pas ? Les mauvaises langues aussi bien que les chancelleries attribueraient à quelque défaut de la princesse le non aboutissement de ce projet fumeux... Et après cela, qui voudrait d'elle ?

En cet automne 1776, Mme de Mackau écrivit à Marc de Bombelles, jeune diplomate dont elle comptait faire le mari d'Angélique : « Nous attendons incessamment l'empereur ici. Reste à savoir quelles seront les suites de cette visite auguste. Le public veut que le mariage de Madame Élisabeth en soit le résultat mais les gens qui croient être dans la bouteille à l'encre assurent qu'il n'en sera rien et alors, son séjour ici ne peut faire qu'un mauvais effet pour cette aimable princesse dont on dira qu'il n'a pas voulu après l'avoir vue ; et en vérité, il faudrait être bien difficile pour ne pas la trouver charmante. Sa figure est jolie et pleine de grâce mais son caractère est mille fois encore plus agréable ; il est impossible d'avoir plus d'esprit et d'être plus aimable. Elle joint à toutes les qualités du cœur et de l'âme de Madame la princesse de Piémont beaucoup plus de vivacité d'esprit et de grâce extérieure[7]. »

Pour sa part, Bachaumont notait dans ses *Mémoires secrets*[8] : « On regarde comme très vague le motif donné de voir Madame Élisabeth. On présume qu'il (l'empereur) est plus curieux de connaître de près notre jeune monarque et de le juger par lui-même, pour savoir comment se conduire à l'occasion. Cette conjecture se fortifie par la tournée que cette Majesté doit faire dans les ports et les villes principales du royaume. »

Puisque tout le monde croyait savoir que Joseph II venait en France y rencontrer Élisabeth, il fallut bien la mettre au courant. Elle n'en marqua ni inquiétude ni attente. Cette attitude coûtait à sa nature entière, son caractère volontaire et déterminé, son goût de l'action, tout cela que l'on tenait pour vertus chez un garçon et pour défauts chez une fille.

Le printemps 1777 vint, pas l'empereur. À Vienne comme à Versailles, ce voyage entraînait une foule de difficultés. Enfin, le 18 avril 1777, Joseph arriva à Paris. Suivirent les présentations officieuses à la famille royale. Joseph dauberait, ensuite, sur les travers des uns et des autres, ce qui, de la part d'un pareil original, ne manquait pas de sel. Il s'avisa de trouver sympathique Provence qui ne l'était guère, détesta Artois que chacun s'entendait à juger charmant, et qui l'était, décréta nulles leurs femmes respectives. Élisabeth échappa à ces gracieusetés, parce que l'empereur ne lui montra pas le moindre intérêt et qu'elle ne retint pas assez son attention pour lui arracher fût-ce une muflerie.

Il convenait pourtant de faire semblant jusqu'au bout. Puisqu'on avait dit qu'il venait voir Élisabeth, il se sentit tenu de lui rendre plusieurs visites, donna assez le change pour que Mme de Mackau commençât à s'interroger : « Pourquoi ne pas le dire, même si cela est impossible, l'empereur a semblé frappé de l'aménité et du charme de Madame Élisabeth. »

À l'heure où Mme de Mackau se prenait à rêver Élisabeth impératrice, il n'était bruit, dans les chancelleries, que de l'échec d'un projet de mariage auquel peu de diplomates avaient prêté foi. La nouvelle revêtit une importance particulière pour les Piémontais, car elle redonnait corps à leur ambition de marier la princesse au duc d'Aoste, écarté au prétexte qu'il n'était point convenable de voir Élisabeth reléguée au second rang à la cour de sa sœur. Seulement, et les Savoie le savaient, sauf à miser sur le veuvage d'un souverain ou d'un prince héritier, les partis, maintenant que le Portugais et l'Autrichien avaient dit non, devenaient rares. En l'état, Aoste restait seul sur les rangs. Dans ces conditions, peut-être le roi de France rabattrait-il de son orgueil. Il était temps, en effet, de penser sérieusement à établir Élisabeth. Les fiançailles de sa chère Angélique le rappelèrent.

On marie le « cher ange »

À trente-deux ans, Marc Henri de Bombelles touchait à peine à la maturité. Il avait, enfant, eu l'honneur d'être menin du duc de Bourgogne, distinction qui l'eût promis aux plus brillantes carrières si ce prince n'avait trépassé à dix ans. Marquis de courtoisie[9], le jeune homme avait atteint le grade de lieutenant général et savait qu'il n'irait guère plus haut. Le gouvernorat de Bitche, en Alsace, ne lui assurait pas de gros revenus, de sorte qu'il s'était résolu à abandonner l'armée pour la diplomatie, dans l'illusion d'y trouver plus d'aisance. Hélas, il fallait d'abord gravir les échelons inférieurs, ne pas manquer de soutiens en hauts lieux si l'on souhaitait décrocher une ambassade parmi celles qui comptaient. Bombelles avait eu

Ratisbonne, c'est-à-dire pas grand-chose. La preuve en était que M. de Mackau, mort ambassadeur de France en cette principauté allemande, avait laissé sa veuve et ses orphelins dans la gêne.

C'était ce poste qui avait amené Bombelles à fréquenter Mme de Mackau, susceptible de le renseigner sur les us de l'endroit. La baronne n'avait pas tardé à voir en ce jeune diplomate le mari qui convenait à Angélique.

Il convenait, pour commencer, d'assurer à celle-ci la dot et la place que Mme de Marsan, quand elle avait engagé la baronne, lui avait fait miroiter pour ses filles. Mme de Mackau entreprit Élisabeth, lui expliqua les obligations qu'elle avait envers « son petit Ange ». Rien n'y manqua : ni les « sacrifices » consentis afin de la servir, ni la honte pour Angélique de sembler pauvre, ni, surtout, la crainte, si la place n'était pas obtenue, de voir la jeune marquise s'envoler vers l'Allemagne, dont, peut-être, elle ne reviendrait jamais. Il n'en fallait pas moins pour convaincre cette enfant timide, qui ne réclamait rien pour elle, d'entreprendre auprès de son frère une démarche à laquelle elle répugnait. Mme de Mackau se montra persuasive car Élisabeth demanda au roi, et obtint de lui, qu'il accordât à Angélique une dot de cent mille francs, une pension de mille écus et une place de dame à accompagner dans sa future maison.

On attendit, début 1778, la veille des seize ans de la fiancée pour concrétiser cette union, à laquelle la famille royale, en signant au contrat le 19 janvier, donna un certain lustre. Le mariage religieux eut lieu le 23, en l'église Saint-Louis de Versailles. Le surlendemain, Bombelles reprit la route des Allemagnes. À défaut d'emmener son épouse, que Mme de Mackau prétendait trop jeune pour tenir à Ratisbonne son rôle de femme de diplomate, Marc avait obtenu qu'Angélique l'accompagnât jusqu'à Strasbourg. Au cours de ce voyage de noces, les Bombelles s'avisèrent, sentiment peu courant, de tomber fort bourgeoisement amoureux l'un de l'autre. L'ambition ramena néanmoins à Versailles la jeune femme sanglotante mais déterminée à assurer la carrière de son mari. Elle devait prendre son service auprès de la princesse début mars, savait que ces « semaines » qui la mettraient au contact régulier de la famille royale revêtiraient une importance déterminante pour l'avenir des siens.

Élisabeth n'imaginait rien des calculs de son « cher Ange ». Pour la dérider, lui faire oublier le clan Mackau qu'il lui arrivait de trouver envahissant, Marie-Antoinette s'évertua, en cette fin janvier, à l'entraîner dans ses sorties. Jusqu'au début du printemps, où la reine se découvrit enceinte, ce qui la poussa à vouloir pour le dauphin qu'elle ne doutait pas de porter toute l'attention de la gouvernante des Enfants de France. Il fallut mettre un terme à la tutelle de Mme de Guéméné sur Élisabeth.

Une prophétesse de malheur

Louis XVI, transporté de joie à l'annonce d'une paternité si longuement attendue, fit prendre les dispositions nécessaires à la formation de la maison de sa sœur. Se doutait-il que cet arrangement prématuré était destiné à durer car Élisabeth ne se marierait pas ? Commençait-on à le laisser entendre à la princesse, ou celle-ci, lucide, le comprenait-elle ? Un curieux incident, en cette année 1778, acheva de l'en persuader.

Mme de Guéméné possédait avenue de Paris à Montreuil, aux faubourgs de Versailles[10], une propriété où elle se retirait quand elle n'était pas de service. Le reste du temps, elle en laissait la jouissance à Mme de Mackau. Il y avait alentour des ruelles envahies d'herbes folles où le docteur Lemonnier emmenait ses élèves pour des séances de botanique sur le terrain.

Un jour, Élisabeth et Angélique de Mackau se promenaient le long d'un de ces sentiers quand elles vinrent à croiser une vieille si pitoyable que la princesse, dans un geste spontané lui donna tout l'argent qu'elle avait sur elle : un louis d'or. Pour remercier, la pauvresse voulut leur lire les lignes de la main. Jeu défendu, parce que l'Église condamnait ces pratiques, et parce que leurs éducatrices n'avaient cessé de mettre les jeunes filles en garde contre l'habileté des devineresses prétendues à escamoter bague, mouchoir de dentelles, et autres objets d'un peu de valeur laissés à portée de leurs doigts experts. Mais la curiosité l'emporta.

Angélique tendit sa main gauche, la femme assura y voir la promesse d'un heureux mariage, de nombreux enfants. Puis elle prit la main d'Élisabeth, la scruta avec stupeur, puis effroi, marmonna :

– Pardonnez-moi ! Je ne vois rien aujourd'hui ! Tout est voilé. Cela m'arrive parfois.

Jusque-là, la princesse avait cru à un jeu, s'attendant à des prédictions d'autant plus douteuses que la pythonisse, dans l'ignorance de son rang, lui annoncerait un avenir improbable. Son silence, son air consterné l'inclinèrent, contre toute raison, à prendre soudain cette plaisanterie au sérieux. Elle insista :

– Comment ! Et à moi ? ! Vous ne voulez donc pas me promettre que je me marierai, que je serai heureuse et que j'aurai beaucoup d'enfants ? !

Alors, la vieille regarda tristement l'adolescente et, tout bas :

– Hélas, ma petite demoiselle... Pour vous, il n'y aura ni mari ni enfants. Ni bonheur... Non, pour vous, il n'y aura rien de tout cela...

Et elle s'enfuit comme si – Élisabeth en eut la conviction – elle avait conservé pour elle le pire de ce qu'elle avait vu[11].

Chapitre III

L'APPRENTISSAGE DE CE PAYS-CI

Élisabeth éprouvait-elle beaucoup de regrets à la prédicion de la devineresse ? Elle n'était dévorée ni par l'ambition de monter sur un trône ni par la peur de rester fille. Certes, elle n'appréhendait pas très nettement la réalité de cet état, ni à quoi elle renonçait, mais, même plus âgée, elle n'en manifesterait jamais de chagrins inutiles. La maternité ne lui occasionnerait pas plus de nostalgies. Elle aurait trop d'occasions de consoler ses proches de la perte d'un enfant pour ne pas songer que Dieu lui avait au moins épargné ces croix-là.

Quant au bonheur qui ne devait pas être son partage, il le fut quelques années pourtant, parce que, dans sa sagesse, elle sut se contenter des petites joies du quotidien et des plaisirs de l'amitié.

Une maison princière

Le principal avantage de la formation de la maison d'Élisabeth résidait dans un commencement d'indépendance. Quoique cette indépendance ne fût pas complète avant sa majorité, au jour de son vingt-cinquième anniversaire, elle lui accorderait loisir de gérer sa vie, de prendre des décisions qui relevaient jusque-là de ses éducatrices.

Si Élisabeth, trompée par la facilité avec laquelle elle avait intercédé favorablement auprès du roi en faveur d'Angélique de Mackau, croyait pouvoir imposer les personnes qu'elle désirait se voir attachées, elle ne tarda pas à déchanter. Il s'agissait de décisions sérieuses, qui devaient faire des heureux et des mécontents, relevant d'un jeu de cour dont elle ne connaissait pas les règles. Il n'était pas question de lui en abandonner la distribution. D'autres s'en étaient chargés, à commencer par la reine qui, dès novembre, avait placé ses amis, ses obligés, tous ceux à qui elle voulait du bien et qui se trouveraient aises d'être à Madame Élisabeth.

Quant à ceux que celle-ci eût été aise de voir être à elle, c'était une autre affaire... Elle l'apprit quand elle souhaita donner la place de premier écuyer ou celle de chevalier d'honneur au comte Valentin Esterházy, et s'entendit répondre que l'une était déjà accordée au comte d'Adhémar, l'autre au comte de Coigny. Le comble étant que tout le monde le savait, y compris Esterházy, qui prit l'offre comme une plaisanterie offensante alors que ce faux pas témoignait seulement de l'ignorance dans laquelle la princesse était tenue. Que Marie-Antoinette désirât garder Esterházy dans son cercle d'intimes ne justifiait pas le soin qu'elle mit à faire nommer aux postes clefs de la maison de sa belle-sœur les gens les moins faits pour les occuper.

Si Gabriel de Coigny, maréchal de camp, colonel général des dragons, gouverneur du château de Fougères, d'âge mûr, fameux pour son exquise politesse, rentrait à merveille dans le rôle de chevalier d'honneur, dévolu à des messieurs rassis chargés d'accompagner les princesses sans qu'aucun soupçon déplacé ne planât sur leurs relations, la nomination de Balthazar d'Adhémar au poste de premier écuyer étonna.

Héritier d'un beau nom de Provence, le comte d'Adhémar n'avait aucune fortune, mais, très joli garçon, avait compris l'intérêt de ce physique avantageux et s'en était servi. Cet homme d'expédients, séducteur qui avait le talent de faire rire la reine n'avait rien à faire auprès de la princesse[1]. Et il n'était pas le seul.

On jasa parce que Mme de Canillac, attachée aux dames de la duchesse de Bourbon, le serait dorénavant à Élisabeth et que tout le monde, exceptée la princesse, savait les raisons de ce changement.

Dorothée de Roncherolles, comtesse de Canillac, était une jeune femme ravissante, malheureuse en ménage, ce dont elle s'excusait pour chercher l'amour ailleurs. Le duc de Bourbon avait été le premier auquel elle avait accordé ses faveurs. La duchesse de Bourbon en gardait une rancune tenace à Mme de Canillac, et cette rancune ne s'était pas amoindrie quand la belle était tombée dans les bras du comte d'Artois : en lui rendant son mari, la Canillac lui prenait son amant... Artois s'était donc arrangé pour obtenir, en faveur de sa maîtresse qui ne pouvait plus rester près de la duchesse de Bourbon, une place de dame à accompagner auprès de sa sœur...

La nomination, pourtant, qui étonna le plus fut celle de la comtesse Diane de Polignac à la place de dame d'honneur, ce qui faisait d'elle la responsable de la maison.

Belle-sœur de Yolande de Polastron, comtesse de Polignac, dont l'incroyable beauté et la légère sottise excitaient calomnies et jalousies mais ravissaient la reine, Diane de Polignac possédait une intelligence aiguë et un physique de pruneau sec qui la faisait unanimement juger très laide. En âge de se marier, sans charmes pour pallier l'absence de dot, elle avait été admise parmi les chanoinesses de Remiremont en Lorraine, chapitre noble refuge des filles de l'aristocratie qui tardaient à trouver un époux. Remiremont donnait le droit d'être appelée « madame » et de porter un titre nobiliaire, une pension permettait de vivre et ne contraignait à aucune obligation religieuse, n'interdisant pas de se marier si l'occasion finissait par se présenter. Mme la comtesse de Polignac n'avait absolument rien d'une moniale, et presque aucune religion. Marie-Antoinette, responsable de cette nomination, avait placé Diane près de sa belle-sœur parce que l'enragée petite chanoinesse lui semblait apte à écarter la jeune fille d'une vie de prière et d'austérité que la reine ne comprenait ni n'approuvait. Adhémar, Mme de Polignac, mais aussi Chamfort, nommé bibliothécaire de la princesse, devaient ouvrir l'esprit de celle-ci, trop enfermée dans la religion, aux progrès des Lumières et aux philosophes.

Louis XVI laissa faire. Il ne voulait pas fâcher la reine, enceinte, sur de si petites choses alors qu'il venait de la contrarier fortement en refusant d'appuyer l'Autriche dans ses revendications sur la Saxe, au risque d'une guerre avec la Prusse.

Quand tous ceux-là furent placés, ne restait que des miettes ; encore se les disputa-t-on férocement. Le 8 avril 1778, on rendit enfin public la composition de cette fameuse maison.

L'abbé de Montégut conserva le titre d'aumônier ordinaire. C'était un héritage de feu le dauphin et de sa femme, quasi-inamovible. L'abbé Madier resta confesseur et directeur de conscience. Diane de Polignac obtint, comme le bruit en courait, le poste de dame d'honneur, ce qui corroborait la faveur croissante de sa belle-sœur et de son frère, le comte Jules de Polignac. La marquise de Sérent, née Félicité de Montmorency-Luxembourg, fut dame d'atours. Les dames à accompagner, outre la jeune marquise de Bombelles et la comtesse de Canillac, furent la vicomtesse d'Imecourt, la comtesse des Deux-Ponts, la marquise de La Roche-Fontenille, la marquise des Essarts, la marquise de Lastic, Mmes de Bourdeilles, de Tilly, de Mellefort et de Chauvelin. S'y ajoutaient les marquises de Rosières-Sorans et de Causans, mises là l'une par la princesse de Piémont, l'autre par Louis XVI afin de conférer un peu de sérieux à une maison qui risquait d'en manquer.

Ces dames formaient le premier cercle qui ne quitterait guère la princesse. Venaient ensuite MM. de Coigny et d'Adhémar, chevalier d'honneur et premier écuyer, M. de Podenas, second écuyer. M. de Martineau portemanteau, M. Mesnard de Chouzy secrétaire des Commandements, M. Imbert, secrétaire de la chambre. Puis les femmes de chambre[2], le personnel domestique et une coiffeuse, Mme Bosserelle[3].

Au total, la maison noble de Madame Élisabeth comptait seize personnes, ce qui n'était pas grand-chose et marquait son état de fillette et de célibataire. Preuve supplémentaire que la grossesse de la reine avait accéléré la sortie de « l'éducation », Louis XVI ne voulut pas donner à sa cadette d'autres appartements que ceux qu'elle occupait depuis sa naissance dans l'aile du Midi.

Pourtant, un changement s'amorçait, et la fin d'une époque. Il faudrait prendre de nouvelles habitudes, s'accoutumer à de nouveaux visages et, à quelques jours de la « remise » officielle par Mme de Guéméné de la princesse à son frère, chacun était triste et affligé comme s'il se fût agi de se séparer à jamais d'Élisabeth[4] alors que la plupart des familiers lui demeuraient attachés.

Elle sentait, pour la première fois de sa vie, à cause des disputes occasionnées pour la constitution de sa Maison, combien on intriguait autour d'elle, combien certaines affections qu'elle avait cru sincères s'avéraient profondément intéressées. C'était à qui se pousserait, se placerait, pousserait les autres afin de mieux s'établir. Mme de Canillac, dont chacun estimait qu'elle eût mieux fait de se montrer discrète, s'agitait beaucoup ; les Mackau s'inquiétaient de voir Mme de Causans renforcée dans ses positions et redoutaient de la voir placer ses filles ; quant à Mme de Guéméné, sans que nul n'en sût la raison, elle avait fâché Élisabeth, qui lui battait froid[5].

Le 17 mai, la princesse de Guéméné, toujours affligée parce que cette brouille n'était pas apaisée[6], procéda à la « remise » de la princesse au roi. Copie simplifiée de la cérémonie qui marquait le « passage aux hommes » du dauphin et des jeunes princes à l'issue de leur sixième année, elle marquait officiellement la fin de l'enfance et donnait quitus à la gouvernante qui s'était acquittée de sa tâche conformément à ses devoirs et remettait à ses proches une jeune fille accomplie, bien élevée et en bonne santé. En même temps qu'elle, Mmes d'Aumale et de Mackau, sous-gouvernantes, résilièrent leurs fonctions, mais pour les reprendre, à la fin de l'année, auprès de l'enfant que la reine attendait.

Cette formalité remplie, toute la cour se transporta à Marly. Ce ne fut pas sans appréhension qu'Élisabeth aborda ce changement. Jusque-là, le quotidien se trouvait réglé comme papier à musique. Mme de Marsan avait veillé à ne jamais laisser ses pupilles désoccupées, et son remplacement par la princesse de Guéméné n'avait pas suffi à détruire de si bonnes habitudes. Maintenant, Élisabeth se retrouvait maîtresse de ses journées, l'autorité de Mme de Sorans étant théorique, celle de Mme de Polignac plus à craindre qu'à désirer.

Marly

Marly, paradis conçu par Louis XIV, devenait enchanteur au printemps, quand les berceaux de jasmin et de chèvrefeuille commençaient à fleurir et que l'on pouvait profiter des jeux d'eaux, des salons de verdure et des arbres du parc, plus beaux que ceux de Versailles coupés en nombre du temps du feu roi car ils mouraient de vieillesse et de maladie. En ce lieu imaginé pour le bonheur, rien de sérieux ne semblait concevable. Il était facile de s'y laisser aller au plaisir et à la paresse, car tout y inclinait. Élisabeth, qui participait pour la première fois à ce voyage de cour, en comprit le charme et les périls, et fit en sorte de s'en prémunir en s'imposant une stricte discipline.

D'autres commençaient à se dispenser de l'assistance quotidienne à la messe ; elle veilla à ne jamais la manquer. À midi trois quarts, ponctuellement, elle dînait avec Mme de Bombelles qui lui tenait compagnie l'après-midi, lisant, causant, étudiant à l'heure où les autres se faisaient voiturer d'un cabinet de verdure à l'autre. À sept heures du soir, Élisabeth faisait « grande toilette », c'est-à-dire qu'elle revêtait le grand habit de cour splendide et inconfortable. À sept heures trois quarts, la princesse et ses dames paraissaient au salon où l'on venait de disposer les tables de pharaon. Elle jouait un peu, parce que c'était une obligation mondaine mais, ne disposant pas de fonds importants, ne risquait que de petites sommes. À dix heures, on passait à table pour le souper, au terme duquel chacun s'empressait de retourner au jeu, dans l'illusion de gains qui combleraient des déveines précédentes... Élisabeth ne tomba pas dans ce travers et prit l'habitude de se retirer, quoiqu'il arrivât, sur le coup de minuit, ce qui obligeait ses dames à en faire autant.

Mme de Bombelles, qui n'avait nulle expérience de la vie monastique, appelait cela « une vie réglée comme un couvent[7] ». Elle eût bien étonné moines et moniales, mais, dans le relâchement de la cour et les délices de Marly, c'était en effet s'imposer un effort étonnant et ne pas abuser d'une liberté qui en eût grisé plus d'une au même âge. Il fallait se restreindre tout de suite, ou être incapable, à l'avenir, de se déprendre d'un monde dont ses éducateurs lui avaient appris à se méfier. Marly ne grisa pas Madame Élisabeth, ce qui était déjà singulier[8], mais lui donna l'occasion de réaliser son plus vieux rêve : apprendre l'équitation.

En effet, elle rêvait chevaux et cavalcades depuis qu'à l'âge de trois ans, elle avait assisté à la première reprise de son frère au manège. Les premières leçons furent prises fin mai 1778 ; un mois plus tard, elle manifestait une telle passion pour l'art équestre qu'elle ne parlait et ne s'occupait que de chevaux[9]. Avec la technique et l'expérience, elle rechercherait des montures toujours plus nerveuses, rapides, puissantes, que certains hommes eussent hésité à monter, et qu'elle maîtriserait d'un poignet de fer, les poussant à leurs limites, sans redouter la chute ni l'accident[10].

Moins portée à l'exercice, redoutant de se casser le cou, Angélique de Bombelles se fût volontiers dispensée d'apprendre à monter, comme Élisabeth le lui demandait, mais son mari raffolait du cheval, de sorte qu'au grand dam de sa femme et sa belle-mère, il avait non seulement consenti mais encouragé ces leçons[11]. Mme de Mackau s'en plaindrait à Madame Clotilde, lui écrivant à Turin : « Il serait peut-être désirable qu'elle

[Madame Élisabeth] montât moins à cheval mais c'est un goût dominant et elle s'en porte à merveille, de manière qu'on ne peut guère la contraindre sur cet objet. »

Ce dernier terme, « contraindre », révélait combien l'émancipation d'Élisabeth demeurait relative et sa tutelle étroite.

La jeune fille ne disposait ni des places à pourvoir dans son entourage, ni de son argent, hormis les maigres sommes qu'elle dépensait en charités au hasard de ses promenades[12] ; elle n'avait pas même loisir d'offrir de modestes présents, en raison des froissements d'amour propre que ces gestes risquaient d'occasionner. Il fallait s'accommoder de cela comme du reste...

En revanche, son frère lui autorisait des passe-temps jugés hasardeux[13]. En janvier 1777, on l'avait abonnée à un nouveau quotidien, *Le Journal de Paris*, qu'elle lisait le plus sérieusement du monde chaque jour, en extrayant les meilleurs passages à l'intention de Mme de Bombelles quand celle-ci s'absentait[14].

Car, et c'était la grande affaire de cet été 1778, le « cher Ange » avait rejoint son mari à Ratisbonne. À peine Mme de Mackau et sa fille parties, l'offensive contre elles se déclencha. Il s'agissait d'avoir dégoûté la princesse de son amie avant son retour.

La cabale venait des Polignac, donc de la reine qui, par moments très Lorraine, ressassait des griefs contre les Bombelles qui n'avait pas toujours servi ses aïeux de Nancy comme il eût fallu ; en épousant Mlle de Mackau, très jalousée, le marquis n'avait pas arrangé ses affaires. Mais on était à la Cour et, dans ce pays-ci, les inimitiés demeuraient feutrées, les haines discrètes, le sourire de rigueur, fût-ce à l'intention de gens que l'on eût volontiers étranglés de ses propres mains. Quoiqu'elle eût démêlé les fils de cette intrigue, Mme de Bombelles saurait feindre n'avoir rien vu, rien entendu. Premier acte d'une comédie à rebondissements qui ne cesserait d'agiter la petite cour de la princesse. Les enjeux, il est vrai, étaient d'importance puisqu'il n'était question que de gratifications, primes, pensions, dots, argent extorqués au Trésor et au roi.

Sortie d'éducation

À la fin d'un autre séjour à Marly, en novembre, Élisabeth demanda à ses anciens professeurs, y compris le pénible abbé de Montégut, de bien vouloir lui redonner des cours comme ils le faisaient quand elle était à l'éducation.

À en juger par l'orthographe désastreuse qui resterait la sienne, Élisabeth, peu portée sur les matières littéraires, n'avait réclamé les leçons de l'abbé que par délicatesse, pour ne pas le froisser ; elle tenait surtout à approfondir ses connaissances scientifiques et demanda les meilleurs professeurs de mathématiques et de physique. À M. Leblond succéda son maître, Mauduit, du Collège de France, meilleur mathématicien français[15]. Le goût de la princesse pour les sciences l'amena à commander des instruments de géométrie à des artisans d'art : règles en ivoire incrustées d'or, compas d'argent doré d'un travail raffiné témoignant qu'elle aimait s'entourer de beaux objets. Sa piété, sa discrétion, son esprit d'économie ne se révélaient pas incompatibles avec le sens de l'esthétique et la conscience qu'il appartenait au roi, à sa famille et à l'aristocratie, de faire vivre les métiers du luxe.

À ces études sérieuses, auxquelles elle s'appliqua quatre ou cinq ans encore[16], elle voulut ajouter la musique et la peinture. La musique parce qu'elle y était détestable, carence déplorable, la peinture parce qu'elle y manifestait au contraire des dispositions au-dessus de l'amateurisme[17].

Au clavecin comme à la harpe, ses efforts ne produiraient aucun résultat car elle manquait, tare irrémédiable, d'oreille et du sens du rythme. Aucun professeur ne pouvait l'aider à suppléer ces défauts ; elle continuerait à jouer sans mesure et chanter désespérément faux, au grand regret de Mme de Bombelles, qui trouvait que la princesse gâtait les soirées musicales.

Le professeur de dessin était Désiré Van Blavenberghe, peintre et paysagiste réputé, mari d'une de ses femmes de chambre. Avec cet artiste, Élisabeth acquit, outre le coup de crayon, le sens de la perspective et des physionomies, la technique, des façons professionnelles de préparer ses supports et ses couleurs. Il lui communiqua son amour des paysages, des scènes de genre croquées sur le vif, et l'initia à la miniature.

À la veille de ses quinze ans, Élisabeth renvoyait désormais l'image d'une jeune fille charmante et l'on s'étonnait à mi-voix que tant de grâces n'eussent pas encore trouvé un époux...

Un portrait anonyme, l'un de ceux pour lesquels elle posa au cours de l'automne 1778[18], montre une adolescente un peu frêle, à la silhouette enfantine[19] en dépit d'une gorge naissante largement découverte comme le voulait la mode mais incontestablement jolie. Une amie de la baronne de Mackau, Mme Guénard, qui rencontra la princesse à l'époque, dit :

> Ses manières étaient simples et nobles et on éprouvait un plaisir extrême à la voir parce qu'elle était l'image de la bonté. Elle n'était pas d'une beauté parfaite mais sa figure et toute sa personne avaient ce charme et cette dignité, compagnes inséparables de la vertu et on trouvait en elle la majesté qui convient à la fille des Rois. Son front, siège de la candeur, avait la noblesse de celui des Bourbons ; il était couronné par des cheveux châtains plantés dans la plus grande perfection. Son nez ayant conservé la forme qui caractérise la physionomie de son illustre Maison, était cependant beaucoup plus fin. Son regard portait dans les cœurs l'impression de la sensibilité et de la mélancolie qui faisaient l'agrément de ses yeux qui, sans être très grands, étaient de la forme la plus agréable et avaient, sans peindre la volupté, une douceur inexprimable qui n'appartient qu'aux yeux bleus. Sa bouche, où l'on voyait errer le doux sourire, n'était pas petite mais vraiment belle, et, lorsque ses lèvres de corail s'entrouvraient, elles laissaient apercevoir les dents les plus blanches et les mieux rangées. Les Grâces avaient pris plaisir à arrondir le contour de son visage qu'embellissait un teint de lys, animé du coloris de l'innocence

et de la santé qui lui donnait cet embonpoint sans lequel il n'existe pas de charmes. Sa taille, au dessus du médiocre, avait pourtant un défaut qui choquait infiniment dans ce temps, c'était d'être plus courte que ne le demandent les belles proportions. Rien n'avait pu remédier à ce tort de la nature qui s'était plue, exceptée cette légère tache, à former Élisabeth pour enchanter tous ceux qui avaient le bonheur de l'approcher.

Élisabeth avait donc pour elle l'éclat de sa jeunesse et une santé robuste, des goûts de naturel qui s'embarrassaient peu de la poudre, préférant garder ses cheveux dans leur teinte châtaine, mais aucun corset ne pouvait remédier à l'épaisseur d'une taille courte qui, conjuguée à une poitrine abondante, la laissait supposer plus grasse qu'elle ne l'était. L'ensemble, cependant, bien qu'il ne répondît pas aux canons de beauté en vigueur, était loin d'être déplaisant.

Encore convenait-il de lui conserver ces avantages et la crainte de gâter ce teint délicieux dont on lui faisait compliment expliquait pourquoi on la pressait de réclamer l'inoculation contre la variole. La princesse le désirait, mettant cette opération en tête de ses projets. Plusieurs événements conduisirent à la repousser de plus de quinze mois.

La grossesse de la reine réclamait que la princesse ne s'éloignât point de Versailles, or la Faculté imposait aux inoculés une quarantaine de six semaines. Pas question, donc, de procéder à l'inoculation tant que Marie-Antoinette ne serait pas accouchée.

Enfin, dans la matinée du 19 décembre 1778, la reine mit au monde ce premier-né tant attendu. Ce n'était pas le garçon espéré mais une fille, baptisée Marie-Thérèse Charlotte. Pour l'heure, les espoirs de la couronne continuaient de reposer sur les enfants du comte d'Artois, Louis Antoine, duc d'Angoulême, âgé de quatre ans, et Charles Ferdinand, duc de Berry, né le 24 janvier précédent

L'arrivée de la fillette que, par commodité, pour ne pas confondre avec ses tantes et ses grands-tantes, on appela Madame Royale, acheva la rupture anticipée par la fin de l'éducation d'Élisabeth au printemps précédent. Désormais, la princesse de Guéméné, Mmes d'Aumale et de Mackau dispenseraient leur éducation à une autre. Une porte se refermait.

Pas tout à fait cependant, les Mackau y veilleraient, dans la certitude que leur fortune dépendait, pour l'essentiel, de Madame Élisabeth[20]. Il faudrait user de moyens plus insidieux pour éloigner le « cher Ange » de sa princesse. Le clan Polignac et ses obligés s'y employèrent toute l'année 1779 et encore celle d'après. Sans résultats... Rien n'entama l'affection d'Élisabeth envers Mme de Bombelles. Il est vrai que celle-ci ne perdait pas une occasion d'afficher la sienne.

L'inoculation : une volonté d'exemplarité

Le 18 mars 1779, Élisabeth attrapa la rougeole. Angélique ne l'avait pas eue, mais personne ne put la convaincre de quitter la contagieuse, dût-elle tomber malade à son tour, ce qui ne manqua pas d'arriver. Le jeu en valait la chandelle. Il ne s'agissait plus de quelques babioles offertes en passant[21] mais de l'amener à obséder le roi de sollicitations pour obtenir à Marc l'ambassade des Deux-Ponts[22].

Élisabeth se remit rapidement et, début avril, rejoignit Marie-Antoinette à Trianon. Cette invitation, inédite car la souveraine tenait à son intimité, pouvait passer pour une preuve d'affection, mais elle n'était pas dépourvue d'arrière-pensée. Ni Mme de Bombelles ni Mme de Mackau, en effet, n'accompagneraient la princesse.

Élisabeth ne soupçonna rien, sur le moment, de ces intrigues, toute à la joie des attentions que la reine lui prodigua au cours de ces deux semaines.

Le séjour de Trianon, le premier que Marie-Antoinette y fit de façon prolongé, propice à l'intimité[23], en lui permettant de côtoyer Élisabeth sans contrainte, lui montra une jeune fille mûrie, souriante, d'un commerce agréable qui la changea, par sa candeur, de ses entours ordinaires. Elle le dit, ce qui étonna[24].

La belle saison passa sans que l'on eût fixé une date pour l'inoculation de la princesse, parce que les médecins estimaient les chaleurs estivales néfastes à la convalescence. Mme de Bombelles, inoculée en mai par le docteur Goetz, chirurgien qui passait pour le meilleur, déconseillait d'ailleurs de commettre cette erreur qui contraignait à rester enfermée et dolente aux plus beaux jours. L'on remit à l'automne. Il ne fallait pas y voir une hésitation de la part d'Élisabeth. Certes, l'intervention, quoique pratiquée avec succès depuis trente ans, continuait d'effrayer car elle provoquait fièvres et crises éruptives déplaisantes chez de nombreux patients, mais ces inconvénients étaient d'une absolue bénignité comparés aux ravages de la variole. Cette vaccination, Élisabeth la voulut, en pesant les avantages et les inconvénients, dans un désir d'exemplarité, afin de participer à la campagne médicale qui aboutirait à l'éradication du fléau. Il appartenait à la famille royale de tracer la voie au peuple. Douze enfants pauvres seraient inoculés en même temps que la princesse et à ses frais.

La date de l'intervention, calculée en prenant en compte facteurs médicaux, mondains, religieux, météorologiques et précédée de purges, saignées et lavements, fut fixée fin octobre 1779 ; Élisabeth se retirerait à Choisy.

Le plus compliqué fut de composer le groupe de personnes qui l'accompagnerait durant ses six semaines d'isolement. Il fallait que ces femmes fussent déjà immunisées, pour avoir attrapé la variole et en avoir guéri ou avoir été inoculées, et qu'elles fussent libres de leur temps. Bien que Mme de Bombelles fût enceinte et pliée de nausées[25], rien n'avait pu la convaincre d'abandonner à une autre la gloire d'être cloîtrée à Choisy.

Décidée à accompagner son mari à Ratisbonne et y rester jusqu'à la fin de l'été suivant, elle ne voulait pas perdre une seconde de la compagnie de sa princesse.

Élisabeth se félicita de l'arrangement, pour avoir échappé à une autre solution : être confiée à ses tantes.

Dès son arrivée à Choisy, elle subit l'opération. Eu égard à son rang, le praticien avait renoncé à la méthode ordinaire, qui consistait à faire venir le patient au chevet d'un variolique en voie de guérison et à pratiquer deux profondes scarifications aux deux bras après avoir recueilli le pus, injecté directement, sur une pustule du malade. La princesse soutint cet acte chirurgical avec constance. Restait à attendre les premiers symptômes, preuve que l'inoculation avait réussi[26].

Au soir du 27 octobre, Élisabeth ressentit un léger train de fièvre, puis un malaise général accompagné « d'envies de vomir ». La diète prescrite se fit plus sévère. Enfin, le matin du 3 novembre, elle se réveilla couverte de gros boutons « pleins et ronds ». Le surlendemain, l'éruption se résorba, laissant des croûtes dont il fallait attendre la chute. Le 6, le docteur Goetz prescrivit une nouvelle purge et, le 7, autorisa le retour à un régime carné allégé à base de poulet. Si tout allait bien, Élisabeth pourrait rejoindre la cour à Marly le 23 novembre[27].

Certains dans son entourage notèrent qu'elle serait de ce fait absente aux noces de Mlle de Bombelles, belle-sœur d'Angélique, qui, le 17, épouserait le marquis de Travanet. La coterie Polignac en profita pour lancer ce qu'elle pensait être l'assaut final.

La guerre des clans

Sachant qu'Angélique partirait sitôt finie la quarantaine de Choisy, qu'elle n'aurait donc pas le temps de dissiper ce qui ressemblerait à une brouille, quand il ne s'agirait que d'un malentendu, les autres dames à accompagner s'ingénièrent, les unes à la retenir loin de la princesse, les autres à inventer mille raisons pour expliquer à celle-ci cet éloignement subit. Élisabeth ne s'en alarma pas : elle avait été la première informée de la grossesse de Mme de Bombelles, et pensa qu'elle avait besoin de se ménager. Pendant ce temps, les bonnes âmes expliquaient avec un air de regret au « cher Ange » que la princesse ne tenait pas à la voir, et, comme Mme de Bombelles, inquiète, était parvenue à accaparer un instant Élisabeth, elles trouvèrent prétexte pour faire irruption et convaincre la princesse de les suivre, plantant là Angélique stupéfaite.

Cette interruption étonna la princesse ; elle repassa les incidents des derniers jours, l'évidence lui sauta aux yeux : on l'avait sciemment éloignée de son amie. Cela ne lui plut pas du tout. À peine levée, elle descendit au jardin, pria qu'on lui envoyât Mme de Bombelles et qu'on les laissât seules. Angélique arriva[28]. Lui prenant la main, Élisabeth déclara :

– Mon Ange, je t'ai abandonnée un moment hier ; on en a cruellement abusé. Je ne me le pardonnerais de ma vie si tu ne me le pardonnais toi-même ! J'ai vu qu'on voulait nous brouiller. On n'y parviendra jamais et d'aujourd'hui jusqu'à la fin de mes jours, je serai si tendrement ton amie qu'on ne pourra se flatter de troubler cette union.

Mince incident, qui ne pouvait prendre proportions de drame que dans le cadre étroit de l'entourage d'Élisabeth, mais révélateur d'une atmosphère, d'une sociabilité et du caractère de la princesse.

Atmosphère détestable sous ses dehors feutrés, contre laquelle Élisabeth lutterait désormais, dans une volonté déterminée de faire de son cercle une réunion d'intimes unis par les liens de l'affection et de la confiance, non pas mus par l'ambition et minés par les rivalités. Sociabilité propre à ces ultimes années de l'Ancien Régime, où les amitiés occupaient les jours, favorisaient les unions, les carrières, et embellissaient tout simplement la vie. Dans un monde où les mariages étaient rarement affaires de cœur, où les liens de parents à enfants restaient souvent distants, l'ami, l'amie, les amis tenaient lieu de tout et les brouilles, si elles survenaient, prenaient l'ampleur de tragédies intimes, voire sociales quand elles remettaient en cause l'équilibre d'un salon, et n'étaient pas loin de gagner une ampleur politique quand il s'agissait de l'entourage du roi ou des princes.

La quarantaine se termina sur cette scène sentimentale. Élisabeth partit pour Marly. C'était un moyen de remettre à plus tard la corvée d'aller voir ses tantes à Meudon. Elle avait compté sans leur caractère, de plus en plus acariâtre. La querelle qu'elle avait espéré éviter éclata sitôt son retour. La suite, elle la raconterait, partagée entre rire et agacement, à Mme de Bombelles, dans son style, et son orthographe, inimitables[29] : « Vous croyez peut-être que je suis consoler, point du tout. D'autant plus que moi, qui déteste les explications, je viend d'en avoir une avec ma tante. La reine y a été ce matin pour lui demander ce qu'elle avait hier et elle lui a dit qu'elle était fort mécontente de moi parce que je ne lui avais pas écrit avant mon inoculation et qu'elle devait m'en parler. Ji ai donc été ce soir : je suis arrivée chez ma tante Victoire qui m'a parler avec beaucoup d'amitié et qui m'a dit que j'avais eu tors de ne leur pas écrire, ce dont je suis convenue et lui ai demandez pardon. De là j'ai été chez ma tante Adélaïde qui, le plus aigrement possible, m'a dit : "j'ai parler à la reine de vous ce matin. Que dites-vous de votre conduite, depuis qu'il est question de vous inoculer ? Comment, lui ai-je dit, ma tante, qu'est-ce que j'ai fait ?" "Vous ne nous avez pas seulement remercié." et elle reprit de ce que nous nous enfermions avec vous[30]. [...] »

Cela aussi faisait partie de cet apprentissage de la vie de cour dont Mme de Mackau dirait, parlant des pressions exercées sur la princesse : « Le chaos des intrigues de ce pays-ci est terrible à surmonter pour son âge[31]. »

Le départ de Mme de Bombelles n'apaisa ni les complots destinés à l'évincer, ni les ripostes du clan. Le comble fut atteint le 10 juillet 1780, avec l'annonce de sa délivrance. Angélique était heureusement accouchée à Ratisbonne le 1er juillet d'un fils baptisé Louis-Philippe, surnommé Bombon. Mme de Mackau, qui possédait le sens du drame, sut donner à l'événement tout le tragique possible : « Tremblante, échevelée, à moitié déshabillée, je cours chez Madame Élisabeth. En entrant, je veux faire des excuses de mon costume. Je tenais la lettre à la main ; elle m'envisage. [...] Le métier auquel elle travaillait saute au milieu du cabinet, elle vole dans mes bras. Je sens que mes jambes fléchissent et, craignant par la force dont elle me serrait de l'entraîner dans ma chute, je gagne un fauteuil où je me jette avec elle. Dans cette position, elle tombe à mes genoux, je me jette aux siens, et dans cette attitude, les bras serrés ensemble, nous restons l'une contre l'autre sans parole[32]. »

Comédie complète puisque la baronne, qui avait lu la lettre, savait sa fille et l'enfant en bonne santé et ne se donnait tant de mal que pour le plaisir de faire durer l'inquiétude de la princesse et souligner la sincérité de sa joie une fois rassurée. Il fallait au moins cela pour conserver à Angélique le premier rôle.

La faveur des demoiselles de Causans, récemment entrées dans l'intimité d'Élisabeth, était un peu pour quelque chose dans ce spectacle.

La marquise de Causans était cette dame que Louis XVI, inquiet de voir sa sœur entre les mains de Diane de Polignac, avait placée près d'elle afin de contrebalancer l'influence de la dame d'honneur. Mme de Causans, pour établir son fils, avait décidé de sacrifier ses trois cadettes qu'elle avait fait recevoir chanoinesses de Saint-Louis de Metz, maison de règle rigoureuse. Si la puînée, Marie, comtesse de Mauléon, dévouée aux siens jusqu'au sacrifice, s'était pliée à ce choix, l'aînée, Louise de Vincens, et la cadette, Françoise d'Ampurie, dépourvues de vocation, souffraient en silence cet avenir imposé. Élisabeth connaissait l'affaire et la désapprouvait absolument.

L'appel divin revêtait à ses yeux trop de grandeur pour qu'elle tolérât de le voir transformé en solution de facilité réservé aux filles dépourvues de dot dont leur famille ne savait quoi faire. Elle estimait Mme de Causans, admirait la discrétion d'une femme qui, au milieu de gens acharnés à tirer de l'argent du roi, ne demandait par principe, jamais rien ; mais jugeait que, dans ce cas précis, cette aide que, par fierté, on ne réclamait point, il fallait la donner. Encore fallait-il faire accepter ce geste, et, connaissant Mme de Causans[33], la princesse savait que ce serait difficile.

Si difficile qu'elle n'avait jamais osé aborder de front la question. Elle biaisa afin de mettre la mère devant le fait accompli.

Élisabeth raffolait des ombres chinoises qu'elle transformait en séances de devinettes puisqu'il fallait identifier derrière l'écran de papier la silhouette d'une personne au préalable coiffée et vêtue de façon à la rendre méconnaissable.

Un soir, sachant Marie de Mauléon chez sa mère, Élisabeth ordonna de la lui amener aussitôt. Quand elle fut là, elle la coiffa[34], la poussa derrière l'écran. C'était le tour de deviner de la marquise de Causans. Celle-ci, interloquée, ne comprenant comment sa fille, chambrée, pouvait se trouver dans le salon de la princesse en train de jouer aux ombres chinoises, resta coite, puis, ne conservant aucun doute ni sur l'identité du profil ni sur le tour qu'Élisabeth venait de lui jouer, s'écria :

– Ah, Madame ! Vous m'avez trahie !

Alors, la princesse fit entrer Mme de Mauléon dans le salon et déclara :

– À présent qu'elle est introduite, vous ne pouvez plus me la refuser[35] !

Élisabeth parviendrait à obtenir également à Louise de Vincens le droit de la fréquenter et défendrait bec et ongles cette amitié.

Pour rassurer Mme de Mackau, toujours inquiète des faveurs accordées à d'autres que sa fille, Élisabeth, après cette épisode, ne manqua pas une occasion de faire des cadeaux à Angélique, qui s'en disait enchantée, mais n'osait avouer qu'elle eût préféré une intervention auprès du roi ou de Vergennes afin d'obtenir au marquis cette grande ambassade dont il continuait de rêver. Mme de Bombelles ne comprenait pas que cette intervention, son amie répugnait à la faire, et elle l'en obsédait. En vain. Elle estima alors nécessaire de regagner Versailles pour presser le mouvement.

Le 30 avril 1781, sur les onze heures du soir, Angélique, son fils dans les bras, arriva, fut reçue avec mille attentions : appartement aménagé[36], vaisselle de Sèvres à ses armes, service d'argenterie armorié. Il y en avait pour une petite fortune, qui excédait de très loin les disponibilités financières de la princesse. Élisabeth, en effet, entre ses charités perpétuelles et son incoercible besoin de faire plaisir à ses proches, se cousait de dettes presque autant que si elle eût joué, et perdu... Sur la table, au milieu des cadeaux, traînait une lettre qui disait la joie du retour de l'amie, et que Mme de Bombelles jugea puérile[37]. Elle ne sut gré à sa princesse ni de la lettre, ni des présents, ni de l'affection mise à les préparer. Si quelqu'un se trouvait en dettes, c'était Madame Élisabeth, qui ne mesurait pas quel sacrifice Mme de Bombelles lui avait consenti en revenant, et la grande crise de larmes qu'Angélique se permit n'avait d'autre but que de le lui faire bien saisir : Marc se trouvait loin, sa femme souffrait mille morts d'avoir dû choisir entre ses devoirs conjugaux et le service de sa princesse. Comédie courtisane, destinée à resserrer l'emprise un temps dénouée[38].

Il n'était pas jusqu'au petit Louis-Philippe, l'aimable Bombon, qui ne participât aux manœuvres de sa mère et son aïeule. Quoique Mme de Sérent, écho de la vieille cour, eût pris Mme de Bombelles à part afin de lui expliquer combien il eût été malséant, « en raison de son sexe », d'avoir à changer le « baby » devant la princesse, car celle-ci eût risqué de découvrir à quoi ressemblait un garçon, Angélique était décidée à faire de son fils de dix mois un atout dans son jeu[39].

C'était le moins qu'elle se croyait dû pour tous ses sacrifices. Est-ce que le service de Madame Élisabeth ne la contraignait pas à abandonner à des mains mercenaires son fils qu'elle nourrissait, parce qu'elle était de semaine ? N'avait-elle pas découvert que l'argent dépensé afin de lui offrir les cadeaux trouvés à son arrivée avait été emprunté, pour une part à la comtesse de Polignac, pour l'autre au marquis de Travanet, avec tant de mystères que celui-ci croyait avoir obligé son beau-frère Bombelles ? Il avait été désagréable à Angélique de le détromper. Élisabeth devait deux mille francs, si toutefois elle avait confessé toutes ses sottises, et, faute de pouvoir les rendre, redoutant une explication avec le roi, souhaitait contracter un nouvel emprunt afin de solder les précédents, auprès d'un financier, M. d'Harvelay. Comme il était impensable qu'elle allât le trouver, il faudrait que Mme de Bombelles s'y rendît à sa place et fît preuve de discrétion quant à l'identité de la véritable emprunteuse, au risque de laisser croire que c'était elle qui avait besoin d'argent. Elle n'en décolérait pas[40].

Et, comme si cela ne suffisait pas, Élisabeth, quoiqu'elle fût tout à fait dans les petits papiers de la reine, continuait à éluder les instances de la marquise concernant l'ambassade de Constantinople, mauvaise volonté qu'Angélique ne parvenait pas à s'expliquer[41].

En fait, Élisabeth n'osait pas avouer la vérité. Des approches en faveur de Bombelles, elle en avait fait, malgré son horreur de semblables démarches, et s'était heurtée à des fins réitérées de non-recevoir.

Marie-Antoinette, enceinte, imposait ses goûts, dégoûts, faveurs et défaveurs. Or, malgré toutes les amabilités dispensées à Mme de Bombelles, la reine continuait à ne pouvoir souffrir le marquis. Aux rancunes rancies remontant aux ducs de Lorraine s'en superposait une neuve, gravissime : lors des pourparlers de paix qui venaient de régler le conflit provoqué par la succession de Saxe, Bombelles avait eu la maladresse de qualifier la politique de Joseph II de « brigandage ». Ce propos, qui reflétait l'opinion du roi, avait mis l'empereur en rage, et sa sœur encore plus. Voilà ce que payait Bombelles. Quant à

Vergennes, le ministre des Affaires étrangères qu'Élisabeth avait entrepris, il lui avait fait comprendre que l'ambassade de Constantinople ne se donnait pas à un débutant dans la carrière.

Incapable de lire dans l'esprit du ministre, pas davantage dans celui de la reine avec laquelle elle avait la candeur de se croire du dernier bien, Angélique cherchait qui pouvait exercer sur Élisabeth une influence contraire à la sienne. Elle avait soupçonné la comtesse Diane, mais celle-ci était trop en cour auprès de Marie-Antoinette pour qu'il fût loisible de se fâcher avec elle. Mme de Polignac, d'ailleurs, sentant la menace, l'avait détournée, en prenant Mme de Bombelles pour confidente du chagrin que lui causaient les vilains bruits qui couraient à son propos, et l'espèce de froideur que Madame Élisabeth lui avait témoignée « pendant l'absence » de la marquise. Cela laissait entendre que le retour d'Allemagne de Mme de Bombelles avait favorisé une réconciliation entre la princesse et sa dame d'honneur. Trop flattée, Angélique avait tout gobé, et feint d'être pour quelque chose dans le réchauffement des relations[42].

Si Élisabeth avait manifesté quelque recul envers la comtesse Diane au cours des mois passés, ce n'était pas à cause des méchants bruits qui couraient sur son compte, prétendant que son récent séjour en Suisse lui avait permis d'accoucher en toute discrétion du fruit d'une de ses liaisons, mais parce qu'on lui avait rapporté l'avoir entendu vanter le livre *De l'Esprit* du philosophe Helvétius.

Tout à fait engouée de la comtesse Diane, Mme de Bombelles porta ses soupçons sur une autre.

La quarantaine sonnée, Rosalie d'Aumale avait épousé contre toute attente son cousin, le vicomte d'Aumale, et, quoique passée à Madame Royale, les liens qui l'unissaient à Élisabeth n'avaient fait que se renforcer. Plus fine que la baronne de Mackau, « plus ficelle[43] » disait le clan, Rosalie avait su cultiver l'amitié de la princesse de Guéméné. Et, sur son conseil, elle venait de laisser sa survivance à « une protégée de la reine », autrement dit des Polignac. Le clan adverse, dans le jeu des faveurs, marquait un point contre les Mackau. Pis encore, Mme d'Aumale avait averti Élisabeth de cet arrangement, et celle-ci l'avait caché à Mme de Bombelles.

De là à conclure, non à la discrétion de la princesse mais à l'esprit d'intrigue de la vicomtesse d'Aumale, il y avait du chemin ! La marquise de Bombelles, folle de rage, s'empressa de le franchir, ce chemin, et transforma Rosalie, simplement désireuse d'obliger la reine, en un monstre retors et hypocrite.

Sous les dorures, les robes d'apparat, les fastes, c'était cela, « ce pays-ci », et Élisabeth se prenait à le prendre en horreur pour ce qu'il faisait des gens qu'elle aimait. Son amour, son amitié, son affection, réduits à l'unique notion de « faveur », entretenaient des rancunes, des inimités, des haines presque, qui se dissimulaient, à l'instar des colères de Mme de Bombelles, derrière des sourires de façade...

En cette fin du printemps 1781, toutes ces mesquineries s'effacèrent à la nouvelle que l'empereur Joseph revenait en France et qu'il avait, cette fois, la ferme intention de demander la main de Madame Élisabeth.

Chapitre IV

LE TEMPS DES TOURMENTS

En mai 1781, Joseph II séjournait à Bruxelles. Comment la rumeur de sa visite à Paris se répandit-elle ? Comment en arriva-t-on à la conclusion qu'il venait épouser Élisabeth ? Coteries pro et antiautrichiennes continuaient à s'affronter, et la reine, enceinte de six mois, était au sommet de son influence. Elle avait toujours soutenu un projet de mariage entre son frère et sa belle-sœur. Louis XVI, inquiet des menées autrichiennes, de ce despotisme éclairé dont se targuait l'empereur, ce « joséphisme » qui frappait les intérêts de l'Église, n'était pas défavorable à ce mariage, dans l'illusion qu'Élisabeth, impératrice, prendrait assez d'influence sur son mari pour y remédier[1].

La rumeur avait assez enflé en juin pour atteindre les entours de la princesse et y être prise au sérieux par Mme de Bombelles. Heureusement pour Élisabeth, des sentiments, Joseph II n'en éprouvait aucun pour elle, ni d'ailleurs pour personne. Cela apparut assez vite.

« Rester fille en ce pays-ci »

Fin juin, toute la cour se ruait à Trianon, dans l'illusion d'y apercevoir l'empereur et féliciter la princesse[2]. Chacun put constater que Joseph II n'y était point. On le guetta plusieurs semaines, il finit par se montrer, dans l'anonymat, en coup de vent, embrassa distraitement sa sœur, entreprit de lui expliquer ce qu'il attendait d'une archiduchesse d'Autriche devenue reine de France : rien moins que servir en toutes occasions sa patrie et sa famille. La rumeur de mariage avait servi de prétexte à un déplacement à Versailles motivé par les intérêts habsbourgeois. Que cela fît du tort, pour la seconde fois, à une jeune fille qui ne méritait pas tant de désinvolture importait peu.

Fin juillet, il fallut se rendre à l'évidence : l'empereur était venu, il était reparti, et c'était à peine s'il avait entraperçu sa prétendue fiancée... Marie-Antoinette, d'ordinaire engouée de sa belle-sœur, l'avait tenue à l'écart durant la visite de son frère[3]. Élisabeth ne serait pas impératrice d'Autriche.

Ce qui lui était indifférent. À l'exil près d'un homme qui ne l'aimerait pas et ne s'ennuierait même pas à faire semblant, à d'hypothétiques enfants qu'elle craindrait toujours de perdre, ne valait-il pas mieux préférer une vie paisible et retirée dans son pays natal, agrémentée des avantages que donnait sa naissance, se soucier de faire son salut, et du bien aux autres ? Elle se prenait de plus en plus à le penser.

Quelle part de sincérité y avait-il dans son attitude ? Quelle part de résignation ? Elle savait que le départ de Joseph marquait, sauf événement imprévisible, la fin de ses espoirs d'hyménée. Elle finirait comme ses tantes, à ce détail près que, condamnée au célibat – elle en avait maintenant la conviction –, elle entendait vivre cette situation comme une grâce. Cependant, convaincue que dans le milieu déchristianisé, moqueur et irrévérencieux qui était le sien personne ne la comprendrait, que l'on tournerait son choix en ridicule, elle voila ses motifs profonds sous les apparences de l'orgueil, sentiment plus accessible à ceux qui l'entouraient. Ce serait l'argument qu'elle mettrait en avant lorsque, visitant la France, la princesse Dorothée de Wurtemberg, épouse du tsarévitch Paul[4], étonnée qu'une princesse parfaitement belle, parfaitement éduquée et de si haute naissance, ne fût pas mariée, lui poserait la question :

– Je ne puis épouser que le fils d'un roi et le fils d'un roi doit régner sur les États de son père (...) je ne serais plus française et je ne veux pas cesser de l'être. Mieux vaut rester ici, au pied du trône de mon frère, que monter sur un autre[5].

Mieux valait une telle réponse que souligner qu'il ne s'était pas trouvé de fils de roi pour demander sa main. Louis XVI semblait lui aussi s'être habitué à l'idée qu'il ne caserait pas sa sœur car il prit dès lors les dispositions nécessaires à l'établissement durable de celle-ci à Versailles.

En 1778, lors de la formation de la maison de la princesse, le roi s'était refusé à lui donner des appartements ; Élisabeth avait continué d'occuper les pièces où elle vivait depuis sa naissance, au rez-de-chaussée du château donnant sur l'aile du Midi. Fin 1780, il estima sa cadette assez âgée pour jouir d'une autonomie plus importante et lui fit donner un appartement de huit pièces, à l'extrémité de l'aile du Midi, d'où l'on jouissait d'une vue splendide sur la pièce d'eau des Suisses et la forêt de Satory[6].

L'unique caprice de cet appartement fut une salle de billard. Élisabeth s'était en effet prise de passion pour ce jeu et ne pouvait s'en passer, ce qui choqua car ce divertissement était en principe réservé aux hommes. En fait, ce goût s'expliquait par un besoin de mouvement et d'action qu'Élisabeth trouvait trop rarement à satisfaire[7]. Certes, elle pratiquait l'équitation, mais il ne lui était pas possible de monter tous les jours. Or elle avait besoin de se dépenser, entre autres parce que l'inaction et le désœuvrement l'incitaient à manger, et qu'elle grossissait, beaucoup trop même, ainsi qu'elle le constatait en se regardant dans son miroir, ou quand il fallait ajuster des vêtements dans lesquels elle avait désormais tendance à éclater...

C'était l'époque où Mme Vigée-Lebrun, qui peignait son portrait, en corsage blanc et jupe de futaine rouge, l'épaisse chevelure châtain clair coiffée d'une capeline de paille ornée d'épis de blé, coquelicots, marguerites et bleuets, la comparait à une « jolie bergère », ce qui convenait à cette beauté charnue, fraîche, appétissante et sereine. Diane de Polignac se permettait seule des remarques sur cet embonpoint contre lequel la princesse tentait de lutter sans résultats.

Aimait-elle à mettre cette beauté en valeur ? Pas plus que ses obligations ne lui en faisaient un devoir. Le grand décolleté de cour, qui découvrait la gorge jusqu'à l'indécence, l'embarrassait. Elle partageait avec la reine le goût des vêtements simples, plus confortables que les robes d'apparat à « grand corps baleiné » qui obligeait à se tenir droite, mais torturait les malheureuses astreintes à le porter des heures d'affilée, dans l'éternelle représentation versaillaise.

Elle portait rarement de bijoux, alors que sa cassette en regorgeait. Ni les pendants d'oreilles à neuf diamants, ni le « collier de soixante-quatorze chatons et poire de douze diamants », ni celui « de perles agrémenté d'un coulant de sept diamants et deux glands », ni les dizaines de bracelets, tours de cou, boucles d'oreilles, bagues et montres ornés de diamants ne l'intéressaient ; ils faisaient partie d'un uniforme qu'il fallait revêtir en certaines occasions. S'en priver ne lui eût pas coûté.

Insatisfaction

Cette fin d'année 1781 marqua dans sa vie l'amorce d'une rupture. L'existence qu'elle menait, qui lui avait dans un premier temps agréé, cessa de l'amuser. Les intrigues et les cabales qui ronflaient autour d'elle contribuèrent à la pousser, autant qu'il lui était loisible, à un retrait de l'agitation courtisane, l'adoption d'un mode de vie différent. Il fallut plusieurs mois à sa famille pour s'en apercevoir.

Le 22 octobre 1781, Marie-Antoinette accoucha enfin du garçon espéré, baptisé Louis Joseph Xavier François. À la différence de ses frères, que ce neveu éloignait du trône et qui n'arrivaient pas à cacher leur déception, Élisabeth s'en réjouit. Puis elle se rendit à la chapelle où, en compagnie du comte de Provence, enflé de rage, elle devait tenir l'enfant sur les fonds baptismaux, lui à la place de l'empereur, elle pour la princesse de Piémont.

Dehors, le peuple accourait en foule, poussait des vivats. Beaucoup de gens, dans l'assistance, pleuraient de joie. La liesse fut générale, accompagnée d'illuminations, bals, festivités diverses. Élisabeth parut les bouder, quoique Mme de Bombelles et sa belle-sœur Travanet lui eussent suggéré plusieurs fois de venir avec elles. Non seulement elle s'y refusa mais elle les pria de rester à Versailles[8].

La seule manifestation à laquelle elle se rendit fut le *Te Deum* suivi d'un feu d'artifices que les Dames de Saint-Louis firent tirer à Saint-Cyr, fin octobre. Les religieuses, d'ordinaire, donnaient dans la fête patronale ; le temps était révolu où les demoiselles mettaient Versailles en émoi en jouant Racine devant le Roi-Soleil. Cette fois-ci, elles avaient voulu frapper un grand coup qui marquerait les esprits et leur rendrait appuis et protections. Et avaient invité Élisabeth.

Depuis que Mmes de Mackau et d'Aumale ne s'occupaient plus d'elle, la princesse, prise par ses obligations, n'avait plus mis les pieds à l'Institution. Elle conservait des relations épistolaires de convenance avec les supérieures, remplissait avec bonne volonté un rôle de protectrice qui n'apportait pas grand-chose à la maison, dans la mesure où son crédit demeurait inexistant, réclamait des places pour des orphelines qu'on lui recommandait et qu'on mettait sur liste d'attente : c'était tout et n'engageait à rien.

À défaut du roi, de la reine, du comte et de la comtesse de Provence, du comte d'Artois et de sa femme, Saint-Cyr avait dû se rabattre sur le seul membre de la famille royale disponible, et décidé de traiter Élisabeth de manière grandiose. Elle accepta, parce qu'elle avait toujours aimé l'endroit. Saint-Cyr et la princesse se trouveraient bien de ces retrouvailles.

Ces dernières années, sans jamais manquer à ses devoirs religieux, il lui semblait qu'elle s'était petit à petit laissée aller à une certaine facilité. Le retour à Saint-Cyr servit de révélateur à ce malaise intime. Des drames qui ponctuèrent l'hiver 1781-1782 l'amenèrent à modifier ses habitudes.

La maladie qui faillit emporter le petit Bombelles en novembre lui parut un premier avertissement. Élisabeth raffolait des enfants, en particulier de celui d'Angélique qui, à quinze mois, lui réservait, en parfait petit courtisan, ses plus beaux sourires. Depuis peu, Bombon parlait, du moins sa mère et la princesse voulaient-elles s'en convaincre[9].

La nuit du 26 au 27 octobre, le petit Bombelles déclara une variole confluente « de la plus belle espèce[10] ». Durant quarante-huit heures, la Faculté le jugea perdu, laissant Angélique en proie à un désespoir, « une douleur d'entrailles », disait-elle, usant d'une image forte, qui faisait peine à voir. Dans la peur de la contagion, un vide abyssal s'était creusé autour de la mère et l'enfant[11].

Il est des moments où être princesse crée plus d'embarras que de bonheur. Élisabeth le constatait : elle se fût volontiers précipitée chez son amie l'aider à soigner son fils, mais la sœur du roi de France ne pouvait se permettre ce genre de fantaisies. Devant la détresse d'Angélique, elle appela la marquise de Travanet, lui demanda d'aller s'occuper de son neveu. Henri de Travanet, assez mal vu à Versailles où personne ne s'illusionnait sur sa naissance et son titre, était un imbécile. Persuadé que la variole se pouvait attraper même inoculé, comme son épouse, il lui interdit de répondre à la convocation de la princesse. S'il était des défauts qu'Élisabeth ne supportait pas, c'était la sottise, l'égoïsme, l'incapacité à s'oublier pour les autres. Elle avait jusque-là fait bonne figure à Travanet car elle pensait que le mérite valait mieux que la naissance ; c'en fut fini à l'instant où il se montra sous son vrai jour. Elle ne lui envoya point dire ce qu'elle en pensait, ce qui lui arrivait fort rarement[12].

Comme si cela ne suffisait pas, Mme de Bombelles, à peine son fils hors de danger, ne put se retenir, selon sa déplorable habitude, de se remettre à quémander. Le chantage affectif qu'elle fit à Élisabeth, venant après tant d'autres sollicitations, laissa un sentiment pénible[13]. En plus, elle n'obtint rien, Vergennes ayant promis, mais s'étant gardé de tenir... Afin d'adoucir la déception d'Angélique, Élisabeth lui fit en secret confectionner la dispendieuse robe de soirée pour le « bal paré » qui se donnerait fin décembre en l'honneur de la naissance du dauphin[14]. Ce cadeau fit jaser, une fois de plus.

L'épidémie de variole, favorisée par un temps doux et humide, poursuivait ses ravages. Après le petit Bombelles, sauvé de justesse, on craignit pour Madame Royale. On s'apprêta à déménager le dauphin afin de le séparer de sa sœur. La reine, très attachée à sa fille, tenait absolument à ne la pas quitter ; Élisabeth demanda la grâce d'en faire autant. Sur ce, la fièvre de la fillette tomba, elle avait contracté une infection hivernale sans gravité. Élisabeth n'aurait pas l'occasion de prouver son attachement aux siens[15]. C'était pourtant, et de plus en plus, le seul intérêt qu'elle trouvait à sa vie, et le seul but qu'elle voulait lui donner.

Se dévouer, s'inquiéter des autres, la possibilité lui en fut à nouveau offerte à la fin de ce même mois de décembre 1781, quand la comtesse d'Artois tomba si gravement malade qu'on la crut perdue.

Marie-Thérèse de Savoie avait très vite compris le peu de cas que l'on faisait d'elle à Versailles. Jugée de petite extraction comparé à la dynastie capétienne, trompée par un mari charmant qu'elle aimait et qui ne le lui rendait pas, moquée par la Cour, elle n'avait su que donner deux princes à la famille royale. Marie-Antoinette, qui désespérait à l'époque de devenir mère, lui en avait affreusement voulu.

La comtesse d'Artois se renferma sur elle-même, s'effaça. À peine si l'on se souvenait de son existence. Élisabeth tranchait sur cette indifférence ; si elle se tenait à l'écart de la comtesse de Provence[16], elle éprouvait pour sa cadette une sympathie teintée de pitié et s'obligeait à passer du temps en sa compagnie. Personne ne se souciant d'elle, Marie-Thérèse se rattrapait sur la seule à lui témoigner de l'intérêt ; les visites de sa belle-sœur étaient prétextes à d'interminables lamentations sur son triste sort, puis elle défilait la longue liste des escapades amoureuses d'un époux définitivement dégoûté du « gâteau de Savoie »... Élisabeth, plus au courant que l'on pouvait l'imaginer, depuis longtemps éclairée sur les liens de Charles Philippe avec la Canillac, ne commentait pas, ne condamnait pas et consolait avec une charité bourrue.

En octobre, la comtesse d'Artois avait commencé à souffrir de fièvre récurrente, mais d'un si petit train que les médecins ne s'en étaient pas alarmés. Jusqu'à cette fin décembre où elle se trouva à la dernière extrémité, en proie à une « fièvre maligne » indéterminée mais, de l'avis des Diafoirus de service, nécessairement mortelle.

Que la comtesse d'Artois fût à l'agonie ne troubla pas grand monde. En revanche, que son état fît annuler les festivités de la naissance delphinale parut un désastre.

Élisabeth assista à l'extrême onction que Marie-Thérèse réclama en sanglotant[17], et en sembla étrangement affectée. La guérison de la comtesse d'Artois ne lui rendit pas sa gaieté. Cette morosité dura tout l'hiver : en fait, Élisabeth pensait à la mort, à la sienne, et cette pensée prenait un tour obsédant.

Courant novembre, alors qu'elle suivait son itinéraire habituel[18], Élisabeth avait donné sur des troncs d'arbres coupés dans le parc que des bûcherons avaient laissés au milieu du chemin ; sa monture l'avait désarçonnée. En tombant, elle s'était légèrement blessée au bras[19]. Risques inhérents à l'équitation, dont toutes les précautions exigées par son frère ne suffisaient pas à la garantir[20]. Sur l'instant, elle prit cette chute à la plaisanterie, parce qu'elle redoutait de se voir interdire les promenades.

Cet accident contribua, comme les maladies et les décès autour d'elle, à lui rappeler qu'elle n'était pas immortelle. Vérité qu'elle avait jusque là tenue pour une hypothèse d'école qui se vérifierait évidemment un jour mais qui la concernait d'assez loin. Elle en fut choquée. Non qu'elle eût peur du trépas mais parce qu'elle se prit soudain à craindre la médiocrité.

Si elle venait à disparaître, qu'aurait-elle à présenter à Dieu, sinon une vie honnête, par la force des choses autant que par vertu naturelle, mais dans laquelle le sacrifice, la prière, la mortification auraient tenu peu de place ? Elle assistait chaque jour à la messe, se confessait, communiait, s'efforçait de témoigner de la bonté à ses proches, faisait l'aumône dans la mesure de ses moyens, s'oubliait facilement au profit du prochain, certes, mais il lui sembla que tout cela ne dépassait pas le strict minimum requis d'un catholique pratiquant. En comparaison de ses contemporains, c'était beaucoup ; en regard de la sainteté, ce n'était rien. Cette révélation la décida à changer de vie.

Mais comment ? Élisabeth n'avait pas la vocation, ne l'aurait jamais. Elle savait aussi qu'elle ne se marierait pas. Que lui restait-il comme choix de vie, comment pourrait-elle s'y sanctifier ? Elle l'ignorait, et c'était cette inquiétude qui, cet hiver 1782, la rendait si morne. Mme de Bombelles, persuadée que son amie s'ennuyait, voulait « la dissiper ». Élisabeth cherchait exactement le contraire. Dans l'incertitude, elle s'efforça de donner le change et s'adonna à ses occupations ordinaires comme à un devoir d'état.

Tenter d'aimer le monde

La guérison de la comtesse d'Artois avait aussitôt rejeté la malheureuse dans les ténèbres extérieures où la confinait son insignifiance, mais avait permis, et cela seul comptait, de reprogrammer les festivités. Le grand bal paré aurait lieu le soir de la Chandeleur, l'entrée officielle du couple royal à Paris le 21 janvier 1782.

Depuis plusieurs années, les apparitions publiques de la reine à Paris suscitaient des réactions de froideur, sinon d'hostilité ; Marie-Antoinette s'en montrait blessée. Ces manifestations venaient du parti dévot ennemi de l'alliance autrichienne qui ne désarmait pas. C'était lui qui faisait siffler Gluck à l'Opéra parce qu'il avait l'appui de la reine ; qui montait en épingle des incidents, vieux de l'époque où la souveraine, sans enfant, dépérissait d'ennui et cherchait dans des bals masqués les distractions qui lui manquaient à Versailles. Que la maternité eût changé la jeune femme n'avait pas apaisé les calomniateurs. Des échos finissaient par atteindre le populaire, facile à scandaliser. La reine n'était plus applaudie, ce qui lui passait l'envie de venir à Paris. Elle éprouvait même de l'appréhension à se montrer dans la capitale. Appréhension infondée puisque la journée fut un succès, à en croire du moins la presse[21]. Ce que les publicistes ne disaient pas, c'est que cette journée de liesse publique représentait pour ses acteurs une corvée doublée d'un épuisant effort physique.

Pour monter en carrosse à 9 heures et demi du matin, à la Muette, et mettre plus de trois heures à parcourir la courte distance qui séparait ce château de l'Hôtel de Ville, la reine, Madame Élisabeth, Madame Adélaïde, Mlle de Condé, Mmes de Lamballe et de Chimay s'étaient levées avant l'aube afin d'être habillées, parées, coiffées, poudrées. Elles n'avaient eu, en guise d'en cas, qu'une tasse de chocolat, et, dans le froid humide de janvier, malgré les chaufferettes installées dans le carrosse, elles grelottaient.

On n'était passé à table qu'à trois heures de l'après-midi, et, dans l'intervalle, en grand corps et robe d'apparat décolletée, bras, épaules et gorge nus en dépit de la température, elles avaient patienté debout, à ne plus sentir leurs jambes. Encore avaient-elles dû sourire, avoir un mot aimable pour chacun, ne rien laisser paraître de leur fatigue et de leur inconfort.

Quand, enfin, il avait été question de dîner, l'étiquette avait continué d'imposer ses règles. Un grand couvert n'était pas destiné à permettre à la famille royale de se sustenter mais à la montrer. Les princesses, en pareilles occasions, se contentaient de picorer. Le service ne suivant pas, quand, au bout de deux heures et demie de cette exhibition, Louis XVI avait expédié le dessert, les autres avaient tout juste vu arriver les hors-d'œuvre qu'ils n'avaient pas eu le temps d'attaquer.

Et la comédie avait continué, parmi la cohue des salons où l'on se bousculait dans une moiteur étouffante, où l'on transpirait, où les chandelles fumaient, où le brouhaha et la musique donnaient la migraine, jusqu'à l'heure du feu d'artifice, qu'il avait fallu admirer, toujours debout, en claquant des dents à cause des fenêtres ouvertes. Même à dix-huit ans, pareille journée était éreintante, et seule Mme de Bombelles, souffrant d'une jaunisse et retenue à Versailles, pouvait regretté d'y avoir échappé[22].

Élisabeth s'y était pliée en souriant. C'était son métier. Revers accablant d'une grandeur royale faite, au quotidien, de contraintes et de renoncements. Suivit, le 2 février, le bal paré de la Chandeleur, dont l'ajournement avait coûté tant de soupirs et d'inquiétudes.

Célibataire, Élisabeth ne dansait pas en public, ce qui ne la privait guère car, en raison de son manque d'oreille et de sens de la mesure, elle ne dansait pas bien. Elle aimait en revanche regarder danser les autres. Elle parut au bal paré de la Chandeleur, qui dura de six heures à neuf heures du soir, s'installa dans l'une des loges, admira le spectacle[23], s'amusa assez pour décider de rester au bal masqué de minuit ; sa décision étonna. Ce divertissement avait mauvaise réputation – les loups levant les inhibitions et incitant à des rapprochements que l'on n'eût pas osés à visage découvert –, mais Mlle de Condé accompagnait Élisabeth, et l'austérité de la princesse Louise Adélaïde, chaperon idéal, rassura. De toute manière, chacun pensait que les deux jeunes filles ne s'attarderaient pas plus de quelques minutes. En fait, elles y restèrent jusqu'à trois heures et demi du matin, rentrèrent, au comble de l'excitation, sur le coup de quatre, nonobstant les plaintes de leurs dames, qu'elles n'avaient pas habitué à veiller si tard[24].

Cette dissipation, peu dans le caractère d'Élisabeth et qui ressemblait à une contre-épreuve destinée à lui montrer précisément la force de son attachement au monde et à ses plaisirs, fut sans lendemain.

Memento mori

Les tristesses du quotidien, les malheurs, les maladies, les deuils, reprirent leur sinistre cortège, et la replongèrent dans la déréliction dont elle avait paru vouloir sortir. Elle en était là quand le décès de sa tante Sophie la replongea dans les affres.

À s'en fier au portrait de Nattier, Madame Sophie avait été, jeune, non pas belle mais piquante ; ces charmes avaient tôt fané. Molle, passablement sotte, elle n'avait pas trouvé d'exutoire à son morne célibat et s'était desséchée dans son coin. Depuis plusieurs années, elle souffrait d'emphysème que la médecine appelait hydropisie et ne savait soigner. Essoufflée au moindre effort, toujours fatiguée, elle s'était effacée d'une vie de cour à laquelle elle n'avait plus la force de participer.

De toutes ses tantes, elle était celle qui entretenait le moins de rapports avec Élisabeth, et les visites de courtoisie que la jeune fille se sentait tenue de lui faire n'avaient pas créé de liens, pas même ces relations un peu hérissées qui existaient avec Victoire et Adélaïde, encore moins la vénération témoignée à sœur Louise de Saint-Augustin. Madame Sophie, à quarante-sept ans, s'était muée en une sempiternelle malade, toujours à l'agonie mais ne mourant jamais, dont les souffrances, qu'on la soupçonnait d'exagérer afin de se faire plaindre, lassaient au lieu d'apitoyer. Fin février, elle s'était dit plus mal encore qu'à l'accoutumée, ce qui avait si peu ému ses neveux que les bals et spectacles prévus, les derniers avant le Carême, avaient été maintenus. Le 2 mars 1782, la princesse n'avait pas trouvé la force de se lever, sans que l'on s'en alarmât. La famille royale s'était rendue au théâtre et avait été très étonnée quand, à la sortie, on était venu avertir le roi que sa tante était à la mort et sur le point de recevoir les derniers sacrements. Peut-être fut-ce davantage pour honorer le viatique porté à la mourante que par intérêt pour celle-ci que Louis XVI, Marie-Antoinette, Provence, Artois et Élisabeth se rendirent à son chevet.

La fin fut effroyable. Étouffée par l'emphysème, la malheureuse mit d'interminables heures à mourir, et resta consciente jusqu'au bout.

Élisabeth avait vu plusieurs fois des gens à l'agonie, mais, en raison de son âge, on l'avait toujours éloignée avant la fin. Madame Sophie était la première personne qu'elle voyait partir, et il fallut que ce fut dans une détresse physique, psychologique et spirituelle inhabituelle. Il y avait de quoi choquer plus endurci qu'elle.

La princesse regagna ses appartements à l'aube du 3 mars, complètement bouleversée. Pas tant de la perte d'une parente qu'elle connaissait peu que de la réalité du trépas. Elle resta prostrée, pleurant sans cesse, « frappée[25] ». Deux jours séchèrent ses larmes, mais n'apaisèrent pas l'obsession morbide qui s'était emparée d'elle. Ébranlée par trop d'accidents, de maladies, de morts, elle se persuada qu'il s'agissait d'avertissements célestes et qu'elle allait mourir.

Elle voulut dicter son testament. Mineure, elle ne le pouvait pas, ne voulait pas l'accepter, prétendant au moins disposer de ses bijoux, bibelots, dentelles en faveur de ses amies, et veiller à laisser des sommes aux pauvres et aux fondations pour le repos et l'apaisement de son âme. Impossible de la distraire de ces idées noires[26].

Angélique de Bombelles, toujours prompte à traiter son amie en enfant, voulut voir dans ce bouleversement un effet d'une imagination et d'une sensibilité trop vives. Elle se trompait. Élisabeth prendrait sur elle, surmonterait cette angoisse aiguë, mais les réflexions qu'elle s'était faites restèrent gravées en elle, aboutissement d'une méditation de plusieurs mois, et réponse à ses interrogations.

Elle savait désormais qu'elle devait vivre, sans le montrer peut-être mais toute entière, dans la pensée de ses fins dernières, que tout le reste, même s'il convenait de paraître s'y intéresser, n'avait aucune importance. Là commença sa retraite, au sens le plus religieux du terme, ce qui ne tarda pas à alarmer son frère.

Certes, en apparence, Élisabeth demeurait présente, tenait son rang, entre autres lors de la visite, en juin 1782, du tsarévitch Paul et de son épouse, mais cette présence paraissait de plus en plus lointaine et, au fil des mois, elle s'arrangea pour réduire ces occasions. Elle renonça pareillement aux spectacles qu'elle jugea soudain peccamineux.

Ce désir de se retirer ne se démentirait plus, même s'il devait encore lui arriver de se mêler aux divertissements de cour ; elle sortirait de ces périodes mondaines troublée, parce qu'elle s'apercevait, en renouant avec les plaisirs, qu'elle n'en était pas aussi détachée qu'elle l'eût souhaité, et qu'ils l'éloignaient de l'unique Bien. Alors, elle replongerait dans sa solitude, voulue, déterminée, jusqu'à ne parler à quiconque, hormis son chien, de toute la journée. Au bout de quatre ou cinq ans de ce mode de vie, érémitique comparé au quotidien princier, tous les efforts jadis consentis, lorsque son établissement paraissait garanti, pour devenir une souveraine modèle seraient, ou peu s'en faudrait, réduits à néant. Sa timidité naturelle aurait repris le dessus et, dès qu'elle sortirait de son cercle d'intimes, elle se montrerait gauche, rougissante, mal à l'aise.

Elle n'en serait pas contrariée. C'était le but qu'elle poursuivait : sembler ennuyeuse comme un éteignoir, couper aux autres l'envie de s'encombrer de sa présence. Les plus superficiels, ils étaient légion à Versailles, se désintéresseraient de cette fille montée en graine qui confisait en dévotion ; les plus méchants, les amis des Lumières aussi, la traiteraient de sotte « superstitieuse aux idées gothiques ».

Mme Campan, femme de chambre de la reine, résumerait l'avis général en avouant, dans ses *Mémoires*, avoir considéré Madame Élisabeth « non pas simplement comme une personne pieuse, mais comme une jeune personne timide et peu remarquable ».

N'être rien, ne paraître rien était précisément son idéal. Que ses proches ne la comprissent pas ne la ferait pas changer d'attitude.

1782 coula. De mois en mois, Élisabeth avait l'air plus absente. Sa famille avait cru à une crise religieuse comme il s'en produit à cet âge, que la mort affreuse de Madame Sophie avait amplifiée, et qui passerait. Ce n'était pas le cas et la chose commençait à ennuyer.

Ne comprenant pas ce qui arrivait à sa sœur, incapable de lui en parler, Louis XVI chercha des explications simples à ce qui ne l'était pas. Le roi n'était pas hostile à une éventuelle vocation de sa cadette ; il viendrait même un temps où il lui offrirait un abbatiat, persuadé d'aller au-devant de ses vœux, et serait assez étonné d'être rebuté. Mais il entendait empêcher toute espèce de pression sur elle, considérant qu'elle ne devait pas prendre une décision si grave sans l'avoir mûrement réfléchie. Lui imposer un délai intangible, jusqu'à sa majorité, n'était pas preuve de tyrannie, mais la laisser disposer, adulte, d'un destin dont elle serait alors seule maîtresse, ou presque. Toutefois, si Louis XVI pouvait accepter de voir Élisabeth prendre le voile d'ici sept ou huit ans, il y avait une solution à laquelle il s'opposait absolument, que ce fût aujourd'hui ou demain, et c'était de la voir carmélite à Saint-Denis.

L'entrée de Madame Louise, devenue la Révérende Mère Louise de Saint-Augustin, si elle avait valu à Saint-Denis renommée et retombées financières, n'avait pas représenté, d'un point de vue religieux, une bonne affaire. La princesse était trop vieille, elle avait pris trop de plis du temps qu'elle vivait dans le monde, et le monde de la Cour, pour se couler dans le moule carmélitain. Des supérieures autoritaires, un directeur de conscience courageux l'eussent aidée à s'en corriger, car elle en avait le ferme propos, s'ils avaient trouvé l'audace de la traiter comme n'importe quelle novice. Hélas, le respect les avait paralysés, et Mère Louise était la première à le déplorer, regrettant qu'on ne l'ait pas « tenue longtemps dans les rangs » et poussée au contraire trop vite vers des charges auxquelles elle n'était pas préparée.

Incapables de s'opposer à ce qui restait d'habitudes mondaines et de goût de l'intrigue chez la princesse, plus incapables encore de fermer le parloir à la foule qui s'y pressait afin de la rencontrer, les carmélites avaient laissé leur couvent se transformer en nid de cabales prétendument pieuses dont le parti dévot, et Mesdames Tantes tiraient les ficelles. Cela, Louis XVI ne l'oubliait ni ne le pardonnait.

En 1782, il crut que les états d'âme de sa cadette étaient dictés par ces gens-là, qui cherchaient à se servir d'Élisabeth à des fins qu'elle ne pouvait deviner, en fut violemment irrité. Il décida d'y couper court avec une brutalité qui n'était pas dans ses façons.

Élisabeth se rendait régulièrement à Saint-Denis voir sa tante, mais pas assez souvent, le roi y veillant, pour que Mère Louise fût susceptible d'exercer une si forte influence sur sa nièce. Il fallait donc qu'il se trouvât, dans l'entourage de la jeune fille, des personnes en qui elle avait une confiance absolue prêtes à servir de relais et l'entretenir dans des idées néfastes. Qui ? Louis XVI n'alla pas chercher loin, d'autant que la reine se chargea de lui souffler le nom. Tous les soupçons du couple royal se portèrent sur Rosalie d'Aumale.

La cible de toutes les jalousies

Depuis son enfance, Élisabeth aimait Mme d'Aumale, plus que la baronne de Mackau, substitut de mère mais à l'affût perpétuel du moindre avantage. Mme d'Aumale, elle, ne demandait rien et semblait toujours contente de tout. Son caractère aimable et gai mettait de l'allégresse dans un quotidien qui en manquait. En l'abandonnant à sa nièce, la princesse avait consenti un véritable sacrifice.

Cette séparation n'avait pas altéré leur affection, ni mis un terme à leurs relations. Elles continuaient à se voir et même, Rosalie d'Aumale conservait sur Élisabeth « une influence, une emprise » que Mme de Bombelles trouvait intolérables, dans la mesure où elles contrebalançaient les siennes. Sa mère et elle avaient été les premières à murmurer que la vicomtesse était une hypocrite, une « ficelle » habile à jouer la comédie d'une piété affectée pour mieux s'insinuer dans les bonnes grâces d'Élisabeth. Vilains propos dictés par la jalousie mais qui n'étaient pas tombés dans l'oreille de sourds, puisqu'ils s'adressaient d'abord à Diane de Polignac et son clan. En dépit de la détestation virulente que se portaient Mackau et Polignac, une stratégie d'alliance contre Mme d'Aumale avait semblé s'imposer.

Au début, ces ragots feutrés n'avaient pas eu le moindre effet et Mme d'Aumale, gentille, aimable, drôle, avait même su conquérir le cœur de la reine, ce qui n'était pas facile.

Sur ce, à la fin de l'année 1781, éclata le scandale du moment : la ruine du prince de Guéméné. Depuis des années, les Guéméné vivaient sur un train qui dépassait leurs moyens, jouaient gros jeu, perdaient continuellement, ce qui avait creusé un déficit déjà abyssal. Cependant, leur faillite revêtit des proportions hors du commun parce que le prince choisit de fuir ses responsabilités en se réfugiant chez son oncle, le duc de Bouillon. Ses créanciers liquidèrent donc ses biens en son absence, à son détriment, comme il se devait. Le montant des dettes s'élevait à la somme astronomique de trente-trois millions de livres. Mme de Guéméné, qui venait de perdre tout ce qu'elle possédait, résilia sa charge de gouvernante des Enfants de France, et Marie-Antoinette reçut cette démission avec une satisfaction à peine dissimulée. Certains de plaire à la reine, tous les courtisans manifestèrent envers son malheur un dédain dont la princesse fut affreusement mortifiée. Au milieu de tant de méchanceté, Élisabeth représenta une fois de plus l'exception.

Il en allait de ses relations avec Mme de Guéméné comme de celles qu'elle entretenait avec Mme de Polignac : par goût personnel, elle n'eût pas choisi ces dames que d'autres lui avaient imposées mais elle avait fait contre mauvaise fortune bon cœur, s'appliquant à leur témoigner la même sympathie qu'à ses amies.

La ruine et la disgrâce de la pauvre Guéméné, la solitude dans laquelle elle se retrouva, décidèrent Élisabeth à lui manifester publiquement un attachement, en vérité mitigé, mais qui lui sembla s'imposer. Elle lui écrivit, l'assura d'une « amitié qui ne s'effacerait jamais de son coeur », prit soin qu'on le sût. Charité très éloignée des préoccupations versaillaises. À l'heure où Élisabeth cherchait à adoucir les déboires de l'ancienne gouvernante, l'unique souci était de savoir à qui irait la place et ses prodigieux avantages.

Suspense mitigé : Marie-Antoinette souhaitait la donner à Yolande de Polignac. Encore fallait-il convaincre le roi de l'acheter à Mme de Guéméné, en sachant que les Polignac ne la rembourseraient jamais au Trésor, et que d'aucuns risquaient d'y voir une preuve des sentiments contre-nature de la reine pour la duchesse. Peu importait que l'on sût Mme de Polignac très portée sur les messieurs, non sur les dames. Les lecteurs de ce genre de littérature ne cherchaient pas si loin ; quant aux auteurs, ils eussent vendu leur âme, s'ils y avaient cru, pour quelques pièces, et ne s'encombraient pas de véracité, encore moins des conséquences de leurs mensonges.

C'est alors que la reine eut l'idée de séparer l'éducation des deux enfants, la garde de Louis Joseph restant à la baronne de Mackau[27], celle de Marie-Thérèse à Mme d'Aumale. L'explication était évidente : Rosalie d'Aumale ne chercherait pas à contrecarrer les interventions de Marie-Antoinette dans l'éducation de sa fille.

Cette nomination de la vicomtesse d'Aumale à la charge, non plus de sous-gouvernante des Enfants de France, mais de gouvernante de Madame, fille du roi, fit l'effet d'une bombe dans le microcosme versaillais, et le clan Mackau, qui ne s'y attendait pas, fut le premier commotionné. Il ne suffisait donc pas à cette « ficelle » de chambrer Madame Élisabeth, il lui fallait s'immiscer dans les bonnes grâces de la reine ! Tout ce que Versailles comptait de jaloux, et ils abondaient, se déchaîna, attendant l'occasion d'abattre cette faveur montante.

Marie-Antoinette voulait sa fille pour elle seule, rêve irréalisable. Le temps, et même l'envie, de s'occuper de l'enfant, lui manquaient et, quand elle intervenait, c'était à mauvais escient, contrariant la petite pour le plaisir d'imposer ses vues.

Début 1783, la reine, lors d'une promenade à cheval, fit une chute grave et faillit se tuer. L'abbé de Vermond, qui lui avait enseigné jadis le français, rapporta l'incident à Madame Royale, lui expliquant que « sa maman aurait pu mourir ». À quoi la fillette répliqua que « cela lui eût été égal ». Persuadé que l'enfant de quatre ans et demi ne saisissait pas le concept de mort, le prêtre lui avait dit qu'elle ignorait ce que cela signifiait. Alors, Madame Royale avait déclaré :

– Non, monsieur l'abbé, je ne l'ignore pas ! On ne voit plus les gens qui sont morts. Eh bien, je n'aurais plus vu la reine et j'en serais bien aise puisque je ferais maintenant mes volontés !

La reine, quand on lui rapporta ce mot, sanglota, puis, lorsqu'elle eut séché ses larmes, au lieu de se dire que la remarque ne signifiait rien, se persuada qu'on avait monté sa fille contre elle. Et qui d'autre que Mme d'Aumale pouvait en être responsable ? Dès lors, la faveur de la vicomtesse était achevée, ses jours à Versailles comptés. Vers ce moment, la reine se souvint des confidences de la marquise de Bombelles à l'encontre de « cette fausse dévote » qui prenait un si grand ascendant sur Madame Élisabeth.

La « crise mystique » d'Élisabeth, au lendemain de la mort de Madame Sophie, que l'on avait attribuée au contrecoup de ce décès, ne s'était pas apaisée. Cela remontait à plus d'un an et la jeune fille poursuivait dans sa voie de détachement des mondanités, raréfiait les occasions de sorties, prenait même ses distances avec la reine, qui s'en irritait, oubliant avoir provoqué ce refroidissement lorsque, le 2 juillet 1782, de mauvaise humeur, elle avait cherché une querelle d'Allemand à sa belle-sœur, l'accusant à tort d'être arrivée en retard à un rendez-vous qu'elle lui avait donné[28]. Depuis, Élisabeth tenait ses distances.

Là encore, au lieu de s'interroger sur les motifs de sa belle-sœur, Marie-Antoinette avait préféré rejeter les torts sur quelqu'un d'autre. On montait sa fille contre elle, on montait aussi sa belle-sœur contre elle, et ce « on », dans les deux cas, était une seule et même personne : Rosalie d'Aumale.

Fugue en rets mineurs

Une très curieuse rumeur qui se répandit début mai 1783, donna corps à ces accusations. Le bruit courut qu'Élisabeth projetait de s'enfuir à l'aube du 3 mai, jour de son dix-neuvième anniversaire, et de prendre le voile à Saint-Denis[29].

À l'examiner de plus près, l'histoire, doublet de celle de Madame Louise, était invraisemblable. Comment croire qu'une princesse mineure et entièrement dépendante du roi son frère, de surcroît aussi timide et respectueuse des convenances que l'était Élisabeth, avait envisagé pareille fugue, sachant que le Carmel de Saint-Denis, avec ou sans l'intervention de Mère Louise de Saint-Augustin, ne pourrait ni l'accueillir ni la garder, sauf à déclencher une espèce de scandale ? La légende de la vocation carmélitaine de Madame Élisabeth est si répandue que l'on hésite à la contredire, et pourtant...

À bien y regarder, hormis Bachaumont, contempteur du catholicisme mais mal informé des choses de la Cour, qui se fit jamais l'écho de cette vocation ? Personne, hormis le carmel de Saint-Denis qui avait intérêt à entretenir cette pieuse légende, à laquelle, d'ailleurs, la majorité des sœurs, après la Révolution, croyaient en toute bonne foi. Car c'est après la Révolution, et non avant, que la vocation frustrée de Madame Élisabeth fut évoquée dans l'ordre, avec l'espoir qu'un peu de sa gloire en rejaillirait sur lui.

C'est en 1808 que l'abbé Proyart, biographe de Madame Louise, écrirait : « Je la vois [Madame Louise] solliciter des prières pour Madame Élisabeth, qu'elle affectionne singulièrement et au sujet de laquelle elle écrivait : "C'est après-demain Sainte Élisabeth. Recommandez bien, je vous prie, ma nièce à sa Patronne. Elle a, par la grâce de Dieu, une vocation bien décidée d'être à Lui mais je connais le pays qu'elle habite : les plus pures vertus y ont besoin de grands appuis." »

Sous la Restauration la biographe carmélite de Madame Louise multiplierait les anecdotes édifiantes mettant en scène la tante et la nièce, l'une veillant à faire éclore dans l'âme de l'autre l'appel divin ; à la même époque, l'abbé de Vitrac, prononçant l'éloge funèbre de Madame Élisabeth à Saint-Denis, donnerait légitimité à ces on dit. Affirmation commode parce qu'elle permettait de faire rentrer l'authentique mais inclassable sainteté de Madame Élisabeth dans le modèle reconnu de la vocation religieuse.

Cependant, en 1783 et même après la mort de Madame Louise, en 1787, nul, sinon Bachaumont, et quelques personnes qui avaient intérêt à accréditer l'existence d'un complot destiné à pousser Élisabeth au carmel, ne crut à cette version. Oui, le bruit courait que la princesse, si retirée – attitude incompréhensible à ce milieu curial dévoré d'ambitions –, voulait entrer en religion, mais les gens qui se pensaient bien informés, et l'étaient peut-être, en tenaient pour une autre possibilité. Le comte d'Hézecques, arrivé comme page à Versailles en 1782, se souviendrait avoir entendu parler de cette vocation religieuse mais, selon lui, c'était à Saint-Louis de Saint-Cyr qu'Élisabeth envisageait d'entrer[30]. Rumeur que les Dames de Saint-Cyr, dans leurs archives, ne démentirent pas car elle était flatteuse, mais réduisirent à ce qu'elle était : une velléité qu'elles s'étaient gardées d'encourager : « Ses fréquentes visites donnèrent lieu au bruit qui courut qu'elle voulait se fixer parmi nous. Elle n'eût pas été éloignée de ce désir mais les suspicions qui se répandirent à cet égard et parvinrent jusqu'au roi nous garantirent d'un honneur qui fût devenu très onéreux. Sa Majesté ne voulut point entendre parler des projets que l'on prêtait à la princesse et, pour donner des preuves de son opposition invincible, il écarta d'elle les personnes soupçonnées de l'entretenir dans ce pieux dessein. Il était dans notre intérêt, à tous égards, de nous libérer de ce coûteux honneur ; aussi n'épargna-t-on rien pour faire entendre à la princesse qu'elle ne pouvait embrasser notre état, que son exemple était nécessaire dans le monde, que nos devoirs paraissaient incompatibles avec sa naissance, que nos statuts pourraient même souffrir de sa présence, quelque agréable qu'elle nous pût être. Toutes ces représentations précédées et suivies des oppositions du roi la convainquirent de la difficulté et lui interdirent enfin toute pensée à cet égard[31]. »

Dans le grand bouleversement affectif, moral et spirituel que traversait la princesse, Saint-Cyr pouvait lui paraître un refuge et une solution. Elle s'y donnerait à Dieu, puisque c'était ce qu'Il semblait attendre d'elle en la privant d'un époux, mais ne serait ni contemplative ni cloîtrée, ce qui lui répugnait. Elle dut s'ouvrir très vite de ce projet aux Dames de Saint-Louis. Celles-ci comprirent aussitôt que pareille postulante leur vaudrait plus de tracas que d'agréments, malgré l'honneur qu'elle leur eût fait, ce qui ne les incita pas à la conforter dans ce qu'elle prenait pour sa vocation ; surtout, éducatrices chevronnées, familières des émois de jeunes filles et des crises mystiques, elles ne prirent pas, et elles eurent raison, ce prétendu appel divin au sérieux. Elles le dirent, avec une franchise inhabituelle s'adressant à une princesse.

Élisabeth devait en être là, début mai 1783, de ses incertitudes, quand la rumeur de son prétendu projet de fuite se répandit et revint aux oreilles de son frère. Le commencement d'intimité qui avait existé à la fin des années 1770 entre eux, du temps qu'elle était une enfant qui amusait ses aînés, s'était affaibli. Pris par les affaires, Louis XVI avait peu de temps à dispenser à sa cadette. Une distance s'était creusée entre eux que, trop timide, la jeune fille n'essayait pas de combler. Le roi, de son côté, éprouvait un peu de gêne à n'avoir pas trouvé à établir sa sœur, et, timide, lui aussi, ne savait quelle contenance adopter avec elle.

Entre Louis XVI et Élisabeth ne subsistaient, en ce printemps 1783, que des relations distendues où le respect, chez celle-ci, avait remplacé l'affection. Marie-Antoinette leur servait de truchement, sans que cela contribuât à créer un climat d'entente et de compréhension. Dans le cas présent, ce fut même le contraire.

La reine entretenait des rancunes rancies et quelquefois absurdes. Elle en voulait au parti des dévots, à Mesdames Tantes, pour s'être opposés à l'alliance autrichienne, et pour avoir, ce qui était plus grave, médit d'elle à tout propos, répandant sur son compte des calomnies infâmes. Elle en voulait à Mme d'Aumale qu'elle soupçonnait d'avoir travaillé à détacher d'elle sa fille et sa belle-sœur. Et voilà que se présentait l'occasion de se venger des uns et des autres, en révélant leurs accointances secrètes, leurs intrigues, ou ce que d'autres intrigants avaient su lui présenter comme telles. Mme d'Aumale, fausse dévote hypocrite travaillant à précipiter l'innocente Élisabeth au carmel afin de complaire à Madame Louise et ses sœurs, faisant le jeu des dévots, ses ennemis, ce scénario convenait à la reine et elle ne s'attacha ni à en examiner la vraisemblance ni à réfléchir au tort qui en résulterait pour l'infortunée vicomtesse.

Qui pouvait, mieux que Mme de Polignac, sa dame d'honneur, et la marquise de Bombelles, sa meilleure amie, connaître les escapades d'Élisabeth à Saint-Cyr ou Saint-Denis ? Qui, plus qu'Angélique, se trouvait assez avant dans ses confidences pour savoir quelque chose de ses troubles de conscience, ses vagues aspirations à la vie conventuelle ? Et qui se trouvait à même d'aller les rapporter à la reine et dénoncer un fumeux projet de fugue le matin de l'anniversaire de la princesse ?

Résultats d'un complot de cour

Voilà d'où venait cette extravagante rumeur qui se répandit à la Cour fin avril 1783 et qui enfla, et qui, le 2 mai, désigna nommément une coupable, et ses commanditaires. Bachaumont en rapporterait une version trop belle pour être crédible mais qui mettait en évidence les ressorts cachés de cette comédie :

> Le projet d'évasion de Madame Élisabeth se confirme de plus en plus et l'on veut que Mme la vicomtesse d'Aumale, qui avait été précédemment sa sous-gouvernante, et était depuis attachée à Madame Royale, la soutînt dans son dessein et ait été, en conséquence, destituée et exilée. Il paraît que, pour mettre plus d'adresse dans la négociation religieuse dont la source remontait à Madame Louise, celle-ci ne paraissait s'en mêler en rien et c'était Mme d'Aumale qui rendait les lettres et les conversations de la tante à la nièce. On parle encore d'autres subalternes, de femmes de chambre, entre autres de Madame Royale, renvoyées aussi comme étant les derniers intermédiaires entre Mme d'Aumale et Madame Élisabeth. Quoiqu'il en soit, on assure que la reine, instruite du jour où Madame Élisabeth devait s'arracher aux plaisirs de la cour, l'a

adroitement invitée à Trianon et depuis, amenée à l'ouverture de la Comédie italienne jusqu'à ce qu'on eût rompu la chaîne de cette pieuse intrigue par l'expulsion de ses agents[32].

Tout était là : le parti des dévots et ses « pieuses intrigues », Madame Louise, son rôle dans une cabale destinée à éloigner Élisabeth de la Cour et de sa belle-sœur, le motif du renvoi de Mme d'Aumale devenue agent d'une correspondance coupable. Pour mieux souligner qu'il s'agissait d'un montage, la démission de Mme d'Aumale, car la malheureuse y fut contrainte, était datée du 24 avril, dix jours, donc, avant le jour retenu pour la prétendue fugue...

En fait, Élisabeth n'avait jamais prévu de s'enfuir ; l'on s'était servi d'elle, comme on l'avait fait avec les visites de l'empereur, pour régler des problèmes qui ne la concernaient point. Les Polignac et les Mackau, d'ordinaire à couteaux tirés, s'étaient entendus sur le dos d'une rivale commune, Rosalie d'Aumale, soupçonnée de saper leurs faveurs respectives. Ils étaient parvenus à leurs fins puisque l'on apprit simultanément la démission – parler de renvoi eût été plus exact – de la vicomtesse, et qu'elle avait reçu l'ordre de quitter la cour et Versailles : sa disgrâce était parachevée.

Advint alors un événement auquel personne ne s'était attendu : Élisabeth, compromise, dont chacun s'entendait à penser qu'elle se ferait toute petite, fut prise, sous le coup de l'indignation devant tant d'injustice, d'une sainte colère et se précipita chez son frère afin de remettre les choses au point et défendre son amie. Ce geste, de la part de cette timide, touchait à l'héroïsme et donnait une idée de son affection envers Mme d'Aumale ; elle n'en eût fait autant pour personne d'autre et les Bombelles, qui le savaient, auraient tout loisir de s'en étrangler de jalousie.

Louis XVI ne connaissait l'histoire que par ce que sa femme lui en avait rapporté et, comme depuis la naissance des enfants, Marie-Antoinette avait toute licence d'organiser leur éducation, ces petites affaires ayant le mérite de l'écarter des grandes, il n'avait aucune envie de provoquer une querelle de ménage à cause de la vicomtesse d'Aumale. Il accueillit sa sœur avec tendresse, l'écouta s'expliquer, mais, quand elle réclama, puisque Mme d'Aumale était écartée de sa charge, qu'il voulût bien lui donner dans sa propre maison une place de dame à accompagner, il refusa net. Il croyait à la culpabilité de la vicomtesse, voyait en elle une intrigante, agent du parti dévot qui avait osé s'en prendre à la reine. Et puis, connaissant la timidité d'Élisabeth, il songea qu'elle devait être en effet bien attachée à la dame pour risquer cette démarche et cela le fixa dans l'idée, soufflée par la reine, que cette « fausse dévote » s'était « emparée » de sa jeune sœur. Il devenait urgent de sévir ; le roi confirma le renvoi, et l'éloignement, qu'il décida de presser, avant de déclarer à Élisabeth qu'il ne s'opposait pas à une vocation religieuse, mais lui intimait d'attendre d'être majeure avant de prendre si grave décision, ajouta :

— Je ne vous défends évidemment pas de vous rendre à Saint-Denis afin d'y rencontrer notre tante, mais je vous demande instamment de n'y point rester.

La jeune fille se retira sans insister, mais n'avait pas l'intention d'en rester là. Après quelques jours, elle revint à la charge, demanda une seconde entrevue à son frère. Dans l'intervalle, elle avait pris la mesure des querelles, des haines, des jalousies, et que la coterie puissante sur l'esprit de la reine ne permettrait pas le maintien de Mme d'Aumale à Versailles. Inutile de le réclamer. En revanche, il était toujours possible de faire appel au bon cœur et au sens de la justice du souverain. Élisabeth plaida la situation impossible dans laquelle son renvoi plaçait Mme d'Aumale : séparée de son mari, sans fortune, sans appui, privée de ses émoluments et de son logement de fonction, écartée de la Cour, de quoi subsisterait-elle ?

Louis XVI s'était renseigné et, déjà, la culpabilité de Mme d'Aumale ne lui paraissait plus évidente. Restait qu'il n'avait aucune envie d'affronter sa femme pour si peu. Il opta pour une solution mitigée : la vicomtesse demeurerait éloignée de Versailles un certain temps, mais il lui ferait servir une pension suffisante pour lui permettre de vivre décemment et lui ferait donner un appartement à Paris dans l'une des maisons royales destinées à loger des personnes méritantes sans ressources. Elle pourrait continuer à voir la princesse ; c'était admettre implicitement l'inconsistance des accusations portées contre la sous-gouvernante. Comment expliquer, sinon, qu'elle fût autorisée à rencontrer celle qu'elle était censée dominer d'une dangereuse emprise ?

Élisabeth venait de remporter une victoire, et ceux qui avaient ourdi le complot ne s'y trompèrent pas. À commencer par la reine qui, apprenant le revirement de son mari, entra dans une violente colère. Très remontée, elle entreprit sa belle-sœur sur ce grand « sentiment » pour la vicomtesse d'Aumale, lui dit qu'elle « ne le comprenait pas » – ce qui signifiait qu'elle le désapprouvait –, conclut qu'un pareil « attachement ne pouvait être que l'effet de la séduction d'une femme adroite »[33].

Quiconque recevait semblable mercuriale de sa part se le tenait pour dit et cessait toutes affaires cessantes ses relations avec la personne encourant pareille disgrâce. Jusqu'à une époque récente, Élisabeth, ennemie des querelles, eût tout fait pour échapper à celle-là. Mais quelque chose avait changé car, au lieu de se soumettre, elle répliqua, ce qui laissa Marie-Antoinette pantoise. Et, preuve qu'elle n'était pas dupe, devinait les ficelles cachées de l'intrigue, n'ignorait pas qui l'avait trahie, elle mit en cause, fort directement, « le cher Ange ».

– Pourquoi, ma sœur, aimez-vous donc Mme de Bombelles et n'aimez-vous point Mme d'Aumale ?

La reine qui, en fait, n'aimait pas les Bombelles mais les utilisait, et qui s'était d'abord entichée de la pauvre d'Aumale avant de la repousser, se troubla, balbutia, finit par dire, de ce ton de hauteur qu'il lui arrivait de prendre et qui la faisait parfois détester :

– Parce que Mme de Bombelles vous a toujours donné de bons conseils, tandis que Mme d'Aumale s'est emparée de vous !

Au vrai, Mme de Bombelles ne s'était jamais permis de donner de bons ou de mauvais conseils à la princesse, pas plus que Mme d'Aumale ne s'était emparée d'elle, mais Marie-Antoinette ne s'arrêtait pas à ces détails. La suite de la discussion, Élisabeth ne se laissant pas faire, avait tourné à l'aigre. La reine, à bout d'arguments, avait fini par lui « interdire » de voir Mme d'Aumale, ce que le roi s'était gardé de faire, de sorte que la jeune fille, dans une colère comme il lui en avait rarement prise depuis son enfance, se rua chez son frère et demanda « la permission de poursuivre avec Mme d'Aumale une liaison aussi satisfaisante pour son esprit et pour son cœur ».

Louis XVI n'osa pas dire non, et sa sœur prit soin de se rendre régulièrement et ostensiblement à Paris voir la vicomtesse, avant d'obtenir la permission de la recevoir à Versailles, là encore très publiquement.

Cette affaire ne pouvait contribuer à lui rendre le désir de se mêler au monde. Elle ne le laissa point paraître, parce qu'une attitude de froideur ou de rancune ne lui ressemblait pas, mais elle venait de perdre quelques illusions supplémentaires. Surtout, elle commença à voir Angélique de Bombelles sous son vrai jour, qui n'était pas des plus sympathiques, et cette découverte, sans mettre un terme à leur amitié, la contraignit à se méfier dorénavant d'une intime capable de petites trahisons quand elle pensait y trouver son intérêt. De ce jour, c'en fut fini de cette exclusive passion pour le « cher Ange ». Mme de Bombelles, récemment accouchée de son second enfant[34], soucieuse de la carrière d'un époux en disponibilité depuis un an[35], ne s'en aperçut pas tout de suite : elle était trop occupée de la faveur trompeuse de la reine pour se soucier de celle de sa princesse. Elle venait pourtant de l'altérer sans remède.

En irait-il de même des sentiments que la princesse portait à son frère et à sa belle-sœur ? Le roi et la reine s'étaient, ils le comprenaient un peu tard, mal conduits envers elle ; ils en ressentaient une gêne et un regret : on s'était servi d'Élisabeth, de cette fugue prétendue pour liquider des gens que la reine n'aimait pas, sans se demander ce qu'elle en penserait, dans la conviction qu'elle était toujours une enfant et qu'elle ne pensait pas. En quoi ils s'étaient trompés et l'admettaient. Mais quelle compensation, qui ne ressemblerait pas à des excuses gênantes, offrir pour les désagréments et les peines infligés ?

La ruine parachevée des Guéméné fournit la solution.

Chapitre V

LES TRAVAUX ET LES JOURS

1783 fut une année comme, de mémoire d'homme, on ne se souvenait pas en avoir vécu[1]. Le soleil, au lieu de briller, répandait une lueur triste et sombre, ce qui n'empêchait pas qu'il fît une température étouffante pour un mois de juin et un début juillet. La nuit était éclairée d'une lune « couleur de sang ». Les scientifiques avançaient des causes naturelles liées aux tremblements de terre qui venaient de secouer la Calabre[2]. Ces explications rationnelles ne rassuraient pas plus qu'elles ne rendaient supportable une chaleur de fournaise.

À Versailles, les appartements devinrent irrespirables ; il fallait, afin de trouver un peu de fraîcheur, se réfugier sous les arbres du parc, au bord du grand canal ou de la pièce d'eau des Suisses. Marie-Antoinette relança la mode d'y pêcher à la ligne. Parfois, on se déchaussait et l'on trempait les pieds dans l'eau. Le plus souvent, les convenances, et la paresse qu'inspirait cette touffeur accablante, faisaient que l'on restait immobiles, assis sur des pliants disposés le long de la berge, à attendre qu'une carpe ou une tanche non moins accablée de chaleur daignât mordre à l'hameçon.

Élisabeth participait à ces après-midi de pêche et feignait poliment de s'y amuser. Elle n'avait rien de mieux à faire puisque la canicule obligeait à ménager les chevaux. L'une des rares journées où il fut loisible de faire atteler sans tuer les bêtes, la reine la pria de l'accompagner à Montreuil.

Montreuil, c'était cette propriété à la sortie de Versailles que les Guéméné avaient acquise afin de s'y reposer. La princesse s'était vite lassée de cette maison déjà campagnarde qu'elle prêtait à ses relations quand celles-ci n'étaient pas « de semaine ». Mme de Mackau en avait beaucoup profité, y emmenant Élisabeth et Angélique. Depuis son enfance, Montreuil incarnait pour la princesse le rêve d'une liberté interdite à la Cour. Et puis, les Guéméné avaient été rattrapés par leurs dettes ; leurs créanciers avaient saisi le domaine, Élisabeth en avait été très affectée.

Donc, cet après-midi de juillet 1783, Marie-Antoinette pria sa belle-sœur de l'accompagner à Montreuil. Quand elles furent arrivées, la reine lui dit :

— Ma sœur, vous êtes ici chez vous ! Le roi se fait un plaisir de vous offrir cette maison, et moi de vous l'annoncer !

Le cadeau, inattendu, parut superbe à Élisabeth ; il lui faudrait plusieurs mois avant de prendre la mesure des travaux de réfection indispensables : le gros œuvre, faute d'entretien, avait souffert et les finitions intérieures n'avaient jamais été entreprises. Cependant, comme la seule condition posée par Louis XVI était une clause précisant que sa sœur ne passerait jamais la nuit à Montreuil avant sa majorité, cela lui laissait le temps d'aviser et elle se déclara ravie.

Cette maison représentait en réalité un dédommagement offert pour les tracas endurés, l'éloignement de Mme d'Aumale, les obstacles mis à une vocation supposée, en même temps qu'une façon d'entériner un célibat définitif et de conférer à la jeune fille un semblant d'intimité.

Montreuil, sis au lieu-dit le Grand Montreuil[3], se composait d'un terrain de huit hectares s'étendant entre l'avenue de Paris et les rues du Champ-la-Garde, de Bon-Conseil[4] et Saint-Jules, en partie aménagé en un parc réputé pour sa beauté ; ce qui restait de foncier non bâti constituait des terres agricoles dépendant d'une petite ferme incluse dans la propriété.

Il n'était pas nécessaire d'être architecte pour constater que le coup d'œil d'ensemble se révélait peu satisfaisant[5].

Des disproportions flagrantes entre les deux bouts de la façade provoquaient une curieuse disharmonie. Élisabeth attacha moins d'importance à cette erreur qu'au plaisir de posséder sa chapelle privée, voulue par Mme de Marsan, d'un faste un peu exagéré mais qui parut à la princesse, convaincue que rien n'est jamais trop beau pour Dieu, tout à fait approprié.

De part et d'autre de la chapelle s'ouvraient un boudoir lambrissé, une bibliothèque, une salle à manger, une vaste salle de réception vite transformée en salle de billard, une salle de musique, un grand salon, plusieurs pièces sans destination précise, des antichambres. L'étage, auquel conduisaient un très bel escalier à double révolution et plusieurs petits escaliers de service, comptait vingt et une chambres, boudoirs et petits salons. Le second étage, sous les combles, était réservé au logement des domestiques. L'arrière du bâtiment donnait sur deux cours intérieures menant à une orangerie, une laiterie, une vacherie tout à fait fonctionnelles, des bâtiments de ferme et un pavillon pour le jardinier.

Mme de Guémené avait voulu un jardin à l'anglaise qui semblait le prolongement naturel du Petit Trianon ; l'ensemble était très rousseauiste, comme l'attestait la « montagne », monticule de dix mètres de haut suffisant pour, une fois dessus, apercevoir Paris. On admirait aussi une splendide allée de tilleuls finissant en terrasse ainsi que des massifs à la française créant un élégant décor devant le péristyle à quatre colonnes de l'entrée principale.

Lors de la saisie des biens Guémené, les experts venus estimer Montreuil avaient jugé l'état général du domaine déplorable, les bâtiments mal entretenus, l'ensemble vétuste. S'agissait-il d'une manœuvre destinée à déprécier le bien ? Preuve peut-être que la situation n'était pas si catastrophique, aucun gros travaux ne fut entrepris. À moins que ce fût l'effet de restrictions de budget dictées par les circonstances car, très vite, le crédit illimité promis fit place à un contrôle tatillon de la moindre dépense[6]. Confronté aux devis, Louis XVI passerait tout au crible, annoterait, refuserait avec un sens de l'économie louable en période de crise mais qui friserait la ladrerie.

Tel quel, Montreuil représentait pourtant un paradis dont Élisabeth entendait profiter. Elle ne tarderait pas à en faire un endroit où vivre selon ses goûts, entourée d'une société choisie qui partageait ses aspirations, loin des tracas d'une cour étrangère à ses façons d'être et de penser.

Une vie de couventine

Un emploi du temps se mit en place, d'une régularité prêtant à sourire aux mondains, mais auquel elle demeurerait fidèle. Chaque jour, après avoir entendu la messe à la chapelle royale, elle se rendait à Montreuil escortée de ses pages et ses dames, à pied s'il faisait beau, à cheval si le cœur lui en disait, en voiture quand il faisait froid, qu'il pleuvait ou que l'on était pressé. Cette promenade prenait dix minutes.

Arrivée chez elle, le premier soin d'Élisabeth était de s'enquérir du produit de la ferme afin de savoir de quoi on disposait pour les charités quotidiennes ; si la production contribuait à faire fonctionner Montreuil dans une relative autarcie[7], l'essentiel allait aux œuvres caritatives de la paroisse voisine.

Mme de Bombelles, qui s'y serait ennuyée à périr, évoquerait pourtant ce quotidien avec nostalgie : « Notre vie à Montreuil était uniforme, pareille à celle que la famille la plus unie passe dans un château à cent lieues de Paris. Heures de travail, de promenades, de lecture, de vie isolée ou en commun ; tout y était réglé avec méthode. L'heure du dîner réunissait autour de la même table la princesse et ses dames. Elle avait ainsi fixé ses habitudes. Vers le soir, avant l'heure de retourner à la cour, on se réunissait dans le salon et, conformément à l'usage de quelques familles, nous faisions en commun la prière du soir. Puis on se remettait en route vers ce palais dont on était à la fois si loin et si près, le cœur rafraîchi par l'impression d'une journée remplie par le travail et l'amitié, et sanctifiée par la prière et la charité. Qu'on ne pense pas, néanmoins, que cette maison du travail et de la prière fut une prison de tristesse et d'ennui, loin de là ! Un enjouement plein d'effusion s'échappait du fond de l'âme angélique et modeste de la princesse[8]. »

Il suffit de comparer ces souvenirs idéalisés avec sa correspondance, ou le journal de son mari, pour comprendre pourquoi cette vie de prière et de charité, ce refus de médire du prochain et d'évoquer les scandales amoureux du moment contribuèrent à forger la réputation d'éteignoir d'Élisabeth et de sa petite cour...

Dans ce milieu presque exclusivement féminin, la vie ressemblait à celle d'un pensionnat de jeunes filles en province. On y priait un peu, Élisabeth ne voulant pas, dans sa délicatesse, forcer à des exercices religieux celles de ses dames qui ne partageaient pas sa ferveur ou que leur situation irrégulière éloignait de la pratique et des sacrements. On y « travaillait » un peu, dans le sens où ces jeunes femmes de l'aristocratie entendaient le mot travail, c'est-à-dire que l'on s'occupait à des ouvrages d'aiguille destinés à des familles pauvres ou à être vendus pour rapporter un peu d'argent à dépenser en charités.

Le reste du temps, chacune était libre de vaquer à ses occupations et se distraire à sa guise. Quant à la princesse, elle jouait au billard, allait se promener à cheval, devisait avec ses amies, peignait, dessinait, se consacrait à l'examen de ses comptes et des demandes de secours financiers qui lui parvenaient des quatre coins du royaume.

La providence de tous les malheureux

En effet, malgré l'exiguïté de ses revenus personnels, qui la contraignait à se priver d'objets qui la tentaient[9], de plantes exotiques et d'arbres rares qui eussent embelli les jardins, Élisabeth n'estimait jamais avoir fait assez pour les pauvres. Le curé de Saint-Symphorien de Montreuil et les filles de la Charité savaient, lorsqu'ils faisaient appel à sa générosité, n'avoir jamais à redouter une rebuffade. Rapidement, grâce à elle, les pauvres de Montreuil s'étaient trouvés moins pauvres et d'autres cas avaient commencé de lui être signalés.

Il fallait aider un garçon de bonne noblesse désargentée qui n'avait pas de quoi se soutenir dans l'armée, récompenser un acte d'héroïsme. Un officier écrivait que la veuve de son général était tombée dans une si grande indigence qu'elle ne pouvait faire face à des soins médicaux sans lesquels elle succomberait. En attendant d'obtenir du roi une pension, Élisabeth avait sorti de sa cassette les vingt-cinq louis nécessaires à l'intervention chirurgicale et aux médicaments[10].

À l'automne 1785, M. de Grosbois, président de la cour des comptes de Besançon, lui raconterait que vivait à Montfleur en Franche-Comté, un certain Jean Jacob, âgé de cent seize ans, étant né, comme les registres de catholicité l'attestaient, en 1669, et que ce contemporain de la jeunesse de Louis XIV, n'avait pour subsister que le travail de sa fille nonagénaire. Élisabeth, surmontant sa timidité, s'adressa personnellement au contrôleur des Finances, Calonne, afin qu'il fît le nécessaire[11].

Il fallait trouver des places à Saint-Cyr ou ailleurs[12], pour des jeunes filles de la noblesse pauvre, et dans des collèges militaires pour leurs frères. Élisabeth pourvoyait ainsi entièrement à l'éducation de six demoiselles nobles.

À ces charités matérielles s'ajoutaient les efforts et sacrifices consentis pour l'Église et la gloire des âmes. Montreuil rattaché à Versailles, il parut convenable de doter le quartier d'une église neuve ; Élisabeth fut la principale bienfaitrice du projet. On réclama aussi son aide pour la rénovation de l'Hôtel-Dieu versaillais, et bien d'autres églises, couvents, monastères, fondations bénéficièrent de secours financiers dont elle s'efforçait de cacher l'origine.

Quand il lui restait un moment, elle lisait. Cela lui permettait de surveiller le contenu des ouvrages qui entraient dans sa bibliothèque, car, à Montreuil comme à Versailles, le soin de les choisir revenait à Chamfort[13] dont elle se méfiait car il prenait un malin plaisir, – c'était pour cela que Marie-Antoinette lui avait fait donner la place – à acquérir des romans scandaleux et des essais philosophiques à la gloire des Lumières. Élisabeth ne les ouvrait pas, s'en tenant à ce qui formait le fond conforme à ses goûts : livres d'histoire, biographies, récits de voyage, ouvrages de géographie et de sciences, classiques latins, hagiographies et traités de dévotion[14].

Lui arrivait-il de s'ennuyer, elle aussi, de cette vie trop ordonnée qu'elle s'était fabriquée ? Elle avait vingt ans, débordait d'une énergie qu'elle ne savait à quoi employer. Les parties de billard qui occupaient ses journées quand le temps était mauvais n'y suffisaient pas ; elle avait besoin de mouvement, et même de danger. Cette amazone intrépide prenait des risques devant lesquels des hommes, jusqu'à des officiers de cavalerie, reculaient. Au grand effroi de ses écuyers et ses pages, en charge de sa sécurité et qui redoutaient d'être tenus pour responsables d'un accident dû à sa témérité excessive.

On avait balisé des itinéraires supplémentaires qui menaient à Montreuil et Saint-Cyr, et, le long de ces parcours, les risques demeuraient limités. Il n'en allait pas de même lors des chasses où personne ne pouvait prévoir les réactions du gibier, celles des chevaux, pas plus que les difficultés du terrain. La plupart des dames préféraient suivre les courres en voitures, mais la reine et Madame Élisabeth chevauchaient botte à botte avec les plus enragés veneurs, dans un total mépris du péril. Les chutes étaient inévitables. Mi-septembre 1787, Élisabeth, désarçonnée, irait rouler sous les sabots du cheval du marquis de Menou, se relèverait en riant, sans autre mal que quelques contusions. Le corps à corps avec la monture, le galop, le courre, c'était la liberté, ce à quoi elle aspirait en sachant ne jamais l'atteindre.

Un froid de loup succéda dès novembre 1783 aux chaleurs excessives de l'été précédent. Le thermomètre descendit à − 23° en décembre et n'en bougea plus des semaines durant. Comme il avait beaucoup neigé et que le gel prit là-dessus, la plupart des routes se trouvèrent impraticables, ce qui rendit l'approvisionnement difficile. Les patrons débauchaient parce que chantiers, métiers, commerce étaient à l'arrêt et qu'ils ne voulaient pas payer leurs employés à ne rien faire. Ceux qui n'avaient pas un sou de côté, et ils étaient nombreux, commencèrent à souffrir. Bientôt, on fit état de familles mortes de faim et de froid dans des galetas qu'elles n'avaient pas les moyens de chauffer... Des clochards furent retrouvés gelés sous des ponts, quelques voyageurs malchanceux aussi.

À Versailles, la reine se promenait en traîneau, faisait de la luge et patinait sur les pièces d'eau gelées ; d'aucuns s'en scandalisaient comme d'une insulte à la misère du peuple. Pourtant, Louis XVI, sa famille, l'aristocratie, le clergé, dans un vaste effort de solidarité, déployaient tous les moyens pour compenser ces rigueurs climatiques exceptionnelles. Rien n'y faisait : l'on reprochait au roi les cinq milliards dépensés dans la guerre d'Amérique, terminée glorieusement mais sans dédommagement financier ou territorial, qui eussent été tellement mieux employés à secourir les pauvres.

Élisabeth restait indifférente à ces questions politiques, mais nul ne pouvait lui reprocher d'être indifférente aux misères du peuple. En cet épouvantable hiver, son arrivée à Montreuil parut providentielle, les secours qu'elle distribua permirent à la centaine de miséreux assistés par la paroisse de subsister. Elle mit aussi à contribution son voisin, le docteur Lemonnier, et, prétextant qu'il n'était pas en retraite puisqu'il ne résiliait pas sa charge au profit de son jeune successeur, le docteur Dassy, le persuada de prendre en charge le dispensaire qu'elle avait ouvert au rez-de-chaussée du château. Elle y apprendrait l'art de faire un pansement, donner les soins élémentaires, préparer des médicaments.

Cette aide ne s'arrêta plus. Bon an mal an, la princesse affecterait à ses charités le cinquième[15] de ses revenus, soit quatre mille livres[16] sur une pension de vingt mille : grosse somme comparée au salaire quotidien d'un journalier, une livre ; moins par rapport aux cinq mille francs dépensés pour la robe de bal d'Angélique de Bombelles. Mais Élisabeth, toujours prête à se priver de tout pour ses pauvres, ne refusait rien à ses amies. Elle en donna la preuve éclatante, fin 1783, en faveur de Louise de Causans, chanoinesse de Vincens.

La dot de Mme de Vincens

Depuis qu'elle avait arraché à leur mère le droit de fréquenter Louise de Vincens et sa cadette, Marie de Mauléon, Élisabeth se préoccupait de l'établissement de ces jeunes filles. Il fallait les marier, mais à qui, puisqu'elles n'avaient pas de dot ? Au printemps 1783, la marquise de Causans avait exigé le retour de son aînée à Metz. Cet ultimatum avait plongé Élisabeth dans le désarroi.

Depuis quelques temps, elle sentait se dénouer les liens qui l'avaient unie à Mme de Bombelles : Angélique, amoureuse de son mari, folle de ses fils, ne se sentait plus tant d'affinités avec une princesse promise au célibat qui ne connaîtrait jamais ni l'amour ni la maternité et, au lieu de l'en plaindre, elle s'en agaçait, la traitant en éternelle fillette. La carrière de Marc, qui piétinait, la préoccupait et elle en voulait à Élisabeth de n'avoir pas l'entregent nécessaire pour la faire avancer. Elle avait de l'humeur, le laissait paraître, préférait s'appuyer sur la coterie de la reine, et, afin de lui plaire, n'avait pas reculé devant les petites trahisons, les bassesses et les injustices – Rosalie d'Aumale en avait fait les frais.

Élisabeth le savait et, même si elle n'avait rien changé à son attitude, une fêlure irréparable s'était produite ; la confiance était brisée. Rien d'étonnant à ce que, dans ce moment de crise, elle se fût tournée vers les Causans, pieuses, réservées, provinciales, perdues dans l'univers féroce de Versailles et, par tant de côtés, tellement plus proches de ses goûts et ses façons de voir. Et c'était le moment que Mme de Causans choisissait pour réexpédier la chanoinesse à Metz !

Élisabeth s'en ouvrit au roi, qui accepta, le 27 août 1783, d'accorder à Mme de Vincens une place surnuméraire de dame à accompagner dans la maison de sa sœur. Surnuméraire signifiait que Louise ne touchait pas d'appointement et ne possédait aucun moyen de se maintenir à la Cour. Rien n'était réglé, l'exil messin risquait d'être réactivé. Sur ce, l'une des dames à accompagner de la Maison primitive mourut, une place se trouva disponible, et avec elle ses 4 000 livres d'appointements annuels.

En ouvrant le billet qui lui annonçait cette « bonne » nouvelle – bonne pour les Causans, sinon pour la défunte – et portait en suscription de la main de la princesse : « à Madame, Madame de Vincens, dame à accompagner de Madame Élisabeth », Louise de Vincens s'était prudemment retranchée derrière la volonté maternelle pour décliner l'offre. Venant d'une plus rouée, on eût conclu à une manœuvre destinée à obtenir mieux ; de sa part, c'était véritablement soumission ; Élisabeth ne s'y était pas trompée. Au cours des semaines suivantes, elle fit le siège de son amie, lui répéta sur tous les tons : « Ne me refuse point ! » et, l'autre refusant toujours, finit par ajouter :

– Je sais ta façon de penser. Sois tranquille ! Je pourvoirai à tout et je te marierai.

Jolie promesse : encore fallait-il la tenir, et convenablement. Élisabeth, qui voyait le ménage Travanet se disloquer, ne voulait pas imposer à Vincens une union aussi déplorable qu'une vocation forcée. Restait à trouver l'oiseau rare. Elle dut y mettre un bel acharnement car, avant la fin 1783, la princesse dénicha un parti dont elle pensait qu'il ferait le bonheur de Louise.

À vingt-deux ans, le marquis de Raigecourt[17] appartenait à l'une des plus prestigieuses familles de l'armorial lorrain, sa piété était si profonde qu'il ne jugeait pas ridicule d'avouer avoir promis à sa mère de demeurer chaste jusqu'à ses noces, plongeant dans l'hilarité ceux au courant de ce vœu édifiant[18]. Seul défaut, il en fallait bien un à ce fiancé parfait, Raigecourt était un peu dur d'oreille – les Bombelles traduiraient « sourd comme un pot » –, et il fallait parler très fort pour être assuré de se faire comprendre. Louise de Causans s'en accommoderait sans broncher. Ainsi que le dirait avec un tact exquis Marc de Bombelles : « À brebis tondue, Dieu mesure le vent... »

Il y avait, à cette fureur des Bombelles, d'ordinaire plus modérés dans leurs inimitiés, une cause bien forte et c'était, outre que Raigecourt, même sourd, était mieux né que Marc, le cadeau faramineux de la princesse à Mlle de Causans.

Les Raigecourt avaient posé une condition à l'union : que Mme de Vincens reçût une dot de 200 000 livres. Peut-être comptaient-ils sur l'énormité de la demande pour faire échouer le projet.

La dot de Louise, Élisabeth s'en préoccupait de longue date et, se fiant à celles réclamées pour les mariages de ses relations, avait pensé que 100 000 livres suffiraient. L'exigence la laissa muette[19]. En économisant sou par sou en vue du mariage de Louise, elle avait mis 50 000 livres de côté, équivalent de deux ans et demi de ses propres revenus. Où trouver les 150 000 manquant ? Il n'était pas question de se dédire. Ni d'aller réclamer cet argent à son frère : pas alors qu'il venait de lui offrir Montreuil et se montrait si regrattier sur la moindre dépense...

Au terme de plusieurs jours d'angoisse, Élisabeth trouva la solution. Chaque année, au premier de l'an, le roi lui remettait 30 000 livres d'étrennes, lui assurant un peu d'aisance. Si elle obtenait qu'il lui versât cinq années d'avance, l'affaire était gagnée. Quant à savoir comment elle ferait face aux dépenses, elle qui redoutait de s'endetter pendant les cinq années à venir, ce fut un détail dont elle ne s'encombra pas : la liberté et l'avenir de Louise valaient tous les sacrifices.

L'heure commençait d'être aux économies. Le moment était mal choisi pour aller se faire avancer 150 000 livres par un frère

qui lui en refusait 1 200 pour acheter une baignoire neuve... N'osant affronter directement Louis, Élisabeth s'adressa à sa belle-sœur. La démarche lui coûtait, car elle n'avait pas oublié l'acharnement de Marie-Antoinette à perdre d'Aumale. Celle-ci lui fit bon visage, et se chargea de convaincre son mari d'avancer à sa sœur son lustre d'étrennes, avance qui ne se fit pas sans la prévenir qu'elle ne toucherait véritablement plus rien les cinq années à venir. Élisabeth le savait :
– Je n'ai plus d'étrennes mais j'ai ma Raigecourt !
C'était tout elle.

Les Bombelles ne s'y trompèrent pas : une dot double de celle d'Angélique, des démarches auprès du couple royal afin d'obtenir qu'on lui donnât Vincens, c'était la marque d'une faveur supérieure à celle dont avait joui le « cher Ange ». Oui, décidément, quelque chose s'était cassé.

Élisabeth en souffrait. Le cadeau qu'elle fit à la baronne de Mackau de cette petite maison, « la bicoque », disait-elle pour minimiser son geste, qui jouxtait Montreuil et communiquait avec le parc par une entrée privée, était destiné à rétablir un équilibre que le clan jugeait malmené. Non contente de lui donner cette propriété, elle l'avait fait restaurer et meubler, détournant à cette fin des sommes qui lui feraient défaut pour le château. Mme de Mackau se garda de refuser : tout profit était bon à prendre selon les maximes en usage à la Cour, mais ni elle ni Mme de Bombelles n'y mirent les pieds.

Tel était ce « pays-ci » qui corrompait tout, même les plus belles amitiés, les plus grandes vertus, les rêves les plus purs. Cette déception atteignit cruellement la princesse et la fixa dans son désir de retraite. Montreuil serait son refuge, elle ne s'y entourerait que d'âmes choisies.

Le semi-emménagement à Montreuil, qui obligeait à regagner chaque soir l'appartement du château et en subir les désagréments, marqua, à l'automne 1783, ce qui ressemblait à un retrait définitif de la vie de cour pour Élisabeth. Hormis de rares occasions où sa présence était requise par l'étiquette, elle s'éclipsa et cette disparition volontaire paracheva l'idée que l'on se faisait d'elle : une bigote timide dépourvue de personnalité et de caractère. Que l'on se méprît à ce point sur son compte lui était absolument égal.

Chaque matin ou presque, levée à 6 heures, elle filait à Montreuil après la messe et n'en bougeait plus jusqu'à la tombée du soir, sinon pour saluer les dames de Saint-Cyr. Le programme qu'elle s'était fixé, partagé entre charités, pratiques de dévotion, travail, lecture, correspondance et arts d'agrément devint d'autant plus immuable que, dans sa monotonie, il lui parut rapidement pénible. Comme elle le trouvait parfaitement pensé pour faciliter sa sanctification, elle estima que ce grand dégoût qui la prenait parfois devant ce quotidien trop bien réglé relevait d'une tentation et qu'il convenait d'y résister. Elle se jugeait frivole, facile à entraîner vers les plaisirs mondains, ce pourquoi elle avait choisi de les fuir après les avoir trop appréciés. Elle l'expliquerait plus tard à Marie de Mauléon : « Allez au jour le jour. Dites-vous le matin tout ce que vous devez faire dans la journée, pourquoi vous devez le faire ; n'anticipez pas sur le lendemain, et ne changez jamais de résolutions bien prises, à moins de fortes raisons. Quelque temps de fermeté sur vous même remettront (*sic*) le calme dans votre cœur [...] Pourquoi nous troubler sur ce que nous deviendrons ? Nous serons fidèles et Dieu y pourvoira. Quelle tournure aurai-je dans le monde ? Celle que j'y ai eue jusqu'à cette heure : douce, simple, réservée, ne m'y livrant point parce que j'en connais le danger et que je veux l'éviter. Mais j'aime ces dangers ! Eh bien, j'en ferai le sacrifice, je n'irai point au spectacle parce que je ne suis point riche, parce que je suis jeune fille et qu'il est dangereux pour ces deux états. J'aimerais être riche : eh bien je me consolerai de ne pas l'être en pensant que je suis plus rapprochée de l'imitation de Jésus-Christ, notre maître, notre modèle[20]. »

La cour de Montreuil

Élisabeth pourrait donner ces conseils parce que, toute sœur du roi qu'elle fût, sa vie ne se différenciait guère de celle des jeunes femmes rassemblées autour d'elle. Le cercle, du fait des départs et décès, s'était modifié, amenant de nouveaux visages mais l'ensemble, sous l'impulsion de la princesse, prenait une cohésion surprenante, à condition de considérer à part le cas de Diane de Polignac.

Angélique de Bombelles, qui sentait le refroidissement survenu par sa faute dans son amitié avec la princesse, se donnait le plus grand mal pour affirmer son importance, se plaignant des contraintes de son service mais se refusant à s'en éloigner et s'acharnant à suppléer, pour mieux se rendre indispensable, celles que grossesses, tracas familiaux, maladies, deuils, ou envie de se reposer, éloignaient de Versailles. Elle geignait d'être toujours à chevaucher derrière son amie, de l'ennui de rester assise au bord du Grand Canal à attendre que le poisson daignât mordre ; ne cessait de grogner contre les congés que réclamaient les autres, mais enrageait si la duchesse de Duras, meilleure cavalière qu'elle, accompagnait Élisabeth à sa place[21], et davantage encore en entendant son amie se vanter d'être avec la dame « comme un bijou[22] ». Il n'était pas assuré que ces crises d'humeur aidassent à restaurer des relations dégradées.

Louise de Raigecourt se trouvait en position de force mais n'en abusait point, car ce n'était pas dans son caractère. Depuis 1781, Delphine de Rosières-Sorans remplaçait sa mère ; on l'avait mariée au chevalier d'honneur du comte de Provence, Stanislas de Clermont-Tonnerre.

Une autre dame de la première maison, la marquise de Monstiers-Mérinville, s'était retirée, laissant, à regret, car elle l'appréciait peu, la survivance de sa charge à sa bru, Charlotte de Labriffe d'Amilly[23] qu'Élisabeth surnomma Démon en raison de son caractère emporté et capricieux[24].

Anne-Marie de Montesquiou-Fézensac avait épousé Anne François de Lastic qui mourut d'une rupture d'anévrisme dans la nuit du 31 janvier 1785 ; il avait vingt-six ans, et ce décès inattendu plongea Montreuil dans la stupeur. Mme de Lastic fit entrer dans le cercle sa belle-sœur la comtesse de Saisseval[25], fille d'une dame à accompagner de Madame Victoire. Mlle de Tilly, devenue marquise des Essarts, et Louise d'Estampes, comtesse de Blangy, complétaient ce cénacle.

Instruite par les intrigues qu'avaient suscitées son affection trop exclusive envers le « cher Ange », par les méchancetés exercées contre d'Aumale, Élisabeth veillait à ne favoriser personne. Cela ne signifiait pas qu'elle ne se sentait pas d'affinités particulières, Louise de Raigecourt tenant une place à part, mais la princesse prenait soin de n'en rien laisser paraître afin d'éviter les frictions et ce climat de cabales qui l'avait tant fait souffrir. Elle veillait à manifester à toutes les mêmes attentions, se gênait pour ses proches plus qu'ils ne se gênaient pour elle. À force de ne pas vouloir imposer de corvées à ses dames, il lui arrivait de se retrouver dans une véritable solitude et de s'ennuyer à périr. Pour se distraire, elle s'adonnait aux arts d'agréments. Au dessin et à la peinture, Élisabeth avait ajouté le modelage sur cire, découvert en 1780 en visitant l'atelier du fameux Curtius. Elle avait été séduite par cette technique, plus facile que le travail du bois ou de la pierre, qui permettait assez rapidement de sculpter à des images saintes. Curtius, ne pouvant être son professeur, lui recommanda sa meilleure élève et nièce, Marie Grosholtz[26]. Sa technique s'affinant, elle modela des Christs, des Vierges et des saints offerts à ses proches[27]. Façonner une image sainte, Élisabeth l'expérimentait, revenait à prier ; elle y prenait plaisir.

Pour des raisons similaires, elle se fit initier à l'imprimerie parce qu'elle pourrait composer prières, neuvaines, méditations à distribuer à ses proches.

Tout cela trompait l'ennui mais n'y remédiait pas. Élisabeth s'était imposée une règle de vie que Mme de Bombelles prétendait « conventuelle », mais, dans un couvent, eussent régné une sainte émulation et une forte discipline ; et, derrière les murs d'une clôture, les occasions de s'écarter de l'essentiel étaient rares. Sans supérieures ni maîtres spirituels, entourée de compagnes tenues par des obligations familiales qui ne leur laissaient guère le loisir de s'envoler vers les sommets mystiques, exposée à renouer avec les agréments du monde, la princesse vacillait entre solitude desséchante et retour aux plaisirs de la Cour. Les deux lui semblaient détestables, pourtant, après quelques mois au régime de Montreuil, elle commença à fléchir dans ses bonnes résolutions et se permit quelques entorses au programme qu'elle s'était fixé.

La naissance du duc de Normandie[28], le 27 mars 1785, et les fêtes qui suivirent, servirent de prétexte.

Mère d'un dauphin, Marie-Antoinette estimait avoir rempli ses devoirs envers la succession de France. Elle avait grossi, se trouvait enlaidie. Aussi avait-elle pris avec soulagement sa fausse couche de 1782 et une autre en 1783 ou 1784. Malheureusement, cette même année, la santé du dauphin s'altéra. L'enfant présentait des signes de rachitisme, les médecins alarmèrent assez le couple royal pour que la reine acceptât l'idée d'une grossesse. Ce fut un garçon, Louis Charles, en parfaite santé.

Suppléant la marraine absente[29], Élisabeth tint son neveu sur les fonds baptismaux et, avec la comtesse de Provence, accompagna, après ses relevailles, sa belle-sœur à Paris pour l'entrée solennelle. S'agissant d'un cadet, Louis XVI s'était dispensé de la cérémonie, et son absence expliqua la glaciale hostilité qui accueillit la reine.

Ce n'était pas la première fois que Marie-Antoinette faisait l'objet d'un tel rejet mais quelque chose avait changé. Des élites, l'hostilité s'était propagée à la population parisienne et celle-ci ne faisait pas le tri dans ses inimitiés ; elle n'acclama ni la reine ni ses belles-sœurs. Dans la voiture qui les ramenait à Versailles, Marie-Antoinette pleurait à chaudes larmes, répétant :

– Mais que leur ai-je donc fait ?

Rien, en vérité, mais, et c'était infiniment plus grave, la jeune femme commençait à concentrer sur elle tous les mécontentements de la Cour, de la ville et du peuple contre le pouvoir. En d'autres temps, ces colères se focalisaient sur la favorite, mais Louis XVI était fidèle à sa femme. Sa Majesté n'ayant pas de « putain », les humeurs retombaient sur la reine, et s'aggravaient des calomnies réunies du parti des dévots, des ennemis de l'Autriche, des Anglais décidés à faire payer la perte de leurs colonies d'outre-Atlantique, et même du comte de Provence, qui avait fait courir les pires rumeurs sur la légitimité de ses neveux... Le scandale qui éclata à quelques semaines de là montra où les choses en étaient arrivé.

Chapitre VI

DERNIERS FEUX

Depuis plus de dix ans, Boehmer et Bassange, joailliers de la Couronne, tympanisaient la reine à propos d'un collier fabuleux qu'ils avaient, affirmaient-ils, dessiné et monté pour elle, seule digne de le porter[1], après avoir collecté les 647 plus beaux diamants disponibles sur le marché. Hélas pour MM. Bassange et Boehmer, leur collier en esclavage portait bien son nom et ressemblait à un joug... Ce détail n'avait pas échappé à Marie-Antoinette lorsque, toute jeune reine, ils avaient ouvert l'écrin devant elle. Si la parure lui avait plu, elle aurait probablement, en ces joyeux débuts de règne, convaincu le roi de débourser un million six cent mille livres pour l'acheter, mais elle ne lui plaisait pas, et elle leur avait dit de chercher un autre acquéreur. Or, les joailliers s'étaient endettés au-delà du raisonnable pour réaliser le bijou. Quant à le démonter, ils ne voulaient pas y songer, par orgueil professionnel et parce que la perte financière serait conséquente.

La reine n'y pensait plus lorsque, le 12 juillet 1785, Boehmer lui avait glissé ce billet : « Madame, nous sommes au comble du bonheur d'oser penser que les derniers arrangements qui nous ont été proposés et auxquels nous nous sommes soumis avec zèle et respect sont une nouvelle preuve de notre soumission et dévouement aux ordres de Votre Majesté ; et nous avons une vraie satisfaction de penser que la plus belle parure de diamants qui existe servira à la plus grande et la meilleure des reines. »

Marie-Antoinette ne comprit rien à cette lettre et la brûla. Le 1er août, faute de réponse, le bijoutier alla trouver Mme Campan, première femme de chambre de la reine, et lui demanda pourquoi la reine ne lui avait pas répondu et pourquoi il n'avait pas reçu l'argent promis ? Mme Campan répondit qu'à sa connaissance, leurs mémoires avaient été soldés. Boehmer, livide, s'écria que la reine le ruinait car elle lui devait un million et demi. Mme Campan demanda pour quelle commande il prétendait à une telle somme, Boehmer expliqua que c'était pour le fameux collier que Sa Majesté, n'osant en parler au roi, avait décidé d'acquérir en cachette, à condition de le payer en quatre traites.

Mme Campan demanda par quel intermédiaire la reine était censée avoir procédé à cette transaction, Boehmer dit que c'était par Mgr de Rohan.

Édouard de Rohan, cardinal archevêque de Strasbourg, abbé de la Chaise-Dieu, grand aumônier de France, était de ces cadets de l'aristocratie que l'on faisait d'Église faute de leur trouver dans le monde une place digne de leur naissance, sans se soucier de savoir s'ils avaient ou non la moindre vocation religieuse. Bel homme taraudé par les appétits de la chair, il violait obstinément son vœu de chasteté et collectionnait les maîtresses ; à peine si, pour ne pas scandaliser, il veillait à déguiser ces dames en jolis petits abbés, ce qui ajoutait du piquant à la chose. Il n'avait rien changé à ses façons du temps qu'il était ambassadeur de France en Autriche. Telle était, pour la galerie, la raison de la détestation que l'impératrice Marie-Thérèse, posant à la dévote, vouait au personnage dont elle n'avait eu de cesse d'obtenir le rappel.

En réalité, les causes de cette haine étaient d'un autre ordre. Rohan, fin diplomate, lisait dans le jeu de l'Augustissima avec une clairvoyance devenue extrêmement gênante en 1772 lors du partage de la Pologne. Pis encore, il analysait ce jeu dans ses dépêches à son ministre de tutelle M. d'Aiguillon, avec tant d'esprit que la cour de France s'amusait aux dépens de l'impératrice. Marie-Thérèse n'aimait pas qu'on se moquât d'elle, et Marie-Antoinette avait repris à son compte la hargne maternelle envers le cardinal-prince... Ce que Mme Campan assena ce 1er août à Boehmer :

— Monsieur, vous êtes trompé ! Il n'est pas d'homme plus en défaveur à la Cour que M. de Rohan. La reine ne lui a pas adressé la parole une seule fois depuis son retour de Vienne !

Boehmer protesta, soutenant que la reine recevait le cardinal et lui avait remis un acompte de 30 000 livres. Des éclaircissements écrits que Marie-Antoinette exigea des joailliers, il ressortit qu'ils avaient, en mai 1785, remis contre 30 000 livres leur collier au cardinal de Rohan qui affirmait agir au nom de la souveraine ; il en avait pour preuve des billets autorisant la transaction. Il s'agissait de faux, ce qui plongea la reine dans la stupeur et dans la colère, sentiments aggravés par un désagréable sentiment de déjà vu.

Huit ans plus tôt, un gros financier parisien, bourgeois gentilhomme rêvant de savonnette à vilain et d'entrées à la cour, avait été escroqué d'une somme considérable par une dame Cadouet de Villers qui prétendait agir pour le compte de la reine dans la nécessité de solder des dettes sans en parler à son mari. L'aventurière avait fait miroiter en retour au prêteur la reconnaissance de la souveraine. Puis elle avait ramassé les écus et disparu. Louis XVI avait étouffé le scandale mais pas assez pour que certains n'eussent échafaudé des hypothèses déplaisantes. La dame Cadouet de Villers avait été en effet reçue plusieurs fois par la reine et, comme Marie-Antoinette jouait un jeu d'enfer, l'éventualité que cette personne eût réellement servi d'intermédiaire en vue d'un prêt discret ne pouvait être exclue.

Innocente calomniée ou imprudente irréfléchie, Marie-Antoinette demeurait mortifiée de cet incident. Surtout, ce fâcheux précédent laissait planer un doute sur sa responsabilité dans cette histoire de collier à un million et demi acheté en son nom et disparu. Et ce doute était insupportable, ce qui la conduisit à la pire des solutions. En 1777, sur le conseil du lieutenant de police, le roi s'était gardé d'ébruiter l'incident. Cette fois, la reine voulut qu'on lui donnât la plus grande publicité possible.

La sagesse conseillait de convoquer Rohan en privé, éclaircir cet imbroglio, exiger qu'il dédommageât Boehmer et Bassange, et de n'en plus parler. Marie-Antoinette refusa et obséda Louis XVI de plaintes jusqu'au moment où le roi, lassé, promit de sévir.

La dernière des Valois

En fin de matinée, le 15 août 1785, Mgr de Rohan revêtait ses habits sacerdotaux avant de célébrer la grand messe pontificale de l'Assomption quand on lui fit savoir qu'il était attendu dans le cabinet royal où il trouva le roi, la reine, Miromesnil, garde des Sceaux, et Breteuil, ministre de la maison de la reine. Il reconnut sans difficulté avoir en effet acheté des diamants à Boehmer, précisa qu'il croyait « qu'on les avait remis à la reine ».

– Et qui vous a chargé de cette commission ?

Le cardinal parut étonné puis, comme ce pigeon était loin d'être idiot, un pénible soupçon l'envahit, qui l'incita à répondre avec circonspection :

– Une dame, Mme la comtesse de La Motte-Valois, m'a présenté une lettre de la reine et j'ai cru faire ma cour à Sa Majesté en me chargeant pour elle de cette commission. Je vois bien que j'ai été cruellement trompé. Je paierai le collier. L'envie que j'avais de plaire à Votre Majesté m'a fasciné les yeux. Je n'ai vu nulle supercherie et j'en suis fâché.

On l'eût été à moins ! Sur ce, tout était dit : le cardinal venait d'exprimer ses regrets, justifier son attitude par un désir de complaire à sa souveraine, s'engager à dédommager les joailliers qu'il avait involontairement aidé à escroquer. Il avait l'air d'un sot, voilà tout, et sa candeur lui coûtait un million six cent mille livres ; il était assez puni, mais la reine s'opiniâtra.

Donc, Mgr de Rohan connaissait, au sens biblique du terme, une certaine Jeanne de Saint-Rémy de Valois, jolie femme pleine d'entregent qui se donnait, c'était incontestable, pour la dernière descendante de cette dynastie, étant issue d'Henri de Valois, comte de Saint-Rémy, bâtard reconnu d'Henri II. Pendant deux siècles, la famille avait vécu de la façon la plus honorable. Ce que le cardinal ignorait, c'était que les Valois de Saint-Rémy étaient ruinés et que, lorsque son amie Mme de Boulainvilliers l'avait recueillie, l'arrière-petite-fille de François Ier mendiait dans les rues et menaçait de tomber plus bas encore.

Sauvée du ruisseau par cette personne charitable, Mlle de Valois avait rencontré un M. de La Motte, comte d'occasion, bas officier, qui l'avait épousée après l'avoir mise dans une position délicate. La Motte, vivotant de sa solde, avait vite compris l'intérêt de posséder une femme jeune, belle, pleine d'esprit et de ressources ; comme il n'était pas d'un tempérament jaloux, il s'accommodait des liaisons de Jeanne, pourvu qu'elles rapportassent leur pesant d'écus ; et tolérait l'amant de cœur, Rétaux de Villette, doué d'un talent de faussaire précieux.

Lorsque la comtesse de La Motte-Valois, ainsi qu'elle se faisait appeler, avait rencontré le cardinal, le ménage à trois avait cru à une aubaine occasionnelle. Jusqu'au moment où Rohan avait parlé de sa défaveur auprès de la reine. Mme de La Motte, flairant le beau coup, s'était écriée qu'elle avait la chance d'être du dernier bien avec Sa Majesté et se faisait fort de les réconcilier. Pour son malheur, Rohan, brillant diplomate, analyste politique remarquable, se montrait d'une crédulité qui frisait la sottise quand elle touchait à Marie-Antoinette. Le grand aumônier avait supplié Mme de La Motte de l'aider.

Celle-ci avait assuré avoir parlé à la souveraine et désarmé ses préventions ; elle en donnait pour preuve des billets, censés répondre à ceux du cardinal dans lesquels Marie-Antoinette accordait d'abord son pardon, puis demandait quelques petits services, et même un peu d'argent. L'argent, en effet, était ce qui faisait le plus défaut aux escrocs. La situation des La Motte était si mauvaise au printemps 1784, que la comtesse passait son temps à Versailles mais pour réclamer une pension, à titre de parente pauvre...

Cela n'avait rien donné, sauf avec Madame Élisabeth. Jeanne de La Motte, connaissant sa réputation de charité, avait feint de se trouver mal sur son passage. Très touchée, la princesse avait fait demander une pension pour elle mais, comme on faisait peu de cas, aux finances, de ses demandes, sa générosité ne risquait point de calmer les appétits La Motte.

Mise en cage d'un gros pigeon

Donc, croyant avancer de l'argent à la reine, le cardinal avait commencé d'en donner à Mme de La Motte-Valois, avant, enflammé par une correspondance dont il ne pouvait imaginer qu'elle devait tout aux talents du sieur de Villette, de mendier un rendez-vous. Il avait été accordé : Rohan devrait se trouver le 11 août 1784 à la nuit close près de certain bosquet du parc de Versailles ; la reine y serait.

À ce stade du récit, Marie-Antoinette et Louis XVI étaient sortis de leurs gonds à la pensée que le cardinal eût perdu la tête au point d'imaginer la souveraine lui accordant des entrevues nocturnes dans les jardins. Rohan balbutia qu'il se rendait compte qu'on l'avait abusé mais qu'en toute bonne foi, il avait, dans l'obscurité, pris pour la reine la jeune femme en robe blanche[2] tenant une rose à la main qui l'attendait et lui avait murmuré :

– Vous pouvez espérer que le passé sera oublié !

Peu après, le cardinal avait reçu une lettre par laquelle la reine lui demandait d'acquérir pour elle en sous-main le collier et de traiter d'un paiement échelonné. Le roi jeta un regard sur la lettre, constata qu'elle n'était pas de l'écriture de sa femme, explosa en déchiffrant la signature :

– Comment un prince de la Maison de Rohan et le grand aumônier de France a-t-il pu croire que la reine signe « Marie-Antoinette *de France* » ? Personne n'ignore que les reines ne signent que de leur nom de baptême ! Expliquez-vous !

Il n'y avait rien à expliquer, sinon une crédulité sans borne, le désir de plaire d'un homme qui plaisait à tout le monde, sauf à sa souveraine, et cherchait désespérément à lui agréer...

Louis XVI était indigné, la reine dans une colère qui lui ôtait toute réflexion, Breteuil s'acharnait à convaincre le roi de faire embastiller le prélat à la seconde. Effaré, le cardinal suppliait qu'on lui évitât ce déshonneur. En vain. Le roi donna l'ordre d'arrêter Rohan sitôt sorti de son bureau.

La scène avait duré longtemps, l'heure de la messe était passée et la plupart des courtisans, qui ne donnaient pas dans la dévotion, avaient reflué de la chapelle vers la galerie des Glaces dans l'espoir de comprendre ce qui se passait. Élisabeth ne les avait pas imités, de sorte qu'elle n'assista pas au dénouement quand Breteuil, jaillissant du bureau royal à la suite du grand aumônier, hurla :

– Arrêtez monsieur le cardinal ! C'est un ordre !

Le scandale était complet, mais ce n'était encore que le premier acte. L'exigence du roi de donner toute la publicité possible à l'affaire et de renvoyer les prévenus devant une cour de justice au lieu de la régler dans la discrète intimité d'un conseil de famille aurait des retombées cataclysmiques que Louis XVI n'avait pas vues venir.

Pour l'heure, Élisabeth ne se posait aucune question sur la culpabilité de Mgr de Rohan. Faute de curiosité mondaine et parce que l'on filtrait autour d'elle tout ce qui, de près ou de loin, ressemblait à un scandale sexuel, elle ne connaissait pas le fin mot de l'histoire, adhérait à la version édulcorée qu'on lui en avait fourni et se résumait en trois mots : « le cardinal est un grand criminel[3] ».

Pour l'éloigner du tumulte de l'affaire, on partit bientôt pour Saint-Cloud où l'on allait inoculer le dauphin. Cette période de pénitence, que la princesse voulut vivre comme telle, prit fin le 10 octobre. Depuis l'embarcadère situé en bas des jardins, l'on navigua vers Fontainebleau. L'usage voulait que la cour y passât l'automne.

Les malheurs des Causans

« Rage » avait tenu à accompagner sa princesse, quoiqu'elle fût enceinte et très fatiguée de cette première grossesse, très inquiète aussi de la santé de sa mère. Depuis la fin août, Mme de Causans se portait mal ; les médecins affirmaient avec leur autorité ordinaire qu'il s'agissait de courbatures[4] mais Mme de Raigecourt se rongeait en silence, ce qui n'était bon ni pour elle ni pour l'enfant à naître. Le matin de la Toussaint, elle se sentit si mal qu'elle n'eut pas la force de se rendre à la messe, resta alitée. Il y avait à Fontainebleau les praticiens attachés à la famille royale, mais aucune de ces sommités convoquées au chevet de la malade ne fut capable de poser un diagnostic.

Élisabeth pestait. Elle tenait ces messieurs pour des hommes de la vieille école, respectables mais peu au courant des nouvelles découvertes, des nouvelles techniques médicales. Jugement injuste, ces vénérables barbons n'étaient pas si mauvais, mais dicté par un sentiment qu'Élisabeth ne pouvait ni ne voulait nommer.

Le docteur Dassy, médecin d'une trentaine d'années, était l'assistant de Lemonnier, et Élisabeth prenait plaisir à ses visites, sa conversation, son érudition. Ils avaient en commun la passion des sciences qui, au cours de promenades sous prétexte d'herboriser, les avaient rapprochés sans qu'ils s'en fussent rendus compte. S'il fallait appeler la chose par son nom, même s'ils prendraient toujours un soin épouvanté à le cacher, ils étaient tombés amoureux. Accident dans l'ordre des choses entre jeunes gens réunis par des goûts communs, un grand souci des autres, un profond sérieux, mais dans leur cas définitivement sans remède. Il n'était même pas possible d'énoncer à haute voix le nom de ce sentiment, parce que dire que le très roturier docteur Dassy était épris de la sœur du roi et que la sœur du roi partageait cet amour relevait de la folie furieuse... Ils le savaient tous les deux. Élisabeth avait soin de prendre la chose à la légère[5], mais qu'y faire ? Ils s'aimaient.

Certes, les chroniques scandaleuses de la Cour connaissaient des princesses qui, veuves trop jeunes ou célibataires, avaient remédié à cet état en prenant, pas toujours discrètement, des amants, mais Élisabeth n'avait jamais entendu ces histoires scabreuses et, dans sa piété sincère, associait célibat et chasteté. L'idée que, le jour de son vingt-cinquième anniversaire et de sa majorité, elle serait libre de faire ce qu'elle voulait ou presque, en ce domaine et en d'autres, ne l'effleurait pas. Ce n'était pas de la sottise mais une honnêteté très profonde, une obéissance naturelle aux commandements de Dieu qu'elle n'imaginait pas enfreindre. Cela ne signifiait point qu'elle ne souffrît pas de la situation mais, nourrie de Plutarque et Corneille, élevée dans l'idée du devoir et du sacrifice, elle cherchait ses exemples dans le renoncement, le sublime, non du côté des arrangements bas et des facilités honteuses. Un tel exemple de sacrifice, elle l'avait d'ailleurs sous les yeux.

Élisabeth savait, étant proche de sa cousine Louise de Condé, que celle-ci avait eu un coup de foudre pour un officier breton lors d'un séjour aux eaux. Quelques mois, oubliant ce qui les séparait, la princesse et le hobereau s'étaient promenés les yeux dans les yeux, avaient échangé une correspondance passionnée, et puis, un jour, Louise avait écrit à son platonique amant qu'il n'était aucun avenir à leur amour, qu'il ne recevrait plus jamais de ses nouvelles et qu'elle lui demandait, par considération pour sa maison, de se marier, supplique à laquelle le jeune homme avait obtempéré comme à un ordre, la mort dans l'âme. Ce sacrifice consenti, Mlle de Condé avait prié son père de la laisser prendre le voile. Si Louise de Condé, seulement princesse du sang, avait renoncé à ses sentiments envers un garçon de bonne noblesse, ne pouvant ni l'élever jusqu'à elle ni s'abaisser jusqu'à lui, que dire d'Élisabeth et du docteur Dassy ? Rien... Cet amour n'existait pas parce qu'il ne pouvait pas exister.

Quand elle eut compris cela, Élisabeth décida de l'attitude à tenir avec Dassy : celle qu'elle avait toujours tenue, simple et naturelle, confiante et amicale. Louise de Condé avait écarté son soupirant parce qu'il y avait, même ténu, un espoir, et que cet espoir lui faisait peur ; puisqu'il n'y en avait aucun pour la princesse et le médecin, il n'était pas nécessaire d'en faire autant et se priver de la compagnie, l'amitié, l'expérience professionnelle d'un homme qui savait, lui aussi, que rien ne pouvait exister entre eux. Ils se joueraient jusqu'à la fin la comédie mutuelle de la bonne amitié, pour conserver le droit de se voir, se parler, discuter de tant de choses qui leur tenaient à cœur et ne se diraient jamais qu'ils s'aimaient et s'aimeraient toujours.

Lorsque, en cet automne 1785, Élisabeth écrirait à Marie de Mauléon : « Il m'en coûte bien [...] d'être princesse. C'est une terrible charge souvent mais jamais elle n'est plus désagréable que lorsqu'elle empêche le cœur d'agir[6] », elle ferait allusion à l'empêchement où l'étiquette la mettait de rester près de ses amies dans le malheur, mais aussi à cette impossibilité d'exprimer ses sentiments envers un homme qui n'avait pour défaut que de n'être pas né sur les marches d'un trône...

Cependant, en ce mois de novembre 1785, si ses pensées se trouvaient, occupées du docteur Dassy, c'était parce qu'il lui semblait seul apte à s'occuper intelligemment de Mme de Raigecourt. L'état de celle-ci empirait et, quand la Cour avait quitté Fontainebleau le 17, les médecins l'avaient jugé intransportable. Devoir laisser « Rage » et rentrer à Versailles avait été un crève-cœur pour Élisabeth. Mais, une fois encore, l'étiquette dictait sa loi. Ce n'était, pourtant, que le début des malheurs des Causans.

À peine Élisabeth fut-elle de retour à Versailles, elle reçut une lettre affolée de Marie de Mauléon : sa mère était revenue de leur séjour estival plus fatiguée qu'elle n'était partie, se plaignant, elle qui ne se plaignait jamais, de douleurs atroces dans tout le corps. Cette fois, les médecins n'avaient plus parlé de courbatures mais d'une maladie grave sur la nature de laquelle ils ne se prononçaient point, sinon pour la pronostiquer fatale à brève échéance. Cet arrêt avait plongé Mauléon dans des affres insoutenables. Elle avait vingt ans, adorait sa mère, redoutait de la perdre et devoir affronter seule un monde dont la marquise de Causans lui avait peint la plus sombre image. À cette angoisse s'ajoutait un problème moral : fallait-il, dans l'état où elles se trouvaient l'une et l'autre, avertir Mme de Causans de la maladie de sa fille et Mme de Raigecourt de celle de sa mère ? Les médecins estimaient que non, sous peine d'aggraver l'état de leurs patientes respectives, mais Marie imaginait les reproches qui l'attendaient si sa mère ou sa sœur venait à mourir sans que l'autre eût été avertie. Dans ce dilemme, elle n'avait su vers qui se tourner, sinon Élisabeth.

Ces nouvelles, ce cas de conscience dont elle se retrouvait arbitre, la désolèrent. C'était assez de se ronger les sangs à cause de « Rage » sans y ajouter la maladie de Mme de Causans, parfois exaspérante avec ses consternantes idées sur le sort des filles nobles et pauvres mais d'une bonté, d'une piété qui lui avaient valu l'estime et l'affection de sa princesse ; quant à conseiller Marie, désemparée, c'était imposer à Élisabeth une lourde responsabilité. Empirée lorsque la nouvelle arriva que Mme de Raigecourt était accouchée d'un fils qui avait tout juste vécu le temps de recevoir au baptême le prénom de Stanislas.

La mort de cet enfant paraissait à Élisabeth malheur trop fréquent pour qu'il fût sage de la pleurer. Elle en était sincèrement navrée pour son amie mais les condoléances ne ramèneraient point « Stani ». Elle l'assena à Mauléon : « Nous allons tout simplement nous occuper du soin de rendre grâces à Dieu de l'heureux état de Raigecourt et féliciter le pauvre petit Stanislas de ce qu'il a reçu sa récompense de si bonne heure. Qu'il est heureux, qu'il est heureux ! Et qu'il a évité de dangers auxquels il aurait peut-être succombé pendant sa vie ! J'avais du scrupule à prier pour lui[7]. »

Que dire d'autre dans une optique chrétienne ? Stanislas, mort sitôt baptisé, jouissait désormais des joies éternelles. Sa mère l'avait engendré pour le Ciel, non pour cette vie où il se fût exposé au danger de se perdre. Il fallait s'accrocher à la foi, croire, espérer parce que cela seul pouvait donner un sens à ce qui, d'un point de vue humain, n'en avait aucun.

Le 30 novembre, Mme de Raigecourt qui, à Fontainebleau, oscillait entre améliorations passagères et rechutes, demanda les derniers sacrements tandis qu'à Paris, Mme de Causans en faisait autant. Après une amélioration qui avait donné l'espoir d'un rétablissement de la marquise[8], son état empira, et parallèlement celui de Mme de Raigecourt à qui un prêtre trop zélé avait annoncé sans ménagement la mort de son fils.

Le 5 janvier 1786, Mme de Causans rendit l'âme. Elle avait institué avant de mourir Mauléon tutrice morale[9] de sa cadette, Françoise, chanoinesse d'Ampurie, qui sortait à peine d'enfance et ce legs accablant signifiait, afin de se consacrer à l'éducation de la cadette, renoncer à toute vie personnelle. Or, Mauléon qui, auparavant, répugnait à la vie religieuse, prétendait maintenant se jeter dans le premier couvent prêt à l'accueillir, sous prétexte que la voir prendre le voile avait toujours été le souhait de sa mère ; peu importait que sa mère expirante lui eût elle-même dicté un autre avenir…

Du fond de la déréliction où elle était plongée, Mauléon ne mesura pas la qualité des conseils que lui dispensait la princesse, pas davantage combien, « en la prêchant », Élisabeth se révélait et lui ouvrait les secrets de son âme : cette solitude du cœur, cette absence de consolations sensibles, cette crainte de n'être pas aimée, cette inquiétude à deviner ce que Dieu attendait d'elle, cette certitude qu'il n'était d'attitude digne que de s'en remettre à Lui, dont elle lui parla, c'étaient les siennes. Marie de Mauléon ne comprit pas. Élisabeth s'en aperçut, changea de ton, revenant à des considérations plus terre à terre et un ton moins grave mais un peu vif.

En ce début de printemps, Raigecourt retomba malade et, comme il lui venait des boutons, décréta qu'elle avait attrapé la variole. En fait, il s'agissait de rubéole, diagnostic que le docteur Dassy posa en termes si savants qu'ils sentaient son Diafoirus ; Mauléon, remise de ses frayeurs, tourna en ridicule le jeune médecin, mais Dassy était l'homme au monde dont il ne fallait point se moquer : « J'ai été charmée d'apprendre que ce n'était que la petite vérole volante. Cette maladie n'a aucune espèce de danger [...]. Mais ce dont je suis fâchée, c'est de l'inquiétude que cela a donné à votre sœur et des douleurs qu'elle a ressenties. Si elle n'était pas si malheureuse, je serais bien tenté de la gronder car on doit, pour peu que l'on ait le sens commun, connaître les symptômes de ces maladies qui sont différents. Vous me direz à cela que lorsque l'on est malheureux, on croit que tout va vous accabler et c'est aussi ce qui me ferme la bouche. Mais pour vous, Madame, vous ne l'échapperez pas sur un autre sujet, il est vrai. C'est pour ce pauvre Dassy, objet continent de vos railleries. Pourquoi le tracasser sur ses expressions, sur ce que son zèle l'emporte un peu, qu'il oublie qu'il écrit à des ignorantes et que le pauvre homme ignore, ce qui est bien pis, qu'il parle à une femme dont l'esprit de critique est porté à un tel point qu'elle se moque même de ce qu'un homme est trop rempli de son objet ? Mais quel était le vôtre ? De savoir ce que votre sœur devait faire ; vous le savez ; eh bien, laissez-le tranquille. C'est le seul en qui votre sœur ait vraiment confiance. Pour Dieu, ne la lui ôtez pas car ce serait bien pis. [...] Vous allez me trouver, j'ai peur, bien méchante[10]. »

Ce léger mouvement d'humeur n'altérait en rien son affection envers les Causans. Le lendemain du décès de la marquise, Élisabeth avait écrit au baron de Breteuil, ministre de la maison, afin d'assurer à la jeune Mme de Causans, belle-fille de la défunte, sa succession comme dame à accompagner. Elle avait aussi réclamé du roi une pension pour Mauléon qui lui permettrait de subsister dignement et assurer l'éducation d'Ampurie. Le moment était mal choisi, les difficultés de trésorerie s'accumulant, et Louis XVI, avec une parfaite mauvaise foi, car sa sœur ne lui coûtait pas cher, avait laissé entendre qu'il serait difficile d'accéder à sa demande. Finalement, il fit pire, car plus humiliant qu'un refus, en octroyant aux Causans une misérable allocation annuelle de 600 livres. En l'apprenant, Élisabeth écrivit à Mauléon : « C'est une petite vilenie qui ne fait pas grand profit au roi mais que malheureusement il a coutume de faire[11]. »

C'était la première fois de sa vie qu'elle s'autorisait à porter un jugement négatif sur son frère. Ce refus de secourir les Causans n'était pas, en réalité, la seule raison de son agacement.

La reine outragée

Depuis le mois d'août, le cardinal de Rohan séjournait à la Bastille et, même si ce séjour n'était pas trop désagréable, il portait atteinte à l'honneur d'une des premières familles du royaume. Mme de Marsan, sa cousine, avait demandé audience, avait été reçue par la reine qui avait opposé un silence glacé à toutes ses supplications. Pour qui connaissait l'orgueilleuse princesse lorraine, il était aisé de mesurer l'effort consenti en venant implorer Marie-Antoinette et que cet effort méritait meilleur accueil. La reine ne l'avait pas compris. Mme de Marsan avait alors déclaré qu'elle ne paraîtrait plus à la cour. Tout le monde estima que la reine était allée trop loin, y compris Élisabeth qui se précipita chez sa belle-sœur. Elle y avait du mérite, elle qui n'aimait pas Mme de Marsan : « Elle lui dit qu'ayant de grandes obligations à Mme de Marsan qui partageait en ce moment la disgrâce de la Maison de Rohan, elle espérait que

Sa Majesté ne serait pas étonnée de la voir rendre à Mme de Marsan tout ce qu'elle devait à ses vertus et à ses malheurs. En effet, Madame Élisabeth venait la voir assidûment et faisait ce qui était en elle pour adoucir sa position[12]. »

Force fut de prendre ses visites pour un désaveu. Il s'en trouverait bientôt de pires.

Lorsque le roi, cédant aux pressions de sa femme et aux mauvais avis de Breteuil, avait décidé de faire arrêter le cardinal, il avait enclenché une machine infernale dont il avait rapidement perdu le contrôle. En refusant toute confrontation entre Rohan, Boehmer et le couple d'escrocs, confrontation qui eût blanchi le prélat, le roi avait paru régler des comptes personnels et le cardinal, dans son droit, avait exigé de comparaître devant le Parlement de Paris. Il y comptait des amis, savait que sa famille se démènerait afin d'obtenir l'acquittement. Quitte à éclabousser la couronne et la reine au passage.

Les délibérations commencèrent le 22 mai 1786. D'emblée, le président d'Aligre afficha son intention d'obtenir, non l'acquittement, c'eût été aller trop loin, mais « la mise hors de cour » qui équivalait à une relaxe pour absence de preuves, tandis que le procureur général, voix du couple royal, entendait démontrer le crime de lèse-majesté et réclamer la destitution du cardinal, une énorme amende et le bannissement définitif.

Le verdict tomba le 31 mai. Mme de La Motte, qui encourait la peine de mort, fut condamnée à l'emprisonnement à vie à la Salpêtrière. Son mari, en Angleterre, était passible des galères à perpétuité s'il remettait les pieds en France ; son amant et complice, Retaux de Villette, grâce à un excellent avocat, écopa seulement du bannissement perpétuel que les diamants adouciraient considérablement. Nicole Legay, la d'Oliva, cette barboteuse qui avait joué le rôle de Marie-Antoinette, fut mise hors de cause parce que son innocence était patente. Quant au cardinal, il fut acquitté, aux acclamations du public, de tout Paris, d'une bonne partie de l'opinion publique, et même de la cour où nombre de gens reprochaient au roi d'avoir soutenu au-delà du raisonnable les rancunes de sa femme. Outré, Louis XVI commit l'erreur d'aggraver de son propre chef la sentence ; le Parlement avait innocenté Rohan, lui tenait toujours le cardinal pour un escroc. En vertu de quoi, il força le prélat à démissionner de sa charge de grand aumônier et l'astreignit à résidence en son abbaye de la Chaise-Dieu.

Marie-Antoinette, enceinte de huit mois, pleurait beaucoup, se peignant comme « la reine outragée victime de cabales et d'injustices[13] ». Elle ne comprenait pas qu'elle avait contribué plus que quiconque à ce résultat et que, dans le climat d'hostilité du moment à la politique autrichienne, dû aux visées expansionnistes de Joseph II sur les bouches de l'Escaut, il ne fallait pas prêter le flanc à la critique.

L'affaire du collier, l'acharnement inutile et vindicatif dont la reine avait fait montre contre les Rohan, la part prise dans leur défense par Mme Élisabeth, même discrète, tout cela avait altéré les relations entre les deux femmes. Marie-Antoinette voulait être plainte et n'aimait pas qu'on lui donnât tort. Ce refroidissement contribua à l'offre que Louis XVI fit à sa sœur au début juin 1786 et qu'elle refusa, avec une fermeté qui surprit, et irrita.

Refus d'un canonicat

L'on avait tant parlé, quatre ans plus tôt, de la prétendue vocation religieuse d'Élisabeth que le roi, qui avait exilé Mme d'Aumale comme complice de ce complot imaginaire, croyait aussi ferme à ce conte bleu qu'à la culpabilité Rohan dans l'affaire du collier. Le retrait de sa sœur de la vie mondaine, la solitude où elle se complaisait, son souci des pauvres, sa piété, tout le confortait dans l'idée qu'il avait contrarié les vues de Dieu sur sa cadette et la rendait très malheureuse. La reine, après s'être tant agitée afin de retenir Élisabeth à Versailles, encourageait son mari à satisfaire « les vœux » de la princesse. Il y avait deux causes à ce revirement : la première était que sa belle-sœur l'agaçait et qu'elle n'eût pas été fâchée de l'éloigner ; la seconde qu'un des plus prestigieux bénéfice de Lorraine se trouvait à pourvoir et que la reine prenait intérêt à la question.

Anne Charlotte de Lorraine, abbesse de Remiremont, plus noble chapitre féminin d'Europe, déclinait ; sa succession était affaire de semaines. Or Remiremont jouissait d'un statut unique. Ses chanoinesses, filles de haute noblesse, ne prononçaient pas de vœux de religion, libres de sortir, retourner dans le monde, s'y marier. Les officières[14] y étaient tenues à des vœux simples peu contraignants dont elles pouvaient être relevées. Seule l'abbesse était professe à vœux solennels[15]. Cette abbesse, la loi des bénéfices royaux voulait qu'elle fût choisie par le souverain, parmi ses parentes. Les chanoinesses avaient donc officieusement fait demander à Louis XVI s'il accepterait de nommer Madame Élisabeth à l'abbatiat.

Marie-Antoinette jugeait ce projet excellent, le soutenait, escomptait que sa belle-sœur y souscrirait. N'osant toutefois lui en parler, la reine fit sonder ses intentions par Mme de Bombelles. Cette tentative ne fut pas positive mais, dans son désir de complaire à la reine, Angélique voila les réticences de son amie, les présentant plutôt comme des scrupules que comme un refus. Le 18 mars 1786, Louis XVI convoqua sa sœur, convaincu de son assentiment, et se heurta à un non ferme et définitif : Élisabeth ne voulait pas de cet abbatiat. Elle expliqua longuement pourquoi, disant qu'elle « ne voulait chercher à avoir un état qui la rendît indépendante du roi et de la reine[16] », insistant sur le relâchement du monastère, explicable puisque les chanoinesses n'étaient pas des religieuses mais des célibataires mises là faute de mieux. Sauf à proroger ce scandale, la prochaine abbesse devrait entreprendre une réforme de fond, très difficile à mener à bien parce qu'elle se heurterait au mauvais vouloir de ces dames. À vingt-quatre ans, elle ne se sentait pas capable d'entreprendre cette tâche. Et puis, mais personne ne la crut quand elle l'affirma, elle n'avait pas la vocation et « ne souhaitait pas se lier par des vœux ». Après cela, tout était dit ; il n'y avait plus à y revenir. Élisabeth pensa qu'on la laisserait tranquille avec cette histoire. Il n'en fut rien.

Marie-Antoinette, piquée au vif de ce refus, voulait la faire changer d'avis ; quant aux Bombelles, après avoir laissé croire qu'Élisabeth approuvait le projet, ils avaient inventé pour se justifier une intervention de la vicomtesse d'Aumale, toujours leur bête noire, soutenant qu'elle était allée mettre des scrupules en tête à la princesse et l'avait détournée par jalousie d'un abbatiat qu'elle était prête à accepter[17]. Allégation habile puisqu'elle ravivait les calomnies contre Rosalie d'Aumale et contribuait à écarter tout danger de la voir rentrer en grâce. Marie-Antoinette revint à la charge.

La nouvelle du décès d'Anne Charlotte de Lorraine en fournit l'occasion. Cette fois, l'entretien du roi et de sa sœur n'eut pas de témoins, ce qui permit à Élisabeth de s'exprimer en toute franchise. En conclusion, elle demanda à son frère, puisqu'il fallait une fille du sang de France à Remiremont, de recommander au chapitre Mlle de Condé ; la vocation de Louise Adélaïde ne faisait aucun doute et, à trente ans, la princesse parviendrait peut-être à imposer son autorité.

Les arguments de sa sœur touchèrent le roi : Élisabeth avait insisté sur l'attachement qu'elle portait aux siens, son désir de n'en être pas séparée, Louis en fut ému. Jamais le frère et la sœur n'avaient été aussi distants que ces dernières années. Louis XVI voyait peu sa cadette, ne s'en préoccupait guère, se laissait influencer, dans ses jugements sur elle par l'opinion de la reine, ou d'autres, négatifs, et cela l'entraînait à se montrer sévère, à la rebuter pour des demandes auxquelles il lui eût été facile d'accéder. Le don de Montreuil, censé lui donner une raison de rester à Versailles, n'avait fait qu'accentuer cette séparation car Élisabeth restait chez elle et, s'il arrivait à Marie-Antoinette ou au comte d'Artois d'y faire un saut, Louis n'en avait jamais le loisir. Pourtant, malgré cet éloignement, la tendresse paraissait non seulement intacte mais renforcée, ce qui décontenança le roi. Qu'est-ce qui poussait sa sœur à rester auprès d'eux ?

Elle-même l'ignorait. L'essentiel était que le roi se fût rendu à ses arguments. Le 4 juin, certain que sa sœur ne changerait pas d'avis, Louis XVI fit écrire au chapitre de Remiremont pour soutenir la candidature de Mlle de Condé. Ses vœux étant des ordres, Louise Adélaïde deviendrait le 22 août abbesse de Remiremont.

Chapitre VII

LE TEMPS DES ADIEUX

Tout comme il n'avait plus jamais été question de mariage pour Élisabeth, jamais plus il ne fut question de la pousser en religion. Ce n'était pas cela que Dieu attendait d'elle ; elle en était certaine, s'agaçait quand d'autres, parmi ses proches, s'obstinaient dans d'improbables vocations, comme Mauléon qui venait d'entrer au Saint-Sépulcre de la rue de Bellechasse à Paris, avec permission exceptionnelle de garder près d'elle Françoise d'Ampurie. Élisabeth ne savait ce qu'elle jugeait le plus sot, de cette dérobade devant la vie, ou de l'obligation faite à la benjamine de suivre Marie. D'ailleurs, ainsi qu'il était prévisible, Mauléon, sitôt au Saint-Sépulcre, s'y était sentie mal. La lettre que la princesse lui adressa l'avant-veille de Pâques 1786 cherchait à lui faire prendre conscience avant qu'il fût trop tard de la fragilité de ses choix :

> « Vous serez peut-être affligée de vous retrouver à Paris, et vous le serez surtout d'entrer à Bellechasse : cela est parfaitement simple, mais, mon cœur, vous êtes destinée à y vivre ; il faut vous y rendre heureuse et pour cela, il faut vous faire un plan de vie tout occupé, où le monde n'entre pour rien, dont rien ne vous dérange, que vous suiviez du moment même où vous aurez mis le pied dans le couvent. [...] Vous n'y êtes pas destinée : votre état, votre âge, vos principes, les ordres de votre mère. Il faut donc éviter tout ce qui peut vous faire sentir

ce vide, cet abandon, ce besoin que votre cœur a d'attachements, toutes armes dont le démon se sert et dont il se servira avec bien plus de force et de malice dans le moment où vous quitterez votre sœur. Il faut user de votre courage, mon cœur, de votre religion. Vous avez le bonheur d'avoir un confesseur en qui vous pouvez avoir toute confiance : c'est un grand don du Ciel. Profitez-en, ouvrez-lui votre cœur sans aucune réserve, la plus petite vous priverait peut-être de bien des grâces[1]. »

C'était habilement flatter les velléités de Mauléon, la pousser à une rigueur qui la lasserait vite, l'obligerait soit à admettre qu'elle se fourvoyait, soit à embrasser du fond du cœur un état qui lui convenait si peu.

En cette fin de printemps, Élisabeth se retrouvait plus seule que jamais, se demandait comment elle s'y habituerait et si l'ennui, cette tentation majeure, ne l'inclinerait pas à chercher des consolations dans une vie mondaine qu'elle avait résolu de fuir.

Au départ de Marie s'ajoutaient l'absence de Mme de Raigecourt qui prenait les eaux à Plombières, et le départ de Mme de Bombelles. Le marquis avait enfin obtenu une ambassade. Ce n'était pas Constantinople, mais, dans sa situation, Angélique accouchée d'un troisième fils prénommé Charles, accepter la médiocre promotion de ministre de France à Lisbonne devenait une nécessité. Mme de Bombelles avait décidé de suivre son mari au Portugal, décision largement imputable à la déception ressentie en comprenant que la reine, sur laquelle elle avait misé dans l'illusion de faire la carrière de Marc, se révélait une alliée peu fiable.

Élisabeth mesurait son isolement et la confidence qu'elle s'autorisa auprès de Mauléon témoignait d'une amère connaissance de ses contemporains : « On est trop heureux de trouver des gens qui vous entendent ; c'est si rare, surtout lorsqu'on est affligé profondément. Quoique notre siècle se pique de beaucoup de sensibilité, elle consiste infiniment plus dans les paroles que dans les sentiments[2]. »

« Je possède au monde deux amies et elles sont toutes deux loin de moi. Cela est trop pénible : il faut absolument que l'une de vous revienne. Si vous ne revenez pas, j'irai à Saint-Cyr sans vous et je me vengerai encore en mariant notre protégée sans vous[3]. [...] J'ai visité deux autres familles pauvres sans vous ! J'ai prié Dieu sans vous ! Mais j'ai prié pour vous car vous avez besoin de sa grâce et j'ai besoin qu'Il vous touche, vous qui m'abandonnez. Je ne sais pas comment cela se fait, je vous aime cependant toujours tendrement[4]. »

Mme de Travanet, séparée de son mari, partirait avec les Bombelles. Personne ne saurait la remplacer au clavecin ni animer les après-midi de Montreuil. Il faudrait apprendre à se passer d'elles. Combien de temps ? Élisabeth l'ignorait, acceptait cet abandon comme un sacrifice, ce qui ne le rendait pas moins difficile.

Puisque deux places semblaient vacantes dans sa maison, les candidatures ne tardèrent pas à affluer. La plus gênante fut celle de la vicomtesse de Polastron.

Surnommée Bichette, cette blonde aux grands yeux mélancoliques était la nouvelle maîtresse du comte d'Artois qui avait décidément la mauvaise habitude de caser ses amours adultères dans l'entourage de sa cadette... Huit ans plus tôt, Élisabeth, ignorante de ces coucheries, avait accueilli Mme de Canillac sans penser à mal, et les méchantes langues s'en étaient donné à cœur joie. Aujourd'hui, elle n'entendait pas couvrir les menées de son frère. Louise de Polastron, comme sa meilleure amie, Mme de Lage, qui postulait à l'autre place vacante, appartenait à la coterie Polignac. Élisabeth était fatiguée des intrigues du clan, n'avait pas le pouvoir de s'opposer à ces nominations mais conservait celui de tenir les nouvelles venues à l'écart.

Dans l'espoir de la ramener à de meilleurs sentiments, Marie-Antoinette la pria d'être la marraine de l'enfant qu'elle attendait. Deux fois déjà, Élisabeth avait tenu ses neveux sur les fonds baptismaux mais il s'agissait de suppléances ; cette fois, elle exercerait véritablement cette maternité spirituelle et prenait cette responsabilité très au sérieux. Le comte de Provence représenterait le parrain, l'archiduc Ferdinand d'Autriche, l'un des frères de la reine.

Une fille vint au monde le 9 juillet 1786 ; déception quand la santé du dauphin donnait chaque jour de nouveau sujets d'inquiétudes. Ce quatrième et dernier enfant du couple royal fut prénommé Sophie Hélène Béatrice : Sophie était un hommage à sa grand-tante décédée, Hélène le choix de la marraine. Élisabeth avait préféré transmettre son dernier prénom, allusion à la fête de son jour de naissance, l'invention de la Sainte Croix par l'impératrice Hélène. Il y avait là plus qu'un symbole, un renouvellement des vœux maternels qui l'avaient vouée à l'imitation de la Passion.

Pourtant, Élisabeth était trop modeste pour prendre la mesure des progrès spirituels qu'elle avait accomplis et, quand il s'agissait d'elle, ne se montrait satisfaite de rien : tiédeur, faiblesse, lâcheté étaient les moindres vices dont elle s'estimait coupable. Des lectures passablement sévères contribuaient à l'entretenir dans ce sentiment de sa propre bassesse et elle s'en trouvait bien puisque son caractère la poussait à triompher de ses défauts plutôt qu'à s'en décourager : « Je sens que j'ai encore bien du chemin à faire pour être bien selon Dieu. Le monde juge bien légèrement et sur peu de chose il vous établit une bonne ou une mauvaise réputation. Il n'en est pas ainsi de Dieu : Il ne vous juge que sur l'intérieur et plus l'on en impose au dehors, plus Il sera sévère pour le dedans. Je lisais l'autre jour un discours de l'abbé Asselin[5] sur la nécessité de se sanctifier chacun dans l'état où le Ciel l'a placé. Je vous assure, mon cœur, qu'il fait frémir pour ceux qui disent : "Je veux être bien mais je n'ai pas la prétention d'être saint." Il relève cela avec une force qui en prouve le ridicule d'une manière où il n'y a rien à répliquer. En tout, ce livre est superbe[6]. »

Façon de se garder de l'orgueil. L'évêque d'Alès qui, le 29 août 1786, la harangua à la tête d'une députation des états du Languedoc, eût enflé bien des vanités :

> Madame, si la Vertu descendait du Ciel sur la terre, si elle se montrait jalouse d'assurer son empire sur tous les cœurs, elle emprunterait sans doute tous les traits qui pourraient lui concilier le respect et l'amour des mortels. Son nom annoncerait l'éclat de son origine et ses augustes destinées ; elle se placerait sur les degrés du trône, elle porterait sur son front l'innocence et la candeur de son âme ; la douce et tendre sensibilité serait peinte dans ses regards ; les grâces touchantes de son jeune âge prêteraient un nouveau charme à ses actions et à ses discours ; ses jours, purs et sereins comme son cœur, s'écouleraient au sein du calme et de la paix que la vertu seule peut promettre et donner. Indifférente aux honneurs et aux plaisirs qui environnent les enfants des Rois, elle en connaîtrait toute la vanité, elle n'y placerait pas son bonheur. Elle en trouverait un plus réel dans les douceurs et les consolations de l'amitié. Elle épurerait au feu sacré de la religion ce que tant de qualités profondes auraient pu conserver de profane. Sa seule ambition serait de rendre son crédit utile à l'indigence et au malheur, sa seule inquiétude de ne pouvoir dérober le secret de sa vie à l'admiration publique, et, dans le moment même où sa modestie ne lui permet pas de fixer ses regards sur sa propre image, elle ajoute sans le savoir un nouveau trait de ressemblance entre le tableau et le modèle !

Cette dernière phrase signifiait qu'à cet instant, Élisabeth avait détourné le visage dans un mouvement que le prélat avait pris pour une virginale pudeur outrée de tant de compliments ; en vérité, mais il ne l'eût pas cru, elle avait eu besoin de dissimuler l'hilarité qui l'avait saisie en s'entendant l'objet de cette détestable parodie du *Livre de la Sagesse*... De tels fous rires la prenaient ainsi à l'improviste, dont elle s'accusait comme d'un manquement à la charité[7].

Face à l'évêque d'Alès, la princesse avait repris son sérieux, affirmé qu'il « avait trop haute opinion d'elle ». Sur ce, le prélat, courtisan, de se récrier :

– Madame, je ne suis même pas au niveau de mon sujet !
– Vous avez raison car vous êtes bien au-dessus !

Elle eût parié qu'il l'avait soupçonnée de jouer la modeste. Elle en était bien éloignée pourtant.

La vie reprit son cours, sans la consolation des amies chères, avec l'ennui de se contraindre devant de nouvelles venues avec lesquelles il n'y avait aucune intimité possible. Ses seules sorties de l'été et de l'automne 1786 furent pour Saint-Cyr qui célébrait son centenaire[8]. Les supérieures s'étaient donné le plus grand mal pour conférer un éclat exceptionnel à ces festivités, Élisabeth y contribua en emmenant ses hôtes de marque visiter l'établissement. La grille, les soirs de réceptions, fut ornée de loupiotes qui inscrivaient en lettres de feu « Vive Élisabeth ! » au-dessus de la porte. C'était d'un effet délicieux.

Par permission de l'archevêque de Chartres, l'Institution était exceptionnellement ouverte aux curieux. Certaines demoiselles des grandes classes qui avaient la permission de minuit se promenaient dans les jardins sous la surveillance de leurs maîtresses, mais les plus effrontées avaient réussi à leur fausser compagnie et se donnaient grand mal pour attirer l'œil des jeunes gens. Quatre d'entre elles eurent la malchance de croiser Élisabeth et reçurent une mercuriale sur la prudence, la décence, la sagesse qu'elles ne risquaient pas d'oublier de sitôt[9].

On eût étonné ces évaporées en leur disant que les conseils dispensés par la princesse, qui leur avaient gâché la soirée, correspondaient à sa règle de vie. Cette sévérité, un peu forcée, comme celle dont elle usait avec ses dames, ne revenait pas à jouer « la renfrognée » comme l'en accusait Bombelles, mais à faire prendre conscience à ces jeunes filles de l'importance du rôle qui serait le leur. Élisabeth nourrissait une haute opinion des femmes, pensait que la société ne s'attacherait jamais assez à favoriser leur éducation et leur conférer plus de responsabilités. Elle passa le trajet entre Saint-Cyr et Versailles à disserter avec un enthousiasme inhabituel sur ce sujet[10]. Ses dames, fatiguées, ne mesurèrent point l'importance de la confidence. Pourtant, ces propos éclairaient les causes de son intérêt pour l'établissement. Élisabeth nourrissait une vision sociétale, sinon politique, de la place des Françaises dans leur temps, du contrepoids que des catholiques convenablement formées représenteraient dans leur milieu comme moyen de résister aux idées des Lumières et à la déchristianisation ambiante. À Montreuil, elle s'essayait à mettre en pratique certaines de ses idées, voyait Saint-Cyr comme un laboratoire permettant d'étendre l'expérience, pensait qu'il dépendait de la génération de ces jeunes filles que le XIXe siècle fût chrétien. Il en aurait besoin.

L'inexplicable crise

Depuis deux ou trois ans, sans qu'il y eut à cela une explication nette, la situation générale de la France se détériorait. Une crise économique couvait, mise un peu sur le compte des dépenses de la guerre d'Amérique, beaucoup, ce qui était injuste, sur celui du train de vie de la Cour. L'inflation était forte, le prix des denrées de base en augmentation, comme celui des loyers, mais les salaires ne suivaient pas. Des grèves avaient éclaté au printemps 1786 à Paris. Le mécontentement gagnait du terrain[11]. Calonne, le contrôleur des finances, avait suggéré au roi de le désamorcer en se montrant, allant au devant des Français, prouvant qu'il était à l'écoute de leurs inquiétudes, ce qui était exact. Louis XVI se rendit à Cherbourg, ce qui lui permit de réaliser un vieux rêve : voir un port, la mer et des navires.

Il eût fallu renouveler l'expérience, resserrer les liens entre le peuple et le roi, mais les circonstances ne s'y prêtaient pas. Confronté aux échéances des emprunts de la guerre d'Amérique, à la dette[12], Calonne, réputé faiseur de miracles, cherchait des solutions. Il n'en existait qu'une : réformer un système fiscal hors d'âge, en même temps qu'une administration habituée à empêcher toute réforme d'aboutir. D'autres avant Calonne s'y étaient cassé les dents et celui-ci, tout optimiste qu'il fût, ne mésestimait pas les difficultés de l'entreprise.

La constitution non écrite mais intangible du royaume interdisait toute création d'impôt si celui-ci n'était approuvé et voté par les parlements, seuls habilités à l'enregistrer et lui conférer force de loi. Le plan Calonne prévoyait l'instauration d'un impôt foncier universel et perpétuel[13] dont aucun propriétaire ne serait exempté ; cette nouvelle fiscalité frappant surtout les riches, donc les parlementaires, ferait l'unanimité contre elle et ne serait pas votée. Calonne prévoyait également de créer des assemblées provinciales chargées de tâches administratives jusque-là dévolues aux parlements. Ceux-ci ne manqueraient pas de déceler dans cette innovation un moyen de les vider de leur substance, et c'était d'ailleurs le but de la manœuvre car Louis XVI se mordait les doigts d'avoir commis l'erreur de rappeler les chambres supprimés par son aïeul.

Dans le passé, la monarchie avait plusieurs fois pris le risque d'aller à l'épreuve de force mais, en cet automne 1786, ni le roi ni le ministre ne s'en sentaient le courage et pas davantage celui de contourner les parlementaires en convoquant les états généraux, énorme machine d'un autre temps, qui avait, certes, le pouvoir de voter l'impôt mais n'avait plus été mise en branle depuis la régence de Marie de Médicis, deux siècles auparavant ; ils optèrent pour une solution qu'ils croyaient de facilité en recourant, sur le conseil de Vergennes, à une assemblée de notables. La dernière remontait à Louis XIII mais avait cet avantage que ses membres étaient choisis par le roi, ce qui octroyait en principe une confortable marge de sécurité au pouvoir. En principe...

Louis XVI choisit les cent quarante quatre « notables » avec toutes les précautions souhaitables : sept princes du sang, dont ses deux frères, ses cousins, Orléans, Condé, Bourbon, Penthièvre et Conti ; quatorze prélats ; trente-six ducs et pairs ou maréchaux de France ; douze conseillers d'État et maîtres des requêtes ; trente-huit hauts magistrats ; douze députés des pays d'État pris parmi les trois ordres[14] ; vingt-cinq officiers municipaux[15]. Triés sur le volet, ils ne représentaient normalement aucun péril pour le pouvoir royal. La manière dont l'affaire dérapa n'en fut que plus troublante.

La malchance, il est vrai, s'en mêla. L'assemblée des notables devait s'ouvrir le 29 janvier 1787 mais Calonne tomba malade, il fallut ajourner au 22 février, alors que l'opposition au ministre et à son plan de réforme augmentait. Le 13 février, Vergennes, principal ministre de fait s'il n'en portait le titre, mourut subitement. L'assemblée des notables était son idée. Sans lui pour la canaliser et l'orienter, nul ne sut plus où aller.

Comble de malchance, le roi traversait une période de dépression qu'il ne parvenait pas à surmonter. La mort de son meilleur ami, le marquis de Tourzel, lui avait porté un coup, plus encore la mauvaise santé de deux de ses enfants. En effet, Madame Sophie se portait mal et le dauphin déclinait. Certains jours, le petit garçon était si fatigué qu'il ne pouvait marcher ; les médecins s'obstinaient à parler de troubles de croissance mais ses parents se prenaient à envisager d'autres causes, qui les plongeaient dans un désespoir proche de la panique.

Rien d'étonnant à ce que Louis XVI eût si peu le cœur en cet hiver 1787 à soutenir les réformes Calonne. Tant que Vergennes avait été là pour lui affirmer que les plans du contrôleur des Finances étaient bons et qu'il était nécessaire de les appliquer, il y avait cru, ou fait semblant d'y croire. Maintenant qu'il se retrouvait seul pour les imposer, c'était une autre histoire.

Quand les notables eurent compris combien le soutien du roi à Calonne était fragile, ils se déchaînèrent : contre les impôts, contre les réformes, contre le contrôleur des Finances et, à la fin, contre le pouvoir monarchique qu'ils frondèrent, se posant en défenseurs du droit contre les empiétements de la tyrannie.

Calonne eut alors la maladresse de révéler ce qui, jusque-là, n'était pas apparu aux yeux du public : le déficit de la France. Le royaume était endetté pour un milliard deux cents cinquante millions de livres, ce qui excédait le budget annuel de l'État, engagé plusieurs années à l'avance. Cependant, il se faisait fort, par ses réformes, de rétablir la situation en dix ans.

Les derniers chiffres divulgués par un contrôleur des Finances étaient ceux de Necker en 1781, faisant état d'un solde positif de dix millions. Calonne expliqua qu'en fait, Necker savait à quoi s'en tenir mais qu'il avait transformé en avoirs un trou de cinquante-six millions. Comment ? En ne prenant pas en compte les intérêts des dettes de la guerre d'Amérique.

Les deux contrôleurs des Finances, l'ancien et l'actuel, s'accusant mutuellement de malhonnêteté et de concussion, l'assemblée des notables exigea les pièces comptables que Calonne ne possédait plus : ces documents avaient brûlé dans l'incendie de ses bureaux, la nuit de l'ouverture de l'assemblée... On en conclut que ce feu providentiel était intervenu à point pour faire disparaître toute trace des turpitudes du ministre.

S'enhardissant, les notables parlaient de plus en plus haut, montraient une insolence qui eût dû inciter le roi à renvoyer l'Assemblée ; il n'en trouva pas l'audace. Le 10 avril 1787, il congédia Calonne ; l'archevêque de Toulouse, Loménie de Brienne, prit la suite. Ce prélat mondain avait été l'une des têtes de la fronde des notables et Louis XVI, en lui donnant le portefeuille, imagina se concilier l'opinion.

Élisabeth avait assisté à cette tragi-comédie de très loin. Elle avouait ne rien savoir des événements hormis ce qu'en rapportaient les gazettes, ou celles de ses relations qui se prétendaient dans les petits papiers du Cabinet[16]. Sa meilleure source d'informations émanait des Bombelles, renseignés par la valise diplomatique et qui consentaient, avec un retard considérable, à lui en livrer quelques miettes.

Elle interpréta le renvoi de Calonne comme elle avait interprété l'arrestation de Rohan : son frère, étant le roi, ne pouvait se tromper : « M. de Calonne est renvoyé d'hier ; sa malversation est si prouvée que le roi s'y est décidé et que je ne crains pas de te mander la joie excessive que j'en ressens et que tout le monde partage. Il a eu ordre de rester à Versailles jusqu'au moment où son successeur sera nommé pour lui rendre compte des affaires et de ses projets. [...] L'assemblée continuera comme auparavant et sur les mêmes plans. Les notables parleront avec plus de liberté, quoiqu'ils ne s'en gênassent guère et j'espère qu'il en résultera du bien. Mon frère a de si bonnes intentions, il désire tant le bien, de rendre ses peuples heureux ; il s'est conservé si pur qu'il est impossible que Dieu ne bénisse pas toutes ses bonnes qualités par de grands succès. Il a fait ses Pâques aujourd'hui. Dieu l'aura encouragé, lui aura fait connaître la bonne voie : j'espère beaucoup[17]. »

Ces belles illusions n'auraient qu'un temps.

En attendant, le mal était fait : les réformes fiscales et administratives ne pouvaient plus être ajournées. En se refusant à soutenir Calonne, Louis XVI venait de commettre une faute irréparable.

Pour l'heure, il n'était question que d'économies, à commencer par la maison du roi, laquelle englobait celle d'Élisabeth. En prononçant le mot « déficit », Calonne avait ouvert la boîte de Pandore et, à défaut de se fixer de vrais objectifs et désigner les vrais responsables, l'opinion s'acharnait sur la Cour. Tout le monde parlait de rogner sur les dépenses, de faire des sacrifices. Pour n'être pas en reste, dans un élan de ce que l'on appelait « patriotisme », Élisabeth proposa de renoncer à ses écuries, ne conservant que les chevaux de selle, de chasse et d'attelage strictement nécessaires. Louis XVI refusa. Il avait toujours été chiche s'agissant de sa sœur, ne voulait pas la priver davantage[18].

Ces restrictions budgétaires multipliées, officielles, n'interdisaient pas les fastes ordinaires des représentations. Élisabeth s'en souciait peu, passait son temps à Montreuil et ne rentrait en fin de soirée que pour une brève apparition à la Cour. Le petit château, pourtant, la ravissait-il toujours autant ?

Elle s'occupait des serres, choisissait des plantes exotiques, s'essayant à acclimater lavande, cognassiers du Japon, chrysanthème, laurier rose, géranium, cyprès, agrumes, oliviers, grenadiers, roses anglaises à grosses fleurs parfumées. La ferme devenait une ménagerie, avec Panurge, l'âne gris du Poitou, les chèvres tibétaines à poils longs, les vaches, la génisse Musette qui venait de naître, les chiens de berger, les poules pondeuses de toutes espèces. Il s'en était fallu de peu qu'un ouistiti, cadeau de Mme de Bombelles acheté sur les quais de Lisbonne, fût venu la rejoindre mais l'animal n'avait pas trouvé grâce aux yeux d'Élisabeth. Elle avait prétexté l'horreur qu'éprouvaient ses tantes envers ces créatures grimaçantes pour l'offrir au prince de Guéméné[19]. Elle venait d'engager, sur recommandation de Mme de Diesbach à Fribourg, un vacher suisse, Jacques Bosson, qui s'occuperait de la laiterie.

Pourtant, au même moment, dans le plus grand secret, elle chargeait le docteur Dassy de négocier pour elle en sous-main l'achat de terrains à Fontainebleau où elle comptait, d'ici quelques années, faire bâtir sa véritable maison. Voulait-elle disposer d'un pied à terre bellifontain qui lui permettrait, lors des longs séjours automnaux de la Cour, de demeurer à l'écart ? Ou était-ce réel désir de prendre ses distances d'avec Versailles ?

Les vieilles tensions remontant à l'affaire d'Aumale n'étaient pas apaisées, l'attitude de Marie-Antoinette envers les Rohan les avait réveillées, et il en subsistait de la froideur entre les deux belles-sœurs. L'attitude du roi, mou, indécis, commençait à inquiéter Élisabeth, peu éloignée de penser déjà ce qu'elle écrirait un an plus tard : « Il ne faut dire "Je le veux" que lorsqu'on est sûr d'avoir raison, mais lorsqu'on l'a dit, on ne doit jamais se relâcher de ce que l'on a prescrit[20]. »

La triste année 1787

Le 1er mai 1787, le dauphin, qui allait sur ses six ans, « passa aux hommes » ; son éducation relevait maintenant d'un gouverneur. Cette « remise » s'accompagnait d'un examen médical public censé donner quitus à la gouvernante en apportant la preuve que le jeune prince était en bonne santé. Il sauta aussitôt aux yeux que ce n'était pas le cas. La tuberculose osseuse évoluait, la croissance du petit garçon en était altérée, son apparence physique presque contrefaite. Quant au pronostic vital, il était engagé, et il n'était pas nécessaire d'être médecin pour le comprendre. Ceux-ci, ne disposant d'aucun remède propre à guérir l'enfant, voire retarder l'évolution fatale du mal, suggérèrent un changement d'air à Meudon. Dépaysement relatif mais terrible crève-cœur pour le couple royal. Ces deux lieues risquaient de s'avérer aussi infranchissables que si l'on avait expédié Louis Joseph à l'autre bout du royaume : ses parents avaient tant à faire et si peu de temps à eux !

Mi-juin 1787, l'état de Sophie commença à donner de vives inquiétudes. Le 15, Louis XVI annula la chasse afin de rester à son chevet. La reine prétendait ne pas s'éloigner une seconde. Il fallait dormir pourtant, trouver un peu de temps pour les affaires de l'État. Élisabeth se proposa pour relayer le couple royal auprès du berceau.

C'était presque la première fois qu'elle avait l'occasion de voir sa nièce. Mère jalouse, la reine redoutait toute intrusion dans le domaine réservé de l'éducation de ses enfants et jusqu'à l'absurde, que d'autres vinssent lui dérober leur affection ; Élisabeth n'était pas exclue de cette jalousie et de cette défiance.

Malgré tous les soins qui lui furent dispensés, Sophie rendit l'âme le 19 juin. Le ton qu'employa Élisabeth pour en informer Mme de Bombelles dissimulait, sous sa fausse désinvolture, une affliction réelle : « Tes parents t'auront mandé que Sophie est morte le lendemain que je t'ai écrit. La pauvre petite avait mille raisons pour mourir et rien n'aurait pu la sauver. Je trouve que c'est une consolation. Ma nièce[21] a été charmante ; elle a montré une sensibilité extraordinaire pour son âge et qui était bien naturelle. Sa pauvre petite sœur est bien heureuse : elle a échappé à tous les périls. Ma paresse se serait bien trouvée de partager, plus jeune, son sort. Pour m'en consoler, je l'ai bien soignée, espérant qu'elle prierait pour moi. J'y compte beaucoup. Si tu savais comme elle était jolie en mourant ! C'est incroyable ! La veille encore elle était blanche et couleur de rose, point maigrie, enfin charmante. Si tu l'avais vue, tu t'y serais attachée. Pour moi, quoique je l'aie peu connue, j'ai été vraiment fâchée et je suis presque attendrie lorsque j'y pense[22]. »

Presque attendrie, chez Élisabeth qui, en fait de sentiments, abusait de la litote, signifiait très peinée.

1787, décidément, ne serait pas une bonne année ; elle s'acheva sur un nouveau deuil : le 23 décembre, Madame Louise mourut au carmel de Saint-Denis. Elle avait cinquante ans. Cette fin fut si prompte que personne de la famille royale ne put être prévenu. En cette fin décembre, c'était Victoire qui se trouvait alitée et Adélaïde, qui comptait aller avec elle voir leur sœur à Noël, s'en était montrée contrariée, affirmant que « Louise savait toujours avant tout le monde des choses qu'il était nécessaire de savoir ! » Cette officine de renseignement était maintenant close et cela ne pouvait plus mal tomber alors que la crise politique enflait.

Élisabeth, qu'on prétendait si liée avec sa tante, ne sembla guère affectée de ce décès. Elle avait peu connu Louise, mais fini par comprendre qu'elle se trouvait au cœur d'un réseau de pieuses intrigues. Cette découverte ne lui avait pas plu et il n'était pas besoin d'ordres du roi pour l'inciter à prendre ses distances. Depuis des années, elle n'allait au carmel que pour rendre ses devoirs à sa tante. En cette fin d'année, elle garda ses larmes pour l'un de ces invisibles qui peuplaient Versailles sans que personne y fît attention : Buisson, valet à Montreuil mort pour ainsi dire en service commandé.

On répétait tellement que la France était en déficit et que l'État courait à la ruine qu'Élisabeth, déjà peu dépensière, rognait maintenant sur tout et redoutait les moindres dépenses à l'instar d'une pauvresse. Elle n'avait pas oublié les devis établis pour Montreuil que son frère biffait, estimant tout trop cher, trop luxueux, inutile pour « une maison de campagne ». Aussi ne cessait-elle de dire à ses gens de prendre garde aux objets et à la vaisselle parce qu'ils seraient difficiles à remplacer. Buisson, homme d'une scrupuleuse honnêteté, était pénétré de ces conseils. Jusqu'à en mourir, comme la princesse, bouleversée, l'expliquerait : « J'ai appris qu'on se moque un peu au Château de la simplicité de mon entourage. Eh bien, je suis fâchée de le dire, le roi n'a peut-être pas beaucoup de gens qui aimassent mieux se faire casser la tête à son service que de briser sa porcelaine ! C'est pourtant ce qui est arrivé à mon pauvre Buisson qui portait le dessert de mon dîner. Le pied lui a glissé dans l'escalier et toute la porcelaine que contenait sa barquette eût été infailliblement cassée si ce brave garçon ne l'eût soutenue horizontalement en portant sa tête contre le mur. La commotion qu'il en a reçue a été si violente qu'il s'en est évanoui dès que sa barquette intacte a été posée à terre[23]. »

Témoin de cet accident, Élisabeth fit porter le domestique au dispensaire où il reçut les soins du docteur Lemonnier. Buisson revint à lui, prétendit reprendre son service. C'était un homme qui n'aimait pas voler son pain, se jugeait fautif de sa chute et normal le soin qu'il avait eu de la porcelaine plutôt que de son crâne. La gratification exceptionnelle qu'Élisabeth lui octroya le gêna plus qu'elle ne l'honora. Elle était pourtant méritée puisqu'à six semaines de là, alors que le souvenir de l'accident s'effaçait, le malheureux s'écroula, raide mort, pendant son service[24]. Il laissait une femme et six enfants en bas âge. C'était cher payer la sauvegarde de quelques assiettes, fussent-elles de Sèvres...

Élisabeth tenta de le faire comprendre aux services des pensions. Le moment ne pouvait être plus mal choisi quand les bureaux cherchaient prétexte à couper des rentes. Pour refuser celle-là, le motif était tout trouvé : Buisson ne figurait pas sur les rôles du personnel de la Maison royale. Erreur, oubli, négligence ? En tout cas, le pauvre homme était inconnu des bureaux et n'eût en aucun cas dû travailler à Montreuil. Le prince de Condé, personnage un peu cassant, ne l'envoya pas dire à la princesse.

En d'autres circonstances, Élisabeth se fût peut-être soumise à l'absurde puissance des gratte-papiers, pas cette fois. Elle s'était inclinée quand son frère s'était arrangé pour octroyer à Marie de Mauléon et Françoise d'Ampurie une aide de misère, dans la mesure où les jeunes filles ne se retrouvaient pas dans un dénuement complet. Il n'en allait pas de même de Mme Buisson et ses enfants. Il s'agissait pour eux d'une question de survie : ils n'avaient plus un liard pour payer leur loyer, se chauffer, manger. Si nul ne les secourait, on les retrouverait un matin morts de faim et de froid au coin d'une rue. Elle revint à la charge, surmontant sa timidité, et le peu de sympathie que lui inspirait Condé. Fit valoir qu'aucun règlement ne pouvait se prévaloir de l'emporter, économies ou pas, sur les préceptes évangéliques les plus élémentaires, batailla tellement que l'administration céda et accorda avec munificence vingt sols par jour à la veuve et aux orphelins : à peine de quoi survivre. Élisabeth prit sur sa propre cassette de quoi doubler cette très petite rente[25]. Avec quarante sols, les Buisson s'en sortiraient.

Vingt sols soustraits aux finances de la sœur du roi, cela semblait insignifiant. En fait, ces vingt sols venaient s'ajouter à beaucoup d'autres, et, vingt sols par vingt sols, finissaient par représenter des sommes importantes. Trop pour une pension qui n'augmentait pas et amputée des étrennes sacrifiées au profit de Louise de Raigecourt. Il s'en fallait de dix-huit mois que la princesse atteignît sa majorité, ce qui lui vaudrait des revenus personnels plus substantiels et lui conféreraient son indépendance financière. Et de deux ans que les trente mille livres du

Jour de l'An lui fussent restituées. En attendant, Élisabeth devait chercher de nouveaux expédients pour faire face à ses charités. Elle répugnait désormais aux emprunts, même discrets, s'y résolvait en désespoir de cause, face à des détresses urgentes, se privait ensuite du moindre plaisir afin de rembourser dans les meilleurs délais. Le plus souvent, toutefois, elle évitait de quémander auprès des banquiers, préférait vendre, rarement au juste prix, un bibelot, une montre, un bijou sans valeur sentimentale dont ses proches ne remarqueraient pas la disparition.

Elle ne s'en plaignait pas. C'était une philosophie qu'elle avait faite sienne de longue date et qui aidait à se détacher des choses de ce monde[26].

De sombres présages

1788 débuta sous de tristes auspices ; le renvoi des notables, l'annonce de la réunion des États généraux inquiétaient. La question du déficit, insoluble si l'on ne votait pas la réforme fiscale, continuait d'enflammer les esprits et l'agitation gagnait l'ensemble des parlements, la Bretagne donnant le la car la malchance voulait que ce fût l'époque de la réunion des états du duché, cause ordinaire de troubles à Rennes.

Louis XVI semblait si dépassé par les événements, si incapable de se forger une opinion, plus encore de s'y tenir et la défendre, que certains n'hésitaient plus à le critiquer. Lors de l'Épiphanie, à Louveciennes, chez Mme du Barry, son amant, le duc de Cossé-Brissac, s'était écrié, excédé : « À quoi bon encore tirer les Rois ? Nous n'en avons même plus ! », et cette irrévérence avait paru justifiée.

Toujours tenue à l'écart des événements politiques, sauf par Artois – souvent à Montreuil où, sous prétexte d'aller saluer sa sœur, il venait embrasser Mme de Polastron, et qui, parfois, daignait jeter de vagues lumières sur le programme erratique suivi par le roi et imposé à ses frères –, Élisabeth, alarmée de l'enchaînement incohérent des événements, se plongeait dans la lecture des gazettes. À travers ce fatras de nouvelles parfois douteuses ou contradictoires, elle voyait se dessiner un panorama de la France qui n'apaisait pas ses inquiétudes. Au printemps précédent, quand elle fustigeait l'attitude de Calonne, elle espérait beaucoup de Louis XVI ; ce bel optimisme n'était plus de mise.

Pour l'heure, les seules affaires dont Élisabeth était censée s'occuper consistaient en ces mille riens, apanages des femmes. Elle était libre, en dépit d'un budget rogné par tous les bouts, d'aménager Montreuil, pourvu que cela ne ressemblât point « au boudoir d'une petite maîtresse » ; d'aider la reine à préparer pour la jeune Adèle d'Osmond[27] un somptueux cadeau d'anniversaire composé d'une poupée de porcelaine, son trousseau et ses petits meubles en bois précieux[28], de se passionner pour les prochaines chasses et les progrès en équitation de ses dames... Mais la grande occupation de ce printemps 1788 serait d'organiser le retour des Bombelles.

Dix-huit mois avaient suffi à dégoûter l'ambassadeur du Portugal et des Portugais. Comme le climat lisboète réussissait mal au marquis, à sa femme, à sa sœur, aux enfants, le ministère des Affaires étrangères, accablé de rapports aigres-doux concernant la maison de Bragance, avait accepté la démission du plénipotentiaire et son rapatriement.

Les Bombelles rentrèrent, toujours flanqués de Mme de Travanet, toussant pour souligner combien le séjour lusitanien les avait éprouvés. Ils laissaient déjà entendre qu'il leur fallait au moins Constantinople pour s'en remettre, ce qui était étonnant car on savait les rives du Bosphore néfastes aux Occidentaux. Comme il leur sauta aussitôt aux yeux qu'Élisabeth n'avait pas progressé dans l'art de l'intrigue, ils ne s'embarrassèrent pas longtemps de ne pas la critiquer. Il se trouvait toujours des gens, dans le cercle de la reine qui faisait et défaisait les carrières diplomatiques, pour moquer le style de vie et l'entourage de la princesse ; faire chorus pouvait s'avérer de bonne politique. Le ton persifleur de Bombelles dans son journal de juin 1788 en était le reflet : « La petite cour de Montreuil n'apporte guère d'échos saillants. Madame Élisabeth, en dehors des cérémonies auxquelles elle est obligée d'assister, partage sa journée entre l'intimité de ses dames et les occupations dont nous la savons coutumière, sans oublier les pauvres dont elle continue à être la providence. Depuis quelques mois, au fur et à mesure de la marche des événements, elle comptait[29] une occupation de plus : elle lisait avidement les brochures et libelles, cherchant, parmi ce fatras de la littérature politique, à se former une opinion. Elle rentre pour l'heure du souper à Versailles et se mêle alors pour quelques heures au mouvement de la Cour. Elle écoute et elle observe, et son jugement mûri lui fait deviner bien des choses qu'on n'aurait jamais eu l'idée de lui confier. L'avenir lui paraît sombre et menaçant. »

Elle-même n'était pas à l'abri des haines qui fermentaient. Début novembre 1788, ces gazettes qu'elle s'astreignait à lire firent état d'une nouvelle qui la laissa rêveuse. Un publiciste assurait qu'elle serait désignée dans les prochains mois abbesse d'un nouveau chapitre noble de trente-six chanoinesses que Marie-Antoinette s'apprêtait à fonder au Val de Grâce. Et le brave homme de s'indigner du coût de l'opération, glosant sur les travaux de réfection des appartements abbatiaux, les cérémonies d'investiture. Calembredaine parmi d'autres mais destinée à nuire. Le public ne saurait jamais qu'Élisabeth avait refusé Remiremont, infiniment prestigieux, faute de vocation, certes, mais aussi parce qu'elle s'indignait de l'existence mondaine qu'y menait l'abbesse. Le public ne le saurait jamais, parce qu'il convenait d'écorner l'image de chaque membre de la famille royale. Cela ne présentait guère de difficultés en ce qui concernait le roi et la reine, déjà tant calomniés, mais que dire de cette princesse de vingt-quatre ans, connue uniquement pour sa piété, sa discrétion, sa charité ? Le seul moyen de l'atteindre n'était-il pas de l'attaquer à travers sa dévotion et ses vertus, quitte à les caricaturer ?

Tout cela demeurait encore flou mais le peu qu'elle entrevoyait de cet avenir la plongeait dans un effroi grandissant. Elle l'avouait à de rares intimes, entre autres aux Bombelles. Elle se sentait assez angoissée pour inciter le marquis, réticent, à accepter le poste que le ministère lui proposait : Venise. Elle n'osait pas dire que toute occasion qui permettrait de s'éloigner de France lui semblait bonne à saisir, se borna à déclarer qu'il était impossible de faire le rebuté quand on avait trois enfants à nourrir, bientôt quatre car Angélique était de nouveau enceinte.

Elle ne dit pas non plus qu'elle jugeait irresponsable, en ces temps troublés, de mettre des innocents au monde... Dans une espèce de frénésie fréquente en temps de crise, tout le monde en effet s'avisait d'engendrer, ce n'était autour d'elle que ballet de femmes grosses. Même les bêtes s'en mêlaient et toutes les vaches de Montreuil étaient pleines. Cela n'empêchait point le vacher, Jacques Bosson, de promener un air à vous tirer des larmes. À l'évidence, le jeune Valaisan souffrait du mal du pays et Élisabeth se demandait s'il ne fallait pas le laisser partir, car elle « n'avait pas le moyen de lui rendre ses montagnes ». En fait, mais il appartint à Mme de Travanet de le découvrir, si Jacques languissait, ce n'était pas après les alpages de Bulle, mais après une sienne cousine, Marie Magnin, laissée au pays. Restait à expliquer ces choses-là à Élisabeth alors que l'étiquette s'obstinait à croire qu'elle ignorait tout de l'amour et des mouvements du cœur.

Mme de Travanet, ne sachant comment aborder le drame des amours ancillaires, s'installa un midi au clavecin, préluda trois arpèges plaintifs et gracieux, et se prit à chanter, de cette voix fraîche et juste que la princesse lui enviait :

> *Pauvre Jacques, quand j'étais près de toi*
> *Je ne sentais pas ma misère !*

Mais à présent que tu vis loin de moi,
Je manque de tout sur la terre. (bis)
Quand tu venais partager mes travaux
Je trouvais ma tâche légère
T'en souvient-il ? Tous les jours étaient beaux.
Qui me rendra ce temps prospère ? (bis)
Quand le soleil brille sur nos guérets
Je ne puis souffrir la lumière.
Et quand je suis à l'ombre des forêts
J'accuse la nature entière. (bis)

Le miracle d'une mélodie ravissante qui trouverait un écho à travers toute la France et l'Europe, allait valoir à Jacques Bosson et Marie Magnin une célébrité inattendue, et la protection bienveillante de ceux que Mme de Travanet avait su toucher. À commencer par Élisabeth qui, à la fin du dernier couplet, s'écria :

– Ah, j'ai donc sans le vouloir fait deux malheureux ! Allons ! Il faut que Marie vienne et qu'elle soit la laitière de Montreuil !

Chose faite le 29 mai 1789, quand, dotée par la princesse, Marie devint Mme Bosson[30]. Faire le bonheur d'amoureux qu'elle avait involontairement séparés, voilà le seul pouvoir dont Élisabeth disposait en ce printemps de sa majorité, qu'elle avait si longtemps attendu et espéré si plein de promesses...

Elle feignait pourtant l'optimisme, faisait terminer les derniers travaux de Montreuil en vue de cette soirée du 3 mai, celle de ses vingt-cinq ans, qui l'autoriserait à passer la nuit chez elle sans devoir répondre de ses actes et ses relations. Et s'étonnait qu'autour d'elle, personne ou presque ne prît la mesure des événements, que les uns et les autres continuassent de vivre et d'agir comme s'il ne se passait rien.

Chapitre VIII

VOICI VENIR L'ORAGE

Le printemps 1789, succédant à un hiver glacial, éclata d'un coup, l'opinion y vit des promesses de renouveau en lien avec la réunion des États généraux en mai.

En fait de promesses, l'assemblée n'en apportait que de troubles et de violences. La préparation des élections, la question du doublement du tiers – celui-ci exigeant de voir ses députés multipliés par deux afin de n'être pas sous-représenté par rapport à la noblesse et au clergé – avaient entraîné des incidents incessants depuis le mois de janvier, incidents qui, à Rennes, s'étaient soldés par des morts. Louis XVI, après avoir campé brièvement sur des positions de fermeté, avait ensuite cédé sur tout, dans l'intention d'apaiser les esprits. Ce faisant, il n'avait rien apaisé mais donné la démonstration de sa faiblesse et son incertitude. Opter pour la force ne valait pas mieux. Fruits de la crise économique, les émeutes de chômeurs se multipliaient, et si les autorités se décidaient à réprimer des manifestants pas toujours pacifiques, l'opinion se retournait contre elles et parlait d'égorgements scandaleux.

Il manquait une main ferme pour tenir le gouvernail d'un royaume de France qui prenait les allures d'une nef désemparée. Le roi s'en rendait-il compte ? Nul n'en était assuré, surtout pas sa sœur.

Mais à qui le dire sans manquer au respect et à la loyauté qu'elle lui devait ? À Artois, tête folle, mais qui, dans ces heures difficiles, prônait une attitude d'autorité et de fermeté avec laquelle elle se sentait en accord, certaine que chaque démonstration de faiblesse les entraînait à l'abîme.

À Versailles, pourtant, la vie continuait, réglée par l'étiquette qui empêchait de percevoir ce qui se passait dehors, mais aussi de laisser transparaître peines, angoisses et deuils. À Meudon, le dauphin, à bout de forces, ne quittait son lit que pour un fauteuil d'infirme que l'on promenait sur la terrasse. L'enfant ne verrait pas l'été, ses parents le savaient, et ce drame intime les occupait davantage que les désastres politiques en cours. Ce siècle sentimental avait fait glisser jusqu'aux souverains dans la sphère de l'affectif : Louis XVI et Marie-Antoinette étaient père et mère avant d'être roi et reine mais cette attitude, qui les humanisait, leur faisait perdre l'aura de sacralité qui entourait la monarchie française depuis la nuit des temps.

La comédie du pouvoir, désespérément vide de sens, se poursuivait. Élisabeth veillait aux ultimes aménagements de Montreuil où le garde-meuble livrait en hâte ce qui manquait encore. La maison serait non pas finie pour son anniversaire mais habitable, car les travaux devraient se poursuivre longtemps avant que tout fût à son goût. Si cela le serait jamais...

Elle remplissait en cachette des carnets de croquis destinés au château imaginaire qu'elle se ferait construire, bientôt, à Fontainebleau, où le docteur Dassy, « cet homme qui est si beau... », avait trouvé le terrain idéal. Afin de l'en remercier, elle avait choisi avec un soin infini un ouvrage de piété qu'elle avait fait relier et comptait lui offrir, seule marque d'attention et de tendresse qu'elle pourrait jamais se permettre envers lui. Non que le jeune médecin fût dévot, c'était même le contraire, mais justement parce qu'elle comptait sur leurs sentiments inavoués pour le ramener à la pratique religieuse : si Dassy n'ouvrait pas le livre pour l'amour de Dieu, il l'ouvrirait pour l'amour d'elle. Élisabeth ne pouvait rien lui donner de plus personnel.

Pour l'instant, Fontainebleau appartenait au domaine du rêve, c'était Montreuil qu'il fallait se préparer à habiter. Ses proches lui en faisaient une fête et elle ne voulait pas les décevoir[1], malgré un pressentiment qui lui interdisait de se réjouir. Les événements ne tardèrent pas à lui donner raison.

Le désastre des États généraux

Fin avril 1789, la foule commença d'affluer à Versailles, formée des députés aux états mais aussi d'une foule de curieux venus assister à l'événement qui encombraient la ville. Une faune plus suspecte s'y mêlait, composée de tire-laine et vide-goussets attirés par l'aubaine, mais aussi de chômeurs en quête de travail, et de mécontents professionnels, dont il se murmurait tantôt qu'ils étaient appointés par les Anglais, tantôt par le duc d'Orléans, et tantôt par les deux. Ces gens-là, aux allures de racaille, venaient des faubourgs de la capitale et campaient à longueur de journées, de nuits aussi, le long de l'avenue de Paris qu'ils obstruaient sans que personne n'osât leur intimer l'ordre de circuler, encore moins les disperser de vive force.

Démonstration de l'impéritie des autorités, ou de l'inquiétude du souverain face à une situation qui lui échappait, Louis XVI, qui ne pouvait assurer la sécurité à Montreuil, préféra, début mai, interdire à sa sœur, sinon de se rendre à sa maison, en tout cas d'y rester le soir tombé, ainsi qu'il avait toujours été convenu dès qu'elle serait majeure. Il ne l'y jugeait pas en sûreté. Terrible aveu si l'on songeait que, de Montreuil, on était en dix minutes sous les fenêtres du roi[2].

La réunion des états dissiperait-elle cette atmosphère plombée qui pesait sur Versailles ? Bombelles, désormais autorisé à rencontrer Élisabeth sans être accusé de nuire à sa réputation, débondait dans son salon les pires pronostics, parlait amèrement de « l'excessive et préjudiciable bonté » du roi... Lui-même avait jugé prudent d'envoyer Angélique faire ses couches en Picardie où elle serait à l'abri des émotions populaires, du moins fallait-il l'espérer. Gâtée par la peur des rôdeurs et la nécessité de rentrer tôt, la fête du 3 mai fut écourtée. Il faudrait de toute façon se lever le lendemain aux aurores afin de participer aux cérémonies de l'ouverture des états.

Les célébrations débutèrent le 4 au matin par la procession du Saint Sacrement. L'archevêque de Paris, Mgr de Juigné, portait l'ostensoir, les princes[3] tenaient les cordons du dais. Le roi, Marie-Antoinette, la comtesse de Provence, la comtesse d'Artois, Madame Élisabeth venaient immédiatement après. Madame Royale et le petit duc de Normandie se trouvaient aux fenêtres d'une maison de la rue Paroisse Saint-Louis. Quant au dauphin, qui ne tenait pas debout, on l'avait installé à un balcon des Petites Écuries d'où il pourrait regarder passer ses parents.

Après la famille royale revêtue de ses plus somptueux atours, marchait le clergé, prélats en rochets et camails de dentelles ruisselant sur les soies pourpres ou violettes, précédant les curés de campagne aux soutanes verdies. Suivait la noblesse, où les habits brochés rebrodés d'or et d'argent côtoyaient les costumes démodés de hobereaux qui n'avaient pas quitté leurs villages depuis de longues années.

Quant au tiers, on lui avait demandé, dans un souci d'uniformité, de revêtir la tenue officielle des maîtres de requête au Conseil d'État, strict tricorne et élégant habit noir, ce qui était faire beaucoup d'honneur à ses élus, notaires ou avocaillons de province, mais ceux-ci, en lorgnant les plumes et les moires des deux autres ordres, s'avisaient de se sentir jaloux et prétendaient qu'on les avait sciemment humiliés...

Élisabeth prêtait peu d'attention au spectacle, aux fleurs, aux bannières, tapis et tapisseries pavoisant les façades. Il s'agissait pour elle de rendre à la Sainte Hostie les honneurs qui lui étaient dus : le reste, tout le reste, lui apparaissait superflu. Constata-t-elle[4] le peu de dévotion témoignée au Saint-Sacrement par une partie de la foule qui ne songeait pas à s'agenouiller ou tirer son chapeau, mais aussi par les participants à la procession dont beaucoup ne croyaient pas en Dieu ? On en eut une démonstration en l'église Saint-Louis où Mgr de La Fare prêcha près de deux heures, interrompu par des salves d'applaudissements en dépit de la sainteté du lieu, parce qu'il stigmatisait l'indécence de la Cour et l'indifférence royale aux misères du peuple. Pouvait-il ignorer combien, l'hiver précédent, Louis XVI et les siens s'étaient multipliés afin de secourir les nécessiteux victimes de la crise et du froid ? Élisabeth le savait mieux que personne, elle avait vendu pratiquement tous ses bijoux. Elle sortit indignée de l'église.

Le lendemain, s'ouvrirent les États généraux, salle des Menus-Plaisirs. Il fallut subir le discours lénifiant et sans relief du roi, puis celui du garde des Sceaux, Barentin, et les trois heures de bredouillis du directeur des Finances, Necker, revenu aux affaires, qui expliqua, dans un silence ahuri, qu'au fond, le Trésor royal n'allait pas si mal, que le déficit n'était pas si lourd.

Faute de s'être vu attribuer un lieu de délibérations, le tiers s'installa le 6 mai dans la salle des Séances royales. Comme elle était très vaste et possédait des tribunes, on y vint bientôt en masse entendre pérorer les députés bourgeois qui, trop contents de s'être trouvés un public, coururent dès lors de provocation en provocation.

Leur première revendication fut d'exiger que la vérification des pouvoirs des élus se fît en commun avec le clergé et la noblesse. On négocia jusqu'au 28, date à laquelle Louis XVI somma les députés nobles d'accepter afin de ne pas bloquer les travaux de « l'assemblée nationale ». Jamais on n'avait employé cette appellation pour désigner les députés. Encore moins pris le parti de gens qui se posaient en factieux face aux soutiens traditionnels de la monarchie. Cette fois, l'opinion d'Élisabeth était faite, ainsi qu'elle l'écrivit le 29 mai[5] : « Tout va plus mal que jamais. [...] La monarchie ne pourrait reprendre son éclat que par un coup de vigueur ; mon frère ne le fera pas, et, sûrement, je ne me permettrai pas de le lui conseiller... »

Des excuses, Louis XVI en avait. Tout le monde, le 4 mai, en voyant le dauphin allongé sur sa chaise longue, avait su ses jours comptés. Leur en eût-on laissé le loisir, le roi et la reine se fussent installés à Meudon près de leur aîné à l'agonie. Faute d'en avoir le droit, ils se rongeaient les sangs, le cœur et l'esprit à des lieues des grotesques querelles des états. La grande sensiblerie ambiante qui incitait à parler à tort et à travers de la « voix de la nature », des « devoirs de la nature » montrait là ses limites : l'époque se payait de mots mais avait le cœur sec. En d'autres temps, la maladie de l'héritier du trône eût précipité la France dans les églises. Or, personne ne compatit à l'agonie de cet enfant de sept ans, ni à la douleur de ses parents.

Louis Joseph expira le 4 juin. Dernier signe de l'indifférence de l'Assemblée nationale, comme Louis XVI avait tenu à l'appeler, Bailly, doyen du tiers, exigea ce même jour d'être reçu toutes affaires cessantes par le roi afin de lui faire part des observations de son ordre. C'était ajouter à l'insolence une absence de compassion qui arracha au souverain ce mot douloureux :

– Il n'y a donc pas de pères parmi ces Messieurs de la chambre du tiers ? !

Après quoi, Louis XVI s'enferma trois jours dans ses appartements privés, puis gagna Marly afin de pleurer son fils en paix.

Le 11 juin, c'était la Fête-Dieu, il fallut se montrer, faire ses dévotions. Élisabeth tint sa place, muette, gardant ses opinions pour elle. Elle n'espérait plus un sursaut de la part du roi, mais comptait qu'Artois parviendrait à lui tenir un langage de fermeté avant qu'il fût trop tard.

Ce langage de fermeté allait venir de la reine et il n'arrangea rien. Mi-juin, Marie-Antoinette et quelques ministres, brusquement lucides, comprirent ce qui crevait les yeux : à savoir que « le tiers voulait rogner le pouvoir du roi ». Il était bien temps de s'en apercevoir ! Alors que Louis XVI, jusque-là, avait soutenu ces revendications, ils le convainquirent, le 19, de montrer enfin de l'autorité en annonçant une séance royale au cours de laquelle on rappellerait le tiers à la modération. En attendant, la salle des Menus-Plaisirs serait fermée.

Faute de cette possibilité, le 20 juin, ces Messieurs du tiers se rabattirent sur les locaux d'un jeu de paume où, les esprits s'échauffant en raison de cette « persécution », ils jurèrent de « ne jamais se séparer et de se rassembler partout où les circonstances l'exigeraient jusqu'à ce que la constitution du royaume soit établie et affermie sur des fondements solides ». Une constitution, non écrite, composée des lois fondamentales du royaume, la France en possédait une, mais elle laissait peu de place aux ambitions de gens qui se voyaient dans le rôle des parlementaires américains. Or, leur mandat était limité à la durée des États généraux et au vote des mesures fiscales, ce que Louis XVI entendit leur rappeler le 23 juin : « les droits constitutionnels et antiques des trois ordres, la forme de la constitution à donner aux prochains états » n'étaient en rien de leur ressort. Juridiquement exact, l'avertissement venait trop tard. Lorsqu'à la fin de la séance, l'ordre fut donné aux députés de se séparer et d'aller siéger chacun avec son ordre, le comte de Mirabeau s'écria :

– Nous sommes ici de par la volonté du peuple et nous n'en sortirons que par la force des baïonnettes !

Belle formule destinée à être gravée dans le marbre, peut-être apocryphe, qui arracha au roi, dont le marasme s'aggravait, ce commentaire désabusé :

– Ils veulent rester ? Eh bien, qu'ils restent !

Un roi incertain

Encore quelques jours et Élisabeth soupirerait qu'il « fallait couper au moins trois têtes » si l'on voulait éviter la catastrophe. En avait-on la possibilité ? Brisé, Louis XVI n'avait ni l'envie ni le courage de recourir à la force mais, ce qui était plus grave, il n'en avait peut-être déjà plus les moyens...

Alors, une fois de plus, faute de contrôler les événements, le roi les accompagna. Jusque-là, il s'était accroché à l'ordre traditionnel, garant de la tranquillité et de l'équilibre de la société française. Le tiers prétendait l'anéantir et substituer une assemblée nationale à l'ancien édifice. Qu'il était du devoir du roi de l'empêcher, le garde des Sceaux se crut autorisé à le lui rappeler :

– Sire, il ne suffit pas de consacrer les principes de la monarchie, il faut les maintenir et, plus on les méprise, plus il est du devoir d'un roi de ramener à la vérité ceux qui s'en égarent !

Ces arguments ne servaient à rien : Louis était parvenu à un tel degré de doute sur lui-même et ce qu'il incarnait qu'il se prenait à penser que ses opposants avaient raison. Le 27 juin, il enjoignit aux députés de la noblesse de se réunir au clergé et au tiers. Autant abdiquer...

Les plus frénétiques le comprirent et ne cessèrent plus d'en jouer. Il y eut d'abord le commencement de mutinerie des gardes-françaises, en charge de la sécurité publique dans la capitale.

Membres de la maison du roi, les gardes-françaises servaient aussi à Versailles où ils assuraient en partie la protection rapprochée du souverain. Le 23 juin, la compagnie de grenadiers qui assurait la relève au château refusa de quitter Paris. L'ordre était péniblement revenu dans les rangs et les meneurs croupissaient en prison militaire quand une émeute éclata, le 30, afin de les libérer. Des représentants du peuple de Paris, soutenus par leurs délégués à l'assemblée, sommèrent le roi d'obtempérer à ce souhait populaire, laissant entendre que, dans le cas contraire, les troubles ne feraient que croître. Chantage auquel il ne fallait céder sous aucun prétexte. Cette fois, le roi se décida à prendre des mesures.

Puisque les gardes-françaises n'étaient plus sûres, trente mille soldats sous les ordres du maréchal de Broglie se rassembleraient à Versailles, puis feraient mouvement sur la capitale. Pour éviter tout incident d'approvisionnement, on mit dans le secret l'intendant de Paris, Bertier de Sauvigny, son beau-père le conseiller d'État Foulon, et le prévôt des marchands[6] Flesselles.

Élisabeth n'en sut rien. Cette fin juin à Montreuil, elle s'ennuyait pieusement sous les ombrages de son parc, privée de la compagnie de ses amies : Mauléon se trouvait à Bellechasse où elle s'imaginait faire son salut ; Angélique de Bombelles pouponnait en Picardie où, le 26 juin, elle avait accouché d'un quatrième garçon, Henri ; quant à la chère Rage, elle se trouvait elle aussi en province où elle câlinait, avec une ardeur qui inquiétait, son nouveau-né, un second Stanislas.

Il était regrettable que Louis XVI n'eût pas mis autant de soin à se garder de ses ministres que de sa sœur : les événements eussent peut-être pris, en ce début d'été 1789, une autre tournure.

Il y avait au conseil trois personnes opposées à la soudaine autorité du roi : Necker, Montmorin, ministre des Affaires étrangères, et Saint-Priest, ministre de l'Intérieur. Ils déployèrent tout leur entregent pour empêcher la mise en place du dispositif[7]. Le 8 juillet, ce qui était un secret pour Élisabeth ne l'était plus pour l'Assemblée, qui, le surlendemain, réclama le retrait des mesures militaires. Louis XVI répondit qu'il lui fallait faire usage des moyens à sa disposition pour ramener l'ordre. Le 11 juillet, comprenant enfin combien Necker se révélait peu fiable, il lui redemanda son portefeuille. Ne gardant que le garde des Sceaux Barentin et le chef de la maison, Villedeuil, il appela aux affaires les hommes qu'il eût fallu appeler deux ans plus tôt : Breteuil aux finances avec responsabilité de principal ministre, La Vauguyon aux Affaires étrangères, Broglie à la Guerre, Foulon à l'intendance de l'armée et de la marine.

Louis XVI perdait de vue deux détails : la popularité de Necker, statufié dans son personnage de sauveur des finances publiques et réformateur des abus de la Cour ; et que ce 12 juillet tombait un dimanche : tout Paris, par ce temps superbe, était dans les rues à jouir du repos hebdomadaire, prêt à tendre l'oreille aux discours subversifs.

L'agitation débuta au Palais-Royal où un jeune avocat, Camille Desmoulins, incita les « citoyens à s'armer » et les entraîna piller les armuriers. Au même moment, les gardes-françaises pactisaient avec l'émeute tandis que l'on faisait provision de pierres et de pavés sur les chantiers de la Madeleine, de la rue Royale et du pont Louis XV[8], dans l'intention d'assommer les premiers qui tenteraient de rétablir l'ordre. À défaut des gardes-françaises passées à l'insurrection, le gouvernement disposait de trois régiments suisses, du Royal Allemand et du Royal Cravate[9], de quelques dragons, des garnisons de la Bastille et Vincennes. Largement de quoi ramener l'ordre, à condition de le vouloir. Mais le vouloir signifiait être prêt à tirer dans la foule. Or Louis XVI l'avait formellement dit au baron de Besenval, première autorité militaire de Paris ce jour-là : il entendait donner une démonstration de force mais en aucun cas s'en servir. Pas une goutte de sang ne devait couler. Pieds et mains ainsi liés, Besenval était réduit à un rôle de figuration.

Dans la nuit du 12 au 13 juillet, il préféra retirer ses troupes et retraiter plutôt que risquer l'affrontement ; ne prit aucune disposition afin de protéger l'arsenal des Invalides où l'on gardait trente mille fusils et des canons. Or, les insurgés se cachaient à peine de vouloir faire main basse sur ces armes.

L'écroulement d'une vieille Bastille

Le 14 juillet en début de matinée, ce fut chose faite. Et les gardes-françaises, toujours en tête de l'émeute, prirent la direction de la Bastille en traînant les bouches à feu.

Voir dans cette forteresse médiévale vouée à la démolition un symbole du despotisme relevait d'une habile propagande. Il y avait belle lurette que, hormis le cardinal de Rohan qui y avait joui de l'hospitalité délicate et des carrosses du gouverneur, le très libéral M. de Launay, personne n'y croupissait plus dans les culs de basse fosse, victimes des pratiques liberticides de la tyrannie. Depuis la libération, un an plus tôt, d'une délégation des états de Bretagne mise au frais le temps de réfléchir aux inconvénients de s'insurger contre l'esprit de réforme du pouvoir, la citadelle n'abritait plus que sept prisonniers, dont plusieurs faussaires et un fils de famille dépravé enfermé à la demande de ses parents qui désapprouvaient sa propension à l'inceste.

Louis XVI attachait-il une importance stratégique à ce dispositif d'un autre temps, tenu par une poignée de soldats invalides ? Apparemment oui puisqu'il avait réitéré l'ordre de le défendre et que le gouverneur s'y était engagé. Belle promesse oubliée lorsque Launay découvrit les canons des Invalides pointés sur ses tours d'où lui-même, dans un louable souci diplomatique, venait de faire reculer les pièces pointées sur Paris. Pour l'honneur, malgré la disproportion des forces, on fit feu et cela encoléra la populace. Face à un assaut qu'il n'avait pas les moyens de repousser, le gouverneur choisit de parlementer et, contre promesse de la vie sauve pour lui-même et ses gens, livra la place forte.

Alors l'horreur se déchaîna : il fallait faire payer cette parodie de résistance et, surtout, faire peur, vite et le plus possible. Les malheureux invalides écharpés dans les cours de la Bastille, Launay, poursuivi jusqu'en place de Grève[10] où, percé de coups mais respirant encore, il fut achevé par un cuisinier qui lui trancha lentement la tête à l'aide d'un petit couteau à parer les viandes ; le prévôt des marchands, Flesselles, abattu devant l'Hôtel de Ville, le dépeçage des cadavres dont les morceaux furent promenés dans les rues, devaient servir d'exemples et couper à quiconque l'envie de se dresser devant la Révolution. Le résultat allait passer toutes les espérances...

Informée, en même temps que le reste du pays, du renvoi de Necker et de la composition d'un nouveau ministère « autoritaire », Élisabeth avait éprouvé quelques craintes quant à la réussite du projet : nul ne désirait plus qu'elle un coup de force royal mais nul non plus ne connaissait mieux l'incapacité de son frère à tenir ferme dans ses décisions dès lors qu'elles étaient contredites.

Artois lui avait rapporté la conversation qu'il avait eue avec l'évêque d'Autun, Maurice de Talleyrand-Périgord. Comme le prince lui demandait quelle était, selon lui, la recette pour ramener l'ordre, Talleyrand avait répondu :

– Monseigneur, il faudrait sacrifier deux têtes tout de suite, car plus tard, il en faudrait bien davantage.

Ces deux têtes étaient celles du duc d'Orléans et de Mirabeau.

– Mon frère n'y consentira jamais... avait soupiré Artois.

Ces deux têtes à sacrifier pour en sauver des milliers d'autres, Élisabeth s'en souvenait. Les figures patibulaires qui hantaient l'avenue de Paris, trognes d'échappés des galères, lui laissaient entrevoir, vaguement car son éducation préservée la protégeait de certaines imaginations, des scènes de violences, de meurtres et de carnages prenant pour cibles les honnêtes gens. Ni elle ni les siens ni aucun de ceux qui leur restaient dévoués n'était plus à l'abri et cette menace l'incita, le dimanche 12, à écrire à Louise de Raigecourt de ne pas revenir à Versailles : « Ne viens pas ici, mon cœur, tout y est calme mais tu es mieux à la campagne. Je n'ai pas besoin de toi pour la semaine. [...] Les États généraux font toujours des arrêtés qui n'ont pas le sens commun. Cependant, ils demandent avec moins de force le renvoi des troupes. Je suis dans l'inquiétude que le petit mot que je t'ai écrit ne te fasse revenir. Rassure-moi en me mandant que tu es encore à Marseille[11]. Sois tranquille pour ton mari, ton frère et tous ceux qui te sont chers : ils ne courent point de risque et n'en courront point. [...] Je suis fort tranquille ; ainsi tu peux l'être infiniment. »

Tranquille, Élisabeth était loin de l'être mais elle savait que Rage, au moindre soupçon d'un danger la menaçant, reviendrait ; c'était ce qu'elle voulait éviter.

Les nouvelles du 14 juillet ne l'étonnèrent pas ; elle s'attendait au pire. Cependant, elle n'avait pas imaginé ce que pouvait être précisément le pire et les détails concernant le dépeçage de Launay et Flesselles, qu'on oublia, dans la panique, de lui dissimuler, la laissèrent dans un état de stupeur. Que le roi n'eût rien fait pour empêcher cette horreur, qu'il ne fît rien pour châtier les assassins ajouta à l'affolement. En quelques heures, Versailles se vida de sa cohue de courtisans. Tous ces gens qui avaient d'ordinaire mille prétextes à peupler les couloirs s'en trouvèrent mille plus importants les obligeant à regagner toutes affaires cessantes leurs châteaux ; ce fut une débandade honteuse. Seuls les pages, parce qu'ils étaient très jeunes, demeurèrent fermes à leurs postes dans un palais abandonné, plongé dans le noir parce qu'il n'y avait plus de domestiques pour allumer les lampes, où la famille royale se retrouva, ou peu s'en fallait, livrée à elle-même.

Des rumeurs alarmantes circulaient prétendant que les insurgés avaient préparé des listes de proscription de centaines de noms, en tête desquels ceux du comte d'Artois et des Polignac, et qu'ils s'apprêtaient à marcher sur Versailles afin de massacrer ces réactionnaires. Comme par hasard, tous les proscrits ainsi désignés s'étaient signalés ces dernières semaines par leur fermeté, les conseils de bon sens qu'ils avaient dispensés au roi ou des propos tenus en public condamnant la tournure des événements. Il s'agissait d'éloigner de Louis XVI ses derniers soutiens.

À moins que le roi acceptât de s'en aller, de gagner l'est où cantonnaient des régiments fidèles, et de revenir à la tête d'une armée qui rétablirait l'ordre, quitte à écraser la canaille. Était-ce jouable ? On n'en savait trop rien et l'on restait dramatiquement indécis sur ce que l'on ferait ensuite, à commencer par le maréchal de Broglie, ministre de la Guerre et des armées, qui répétait d'un air ahuri :

— Oui, nous pouvons aller à Metz mais après ? Que ferons-nous quand nous y serons[12] ?

Monsieur s'opposait au projet et le roi, décontenancé, prêtait à ses conseils une attention démesurée, peut-être parce qu'ils allaient dans le sens de désirs inavoués l'incitant à ne rien faire. Élisabeth ne recevait que les échos du débat. Quoique concernée, elle n'avait toujours pas voix au chapitre. L'eût-elle eue, elle eût essayé de mettre Louis XVI en garde contre les manœuvres de Provence qui s'imaginait proche du trône maintenant que le dauphin était mort et que son aîné donnait l'impression de ne savoir gérer la crise. Elle se défiait de lui autant qu'elle aimait Artois. Ses frères étaient, de manière différente, de mauvais sujets mais Artois avait du cœur et Provence en manquait : voilà ce qui le rendait antipathique à sa cadette, bien qu'il lui manifestât une affection distraite et condescendante. Pourtant, en ces heures de panique, Provence passait pour une tête politique et c'était à lui que Mme de Bombelles, répercutant les avis de son mari, conseillait à Élisabeth de se fier[13].

Rester ? S'en aller ? On hésita toute la journée du 15, et encore celle du 16. Les problèmes d'intendance s'accumulaient, plus insurmontables encore que les difficultés politiques. On s'accrochait à des détails que l'on ne savait comment résoudre pour s'éviter d'avoir à gérer l'essentiel. Dans l'effarement de sa solitude soudaine, Marie-Antoinette battait le rappel de ses amis, sans comprendre qu'elle les mettait en danger. Sa belle-sœur opta pour l'attitude contraire. Après Mme de Raigecourt priée de rester sur ses terres, elle écrivit à Mme de Bombelles d'en faire autant : « Toutes les affreuses nouvelles d'hier n'avaient pu parvenir à me faire pleurer, mais la lecture de ta lettre, en portant de la consolation dans mon cœur par l'amitié que tu me témoignes, m'a fait verser bien des larmes. Il serait bien triste pour moi de partir sans toi. Je ne sais pas si le roi sortira de Versailles. Je ferais ce que tu désires s'il en était question. Je ne sais pas ce que je désire sur cela. Dieu sait le meilleur parti à prendre. [...] Ainsi ma petite, je fais le sacrifice de te voir. Sois convaincue qu'il en coûte à mon cœur. Je t'aime, ma petite, mieux que je ne puis le dire. Dans tous les temps, dans tous les moments, je penserai de même. J'espère que le mal n'est pas aussi grand que l'on se le figure. Ce qui me le fait croire, c'est le calme de Versailles. Il n'était pas bien sûr, hier, que M. de Launay fût pendu ; on avait pris dans la journée un autre homme pour lui[14]. »

Pieux mensonges : à l'heure où elle écrivait ces lignes, Élisabeth savait que Launay était mort, et que ce n'était pas pendu...

La tentation de l'exil

Le 16 juillet, Louis XVI renonça à partir et rappela Necker. Puis il ordonna au comte d'Artois de quitter Versailles avec femme et enfants la nuit suivante et de gagner la frontière savoyarde. Son beau-père de Piémont ne lui refuserait pas asile.

Décision du même ordre que l'interdiction faite à Élisabeth de passer la nuit à Montreuil. À défaut d'assurer l'ordre sur le territoire français et la sécurité de ses parents, le roi leur demandait d'y veiller eux-mêmes, que ce fût en restant enfermés au château ou en quittant le royaume. Effroyable aveu d'impuissance. Et, pour Élisabeth, choc épouvantable.

Contrecoup des deuils répétés de sa petite enfance, d'un sentiment d'abandon inavoué, elle détestait départs et séparations. Jusqu'à ces dernières semaines, elle avait redouté que la raison d'État finît par lui imposer un époux au nom des intérêts de la France ; elle ne respirait tout à fait que depuis le matin de ses vingt-cinq ans quand elle avait enfin acquis la certitude que personne ne la forcerait à l'exil. Six semaines étaient passées depuis ce 3 mai et on lui enlevait, de toute sa famille, celui dont elle était la plus proche, Artois. Impossible de s'opposer à cet éloignement voulu par le roi, dicté par les événements : assez d'informations laissaient entendre que le prince se mettait réellement en danger en demeurant en France.

Une autre éventualité effleura-t-elle Élisabeth ? Partir avec son frère en Italie ? Majeure depuis le 3 mai, elle était libre de s'en aller, pourvu que Louis XVI l'y autorisât et, dans l'inquiétude du moment, il y eût consenti. À Turin, elle eût retrouvé Clotilde[15], et une sécurité disparue de France. C'était la solution de bon sens. Pourquoi ne s'arrêta-t-elle pas à ce projet ? Parce qu'il eût fallu quitter le roi et qu'au milieu de la débandade généralisée, cette désertion l'emplissait de honte et de mépris.

Ce fut moins son frère aîné qui la retint que ce qu'il incarnait. Qu'il ne fût pas à la hauteur de sa tâche, qu'elle s'en rendît trop bien compte, n'y changeait rien : Louis était sans doute un pauvre roi mais il était le roi. Et le premier devoir d'un prince, ou d'une princesse, était de demeurer près de lui. La nécessité pouvait contraindre Artois à s'exiler, et sa sœur, d'ailleurs, préférait penser qu'il partait remplir une mission auprès des gouvernements étrangers, fédérer des secours en vue d'un retour libératoire et triomphal, mais elle qui ne possédait aucune valeur politique, ne manifesterait, en fuyant, que le souci excessif de sa propre personne. Or, par tempérament, Élisabeth était aux antipodes de la couardise et de l'égoïsme. Elle ne pouvait que rester.

Sa décision fut vite prise. Elle ne sous-estimait cependant pas les périls encourus. Un pressentiment lui disait qu'elle risquait sa vie, mais elle en fit le choix lucide, optant pour un comportement viril et un courage qui feraient parfois défaut aux hommes. Elle n'avait pourtant aucune illusion sur son rôle : elle savait Louis XVI indifférent à ses conseils, ne se croyait pas autorisée à lui en donner, comprenait qu'elle n'aurait aucune influence sur les événements. Sa décision n'en fut que plus admirable mais on l'eût choquée en le lui disant tant elle lui sembla naturelle.

Cette détermination, cet esprit d'abandon à la volonté de Dieu n'excluaient pas les sentiments. Se séparer de Charles Philippe fut un déchirement effroyable, rendu plus cruel par sa brusquerie. Artois, sa femme et leurs fils ne disposèrent que de quelques heures pour rassembler le strict nécessaire, faire charger des voitures sans armoiries et préparer un plan d'évasion vers la Savoie. Tout cela dans la précipitation et un secret qu'on craignait à chaque instant de voir éventé car la trahison rampait partout. Se défier de tout et de tous... Il faudrait apprendre à vivre avec cette arrière-pensée constante. On hâta les adieux nocturnes, on s'arracha à des étreintes dont on redoutait qu'elles fussent les dernières. Un sentiment d'urgence interdisait de s'attarder. Quand la voiture eut disparu, Élisabeth, qui avait montré le plus parfait sang-froid, se pâma dans les bras de ses dames[16].

Une heure plus tard, les Polignac, eux aussi sur l'occulte liste noire des opposants à éliminer, partaient à leur tour vers l'exil. La comtesse Diane, après avoir protesté de son dévouement à sa princesse, dévouement que certains soupçonnaient fondé sur les revenus de sa charge de dame d'honneur et la crainte d'en être privée, avait finalement préféré suivre son frère, non sans que Madame Élisabeth lui eût promis en l'embrassant du bout des lèvres qu'elle veillerait à ce qu'elle continuât à toucher ses émoluments. La comtesse de Polastron, maîtresse officielle du comte d'Artois, suivit.

Élisabeth éprouva un chagrin modéré de ces départs-là. Sans avoir jamais été ouvertement hostile au clan, elle avait toujours préféré garder ses distances avec des gens dont les préoccupations mondaines, le goût du lucre, l'esprit moqueur et l'irréligion la gênaient. Elle prierait beaucoup pour eux, avec l'espoir que l'épreuve les changerait, les ramènerait à la foi. Cette prière-là, à défaut de tant d'autres, serait exaucée.

Dans le souci d'observer un semblant de normalité, la grande préoccupation du couple royal fut de pourvoir au remplacement de la gouvernante des Enfants de France. Quelques jours plus tôt, on se fût entretué pour obtenir la charge de Yolande de Polignac ; ce 16 juillet 1789, aucune candidate ne se manifestant, le roi nomma Louise de Croÿ, veuve du marquis de Tourzel, l'un de ses rares intimes, mort deux ans plus tôt d'une chute de cheval.

Ces détails de ménage dissimulaient malaisément la gravité des événements et les inquiétudes de Louis XVI. À défaut d'être capable d'autorité, ou de la détenir encore, le roi restait capable d'analyser sa situation : il avait abandonné la réalité du pouvoir à l'Assemblée nationale et à la commune insurrectionnelle de Paris, meurtrière de Launay et Flesselles, qui prétendait désormais à ce que le souverain lui rendît visite et légitimât, par sa présence dans la capitale, le coup de force et les assassinats.

Existait-il un moyen de s'y soustraire ? Louis XVI n'en vit aucun et, le 17 juillet, partit pour Paris après avoir communié, pour ainsi dire en viatique car il était persuadé de ne pas survivre à la journée, et nommé le comte de Provence lieutenant général du royaume, au cas où...

Marie-Antoinette et Élisabeth essayèrent vainement de le dissuader de faire ce déplacement. L'on avait, à Paris, perdu tout sens de la sacralité de la personne royale, comme le prouvait la prise de la Bastille, les dépeçages de dignitaires de la Couronne, les menaces de mort proférées à l'encontre du comte d'Artois. Ceux qui avaient osé s'en prendre aux symboles, aux représentants et au cadet du souverain étaient capables de s'en prendre au roi lui-même. Mais les esprits n'étaient pas encore mûrs pour l'ultime sacrilège. Louis XVI rentra sain et sauf, juste un peu plus humilié.

Le roi ayant cédé sur toute la ligne et parachevé son abaissement, formé un nouveau ministère[17] conforme aux souhaits des véritables détenteurs du pouvoir, allait pouvoir souffler, ou faire semblant. Signe de son éviction des affaires véritables, Versailles continuait d'être vide, les quémandeurs se pressant aux Menus-Plaisirs où ils assiégeaient les députés, gonflés de leur puissance neuve.

Les gentilshommes, dignitaires, dames d'honneur qui reparurent fin juillet, et les rares qui n'étaient jamais partis, entrèrent dans une catégorie inédite : celle des courtisans du malheur. Maintenant qu'elle n'avait plus rien à offrir, la famille royale allait compter ses vrais amis et ses authentiques fidèles.

Mme de Bombelles fut de ceux-là. Accouchée depuis un mois à peine, allaitant, elle avait toutes les excuses à ne pas revenir ; elle n'en usa point. Son arrivée plongea Élisabeth dans la désolation. Sa présence signifiait un sujet d'inquiétude supplémentaire, une personne aimée de plus pour qui se ronger.

Un été de feu et de flammes

Était-on, au demeurant, plus en sécurité en province ? Il revenait de partout des histoires de châteaux brûlés[18] par des paysans désireux de détruire chartriers, terriers et autres vieilles paperasses attestant de droits seigneuriaux que des hobereaux désargentés, incapables de joindre les deux bouts et nourrir leur marmaille, avaient tenté de remettre en vigueur. Parfois, les seigneurs avaient flambé avec leurs archives. Il courait d'autres histoires, incompréhensibles, de brigands, de régiments étrangers, d'escadres anglaises sur les côtes, tous surgis de nulle part et qui s'apprêtaient à mettre les campagnes à feu et à sang. Personne ne les avait vus mais tout le monde en avait entendu parler, par des témoins parfaitement crédibles, disparus aussitôt leurs discours débités sans qu'il fût possible de savoir où diable ils avaient pu passer. Ces nouvelles plongeaient les populations dans d'invraisemblables paniques, les poussaient à s'armer afin d'affronter le péril, avant de découvrir qu'il n'avait aucune consistance et qu'il s'agissait de menteries éhontées. On ne savait qui avait intérêt à propager ces rumeurs et entretenir ce climat d'effroi mais nul ne se sentait plus en sûreté. Surtout dans les propriétés un peu isolées. Mme de Bombelles, de mauvais gré, confessa que son retour à Versailles tenait d'abord à ces craintes. L'ambiance du château n'étant pas plus réjouissante, l'atmosphère pas plus rassurante, il ne fallut que deux ou trois jours à Angélique pour admettre que le climat français devenait insupportable, que la santé des enfants, comme la sienne, exigeait d'aller rejoindre Marc. C'était même tellement urgent qu'elle en oublia les dispositions prises avec son mari qui remettait à l'automne, les grosses chaleurs passées, leur installation à Venise.

La marquise partit le 2 août. Plus tard, elle raconterait, avec force sanglots et beaucoup de conviction qu'elle « serait morte de douleur » aux pieds de Madame Élisabeth si elle avait pu déchiffrer l'avenir et deviner que « cet adieu serait éternel[19] ». On n'est pas obligé de la croire. Après tout, elle avait un époux, quatre fils en bas âge, propres à la dispenser d'un héroïsme déplacé chez une mère de famille.

Une dernière fois, les deux amies passèrent la nuit à échanger confidences et promesses, à se consoler mutuellement. Au moment de mettre Angélique en voiture, Élisabeth lui assura qu'elles « se séparaient pour un temps, qu'il le fallait, mais qu'elles demeureraient toujours unies par une communauté d'intentions, de pensées et de prières ».

Cette pieuse formule faisait allusion à un projet d'union de prière et de réparation en train de se former dans l'esprit de la princesse. À défaut de pouvoir influer sur la politique et sur l'esprit du roi, Élisabeth espérait fléchir la colère et le châtiment divins.

En attendant, elle se retrouvait seule, désemparée, « d'une humeur de chien[20] », et ce n'était pas la compagnie de ses jeunes dames à accompagner qui parviendrait à la distraire de ses sombres pensées et ses mauvais pressentiments.

L'enthousiasme qu'elle manifesta, début août, à propos des derniers événements sonnait si faux qu'il fallait se demander si elle ne feignait point l'adhésion aux menées révolutionnaires parce qu'elle soupçonnait son courrier d'être ouvert et lu : « La nuit de mardi à mercredi[21] l'assemblée a duré jusqu'à deux heures. La noblesse, avec un enthousiasme digne du cœur français, a renoncé à ses droits féodaux et au droit de chasse. La pêche y sera, je crois, comprise. Le clergé a de même renoncé aux dîmes, aux casuels et à la possibilité d'avoir plusieurs bénéfices. Cet arrêté a été envoyé dans toutes les provinces. J'espère que cela fera finir la brûlure des châteaux. Ils se montent à soixante-dix. C'était à qui ferait le plus de sacrifices. Tout le monde était magnétisé. Il n'y a jamais eu tant de joie et de cris. On doit chanter un Te Deum à la chapelle et donner au roi le titre de Restaurateur de la liberté française. On a aussi parlé d'abolir les engagements perpétuels[22] et la noblesse a renoncé aux places, pensions, etc. Cet article n'est pourtant pas totalement passé[23]. »

Comment croire qu'Élisabeth envisageait d'un cœur serein la suppression des vœux de religion, elle qui, dès ses commencements, avait considéré la Révolution comme un phénomène essentiellement tourné contre le catholicisme et l'Église ?

Une seconde lettre, adressée le 20 août à Angélique, à Stuttgart, donnait un autre son de cloche. La princesse y avouait combien son moral et celui de ses proches se ressentait des événements ; il est vrai que la nouvelle, arrivée dans la matinée, de l'assassinat, à Caen, du lieutenant de Belsunce, assommé, percé de vingt coups de baïonnette, dépecé respirant encore, puis dévoré par les émeutiers qui inauguraient là l'aspect anthropophagique de la Révolution[24], n'était pas faite pour réconforter.

Comment, dans ces conditions, ne pas s'inquiéter sans cesse, pour les présents, pour les absents ? Il avait fallu plus de deux semaines avant d'apprendre qu'Artois et les siens, séparés en plusieurs équipages afin de passer inaperçus, étaient arrivés en Suisse et qu'ils continueraient bientôt leur périple vers Turin[25].

En transmettant ces nouvelles, Élisabeth laissait transparaître un peu de regret de n'être pas partie, regret combattu en prétendant la vie à Montreuil aussi douce et plaisante qu'autrefois[26]. Elle n'effleurait qu'en passant une actualité dont elle voulait laisser croire qu'elle ne la concernait pas : « À présent, parlons un peu des affaires du temps. Le roi aura la sanction mais n'aura que le veto suspensif. On ne sait pas encore pour combien de législations. […] On a agité que la personne du roi était sacrée, que le royaume ne se pouvait partager et qu'il serait conservé de mâle en mâle dans la branche régnante. Ils veulent à présent exclure de la succession la branche d'Espagne mais il y a eu un tel bruit dans la salle que voilà deux jours absolument perdus. Dieu veuille qu'ils finissent demain ! M. de Mirabeau a dit que pour un régent, il fallait un homme né en France[27]. »

Parachever l'éviction des droits à la Couronne des Bourbons d'Espagne, évidente depuis la renonciation de Philippe V à la succession de France, tendait à écarter du trône tout prince obligé de quitter le royaume. En l'état, Artois et ses fils, Condé, son fils, Bourbon, et son petit-fils, Enghien, émigrés en Piémont. Quant au veto suspensif[28], il représentait l'unique victoire législative que Louis XVI eût obtenue. Certes, cette possibilité de bloquer momentanément une loi votée par l'Assemblée était misérable comparé aux pouvoirs précédents du monarque, mais, en l'état, c'était mieux que rien et l'on s'en félicitait dans les cercles désormais appelés royalistes[29], car il fallait apprendre à se contenter de peu.

Un veto périlleux

Pour montrer qu'il n'était pas encore réduit au rôle de potiche, Louis XVI refusa d'entériner les décrets pris dans l'euphorie délirante de la nuit du 4 août, injustes puisqu'ils dépouillaient l'Église, en charge des œuvres d'éducation, d'assistance et de charité. Il refusa aussi de signer la Déclaration des droits de l'homme et du citoyen, prétendant « n'avoir pas bien compris » la portée du document. Au vrai, il l'avait admirablement comprise et c'était cela qui le faisait freiner des quatre fers : l'homme et les droits dont il était ici question obéissaient à une vision de l'humanité et de la société aux antipodes de la perspective chrétienne. Or, à Reims, il avait juré de maintenir et défendre la conception catholique du pouvoir et de la politique.

À l'Assemblée, cette résistance inattendue d'un souverain qui cédait sur tout, agaça.

Fin septembre, une femme de Montreuil qu'Élisabeth avait plusieurs fois aidé à nourrir les siens, demanda à lui parler, lui expliqua d'un air embarrassé avoir surpris une conversation entre son mari et ses frères, fervents partisans des changements. Selon eux et leurs amis, le roi n'avait pas renoncé à son projet de quitter Versailles. L'Assemblée et la Commune de Paris en étaient informées et décidées à empêcher ce départ : en enlevant la famille royale pour la ramener dans la capitale et l'y garder sous surveillance.

Élisabeth n'avait été mise dans la confidence d'aucun plan de ce genre, mais savait que ni le roi ni la reine n'étaient habitués à la tenir au courant de leurs projets. Si le roi décidait de partir, elle partirait ; elle resterait s'il décidait de rester. Il s'agissait bien du roi, auquel elle devait obéissance en tant que sœur et sujette, non de Louis. À celui-ci, qui lui conseillerait un peu plus tard de s'en aller, elle répondrait fermement :

– Même si vous me l'ordonniez, je dirais non parce que mon devoir est de me tenir auprès de vous, de partager vos peines, et peut-être vos dangers.

On ne l'en ferait pas démordre, même ceux qu'elle aimait le mieux et qui, étonnés de découvrir tant de fermeté chez cette jeune fille douce et timide, se prenaient à craindre pour elle. De ce nombre était Vaudreuil, ami et confident du comte d'Artois, débauché notoire qui, superbe hommage du vice à la vertu, écrivait le 17 septembre à Charles Philippe : « Vous avez, Monseigneur, de bien adorables sœurs et, sûrement, vous en sentez bien le prix. [...] Voyez toutes les marques de tendresse que vous avez reçues de Madame Élisabeth depuis vos malheurs. On voit que la vertu approuve toutes les impulsions de son âme quand elle s'abandonne à sa tendresse pour vous et que cette âme aimante est enchantée de trouver à la fois son devoir réuni au charme d'aimer son frère. [...] Rappelez-vous, Monseigneur, ce que ma tendre amitié pour vous m'a inspiré cent fois de vous dire, que je vous répétais sans cesse : que vous ne saviez pas jouir du bonheur d'avoir une sœur comme Madame Élisabeth. Le malheur a été pour vous une leçon plus sûre que les conseils d'un ami et j'ai été témoin combien vous jouissiez depuis votre départ de Versailles des procédés touchants et de la tendresse de cette sœur adorable. Je voudrais bien qu'elle vous rejoignît et qu'elle fût dehors de cette horrible bagarre ! »

Vœu pieux d'un gentilhomme épouvanté d'avoir laissé la sœur de son roi en pareil péril. Élisabeth ne se méprenait pas sur la nature du danger, ni sur l'horreur de « la bagarre », c'était précisément pourquoi elle ne partirait pas. Jamais.

Elle alla trouver Marie-Antoinette, lui rapporta les propos de son informatrice, s'entendit répondre :

– Ma sœur, nous pensons, le roi et moi, qu'il y a beaucoup d'exagération dans ces bruits. Néanmoins, je parlerai au roi de la visite que vous avez reçue. D'ailleurs, tranquillisez-vous : des précautions ont été prises.

Élisabeth nota que sa belle-sœur ne daignait point lui dire lesquelles.

Le 23 septembre, le régiment des Flandres était arrivé à Versailles et aussitôt, des agents révolutionnaires avaient commencé à le travailler. Même les officiers semblaient grisés par l'excitation ambiante. Afin de les ramener au devoir, leurs homologues des gardes du corps, régiment dont l'attachement à la personne du roi ne faisait aucun doute, les prièrent à souper le 1er octobre. Louis XVI ordonna qu'on ouvrît pour l'occasion le salon d'Hercule : repas préparé par le meilleur traiteur de la ville, grands crus, musique de chambre, argenterie, cristaux et assiettes de Sèvres. L'ambiance s'était vite réchauffée et, au moment des toasts, les cris de « Vive le roi », « À bas l'Assemblée » avaient retenti. À cet instant, magique pour les participants qui n'avaient jamais été à pareille fête, Louis XVI était apparu, accompagné de la reine et du petit Louis Charles, dauphin depuis la mort de son aîné. L'orchestre avait entamé le grand air de l'opéra de Grétry, *Richard Cœur de lion* : « Ô Richard, ô mon roi/L'univers t'abandonne ! », que l'assistance avait repris en chœur. Dans l'euphorie, nombre d'officiers auraient arraché de leur chapeau la cocarde tricolore, d'obligation depuis l'été, et l'auraient foulée aux pieds avant de raccrocher la blanche, couleur du roi[30]. Puis Louis XVI, Marie-Antoinette et le petit prince s'étaient retirés, toujours sous les acclamations.

Élisabeth n'était pas de cette soirée. En avait-elle était informée ? Avait-elle jugé sa présence inutile ? Y avait-elle vu une provocation vaine et dangereuse ? En tout cas, elle n'y avait pas paru. Et, le lendemain, entendant, chez sa belle-sœur, quelques-unes des personnes présentes, très exaltées, se féliciter du tumulte qui « avait dû s'ouïr jusqu'à Paris », elle glissa à l'oreille de Mme de Cimery, sa première femme de chambre :

– Oui, jusqu'à Paris, mais pourvu que la populace parisienne n'y réponde point par des injures.

Chapitre IX

DES OTAGES

Le 5 octobre, Élisabeth s'était rendue à Montreuil, malgré les silhouettes peu rassurantes qui hantaient l'avenue de Paris. Vers 1heure de l'après-midi, « un homme », sans doute le duc de Maillé[1], surgit dans la cour d'honneur de Montreuil, affirmant qu'une troupe d'émeutiers parisiens forte de quinze mille individus, parmi lesquels nombre de femmes, se portaient sur Versailles pour réclamer du pain et voir le roi. Quoiqu'elle en dît à Mme de Bombelles, la princesse, gardant la tête froide, n'était pas, comme elle l'écrivait, aussitôt remontée à cheval pour regagner le palais ; elle avait choisi d'attendre et de voir, mais avait renoncé à se mettre à table. Il était 2 heures de l'après-midi et elle était alors seule de la famille royale au courant qu'il se passait quelque chose. Le roi était parti de grand matin chasser à Meudon. De son côté, la reine s'était rendue à Trianon, quoique le temps fût couvert, venteux et prématurément frais[2]. Ne restaient au château que le comte et la comtesse de Provence.

Certes, les tergiversations calculées de Louis XVI se refusant à entériner certaines lois et la Déclaration des droits grâce au veto agaçaient l'Assemblée ; cependant, rien ne laissait prévoir pis qu'une énième délégation d'élus venant presser le monarque de céder. Ce que le couple royal n'avait pas prévu, en dépit des avertissements d'Élisabeth et d'une informatrice remarquablement au courant, c'était que les meneurs révolutionnaires prendraient au sérieux ses velléités de quitter Versailles. Il se disait que le roi demanderait à l'Assemblée de le suivre en province. Or, les extrémistes le savaient, une majorité de députés se seraient volontiers éloignés de la capitale et ses fauteurs de troubles afin de délibérer sans subir la pression parisienne. C'était cela qu'il fallait éviter sous peine de voir la Révolution avorter.

Cela, les « quinze mille », – chiffre surestimé –, mécontents, ne l'imaginent pas davantage que le couple royal contre lequel on les a dressés. Le peuple, ce Peuple dont l'Assemblée a plein la bouche, est à ses yeux entité méprisable qui n'a pas besoin de comprendre et qu'il est permis de manipuler, en lui fixant des buts et des revendications à portée de son entendement. On les lui a fournis : « du pain ! ».

Fait singulier alors que les moissons viennent d'être engrangées, la farine manque dans les boulangeries parisiennes. C'est anormal. Connaissant l'éternelle crainte de la disette qui mine Paris, les émotions qu'elle provoque, le pouvoir veille toujours à ce que la capitale soit approvisionnée et que les prix restent bas. En plus, en raison du départ de nombreuses familles de l'aristocratie et de leurs gens, la population est moindre que d'ordinaire. Le pain ne devrait pas manquer. Il manque pourtant. S'il manque, c'est qu'on l'accapare. Reste à savoir qui... Rivarol, bon journaliste bien informé, pointera du doigt le Palais Royal. Non le duc d'Orléans, mais Choderlos de Laclos, auteur à succès des *Liaisons dangereuses* et maître d'œuvre de divers complots. Habilité à puiser dans les coffres du prince, arrosé par les services secrets anglais qui n'ont point pardonné la déconfiture américaine, cet homme de l'ombre dispose de moyens énormes pour entretenir le désordre. Il ne s'en prive pas.

La farine, ce sont ses agents qui ont fait main basse sur les stocks, provoquant pénurie et angoisse de classes laborieuses. Il faut maintenant en faire porter la responsabilité à l'entourage royal, de préférence à Marie-Antoinette, soupçonnée d'influencer son mari dans le sens de la résistance à l'Assemblée. Les calomnies forgées jadis par le parti des dévots vont ressortir ; on utilise le départ de Mme de Polignac comme preuve de sa liaison saphique avec la reine, on accuse les enfants royaux d'être des bâtards que « la Messaline autrichienne » a fait endosser à son balourd d'époux. Le banquet des gardes du corps, le 1er octobre, devient une orgie où la souveraine s'est prostituée aux participants pour s'attacher leur fidélité. Un tel monstre femelle est capable d'affamer les enfants de Paris...

Il n'en faut pas plus pour que des femmes du peuple s'alarment et partent pour Versailles réclamer des explications, et du pain. Il y a, dans ce réflexe, la marque encore très nette de la confiance des Parisiennes en leur roi, père de ses peuples et nourrisseur. Si elles se tournent vers lui, c'est qu'elles espèrent son aide. Ces bonnes personnes, fortes en gueule mais dépourvues de malice, sont incapables de déclencher les violences que désirent les meneurs révolutionnaires, plus encore de verser le sang. On les y aidera donc.

À la délégation officielle des dames de la halle, renforcée de quelques centaines de Parisiennes honnêtes, vont se joindre des femmes des faubourgs Saint-Antoine et Saint-Marceau[3] plus politisées, violentes, qui ont été des émeutes du printemps ou des journées de juillet ; et maintes barboteuses et filles des barrières, très remontées, sans qu'on sache trop pourquoi, contre la reine. Celles-là se sont munies de couteaux, de pierres, de cordes qu'elles brandissent en criant qu'elles vont « pendre l'Autrichienne et sa commère Polignac[4] à la lanterne », menace à prendre au sérieux si l'on se souvient de ce qui est arrivé, en juillet, à Flesselles, puis à Foulon et son gendre, Bertier de Sauvigny, pendus sans autre forme de procès aux luminaires publics[5].

Pour compléter la troupe, et parce que, profondément misogynes, les meneurs révolutionnaires ont une confiance limitée dans les femmes, sentimentales et versatiles, des hommes vont se mêler en nombre à la troupe, après avoir enfilé jupes et corsages et coiffés des bonnets. Ils ont pris sabres, fusils et pistolets, avec l'intention de s'en servir.

Au palais, ni le roi ni la reine n'étaient encore revenus. Élisabeth se précipita chez Provence. Elle n'avait aucune confiance en lui mais il était pour le moment l'homme de la famille, et le roi avait insisté pour lui donner la lieutenance générale du royaume si lui-même se trouvait empêché ou absent, ce qui était le cas.

Louis Stanislas était à table ; il reconnut avoir entendu des rumeurs prétendant que « tout Paris en armes se portait sur Versailles », affirma « qu'il n'en croyait rien ». Deux heures plus tôt, quand le duc de Maillé avait déboulé dans sa cour afin de la prévenir, Élisabeth n'y avait pas cru davantage mais elle avait changé d'avis, ce qu'elle assena abruptement à son aîné, lui conseillant d'aller avec elle chez la reine aviser aux mesures à prendre, s'il était encore temps[6].

Dans l'intervalle, le roi avait réussi à regagner Versailles. Les ministres se trouvaient déjà là, et Saint-Priest, le plus lucide, appuyé par les anciens officiers qui siégeaient au conseil[7], proposa le seul plan raisonnable : avant que le château fût investi, la reine, cible des menaces proférées par les émeutiers, les enfants royaux, Madame Élisabeth et la comtesse de Provence quittaient Versailles pour Rambouillet. Pendant ce temps, les Suisses et le régiment de Flandre prenaient position aux ponts de Sèvres, de Neuilly et de Saint-Cloud afin de couper la route aux mécontents. Quant au roi, il se portait, escorté des Gardes du corps et d'une centaine de dragons, au-devant du cortège.

La reine et Élisabeth, celle-ci décrivant les arrivants comme un parti de « bandits et d'assassins », incitaient à repousser, le cas échéant, les manifestants par la violence. Rien de surprenant, en dépit de la piété et la charité de la princesse, à ce qu'elle se montrât partisane de la saine violence : depuis le début, elle estimait que la véritable charité, due par le souverain à ses peuples, consistait à protéger les honnêtes gens contre la canaille[8].

Louis XVI persistait à ne pas partager ce point de vue. Il se récria qu'il était inenvisageable de « tirer sur des femmes », sur des hommes aussi d'ailleurs, car le roi de France ne massacrait pas ses peuples[9]. On recommençait la comédie du 14 juillet.

Puisque le roi ne voulait pas recourir à la force, la sagesse exigeait qu'il quittât Versailles. Au moins n'aurait-on pas le souci de sa sécurité qu'il ne voulait pas assurer. Le conseil déclencha l'indignation de Necker et des deux ministres prélats, Lefranc de Pompignan et Champion de Cicé. Ni le Suisse ni les évêques de Vienne et Bordeaux n'étaient sûrs mais Louis XVI, obstiné à écouter ses ennemis plutôt que ses amis, inclina de leur côté, comme s'il était intimement soulagé qu'on lui fournît prétexte à rester. Dans ces conditions, Marie-Antoinette se refusa à partir[10]. Necker, avec un sourire de tartuffe, assura qu'il n'y avait rien à craindre.

Élisabeth n'envisagea pas partir seule se mettre à l'abri. Elle avait décidé d'attacher son sort à celui de Louis parce que trop de gens le lâchaient.

Il était maintenant 5 heures du soir, et, avec ce ciel gris et couvert, il semblait que le crépuscule fût en train de s'abattre sur Versailles. Dehors, les manifestants, débouchant de l'avenue de Paris, se répandaient sur la place et commençaient à battre contre les grilles d'or du palais que l'on avait fermées : piètre mesure de sécurité puisque la Compagnie écossaise des gardes du corps et la Garde nationale versaillaise, déployées devant le château, avaient reçu consigne de ne pas tirer.

Très vite, la pression de la foule contre les grilles devint intenable et le commandant de la Compagnie écossaise prit sur lui de laisser pénétrer dans la cour une délégation d'une soixantaine de Parisiennes. La plupart étaient des dames de la Halle, déléguées ordinaires du peuple de la capitale dont le loyalisme n'avait jamais vacillé. Cela rassura assez pour que six d'entre elles, dans leurs beaux atours un peu salis par la route, la pluie et la bourrasque, fussent introduites dans le cabinet de Louis XVI. Guère intimidées car elles avaient l'habitude de venir faire leurs compliments à l'occasion des noces et des naissances, elles firent la révérence, expliquèrent que le pain manquait, se retirèrent en criant « Vive le roi » parce que le souverain leur avait promis les mesures nécessaires et que c'était ce qu'elles attendaient de lui. Elles sortirent très contentes ; Louis XVI ne l'était pas moins. Leur conversation l'avait conforté dans l'illusion que les relations avec son peuple demeuraient ce qu'elles devaient être. Mais ces dames n'étaient plus représentatives de quoi que ce fût, surtout pas du cortège d'enragés qui les suivait.

Maintenant, la nuit tombait, et une petite pluie fine qui incita le gros des manifestants à se disperser. Comme la place paraissait se dégager, que le marquis de La Fayette, commandant la Garde nationale parisienne, avait prévenu qu'il arrivait et répondait de la sécurité du roi, la tension retomba et, vers 8 heures du soir, Louis XVI donna ordre aux troupes de rejoindre leurs casernes.

Élisabeth regagna ses appartements. Par les fenêtres, l'horizon vers Paris rougeoyait, à croire qu'il y avait un incendie à Montreuil. Persuadée que les émeutiers avaient mis le feu chez elle, croisant Weber, frère de lait de Marie-Antoinette, elle lui demanda s'il pouvait se renseigner. Elle craignait pour les Bosson[11]. L'Autrichien promit d'aller aux nouvelles.

Élisabeth n'était pas seule à s'inquiéter. Tandis que, dans son bureau, Louis XVI recevait le président de l'Assemblée, Mounier, l'informait qu'il retirait son veto sur la Déclaration des droits et les articles litigieux de la Constitution, preuve que le roi avait compris où se situait le cœur de la crise, puis le marquis de La Fayette, et assurait qu'il n'avait aucune intention de quitter Versailles, le duc de Luxembourg demandait en s'excusant de l'heure tardive la permission d'être reçu par la princesse. Ne pouvant accéder à la reine, car elle se trouvait auprès du roi et qu'il était impossible d'exposer certaines choses devant celui-ci, deux cents gentilshommes, dont Luxembourg se faisait le porte-parole, priaient Madame Élisabeth d'aller trouver de leur part Marie-Antoinette et lui demander un ordre de sa main afin que des chevaux fussent mis à leur disposition pour être en mesure, le cas échéant, de protéger la famille royale. Détail révélateur, ce n'était pas à Provence, mais à la reine et à Élisabeth dont l'attitude de fermeté avait frappé que l'on venait demander de l'aide, et des ordres.

Élisabeth retourna trouver sa belle-sœur, lui transmit l'offre. L'arrivée de La Fayette que, pourtant, elle n'aimait pas, avait-elle tranquillisé Marie-Antoinette ? Les avertissements de Necker, qui prétendait toute décision inconsidérée susceptible de déboucher sur la guerre civile, l'avaient-ils impressionnée ? La reine, tantôt si décidée, atermoya à son tour et le billet qu'elle signa avait une portée restrictive qui lui ôtait l'essentiel de son efficace : « J'ordonne qu'on tienne deux cents chevaux à la disposition de M. de Luxembourg qui les emploiera ainsi qu'il le jugera convenable s'il y avait le moindre danger pour la vie du roi ; mais s'il n'y a de danger que pour moi, il ne sera fait aucun usage du présent ordre[12]. »

À quel instant faudrait-il estimer qu'il existait « le moindre danger pour la vie du roi » ? Ce flou plaçait une fois de plus les défenseurs du trône dans une position intenable et les empêchait, ou à peu près, d'agir. Convaincre la reine, lui arracher ce billet, le faire porter au duc de Luxembourg, tout cela prit deux bonnes heures.

Dehors, le vent soufflait en tempête. En milieu de nuit, la tempête devint ouragan ; le château craquait de toutes ses membrures, tel un vaisseau en pleine mer. Ce déchaînement des éléments étouffa les rumeurs du dehors.

Vers 2 heures et demie du matin, la reine puis le roi étaient allés se coucher ; Élisabeth les avait imités. Elle s'était mise au lit et endormie comme une masse.

Sept heures n'ont pas sonné quand des coups précipités sont violemment frappés à la porte de son vestibule, semant l'émoi parmi les femmes de chambre et les dames à accompagner, d'autant plus peureuses que l'aile des Princes, depuis le départ des Artois, est déserte. De l'autre côté de la porte, un peloton de douze grenadiers envoyés par le roi, avec ordre d'amener en urgence sa sœur près de lui. On court réveiller Élisabeth. Elle enfile en hâte les vêtements qu'on lui tend, quitte ses appartements. Sans se douter qu'elle n'y reviendra jamais plus.

Il est 7 heures et demie, ce mardi 6 octobre 1789. À première vue, tout est calme dans les vastes corridors déserts. À la princesse qui le presse de question, l'officier répond succinctement, mais le peu qu'il raconte suffirait à ébranler n'importe qui.

Vers 5 heures et demie, le premier valet de chambre du roi, Thierry de Ville-d'Avray, qui couchait dans la chambre du souverain a été réveillé en sursaut : dans les cours, sous les fenêtres, on crie, on braille, on hurle, on cavale. Il fait encore nuit noire mais, à la lueur des torches, on distingue une foule qui se rue vers les appartements de la reine. Ville-d'Avray, effaré, regarde se bousculer des gaillards engoncés dans des jupes brandissant des couteaux, des bâtons, quelques femmes dépoitraillées.

En bas de l'escalier de la reine, se tiennent deux gardes du corps, sentinelles au rôle purement honorifique, MM. des Huttes et de Varicourt, que rien n'a préparé à affronter des émeutiers venus pour tuer car on leur a donné consigne de pénétrer dans les appartements de Marie-Antoinette et de l'assassiner. Les deux hommes ne peuvent retenir cette marée meurtrière qui leur fond dessus mais, avant de succomber, jettent l'alarme à l'étage où réside la souveraine.

Le troisième garde du corps, Miomandre, de faction devant la porte de la reine, descendu voir ce qui se passait, assiste impuissant au massacre de ses camarades, égorgés, émasculés puis décapités. On lui tire dessus, blessé, il parvient à remonter les escaliers. Chance ou prémonition, Marie-Antoinette, qui dort au rez-de-chaussée, a décidé pour une fois de passer la nuit au premier, dans la grande pièce d'apparat à baldaquin doré. Ce choix lui sauve la vie.

On ferme les portes que l'on barricade avec tous les meubles qui tombent sous la main. Dans l'intervalle, les gardes du corps présents au château se sont rassemblés et s'apprêtent à contre-attaquer lorsqu'un brigadier s'écrie :

– Messieurs, que faites-vous ? ! Le roi a interdit de tirer !

Toujours les consignes de la veille, ineptes le 5, criminelles le 6. Stoïques, les gardes du corps se font massacrer l'arme au pied pour ne pas désobéir aux ordres de Louis XVI. La canaille se répand à travers couloirs, salons, pièces d'apparat, égorgeant et dépeçant tout ce qui porte l'uniforme des gardes du corps, coupables d'avoir foulé la cocarde tricolore. En fait, il n'est nullement assuré que cet attentat ait eu lieu mais il importe, avant de ramener la famille royale otage dans la capitale, de la priver de la protection d'une troupe qui lui est attachée, comme elle en donne tragiquement la preuve en se faisant massacrer.

Dans le petit matin blême et humide, Élisabeth frissonne sous le froid et l'état de choc. Même si, tête haute, dents serrées, elle feint de ne rien remarquer, elle voit bien qu'elle marche au milieu de cadavres mutilés et de flaques de sang qui souillent les parquets de marqueteries précieuses[13].

Enfin, voici les appartements du roi. Louis XVI est là, calme. Comme si, au fond, la réalisation de ses pires craintes lui apportait un paradoxal soulagement. Dans la chambre se trouvent déjà le comte et la comtesse de Provence qui, comme Élisabeth, n'avaient rien vu, rien entendu avant que le roi les fasse prévenir ; Mesdames Tantes qui ont eu la mauvaise idée de quitter Bellevue ; Mme de Tourzel, gouvernante des Enfants de France qui, au premier tumulte, a conduit le dauphin chez son père ; Mme de Mackau qui a amené Madame Royale.

La reine est là, et cela tient du miracle. Le dévouement et le sacrifice des gardes du corps, qui se font fait tuer pour lui laisser le temps de fuir, a payé. En jupon, pieds nus, Marie-Antoinette, suivie de ses femmes de chambre, a emprunté le petit passage intérieur qui relie sa chambre à celle du roi. C'était si rare ces derniers mois[14] que la porte de son mari était fermée. Elle a dû hurler, tambouriner avant que Ville-d'Avray l'entende et ouvre. Juste à temps car les tueurs étaient en train d'envahir ses appartements. Marie-Antoinette, qui serre ses enfants dans ses bras, répète :

– Sans mes gardes du corps, ils m'assassinaient... Sans mes gardes du corps...

Ce n'est peut-être que partie remise. Les émeutiers, qui n'ont pas trouvé la reine chez elle, déferlent vers les appartements de Louis XVI et les quelques gardes du corps, dans le salon de l'Œil de Bœuf, ne représentent, malgré leur dévouement, qu'un pauvre rempart. La survenue, incroyablement tardive, de La Fayette, évite de justesse un nouveau massacre.

En fait, le commandant de la Garde nationale, sous la coupe des autorités parisiennes, a ordre formel de ne pas regagner Paris sans la famille royale. Pour parvenir à ce résultat, il faut impérativement faire comprendre au roi qu'il n'a plus le choix ; et mettre hors d'état de le défendre les gardes du corps, d'où l'inertie du marquis. Alors même qu'il se trouve dans les appartements royaux et réitère à Louis XVI ses promesses de veiller à sa sécurité, dans le château, les cours, le parc, et jusque dans les rues versaillaises, le massacre des fidèles continue et, s'il n'est point achevé, c'est que deux bataillons de gardes-françaises, se souvenant du soutien apporté à leur régiment par les gardes du corps à Fontenoy, se sont interposés entre victimes et assassins.

Tuer le roi n'est pas à l'ordre du jour ; la Révolution a encore besoin de lui. Quant à la reine, son sort est moins assuré. Outre son impopularité si longuement cultivée, il y a l'influence qu'on lui suppose sur son mari. Chaque fois que Louis XVI a songé à résister ou partir, ce qui serait revenu au même puisqu'il se serait soustrait à la tyrannie de l'Assemblée, sa femme l'avait conseillé. Certes, et la preuve en est que le roi est encore là, ces conseils n'ont jamais été suivis, mais qui sait s'ils ne le seront pas un jour ? Dans ces conditions, supprimer l'Autrichienne pourrait être une solution. Sous les fenêtres, on crie sur l'air des lampions :

– L'Autrichienne au balcon !

Pâle mais déterminée, Marie-Antoinette s'avance vers la porte-fenêtre et cette foule qui, tout à l'heure, a voulu la tuer. Réflexe de protection, ou besoin de les garder près d'elle, elle a pris Marie-Thérèse et Louis Charles par la main. Le dauphin pleure à moitié. En voyant la reine en compagnie de son fils et sa fille, quelqu'un hurle :

– Pas d'enfants !

Mauvais signe... Des fusils se lèvent et se braquent sur Marie-Antoinette. Elle ne bronche pas, ce qui n'est pas pour apaiser la populace, moins admirative du courage que furieuse de « l'arrogance ». Louis XVI ordonne à sa femme de rentrer ; elle obtempère. Élisabeth, aussi pâle que sa belle-sœur, attrape ses neveux, les entraîne à l'autre bout de la pièce, le plus loin possible des fenêtres, et d'une balle perdue.

Dehors, les cris ont repris. Il faut y retourner. La Fayette offre son bras à la reine, revient avec elle sur le balcon. La foule hurle :

– Garce ! Putain ! Salope !

Toute l'ordure des pamphlets de cour remonte, comme un égout qui regorge mais, en transitant par les caniveaux parisiens, le jeu cruel et mondain aux subtiles visées politiques s'est transformé, les calomnies se sont muées en vérités aux yeux de ce peuple manipulable qui croit aux saletés déversées sur cette souveraine trop belle, trop coquette, trop séduisante ; elle a beau se trouver là, devant eux, attifée des vêtements que l'on est allé lui chercher pour lui éviter de son montrer en jupon et caraco, la plupart de ces gens ne voient pas la vraie Marie-Antoinette, innocente des infamies que la propagande lui a imputées, mais un monstre qui a prostitué la dignité et la légitimité de la couronne en couchant avec le premier, ou la première, venu et en faisant endosser ses bâtards au « gros Louis ».

Peut-on désabuser cette foule ? Peut-être, avec du temps, et des moyens… Ils font défaut. La Fayette le sait, mais le bref discours qu'il prononce du balcon, loin de blanchir Marie-Antoinette, l'accable :

— La reine reconnaît qu'elle a été trompée mais déclare qu'elle ne le sera plus et qu'elle aimera son peuple et lui sera attachée, tel Jésus-Christ à Son Église !

C'est l'enfoncer dans son rôle de coupable. Stoïque, la souveraine esquisse un geste qui, de loin, évoque un serment : oui, elle promet, et admet du même coup ses fautes supposées.

Élisabeth n'entend pas tout mais ce qu'elle saisit suffit à lui faire mesurer l'humiliation de sa belle-sœur, l'abaissement de la monarchie. C'est la raison pour laquelle elle n'en soufflera mot dans ses lettres, choisissant de sauter à la conclusion du drame : l'acceptation de son frère de se rendre à Paris.

Ce faisant, Louis XVI donne l'image désolante de la faiblesse et du manque de caractère[15]. Lui, pourtant, en cet instant, n'est pas loin de se féliciter d'avoir finement manœuvré : le sang a peu coulé, alors que l'on pouvait s'attendre à un carnage[16], sa famille est sauve et, en cédant à la pression de la rue, de la municipalité parisienne et de l'Assemblée, il a l'illusion de gagner du temps, celui qui lui permettrait d'opérer quelque spectaculaire retournement. Ainsi il croit tout concilier : sa conception du roi père de ses peuples qui ne saurait sous aucun prétexte tirer sur ses sujets, et son devoir de père de famille chargé de protéger les siens. Fatale erreur…

Pour l'heure, il est « bien content » : le spectre de la guerre civile, sa hantise, s'éloigne. La famille royale partira tout de suite ; l'Assemblée, indissociable du souverain, suivra. L'affaire est réglée.

L'adieu à Versailles

Il est 11 heures quand le roi, après s'être montré à son tour au balcon en compagnie de sa femme et des enfants, et reçu maintes acclamations, aussi sincères que les hurlements de haine précédents, donne l'ordre d'atteler l'un des grands carrosses des remises royales, où peuvent voyager dix personnes et plus. À midi, le véhicule est avancé : le roi, la reine, leurs enfants escortés de leur gouvernante, Mme de Tourzel, et de sa fille Pauline, Élisabeth, le comte et la comtesse de Provence s'y casent. Mesure de précaution, la reine, le dauphin et Madame Royale sont placés au milieu, loin des vitres ; ces places dangereuses échoient au comte de Provence, dont la popularité, relative, demeure intacte, et à sa sœur. Élisabeth s'est toujours montrée si discrète, elle s'est si rarement rendue à Paris, qu'elle n'aime pas, que beaucoup de gens la confondent avec Marie-Antoinette, ce qui, en ces circonstances, n'est pas rassurant. Elle mesure le péril mais accepte ce rôle de doublure, dans l'intention délibérée de protéger sa belle-sœur. Héroïsme discret mais réel qu'elle se gardera de vanter.

Il faut amener d'autres voitures, y entasser les gens qui doivent accompagner la famille royale vers sa nouvelle résidence, charger un minimum de bagages et d'affaires personnelles. Cela prend un temps fou ; il est une heure et demi quand la caravane s'ébranle vers Paris. Il pleut par intermittences et le ciel est d'une tristesse affreuse.

À travers la vitre, Élisabeth voit l'avenue de Paris, encombrée d'une foule immense où les Versaillais sont en majorité. Elle reconnaît quelques visages, ce qui la jette dans une colère noire. L'ingratitude, la bassesse, l'injustice et la couardise sont des défauts qu'elle ne supporte pas et Versailles, aujourd'hui, les additionne. Quand, dans sa lettre à un ami, l'abbé de Lubersac, elle débondera ses sentiments, il lui échappera ce cri du cœur : « Ah, si j'étais roi, qu'il m'en faudrait pour croire à leur repentir ! »

Si j'étais roi... Voici peu, il lui arrivait de se plaindre d'être princesse, des devoirs et des entraves que sa naissance imposait à son cœur, ses sentiments, sa spontanéité. Maintenant, le sang de cinquante générations de souverains guerriers, des Carolingiens aux Capétiens, des Valois aux Bourbons, celui de toutes les maisons régnantes d'Europe qu'elle charrie dans ses veines, bouillonne d'indignation, lui faisant regretter, pour la première fois de sa vie, de n'être pas un homme et de ne pouvoir monter à cheval, l'épée au poing, pour ramener la canaille au respect.

La colère la submerge, étouffant tout sentiment de résignation chrétienne, voire cet abandon à la Providence dont elle s'est fait une ligne de conduite. Voilà le péché qu'elle accusera la semaine suivante auprès de l'abbé de Lubersac, avouant que cette grande fureur ne s'est pas apaisée et l'empêche même de prier, alors qu'elle en sait la nécessité.

Le roi, placide, peu enclin aux émotions fortes et à l'emportement, ne devine pas la colère de sa sœur. Alors que le cortège atteint Montreuil, Élisabeth, oublieuse du danger, abaisse la vitre, se penche afin d'apercevoir sa maison. Weber, hier, n'a pu revenir la rassurer et elle craint que le domaine ait été incendié. Non, il est intact, et ceux qu'il abrite indemnes. Louis XVI demande :

– Vous dites au revoir à Montreuil, ma sœur ?

La réponse fuse :

– Non, Sire, je lui dis adieu !

Il serait temps que Louis prenne conscience de la gravité de la situation, qu'il saisisse qu'il a perdu sa liberté d'action et même celle d'aller et de venir, droit reconnu à tous les « citoyens » pour employer le vocabulaire à la mode.

Chacun replonge dans ses pensées, un silence pesant s'instaure dans la voiture, que nul n'ose troubler, pas même le dauphin. Très agité ce matin, le petit garçon ne pense plus à se plaindre et, blotti dans les jupes de Mme de Tourzel, semble plongé dans un état de sidération. Le spectacle à l'extérieur y est bien un peu pour quelque chose.

Au départ de Versailles, le cortège donnait une impression bon enfant. On avait couvert les canons parisiens, et les gros chariots de livraison sur lesquels le roi avait fait charger à l'intention de la capitale les réserves de farine disponibles, de feuillages automnaux et de fleurs tardives. Des tourteaux de pain avaient été piqués sur les baïonnettes pour prouver que le temps de la pénurie était révolu et les femmes scandaient qu'elles ramenaient « le boulanger, la boulangère et le petit mitron ». Gardes françaises et gardes nationaux avaient pris les gardes du corps rescapés sous leur protection. En passant devant les nombreux estaminets au long de la route de Paris à Versailles, on se faisait servir, gratis, des pichets de vins de Suresnes ou de Montmartre. Mais, à l'entrée de Sèvres, l'ambiance changea.

Dans un souci de bienséance, les meneurs avaient fait partir devant les émeutiers professionnels. C'était ces hommes-là qui, à l'aube, avaient semé la terreur dans les couloirs du château, massacré des Huttes et Varicourt. Un étrange personnage, affublé d'oripeaux orientaux, s'était présenté aux assassins comme « bourreau ayant étudié l'art des supplices au Maroc[17] » et proposé pour couper la tête, et autre chose, aux deux cadavres, ou supposés tels. Les tueurs s'étaient empressés de déférer à cette suggestion.

Depuis, ils promenaient ces têtes tranchées, hirsutes, livides, maculées de sang. Comme cela ne faisait par trop bon effet, on avait suggéré aux porteurs de ces trophées de partir devant. Or, à Sèvres, après avoir sifflé bon nombre de pichets, ces drôles, éméchés et excités, avaient repéré l'enseigne d'un perruquier et s'étaient avisés de demander au figaro de rendre leurs morts présentables, dans la louable intention de pouvoir rejoindre le gros du cortège avant l'entrée triomphale à Paris. Épouvanté, le coiffeur avait lavé les têtes coupées, recoiffé les catogans, mis du rouge aux joues des cadavres. L'effet était tout de suite plus attrayant. Puis ces effroyables vexillaires étaient allés se planter au plus près de l'endroit où passerait la voiture royale afin de pouvoir brandir devant les vitres ces restes macabres.

Cela expliquait le lourd silence qui pesait dans le carrosse, la présence à la portière, du côté de la reine, de La Fayette, peu assuré de tenir ses troupes, et le silence sidéré du dauphin.

Vers six heures du soir, l'on atteignit la Porte de la Conférence où le maire de Paris, Bailly, y alla, comme si de rien n'était, d'un discours de bienvenue. Louis XVI répondit qu'il « venait avec plaisir et confiance dans sa bonne ville de Paris ». Décalage hallucinant entre cette comédie et la réalité, qui cherchait à conférer à cet enlèvement les apparences d'une entrée ordinaire. De la même logique releva la réception à l'Hôtel de Ville qui suivit. Louis XVI protesta en vain que sa femme et ses enfants étaient épuisés et souhaitaient gagner leur nouvelle résidence. On lui répondit avec un sourire bonace que « la reine reviendrait certainement de l'Hôtel de Ville, mais qu'elle ne pourrait jamais atteindre seule les Tuileries ».

Trois interminables heures, il fallut échanger d'hypocrites courtoisies avec la municipalité insurrectionnelle. Enfin, Bailly et les autres autorisèrent la famille royale, titubante d'épuisement, à partir.

Un palais fantomatique

Dans la matinée, quand le départ s'était décidé et qu'il avait été entendu que la famille royale logerait aux Tuileries, il avait fallu prendre en urgence les mesures nécessaires à cet emménagement. Et commencer par vider les lieux de leurs occupants. Le palais, abandonné depuis la majorité de Louis XV, avait été occupé, avec ou sans droits, par une foule de gens. Des familles entières s'y étaient taillées des appartements sans baux ni loyers, et le retour forcé des propriétaires entraîna d'abord leur expulsion *manu militari*. Leur départ, lamentable car la plupart d'entre eux ne savaient où ils coucheraient la nuit suivante, détail qui ne troubla pas les instances révolutionnaires, avait permis de mesurer à quel point le château était inhabitable. Les pièces ruisselaient d'humidité et de moisissure. Les tapisseries de haute lisse, laissées en place depuis la jeunesse de Louis XIV, avaient perdu leurs couleurs et pendaient, pourries ou mangées aux mites, le long des murs et, si on les soulevait, on découvrait des plâtres et boiseries rongés de champignons. Les miroirs de Venise étaient piqués et renvoyaient des reflets verdâtres et des visages de noyés à faire crier d'angoisse. Les parquets ne valaient pas mieux : en certains endroits, on risquait de passer à travers ; là où ils tenaient encore ils portaient les traces sordides du temps, et des feux qu'on avait allumés sur leurs marqueteries devenues invisibles. Les fenêtres, quand elles possédaient encore des vitres, avaient conservé leurs vitraux à plomb datant de la reine Catherine, et il régnait dans les pièces une pénombre aux étranges reflets rouges, verts ou jaunes. Ce qui restait du mobilier remontait au Grand Siècle : lourdes consoles, commodes ventrues, bureaux et tables impressionnants, dorés, chantournés, incrustés d'ivoire et de bois précieux, œuvres des meilleurs ébénistes de l'époque mais passés de mode au point de choquer le goût des arrivants ; tout cela laissé à l'abandon, moisi, les placages se décollant, les pieds menaçant de rompre. Inenvisageable de s'asseoir sur le moindre fauteuil, la moindre chaise, le moindre canapé, plus encore de s'allonger sur les lits. Tout était fané, ruiné, vieux, sale, et dégageait une odeur tenace qui imprégnait le moindre recoin et s'infiltrait dans les vêtements et les cheveux.

Les portes, comme on le constata quand on voulut les fermer, n'avaient plus de serrures, de clefs ni de verrous, n'importe qui pouvait pénétrer dans les chambres comme bon lui semblait[18]. Quant aux cheminées, on n'y avait pas fait de feu depuis si longtemps qu'on risquait l'incendie en tentant d'en allumer. Il allait pourtant falloir dormir là, et y vivre.

La réception à l'Hôtel de Ville avait laissé aux voitures de déménagement le temps d'arriver et, dans les pièces les moins poussiéreuses et les moins humides, les valets avaient improvisé un couchage : il y avait de vrais lits, des matelas, des paravents pour garantir un peu d'intimité. On verrait à s'en contenter. D'ici quelques jours, tout serait propre et refait à neuf. Le mobilier des appartements privés, laissé à Versailles, en serait rapporté, et recréerait, à défaut de mieux, le décor familier.

En attendant, on ne pouvait imaginer pire séjour et arrivée plus désespérante. Le dauphin, avec la franchise de son âge, résuma l'impression générale en disant :

– Oh Maman, que c'est laid, ici !

Marie-Antoinette le reprit :

– Mon fils, le grand Louis XIV s'en contentait !

Oui, mais en d'autres temps et en meilleur état.

Accablée par la fatigue, le contrecoup de cette journée, l'impression trop fondée de pénétrer dans une prison, même pas dorée, la reine s'effondrait. Elle avait crâné des heures, avec un courage touchant à l'héroïsme mais ses nerfs la lâchaient. De grosses larmes roulaient sur ses joues. S'en apercevant, Élisabeth demanda :

– Vous sentez-vous mal, ma sœur ?

– J'ai froid, c'est comme si j'entrais dans un tombeau...

Tout le monde avait besoin de repos. On se partagea les appartements, ou ce qui en tenait lieu. Le couple royal et ses enfants occuperaient le pavillon central, Élisabeth le pavillon de Flore, le pavillon de Marsan reviendrait à Mesdames Tantes. Les Provence s'installeraient au Luxembourg, séjour autrement plus agréable. Cette dispersion des membres de la famille royale compliquait, c'était le but recherché, une éventuelle tentative d'évasion.

Quant à la cinquantaine de dames d'honneur, gouvernantes, femmes de chambre et domestiques, elles trouvèrent refuge sur des bottes de paille étendues au sol en guise de matelas. À la différence de Versailles, les Tuileries ne disposaient pas, malgré leurs sept étages, d'assez de chambres pour ces gens et la plupart d'entre eux, leur service terminé, seraient obligés d'aller dormir, eux aussi, au Luxembourg.

Pour l'heure, épuisé, chacun ne pensait qu'à s'allonger et tenter de trouver le sommeil. Élisabeth s'écroula sur un lit monté pour elle au rez-de-chaussée du pavillon de Flore, côté cour, si fatiguée qu'elle ne s'avisa pas de l'absence de volets, stores et rideaux aux fenêtres, se coucha et s'endormit aussitôt.

Le réveil, en sursaut, lui fit mesurer combien cette absence d'obstacle entre sa chambre et le monde extérieur pouvait se révéler pénible, voire insupportable.

Tout Paris dans sa chambre

En ouvrant les yeux, Élisabeth, ébahie, découvrit le bon peuple quasi dans sa chambre. Le rez-de-chaussée du pavillon de Flore donnait sur la cour et, dès l'aube, il y avait foule pour venir s'assurer que la famille royale se trouvait à Paris.

Au lendemain de l'invasion de Versailles, cette affluence populaire si près des appartements royaux n'était pas rassurante. Élisabeth, d'un calme étonnant, alla à la fenêtre, constata qu'il y avait beaucoup de monde mais que ces gens ne paraissaient pas animés de mauvaises intentions, qu'ils étaient venus là par curiosité, peut-être par sympathie. Elle en fut réconfortée et, s'enhardissant, sortit sur la terrasse. Des femmes la reconnurent. Des dames de la halle, qui n'avaient pas leur langue dans leur poche, dirent à haute voix que la princesse était bien belle, et pas fière. Compliments naïfs mais compliments quand même. En quelques minutes, un semblant de dialogue s'instaura et elle osa poser la question qui la taraudait depuis la veille :

– Est-ce que vous aimez encore bien votre roi ?

Au vrai, pour la plupart de ces gens, la question ne se pose pas parce qu'elle n'a pas de raison d'être. Évidemment, ils aiment leur roi, n'imaginent pas de remettre en question la forme de l'État, d'instaurer une république. Pour eux, le pouvoir est incarné, charnel, familial et si les choses vont de travers, c'est que le roi n'est pas au courant, qu'on l'a mal informé, ou mal conseillé. D'ailleurs, la marche d'hier sur Versailles, pour manipulée qu'elle ait été, obéissait encore à cette antique certitude que le souverain trouverait des solutions à la pénurie, que sa présence dans la capitale faciliterait l'approvisionnement, mais qu'elle agirait aussi à la façon d'un talisman. En France, la royauté est sacrée, elle relève du divin, donc du miraculeux.

Le roi est là. Tout va s'arranger, parce que c'est dans l'ordre naturel, et surnaturel, des choses. Elle aussi pénétrée de ces vérités, Élisabeth le sait, et en joue. Des cris spontanés de « Vive le roi » montant de la foule, elle demande si ces gens « seraient contents de voir leur roi et leur reine ». Elle a compris qu'à défaut de pouvoir atteindre directement Louis XVI, les calomnies contre sa femme ont créé ce fossé de défiance, de colère et de haine entre la monarchie et une partie des Français, que l'urgence est de le combler en renouant les liens rompus, dissipant l'image malveillante de Marie-Antoinette. Ces gens doivent voir leur roi, le vrai, et leur reine, la vraie ; pas les caricatures qu'on leur a agitées sous le nez ces dernières années.

Le calcul est exact, la manœuvre juste, la tentative audacieuse. Les meneurs révolutionnaires ne s'y tromperont pas, qui ne tarderont pas, après l'avoir d'abord ignorée et méprisée, la tenant pour quantité négligeable, à exécrer Élisabeth.

En attendant, la métamorphose est saisissante qui, du jour au lendemain, a transformé cette jeune fille timide, solitaire, en oratrice improvisée capable de dialoguer avec une foule qu'elle sait capable du pire.

Oui, les Parisiens veulent bien voir leur roi et leur reine. Avec ce qui ressemble à une révérence qui fera dire à un nommé Gonchon, ouvrier du faubourg Saint-Antoine, séduit, que Madame Élisabeth « salue respectueusement », détail d'importance mais relevant pour elle de la politesse élémentaire, elle s'éclipse, court chez son frère, lui explique ce qui se passe, lui demande de se montrer au balcon.

Le couple royal et les enfants ont été, eux aussi, réveillés par le tumulte qui monte côté jardins, ceux des Tuileries étant ouverts au public. Affolé, le dauphin s'accroche à sa mère et demande :

– Maman, est-ce qu'aujourd'hui va être comme hier ?

Mme de Tourzel, la reine, Élisabeth essaient de le rassurer. Enfin, Louis Charles calme ses pleurs, se laisse emmener vers les baies vitrées et ce peuple bruyant qui l'épouvante.

La veille, La Fayette a conseillé à la famille royale d'arborer la cocarde tricolore pour faire oublier l'affaire du souper donné aux gardes du corps au cours duquel l'emblème national aurait été piétiné ; Marie-Antoinette et Élisabeth s'y sont pliées sans joie, Louis XVI avec une bonne volonté qui les a agacées, telle une nouvelle preuve de faiblesse. Ce matin, l'insigne est toujours accroché au chapeau du roi et aux bonnets dont Marie-Antoinette et sa belle-sœur sont coiffées, et la seule présence de ce petit morceau d'étoffe leur fait mesurer la condition d'otages, si ce n'est de prisonniers où ils sont réduits. Tantôt, Louis, l'air bonhomme, a dit :

– Que chacun s'installe comme bon lui semble ! Quant à moi, je suis content.

Sa femme et sa sœur, elles, ne le sont pas. Si elle parvient, au prix d'un énorme effort, à afficher un air serein, et même souriant, face aux badauds qui l'acclament[19], la reine est incapable de poursuivre la comédie en privé. Germaine Necker, la fille du ministre, jeune épouse du baron de Staël, ambassadeur de Suède à Paris, venue saluer les souverains, se souviendra avoir trouvé Marie-Antoinette en proie à une crise de larmes qui la suffoquait. L'ambassadrice note en revanche le calme d'Élisabeth, qui ne manifeste aucune inquiétude pour son propre sort mais ne cache pas son angoisse pour les siens. Elle attribuera ce stoïcisme, forme d'héroïsme féminin, à « la résignation religieuse » de la princesse. Élisabeth l'étonnerait si elle lui disait, comme à l'abbé de Lubersac, qu'elle n'en éprouve justement aucune, qu'elle bout de colère, que la volonté de Dieu lui paraît incompréhensible et qu'elle est très loin de s'y soumettre.

Il faut continuer à se donner en spectacle à ce peuple, abusé plutôt que mauvais, dans l'espoir de recréer des liens et de contrer la Révolution, par la douceur puisque Louis ne voulait pas recourir à la force lorsqu'il le pouvait, et qu'il n'en a plus désormais les moyens. Cette tentative de restaurer l'affection ancestrale entre le peuple et ses princes est-elle viable ? Élisabeth se pose la question en constatant que son amabilité a pour seul résultat d'encourager les commères à des libertés déplacées. Ce n'est pas que les Bourbons tiennent leurs distances avec leurs sujets ; ils les ont toujours côtoyés avec une authentique familiarité, au prix, parfois, de leur sécurité, partant du principe qu'il ne doit pas y avoir de barrières entre les Français et leurs princes. Cependant, cette familiarité n'autorise pas des inconnus à entrer chez vous, s'asseoir sur vos fauteuils, manipuler vos objets. Élisabeth, qui a la malchance d'être logée au rez-de-chaussée, ne jouit plus d'aucune intimité. Passe encore, quand elle mange seule, de faire dresser la table de manière à être vue, mais pas de courir le risque de quelqu'un surgisse dans l'appartement tandis qu'elle prend son bain...

Premières avanies

Même si elle réussit à paraître impassible, la princesse est plus ébranlée nerveusement qu'elle le montre et, au bout de quelques jours de ce régime, supplie son frère de lui attribuer un autre logement. Le roi y consent d'autant plus volontiers que, passée sa satisfaction du début, il mesure mieux leur inquiétante condition. On ne saurait même parler de résidence surveillée ou de semi-liberté puisque, depuis que la famille royale est aux Tuileries, on ne l'a pas laissée mettre le nez dehors. Et c'est bien le pire pour des gens accoutumés au grand air et aux inlassables chevauchées à travers bois.

Louis XVI a cru que les gardes du corps continueraient d'assurer la protection rapprochée de la famille royale ; dès l'installation aux Tuileries, il a déchanté. Sous prétexte que leur impopularité est immense, ces soldats fidèles ont été remplacés par des hommes de la Garde nationale ; la loyauté de ceux-là va à d'autres et le roi s'en inquiète assez pour désirer se rapprocher de sa femme et ses enfants. C'est la raison qui l'incite à céder aux demandes d'Élisabeth et lui attribuer les appartements d'abord destinés au dauphin, au premier étage du pavillon de Flore. Le roi dormira mieux sachant son fils dans la chambre voisine de la sienne, au-dessus de Madame Royale, à l'entresol, et de la reine au rez-de-chaussée, côté terrasse.

Ces arrangements se firent en peu de jours. Deux ou trois semaines après les journées d'Octobre, l'essentiel du mobilier versaillais avait été déménagé aux Tuileries, les peintures et tapisseries refaites, une partie du palais rendue habitable, à défaut d'être agréable. Le principal inconvénient était pour se rendre à la chapelle car il n'existait aucune galerie couverte entre elle et le palais, de sorte que par temps de pluie, et il plut beaucoup cet automne-là, aller à la messe exigeait un déploiement de parapluies incommode. Élisabeth soupçonnait que cela procédait de cette volonté de déchristianisation qu'elle devinait de longue date à l'œuvre dans les événements[20].

Une vie de cour reprit, avec jeu trois fois la semaine et réception quotidienne des visiteurs, mais c'était une vie diminuée, un faux-semblant où il convenait de gracieuser des gens que l'on n'aimait point et dont on se méfiait, tandis qu'il était impossible de recevoir les vrais amis et les fidèles. Fin octobre, il fallut se cacher pour remercier Miomandre, à qui la reine devait d'avoir survécu à la matinée du 6, mal remis de ses blessures, contraint à la clandestinité. Le roi lui remit 200 louis, qui lui permettraient avec un peu de chance de regagner la Provence et d'échapper à la fureur révolutionnaire.

L'entrevue eut lieu dans les appartements d'Élisabeth, moins surveillés ; il y en aurait d'autres semblables au cours des mois à venir, la princesse devenant l'intermédiaire obligée à qui courriers et messagers avaient plus de chances de parvenir sans encombre. Ceux qui passaient, ceux qui étaient encore admis à rencontrer la famille royale, s'indignaient de la voir, non pas mal traitée, mais savamment humiliée de mille façons.

À Versailles, l'une des fonctions des gardes du corps était de tenir la traîne de la reine et des princesses. Aucun d'entre eux ne s'en était jamais offusqué. Sitôt les eurent-ils remplacés, les gardes nationaux affirmèrent qu'il était indigne d'un citoyen, d'un homme libre, de s'abaisser à cette tâche de domestique[21]. On ne savait trop ce qui l'emportait dans leur revendication, de la misogynie ou de la haine de la royauté.

Par pure malice, le garde national que l'on attacha à Élisabeth, Croisard, se trouvait être fils d'une ancienne servante, jadis chargée de l'entretien de la garde robe de Madame Clotilde, et il prit d'emblée plaisir à offenser, pour venger sa mère qui vidait les pots de chambre[22]. De tout cela, Élisabeth ne parlerait jamais. Elle prétendait que tout allait bien, que la vie reprenait son cours. Elle l'écrivit, le 20 octobre, à Mme de Bombelles. Elle n'en pensait mot mais comment dire la vérité, et sa révolte, quand elle soupçonnait son courrier d'être lu, quand, surtout, elle redoutait que ses amies, qu'elle était si heureuse de savoir à l'abri, revinssent partager ses dangers ? Mieux valait feindre :

> Je n'ai pas le temps aujourd'hui de vous parler de mon genre de vie, il est tout différent de ce qu'il était mais il ne me coûte pas. Je me promène tant que je puis dans le jardin, par exemple, ce matin, j'ai fait courir Blanche et des Essarts tant que j'ai pu. Je me porte bien, je me dissipe tant qu'il est possible et au total, je suis très bien. Tout est assez calme ; de

temps en temps, l'on a de la peine à avoir du pain mais cela passe et j'espère qu'à la longue, Paris sera approvisionné. [...]
Ta mère va voir demain le pauvre Saint-Cyr, tu penses que je ne la vois pas partir sans envie. Montreuil se porte bien. [...] Jacques m'apporte ma crème tous les jours ; enfin je suis fort contente d'eux tous, ils ont été comme je pouvais désirer que leur attachement pour moi les fît être. Je voudrais pouvoir en dire autant de tous ceux de Versailles. Cependant, le plus grand nombre pense bien. [...] Je reçois souvent des nouvelles de Turin ; c'est consolation pour moi. Tu sais si mon cœur est susceptible de sentir le prix de l'amitié[23].

Ces lettres du comte d'Artois et de la princesse de Piémont représentaient l'unique bouffée d'air frais, l'unique écho de l'extérieur qui ne fût point passé au filtre de la censure de ceux qu'il fallait appeler des geôliers. La seule lueur d'espoir, aussi, dans cette atmosphère de catastrophe. Humainement parlant, Charles Philippe représentait l'unique recours à leur situation.

Celle-ci se faisait chaque jour plus pesante. Faute de pouvoir sortir, sinon escortée d'importuns qui la tenait sous constante surveillance, de sorte que le goût de la promenade lui était passé, la famille royale restait confinée aux Tuileries. Si Élisabeth n'avait éprouvé un tel besoin d'exercice physique, elle eût fait comme son frère et sa belle-sœur et n'eût plus mis le nez dehors. Arpenter les allées des Tuileries au pas de charge, suivies par ses dames d'honneur, terrorisées, suantes et soufflantes, constituait un piètre dérivatif à une colère qu'elle ne pouvait débonder.

Lui restait le dessin et la peinture[24], qui lui restituaient le fantôme des paysages aimés, la nostalgie des libres chevauchées au long des allées forestières. Ou d'interminables journées passées en compagnie de la reine à un ouvrage de tapisserie entamé avant les événements, qui occupait les doigts, voire l'esprit en raison de sa complexité. C'était, « sur un fond tête de nègre », un semis de branches de roses, de marguerites et de volubilis, « nuancés dans leurs teintes naturelles et assez vives » entouré d'une bordure « composée de cartouches d'un dessin assez lourd continuant les guirlandes de roses et reliés par un motif à palmettes ». Tirer l'aiguille laissait loisir de méditer et de prier. Élisabeth l'avait toujours su, sa belle-sœur l'apprenait[25].

Ces heures passées ensemble ne les rapprochaient pas. Un silence lourd s'établissait entre elles, un peu parce qu'elles n'étaient jamais seules et libres de leurs propos, un officier de la Garde nationale se trouvant toujours dans les parages immédiats et à portée d'oreille[26] ; beaucoup parce que les deux femmes ne se faisaient pas confiance.

Il arrivait à Marie-Antoinette de se fier aux avis de sa belle-sœur, par exemple à propos de la nécessité de rétablir le contact avec le peuple et retrouver son affection ; elle avait depuis le 7 octobre adopté cette ligne de conduite et s'en trouvait plutôt bien puisque une partie de l'opinion publique était en train de lui revenir. Témoin de ces efforts, et de leurs résultats, Élisabeth s'en félicitait, mais Marie-Antoinette, loin de lui savoir gré de lui avoir soufflé cette idée, s'inquiétait des initiatives politiques de sa belle-sœur. Le roi et elle persistaient à la tenir dans l'ignorance de leurs pensées, leurs plans, leurs désirs, leurs contacts, la laissant supposer qu'ils n'en avaient pas, mais n'acceptaient pas, en retour, qu'elle pût en avoir et possédât de son côté ses propres réseaux. Ceux-ci convergeaient pour l'essentiel vers Turin et Artois. Or, le couple royal, après avoir poussé Charles Philippe à partir, redoutait ses entreprises. Voir Élisabeth y prêter la main les contrariait au plus haut point.

Déjà, fin octobre, Élisabeth s'était, sans les en informer, permis une démarche qu'ils jugeaient de la dernière maladresse. Informatrice de son frère, auquel, quand elle était sûre du messager, elle envoyait de véritables rapports[27], non seulement sur l'état de la France, le cours des événements, mais aussi l'état d'esprit du roi et de la reine et ce qu'elle regardait comme leur inertie désespérante face à la Révolution, elle avait prévenu Artois de la prochaine arrivée à Vienne du baron d'Escars. Élisabeth pensait que ce gentilhomme au loyalisme éprouvé pourrait devenir ambassadeur officieux du parti de l'Émigration près de Joseph II. Elle avait joint, dans ce but, une lettre destinée à l'empereur, où elle exposait les malheurs de la famille royale, les périls encourus, la nécessité de lui venir en aide, d'apporter une assistance militaire et financière à ceux qui étaient sortis du royaume.

Élisabeth pensait-elle que Joseph attacherait du prix à un courrier venant d'elle ? En ce cas, elle s'illusionnait sur le caractère de ce misogyne égoïste. L'empereur ne prêta aucune attention à cette lettre dont ceux qui l'avaient lue diraient qu'elle eût « arraché des larmes au cœur le plus sec ». Il est vrai qu'il ne se montrait pas autrement ému des malheurs de sa sœur.

Si l'intervention d'Élisabeth auprès de Vienne se solda par un fiasco, Louis XVI en fut vite averti, pour l'excellente raison que le baron d'Escars, sur lequel la princesse et Artois fondaient tant d'espoirs, se trouvait être déjà le représentant officieux du roi auprès de son beau-frère, doublant l'ambassadeur trop surveillé pour qu'on pût le charger des missions et négociations secrètes.

Ce pas de clerc, dû à l'ignorance dans laquelle elle était tenue, non à la sottise ou à la maladresse, n'avait pas contribué à réchauffer l'atmosphère glaciale, au propre et au figuré, des Tuileries en ce début d'hiver. Fin 1789, Élisabeth se retrouva plus que jamais écartée des affaires et des tractations. C'était dommage, car elle voyait loin et clair. Et devinait que le pire était encore à venir. Elle ne se trompait pas.

Le 2 novembre 1789, fête des morts et anniversaire de la reine, les biens du clergé furent confisqués et mis à la disposition de la Nation. Ils étaient considérables mais ceux qui dénonçaient comme scandaleuse, voire contraire à l'esprit de l'Évangile, cette fortune oubliaient qu'elle servait à assurer « les œuvres de miséricorde corporelles ». Sur elle reposaient hôpitaux, hospices des enfants trouvés et des vieillards indigents, assistance aux veuves et aux orphelins, secours quotidiens aux plus démunis, rachat des chrétiens captifs en terres d'Islam, et l'éducation, du primaire au supérieur. Comment, si on la privait de ses biens, l'Église assurerait-elle cette mission ? Qui la remplacerait dans ce rôle, et comment ? Autant de questions que les législateurs, dans leur empressement à l'affaiblir, ne se posèrent pas. La perspective de faire main basse sur les terres et les bâtiments, mis à l'encan à vil prix, de préférence au profit exclusif de la bourgeoisie sympathisante des idées nouvelles aiderait à faire accepter la mesure par l'opinion.

S'appuyant sur les discours des philosophes qui tendaient à faire croire monastères et couvents emplis de vocations forcées et de malheureux désireux de rentrer dans le monde, aussi bien que sur la désaffection qui frappait les ordres masculins, l'Assemblée parla ensuite d'interdire les vœux de religion, puis de fermer les maisons d'hommes. Les députés hésitaient s'agissant des couvents de femmes, dont les choix semblaient plus assurés, la ferveur plus solide et qui rendaient trop de services en tant qu'institutrices, professeurs, infirmières pour que nombre de municipalités n'hésitent pas à se passer d'elles. Et puis, les bonnes mœurs incitaient à attendre, le temps de savoir où iraient ces filles depuis leur prime jeunesse coupées du monde. Élisabeth se scandalisait, s'inquiétait des maisons qu'elle connaissait, où elle comptait des amies, tel Saint-Cyr[28].

L'attitude de Louis XVI, surtout, l'atterrait. Entre novembre 1789 et mars 1790, il laissa passer sans s'y opposer la loi confiscant les biens du clergé, l'interdiction des vœux de religion, la fermeture des monastères d'hommes et la législation qui accordait aux juifs de France la citoyenneté. En fait, ce texte, le roi y pensait de longue date, et il se serait inscrit dans la liste des réformes qu'il désirait, au même titre que le rétablissement des protestants dans leurs droits, mené à terme à sa demande par Malesherbes[29] deux ans plus tôt, si les événements lui en avaient laissé la possibilité. Élisabeth ignorait les intentions anciennes de son frère en ce domaine, mais, les eût-elle connus, elle ne les eût pas mieux acceptées. Pour elle, il s'agissait d'une violation impardonnable du serment du sacre, aggravée par le contexte général, et le refus, trois fois réitéré par les députés, de reconnaître le catholicisme religion d'État. C'était, pour elle, toute question de personnes et de charité mises à part, un sacrilège qui appellerait sur la France les pires châtiments, comme elle l'écrivit le 29 janvier à Mme de Bombelles. « Je ne puis te rendre combien je suis en colère de ce décret. Il faudrait bien mieux se soumettre et attendre avec résignation la punition que le Ciel nous réserve, car il ne permettra pas que cette faute reste sans vengeance. Notre position actuelle prouve bien que Dieu a des jours de vengeance et que s'Il souffre longtemps le mal, Il ne le punit pourtant pas avec moins de force quand l'ingratitude des hommes l'a fait monter à son comble. »

Si l'attitude de Louis sur la question juive l'honorait, quoique ce choix attentât en effet aux promesses de Reims, il n'en allait pas de même de son inertie à s'opposer aux décisions persécutrices à l'encontre du catholicisme. Élisabeth ne reconnaissait plus son frère, se demandait si elle l'avait jamais connu. Un mépris qu'elle n'osait pas s'avouer lui serrait la gorge, la poussant à le juger justement puni de ses faiblesses, ses dérobades, ses lâchetés. Si Louis XVI laissait dépouiller le Christ dont il était le lieutenant de Sa royauté sur la France, lui-même en perdait chaque jour une part.

L'Assemblée l'avait, le 10 octobre 1789, privé de son titre de roi de France et de Navarre pour l'affubler de celui de « roi des Français », ce qui n'était pas la même chose car cela revenait à lui retirer son autorité sur le territoire national. Ses possessions foncières personnelles furent agglomérées au domaine public, de sorte que le roi, comme le clergé, se vit dépouillé de ce droit de propriété reconnu si hautement à chaque citoyen.

Spolié[30], Louis XVI fut, en mars 1790, réduit au rôle de « fonctionnaire public » salarié par la Nation grâce à la liste civile, à peu près équivalente à celle dont il jouissait auparavant, soit vingt-cinq millions de livres. Cependant, il devrait sur cette somme pourvoir au train de vie de sa femme, sa fille, sa sœur et ses tantes car la nouvelle législation les rendait dépendantes, financièrement, comme n'importe quelle Française, du bon vouloir de leur mari, père, frère, fils ou neveu. Coup spécialement rude pour Élisabeth, non qu'elle eût de gros besoins personnels, mais parce qu'en la privant de son indépendance financière, on la mettait dans l'impossibilité de continuer ses charités.

À en croire la Constitution, Louis XVI conservait l'entier exercice du pouvoir exécutif, mais amputé du droit de décider de la paix ou de la guerre, et de gérer les finances publiques.

La bonne volonté témoignée par Louis XVI à ses adversaires, qu'Élisabeth appelait, quand elle était sûre de l'acheminement de ses lettres, les « monstres », ne l'avançait à rien, sinon à se discréditer sur la scène nationale et internationale : « Depuis que le roi a fait cette démarche qui le met, dit-on, à la tête de la révolution et qui, à mon gré, lui ôte le peu de couronne qu'il avait sur la tête, l'assemblée n'a pas encore imaginé de faire quelque chose pour lui. Elle suit avec ardeur la destruction du clergé. On doit aujourd'hui décider qu'il n'y aura plus d'aîné dans les familles. Enfin, les folies se suivent et le bien n'en résultera certes pas[31]. »

Existait-il encore une chance de mettre un terme au désastre ? Une petite phrase, glissée comme en passant dans une lettre écrite à Mme de Bombelles avant Noël, le laissa supposer : « Dieu, pendant ce moment de relâche, nous enverra peut-être des moyens de guérison radicale[32]. »

L'infortuné Favras

Il s'agissait d'un projet d'évasion qui permettrait à la famille royale de quitter les Tuileries et gagner la province. Hélas, quarante-huit heures après, il ne resterait rien de cet espoir. La nuit de la Nativité, en effet, les autorités firent procéder à l'arrestation de Thomas de Mahy, sire de Favras, gentilhomme du Blésois.

Le 5 octobre 1789, Favras avait fait partie de ces officiers qui souhaitaient résister les armes à la main. Lui et quelques autres ne décoléraient pas de l'occasion perdue, échafaudaient mille plans plus ou moins raisonnables pour arracher Louis XVI à ses gardiens. Sans son consentement car, outrés de l'attitude du souverain, ils le pensaient hors d'état de prendre la moindre décision et jugeaient de leur devoir de les prendre à sa place. Constatant cette espèce d'empêchement du monarque, mais trop loyalistes pour se passer d'une approbation, fût-elle tacite, de leur projet d'enlèvement, les conjurés s'adressèrent au comte de Provence. Monsieur ne subissait pas une surveillance aussi sévère que celle des Tuileries et il restait facile de l'entretenir.

Sotte idée. D'abord parce que Monsieur, qui avait toujours méprisé son aîné, n'était pas fâché de le voir en mauvaise posture et s'imaginait assez bien obtenant sa déchéance puis prenant sa place ; ensuite parce que ce prince n'était pas porté sur l'action et même incapable de soutenir ceux susceptibles d'y recourir. Favras et ses amis ne le comprirent pas. Ils se livrèrent en toute franchise.

Monsieur les écouta, et rapporta la chose à Mirabeau. Puis se servit de Favras afin de négocier à sa place un prêt de deux millions de livres, lui remettant un billet signé de sa main pour procéder à cet emprunt. S'agissait-il, comme Monsieur l'affirmerait, d'obtenir des fonds pour pallier à ses propres nécessités financières ? Ou de fournir l'argent nécessaire au coup de main ?

La reine et Élisabeth étaient-elles au courant ? Le billet de la princesse à Mme de Bombelles, sa phrase énigmatique, le laissent supposer. Quant à Marie-Antoinette, elle aurait, peu avant la date prévue, fait au marquis de Favras « un signe convenu » alors qu'elle se promenait sur la terrasse des Feuillants. Ce signe signifiait son accord.

Favras avait alors déployé une activité remarquable mais montré, plaie de toutes les conspirations royalistes au cours des années suivantes, une naïveté et une imprudence désolantes, ne se méfiant de personne et parlant beaucoup trop. Deux hommes qu'il pensait avoir recrutés le dénoncèrent, racontèrent une sombre histoire d'attentats en préparation contre le marquis de La Fayette, Bailly, le maire de Paris, et Necker.

L'arrestation de cet assassin potentiel devenait urgente. On y pallia, au moment où Favras négociait le prêt réclamé par Monsieur, et conservait son billet dans sa poche. De quoi compromettre au maximum le frère du roi et le faire chanter.

La suite allait manquer d'élégance. Sitôt prévenu, le 25 décembre, de l'incarcération de Favras, Provence n'eut qu'une idée : se dédouaner. La municipalité parisienne ne siégeait pas le jour de Noël, mais, dès le lendemain, le prince s'y rua, affirma, la main sur le cœur qu'il ne connaissait pas cet homme et ne l'eût même pas reconnu en le croisant dans la rue. Restait à espérer que Favras jouerait le jeu et se tairait noblement, jusqu'à l'échafaud si nécessaire…

Ce à quoi le malheureux se résolut. On lui fit comprendre qu'en tentant de se sauver au prix de révélations compromettantes, il perdait le roi. Il fallait, pour laisser une chance à Sa Majesté et aux siens, qu'ils demeurassent en apparence étrangers à ce qui s'était tramé.

Témoin indirect de ces pourparlers indignes, de la conduite de Monsieur, qui suait la lâcheté par tous les pores de sa peau, certaine que Favras paierait son dévouement de sa vie[33], Élisabeth était en proie à un dégoût qu'elle ne pouvait ni partager ni extérioriser. Il fallait feindre, encore, toujours. Ne paraître en rien concernée, ni affectée. Surtout ne pas laisser voir combien l'échec du projet, sur lequel elle avait fondé tant d'espoirs, la désolait. Tout devait paraître normal aux espions qui les entouraient, à ceux qui ouvraient et lisaient leur correspondance. Et même, si possible, il fallait paraître satisfaits.

Cette parodie de normalité exigeait de s'en tenir aux menus événements, aux petites choses, aux bagatelles. Au prix d'un effort qui lui coûtait, la princesse se contint. Il n'était question dans ses lettres que du courage de Raigecourt, revenue fin novembre, qui étouffait bravement sa douleur de la mort de son fils pour ne pas ajouter à la tristesse ambiante[34] ; de la grossesse de Mme des Monstiers-Mérinville et de celle de Mme Bosson, la laitière[35] ; de Montreuil où les travaux se poursuivaient[36] ; des vaches, des veaux, des poules et des cochons. De tout enfin, sauf de ce qui importait et devait être tu. À peine si, en passant, Élisabeth se laissait aller à regretter l'heureux temps d'avant, la douce intimité de sa maison, ses chers chevaux, et l'occasion de les monter[37].

Mme de Bombelles se laissait prendre à cette sérénité affectée, en arrivait à croire que les choses n'allaient pas si mal, que les affaires reprenaient leurs cours et que le moment était revenu de faire avancer la carrière de Marc. Le marquis – ou bien était-ce la marquise ? – n'était pas plus satisfait de Venise qu'il ne l'avait été de Dresde et de Lisbonne ; il s'inquiétait d'un avancement qui piétinait, de ses quarante ans sonnés sans avoir décroché « une grande ambassade », de ce que l'honneur lui commanderait de faire s'il fallait trancher entre sa carrière et sa fidélité au roi. À Venise, Bombelles se trouvait en relations avec le comte d'Artois et le petit monde des émigrés, milieu où les têtes s'échauffaient, où l'on attendait de tout gentilhomme français qu'il fît des choix. En l'occurrence, cela signifiait résilier ses fonctions diplomatiques pour se mettre au service de Charles Philippe.

Que pensa Élisabeth en recevant, en réponse à ses lettres à Mme de Bombelles, une longue plainte égoïste qui s'achevait en réclamant, une fois de plus, l'ambassade de Constantinople ? Quelques semaines plus tard, pendant le Carême qui l'inciterait à réfréner son tempérament bouillant, elle s'ingénierait à trouver cent excuses à son amie, irait jusqu'à la prétendre plus malheureuse, donc plus courageuse qu'elle[38]... Mais, sur l'instant, son irritation fut vive et cet agacement crut encore avec le triste dénouement de l'affaire Favras.

Comme Élisabeth l'avait prévu, le marquis fut condamné à mort le 18 février 1790, et pendu le lendemain. Pendu car la nouvelle législation rendant les citoyens égaux devant la peine de mort, il n'était plus question de ces distinctions entre les ordres qui réservaient la corde ou la roue au tiers tandis que la noblesse conservait l'ultime, et relatif, privilège d'être décapitée. De toutes ses avanies, celle-là était la pire infligée à Favras, et son stoïcisme força l'admiration générale.

Chapitre X

DES COMPLOTS, DES REVERS, DES DÉPARTS...

Élisabeth s'était attendue à ce dénouement mais l'horreur de la chose, la piteuse attitude de son frère et de sa belle-sœur qui, le surlendemain de l'exécution, tournèrent le dos à la marquise de Favras et son fils, conduits aux Tuileries par des amis désireux de leur obtenir la consolation d'un geste de la part de souverains pour qui le défunt s'était sacrifié, la jetèrent dans une colère noire. Ce n'était pas la pension de quatre mille livres, une aumône, concédée à la veuve et à l'orphelin qui l'apaiserait. Pas davantage les jérémiades de la reine qui se posait en victime. À l'entendre, « ces gens estimables n'avaient aucune idée juste » de la position du couple royal et ils l'avaient « compromise en lui présentant la veuve et le fils de Favras » ; en d'autres circonstances, elle eût, « libre de ses actions, pris l'enfant de l'homme qui venait de se sacrifier pour eux, mais, environnée des bourreaux de son père », elle n'avait « pas même osé jeter les yeux sur lui ». Et de conclure, redoublant de sanglots et s'attendrissant sur son sort plutôt que sur celui des Favras :

– Les royalistes me blâmeront de n'avoir point paru me préoccuper de ce pauvre enfant ! Les révolutionnaires seront courroucés en pensant qu'on a cru me plaire en me le présentant[1] !

La première royaliste à l'en blâmer, c'était Élisabeth. L'impression ressentie de la mort de Favras ne s'estompait point ; elle le regardait comme un héros méconnu sacrifié à des ingrats. Cette émotion éclata dans sa lettre du 20 février à

Mme de Bombelles : « Je souhaite que son sang ne retombe pas sur ses juges, mais personne, (à l'exception du peuple et de cette classe d'êtres auxquels on ne peut pas donner le nom d'hommes tant ce serait avilir l'humanité) ne comprend pourquoi il a été condamné. Il a eu l'imprudence de vouloir servir son roi, voilà son crime. [...] Du reste, l'Assemblée est toujours la même : les monstres en sont les maîtres. Enfin, le croiras-tu, le roi n'aura pas encore toute la puissance exécutrice nécessaire pour qu'il ne soit pas absolument nul dans son royaume. [...] Espérons en un temps plus heureux. »

À l'évidence, ce courrier-là ne passerait pas par la poste. À l'évidence aussi, Élisabeth s'attendait à trouver son amie dans des sentiments au diapason des siens ; elle fut donc stupéfaite, puis très fâchée quand, leurs lettres s'étant croisées, elle reçut, le 21 février, une missive de Mme de Bombelles qui faisait écho aux lamentations de la reine et affirmait que Favras était mort pour s'être mêlé de ce qui ne le regardait pas... Élisabeth explosa, se reprit : « Mon Dieu, ma Bombe, que ta lettre m'a mise en colère ! J'avoue que j'avais bien tort, mais n'importe, il faut que je te dise pourquoi. [...] Tu verras dans les journaux tout ce qu'il a dit de touchant. Au fait, mon cœur, aux yeux de tout le monde, même aux yeux des gens de loi, il n'y a pas dans ses interrogations la moindre preuve qu'il avait voulu faire assassiner MM. La F. et B[2]. Mais il fallait effrayer ceux qui voudraient servir le roi ; mais il fallait du sang au peuple et le sang d'un homme à qui l'on pût donner le nom d'aristocrate. Voilà, mon cœur, voilà les véritables causes qui ont conduit ce malheureux à la mort et les journées du 5 et du 6[3] restent impunies ! »

Élisabeth avait saisi un mécanisme fondamental des journées révolutionnaires et des procès politiques : instaurer un climat de terreur si violent qu'il paralyserait vite toute velléité de résistance aux nouveaux maîtres et découragerait même les plus braves de tenter une action en faveur de Louis XVI. Favras, victime de son imprudence et son ignorance des principes élémentaires de la clandestinité, avait payé non pour avoir prémédité l'assassinat de La Fayette et Bailly, accusation dépourvue de fondement, mais pour avoir préparé l'évasion – on disait l'enlèvement – du roi. Autrement dit, pour avoir voulu rendre aux prisonniers une liberté dont ils étaient privés depuis octobre. Il y avait là un renversement des termes où Élisabeth décelait ce que les théologiens appellent « inversion des valeurs », cette faculté du démon à prétendre noir le blanc et blanc le noir, jusqu'à faire prendre le mal pour le bien, et vice versa. Cela ne l'étonnait guère : elle avait dès le début compris qu'il s'agissait d'une lutte entre l'Église et ses ennemis. Dans ces conditions, et devant l'échec des tentatives humaines, restait à espérer en une intervention divine. Elle oscillait, à l'instar de l'immense majorité de la population, entre espoir et inquiétude, pressentiment de malheurs pires que les précédents, et curiosité de savoir comment tout cela allait décidément finir. Tantôt, elle écrivait à Angélique : « Ah qui pourrait dormir pendant quelques années serait bien heureux ! Son sort, j'en suis sûre, serait envié de tout le monde[4] ! »

Tantôt elle affirmait : « Comme j'ai toujours été curieuse, je voudrais voir la fin de cette révolution. Cependant, si le temps des persécutions pour la religion allait revenir, ah ! Je demanderais au Ciel de me faire la grâce de me retirer de ce monde avant, car je ne me sens pas du tout le courage pour les supporter. Il est vrai qu'il y a un vieux proverbe qui dit qu'à brebis tondue, Dieu mesure le vent, et je ne doute pas que ce fût là le moment de le vérifier si le cas y échoit. Tu vas me croire un peu folle. De peur que tu ne découvres que ce n'est pas un jugement téméraire, je te quitte en t'embrassant de tout mon cœur[5]. »

Elle se réfugia dans la prière. Les tentations d'octobre, réactions de colère qui la poussaient à se détourner de l'oraison, de la méditation, de toute exigence de vie spirituelle, s'étaient dissipées. Le moment était mal choisi pour se priver du seul secours, la seule consolation à sa disposition. Beaucoup le sentaient, ce qui expliquait la floraison de chaînes de prières, de cénacles unis par des promesses et dévotions communes. Une distribution de tracts pour une consécration de la France le 27 janvier 1790 à l'entrée de Notre-Dame où la famille royale venait entendre la messe du renouvellement du vœu de Louis XIII, émut considérablement Élisabeth : « Il s'est trouvé là une femme de la bourgeoisie qui nous a remis une espèce de consécration de la France que le roi, la reine et tout ce qui était là a dit pendant la messe. Tous ces hasards me font espérer que Dieu s'en est mêlé et qu'Il nous regardera en pitié. Je te l'envoie, afin que tu la dises aussi. [...] Les circonstances commandent tellement, les gens qui veulent le mal ont tant de force, et ceux qui voudraient le bien sont si faibles que l'on ne peut se flatter que ce parti ne soit pas toujours subjugué par les autres[6]. »

Si j'étais roi...

Cet abandon à la Providence masquait son envie d'action. Ce qu'elle reprochait à son frère était de ne rien tenter, rien vouloir, jusqu'à décourager ses amis et ses partisans.

Son attitude vis-à-vis de la question religieuse, du dépouillement du clergé privé de ses biens, du refus de l'Assemblée de reconnaître le catholicisme religion d'État, bientôt de la Constitution civile du clergé, inspirée par un parti janséniste revanchard, l'indignait. Louis XVI n'était pas aveugle ; il voyait ce qui se passait, s'en inquiétait assez pour demander à l'archevêché de Paris une dérogation accordant à Madame Royale, âgée de douze ans, d'être admise à faire, le mercredi de Pâques 1790, sa communion avec un an d'avance, dans la crainte qu'il ne fût plus possible ensuite de pratiquer librement le culte catholique. Et pourtant, non seulement il ne se rebellait pas contre cet état de choses, mais il semblait s'en faire le complice.

Le roi parut ne rien voir quand, le 2 juin, jour de la Fête-Dieu, des gardes nationaux multiplièrent les outrages au Saint-

Sacrement, et, unissant leur haine de la foi et leur mépris des femmes, s'essuyèrent les pieds, qu'ils avaient fort crottés car il avait plu, sur la traîne de la reine. Marie-Antoinette en pleura ; Louis ne dit mot. Il en allait ainsi chaque jour et, le 27 avril, Élisabeth avouait à Mme de Bombelles son exaspération et son incompréhension de l'attitude de son frère : « On nomme beaucoup M. de La Fayette pour dictateur car le résultat de ce bel amour pour le roi sera de le déclarer imbécile et de lui donner un mentor. Ce qui m'afflige de tout cela, c'est que les honnêtes gens se découragent en voyant qu'ils ne seront jamais soutenus, et finiront par nous camper là. Encore si nous avions notre liberté ! Mais être toujours entourés de gens qui vous espionnent, qui vous tiennent dans votre cage, tout cela, si ce n'était pas la volonté de Dieu, il y aurait de quoi se bien impatienter ! Mais s'Il veut se venger de nous, nous aurons beau faire, Il en sera toujours le maître et ce qui me désole, c'est que la religion perd beaucoup. La vente des biens du clergé en sera la fin. J'espère encore que les provinces ne souffriront pas que l'on y touche, mais les enragés savent si bien venir à bout de ce qu'ils veulent que j'ai bien peur qu'ils ne réussissent. »

Le 1er mai, elle aspirait à une action militaire de l'étranger, où la mort, le 20 février 1790, de Joseph II, laissait présager un changement dans la diplomatie autrichienne, peut-être favorable à la famille royale si le nouvel empereur, Léopold, daignait se souvenir que la reine de France était sa sœur ; ou d'une révolte des provinces loyalistes dont on murmurait qu'elles ne soutenaient plus la Révolution. En réponse à Mme de Bombelles, affolée de rumeurs de guerre civile, Élisabeth écrivit :

> Tu es bien plus parfaite que moi ; tu crains la guerre civile ; moi, je t'avoue que je la regarde comme nécessaire. Premièrement, je crois qu'elle existe, parce que toutes les fois qu'un royaume est divisé en deux partis et que le parti le plus faible n'obtient la vie sauve qu'en se laissant dépouiller, il m'est impossible de ne pas appeler cela une guerre civile. De plus,

jamais l'anarchie ne pourra finir sans cela et je crois que, plus l'on retardera, plus il y aura de sang répandu. Voilà mon principe. Il peut être faux, cependant, si j'étais roi, il serait mon guide, et peut-être éviterait-il de grands malheurs. Mais, comme, Dieu merci, ce n'est pas moi qui gouverne, je me contente, tout en approuvant les projets de mon frère de lui dire sans cesse qu'il ne saurait être trop prudent et qu'il ne faut rien hasarder.

Je ne suis pas étonnée que la démarche que le roi a faite le 4 février[7] lui ait fait un grand tort dans l'esprit des étrangers. J'espère pourtant qu'elle n'a pas découragé nos alliés et qu'ils auront enfin pitié de nous.

Notre séjour ici nuit beaucoup aux affaires. Je voudrais pour tout au monde en être dehors mais c'est bien difficile. Cependant, j'espère que cela viendra. Si j'ai cru un moment que nous avions bien fait de venir à Paris, depuis longtemps, j'ai changé d'avis ; mais, mon cœur, si nous avions su profiter du moment, croyez que nous aurions fait beaucoup de bien. Mais il fallait avoir de la fermeté ; mais il ne fallait pas avoir peur que les provinces se fâchassent contre la capitale ; il fallait affronter les dangers : nous en serions sortis vainqueurs. »

Remarquable déclaration d'intention où la princesse se montrait sous son vrai jour. C'était elle qui parlait en homme, et en roi.

Par moments, quand le confinement aux Tuileries, ponctué de rares sorties dans Paris, toujours sous la constante, pénible et grossière surveillance de la Garde nationale se faisait trop pesant, quand l'envie d'échapper à ces contraintes, cet espionnage, ces offenses calculées la saisissait, Élisabeth songeait que la Constitution, en lui déniant toute valeur politique, la privait certes de son indépendance financière, mais lui rendait aussi une liberté qu'elle n'avait jamais possédée. La citoyenne Élisabeth de Bourbon, ou Capet comme certains suggéraient d'appeler la famille royale, lui refusant le droit de porter son vrai nom, qui était celui de la France, avait, du moins sur le papier, toute liberté de mouvement, le droit de quitter le royaume et d'aller s'établir où bon lui semblait. Parfois, elle se demandait ce qui la retenait et pourquoi elle ne partait pas, en effet. De Turin, Charles Philippe et Clotilde, que l'angoisse taraudait, la conjuraient de venir les rejoindre...

Pourquoi restait-elle ? Qu'est-ce qui la retenait à Paris ? Ce frère aîné, faible, décevant, inférieur à sa mission, mais qui était, envers et contre tout, son roi ? Cette belle-sœur qui s'obstinait à lui refuser sa confiance ? Son neveu et sa nièce, que leur mère, jusqu'à leur départ de Versailles, avait pris un soin jaloux d'éloigner d'elle ?

Le souci de l'honneur[8] ? Oui, mais aussi, et plus sûrement, cet amour viscéral de la France qui l'avait incitée à préférer le célibat en son pays à une couronne à l'étranger. Danton dirait que l'on « n'emporte pas sa patrie à la semelle de ses souliers », Élisabeth le savait. Certes, elle écrivait le 30 mars à Angélique, à propos de relations communes qui avait choisi de rentrer : « Je suis tout étonnée que quelqu'un revienne en France. Je crois que, si j'en étais dehors, cela serait pour longtemps. Il serait fâcheux que tout le monde pensât de même car notre pauvre patrie serait encore plus malheureuse. »

Mais ce conseil-là était bon pour les autres, pas pour elle. Elle resterait, envers et contre tout, à ses risques et périls. Moins pour les siens, qui s'acharnaient à leur propre perte, que pour le royaume où, elle le sentait, existaient de puissantes forces contre-révolutionnaires en attente d'un chef, d'une direction, d'ordres clairement donnés. Élisabeth n'envisageait pas d'endosser ce rôle, qui lui eût si bien convenu si elle avait été un homme, mais se voyait comme l'indispensable relais de ce chef qui était, dans son esprit, Artois. En quoi elle partageait rêves et illusions de tous ceux qui désiraient mettre un terme les armes à la main à la Révolution.

Elle le disait à Charles Philippe, l'incitant à ne pas se laisser décourager par l'attitude du couple royal : « Secourez-les malgré eux ! »

C'était vraiment le fond de son âme qu'elle dévoilait là, se fiant à son réseau de courriers, d'amis sûrs, de passeurs, au cher docteur Dassy, « l'homme si beau » et si fidèle, qui emportait ses lettres des Tuileries et lui rapportait les réponses, jeu qui n'allait pas sans péril, le sort de Favras l'attestait.

S'y fiait-elle trop ? Un incident, en juin 1790, l'incita à plus de prudence.

Un pauvre roi

Excédée de la vie aux Tuileries, de la promiscuité continuelle, de l'absence de jardins intérieurs où elle eût trouvé un semblant de calme et d'intimité, la famille royale réclamait depuis plusieurs mois le droit de séjourner dans l'un de ses châteaux. Les beaux jours venant, le roi ayant multiplié les concessions, au désespoir de ses partisans, se montrant même prêt à ratifier la Constitution civile du clergé à laquelle les députés mettaient la dernière main, on lui accorda, comme une grâce, de partir pour Saint-Cloud. À deux lieues de la capitale, ce château offrait l'agrément de son parc, ses ombrages, ses fontaines, mais, par la Seine ou la route, le retour aux Tuileries ne prenait pas deux heures et la surveillance des otages y demeurait presque aussi facile.

Sur l'instant, Élisabeth ne vit, après huit mois de confinement, que la chance de respirer un autre air, jouir d'un peu de tranquillité, de la possibilité de monter à cheval. Le départ des Tuileries, au matin du 6 juin, ressembla à un départ en vacances, l'installation à Saint-Cloud à une délivrance. Élisabeth se sentit revivre[9], oublia un peu les précautions qu'elle multipliait à Paris. Mal lui en prit.

Courant juin, on arrêta près de Bourgoin un jeune homme qui avait paru de trop bonne mine, en ces temps de laisser-aller, à des autorités suspicieuses. Supputant l'aristocrate allant en Italie, on le fouilla, trouva sur lui un paquet de lettres chiffrées qui achevèrent de le rendre suspect. Cet homme était Le Gouvello de Cormerais, gentilhomme breton qui se rendait à Turin porter ce courrier au comte d'Artois. Parmi ces missives s'en trouvaient une d'Élisabeth.

La nouvelle de l'arrestation du messager atteignit Saint-Cloud, et jeta Louis XVI et Marie-Antoinette dans les affres. Même si Le Gouvello ne parlait point, même si le chiffrage résistait aux décrypteurs, et parier sur ces deux résistances était aléatoire, la découverte d'une ligne de correspondance entre un membre de la famille royale et l'émigration française en Piémont suffisait à compromettre la position, fragile, du roi. Et si les autorités cassaient le code, que lirait-on dans la lettre d'Élisabeth ? Voilà ce que Louis XVI, n'osant, démonstration du malaise qui existait entre eux, s'adresser directement à sa sœur, lui fit demander par le comte Esterházy. « Cette princesse me dit qu'elle mandait à son frère[10] qu'il ne fallait pas qu'il comptât sur une résolution rigoureuse de la part du roi, qu'il était si faible et se laissait tellement conduire par ses ministres qui étaient vendus à la Convention[11] qu'il n'y avait rien à espérer et qu'il fallait agir par lui-même et mettre les autres souverains dans ses intérêts car son frère signerait sa condamnation[12] si on l'exigeait de lui, quoiqu'il l'aimât tendrement et prît l'intérêt le plus vrai à ce qu'il réussît[13]. »

Au cas où Louis XVI fût resté dans l'ignorance des opinions de sa sœur à son égard, il savait maintenant à quoi s'en tenir.

Esterházy rapporta à Louis XVI sa conversation avec Élisabeth et en conserva les termes un peu vifs, pour l'excellente raison qu'il les eût volontiers employés lui-même si le respect dû au roi ne le lui eût interdit... La réaction de Louis XVI le conforta dans ce mépris : « Le roi pardonna facilement à Madame Élisabeth ce qu'elle avait mandé de lui, par la joie qu'il eut de ne pas se voir compromis par cette lettre[14]. »

Joie que le gentilhomme hongrois trouva un peu lâche, un peu honteuse et qui lui fit pitié. Savoir que Louis XVI poursuivait d'autres vues et redoutait que les initiatives de sa cadette vinssent les compromettre, n'eût pas changé grand-chose à une mauvaise opinion de plus en plus répandue parmi les royalistes.

Depuis le mois de mars, en dépit des gages qu'il donnait à l'Assemblée, en dépit de son serment de défendre la Constitution, tous ces gestes, ces silences, ces acquiescements piteux qui plongeaient ses proches et ses partisans dans la consternation, le roi jouait sa propre partie. Il ne croyait guère à l'appui étranger, pas du tout à une intervention de son cadet, s'imaginait réussir par ses propres talents à renverser la situation. Le ralliement de Mirabeau, thuriféraire exalté du mouvement révolutionnaire mais qui s'en détachait depuis les journées d'Octobre, inquiet de l'énormité des troubles qu'il avait contribué à déclencher, laissait espérer à Louis XVI un moyen de se libérer et reconquérir ses pleins pouvoirs sans verser le sang.

Depuis six mois, Honoré de Riquetti, comte de Mirabeau, rêvait de finir la Révolution. Depuis janvier 1790, Louis XVI le recevait discrètement et acceptait ses conseils[15]. La ligne de conduite qu'il conseillait au roi tenait en deux mots : l'argent et le départ. L'argent, nerf de la guerre, correspondait aux sommes allouées à la liste civile, vingt-cinq millions indispensables, qu'il s'agît d'acheter d'autres hommes politiques aux consciences aussi souples que la sienne, de préparer un plan d'évasion ou de solder des troupes ; quant au départ, Mirabeau le préconisait à l'instar de tous les gens de bon sens : Louis XVI ne serait en sécurité et libre qu'une fois loin de Paris.

Ni le roi ni la reine n'avaient mis Élisabeth dans la confidence de ces relations sulfureuses, persuadés qu'elle ne les eût ni comprises ni tolérées. Dans l'intransigeance de sa jeunesse et de son caractère entier, eût-elle réagi de la sorte au jeu trouble de son frère ? Elle ne manquait pas d'intelligence politique, pouvait admettre beaucoup de choses. De toute façon, quoiqu'elle en eût pensé, elle eût conservé le secret s'il lui avait été demandé. La sagesse eût été de la mettre dans la confidence. Le roi s'y refusa, ce qui contribua à accroître le malaise, la méfiance et bientôt la dissension au sein de la famille royale.

Tenue dans l'ignorance de la véritable politique de son frère, Élisabeth ne pouvait en voir que les apparences, et s'en scandalisait. La pensée qu'il ratifierait la Constitution civile du clergé tenue pour schismatique par les prêtres de son entourage, mieux éclairés que feignaient de l'être Mgrs de Cicé, de Pompignan et de Boisgelin, archevêques de Bordeaux, Vienne et Paris, prompts à affirmer que cette loi n'atteignait pas l'unité de l'Église, la plongeait dans un mélange de colère, d'indignation et d'horreur.

L'approche de la fête de la Fédération, le 14 juillet, n'arrangeait rien. Élisabeth conservait un souvenir odieux de la Fête-Dieu, s'attendait à pire pendant une célébration laïque, redoutait par-dessus tout qu'il y fît aussi chaud qu'en juin, où la procession avait tourné au calvaire tant elle suffoquait. L'Assemblée, fidèle à son jeu de petites humiliations calculées, venait de dévoiler le programme des festivités : « L'assemblée a décrété hier que le roi serait seul avec elle dans la fédération, le président à sa droite ; le reste de sa famille sera, je crois, aux fenêtres de l'École militaire. Le roi avait désiré d'en être entouré, mais, comme de raison, on n'a pas pris garde aux désirs de celui qui n'a de pouvoir que par celui que la nation lui délègue. Tu sais que j'ai le bonheur de connaître beaucoup un des membres de cette auguste famille des siècles passés ; eh bien, je vous fais part que tout celui lui est bien égal. Elle n'en est affligée que par rapport à la reine pour qui c'est un soufflet donné à tour de bras et d'autant mieux appliqué qu'il a été ménagé de loin et que, jusqu'au dernier moment on avait dit au roi que le contraire passerait[16]. »

Louis XVI était-il indifférent à ces avanies ? Non, mais il s'ingéniait à prendre son mal en patience, ce qui devenait intolérable à sa cadette. Elle peinait à se contenir, et une énième insolence de Croisard, l'officier de la garde nationale acharné à lui faire payer les humbles fonctions exercées par sa mère à Versailles, lui donna prétexte à exploser.

Saint-Cloud avait permis à Élisabeth de remonter. Comme tout cavalier qui se respecte, elle n'aimait pas prêter ses chevaux, sinon à des gens dont elle savait les qualités équestres. La garde nationale, corps bourgeois enflé de prétention, était composée de tout ce qu'on voulait, sauf de centaures. Croisard montait comme un sac. Or, imbu de ses privilèges tout neufs, il prétendait user des écuries d'Élisabeth. Celle-ci avait refusé ; Croisard en avait été humilié et avait excité ses hommes contre « cette femelle » qui se croyait encore en droit de leur commander.

Le 7 juin, la première sortie d'Élisabeth fut pour Saint-Cyr. Depuis le décret de février, couvents et monastères n'avaient plus d'existence légale en France. Les moines devaient partir, sans quoi on les expulserait. Quant aux religieuses, leurs vœux perpétuels déclarés invalides, elles n'avaient plus le droit de « se renouveler », autrement dit de recevoir de postulantes. Le cas de Saint-Cyr, cependant, restait en suspens. Il s'agissait d'un établissement d'un genre particulier. Qu'allait-on faire des enfants ? Si l'on optait pour la fermeture de la maison, il faudrait prendre des dispositions pour permettre aux parents de venir les chercher. Ce serait long. Ces considérations pragmatiques valaient un sursis au couvent, et surtout aux Dames. Aucune d'entre elles ne se méprenait, toutefois, sur la fragilité de leur position et l'ambiance, malgré la joie éprouvée à revoir la princesse, n'était pas d'une gaieté folle. Élisabeth elle-même avait du mal à cacher sa « mélancolie un peu triste[17], » et les élèves avaient fini par se mettre à pleurer, ce qui avait achevé l'atmosphère.

Cela, plus que tout le reste, avait fâché la princesse. Elle quitta Saint-Cyr, mâchoires serrées, visage durci pour dissimuler son émotion. Là-dessus, Croisard reparla de se faire prêter ses chevaux, fut vertement reçu. Rembarré devant ses hommes, il décida de « donner une leçon » à « l'Élisabeth ». Comment ? En tranchant les traits de sa voiture...

Mais, comme le temps que cette idée lui vînt, Élisabeth, venue à cheval, était repartie, laissant l'attelage à ses dames, l'exécution de la vengeance fut différée au lendemain, moment où les gardes nationaux s'en prirent au page qui accompagnait la princesse. Il y eut plainte auprès de La Fayette, ce que le roi n'avait pas osé faire quand, le 2 juin, il avait laissé la canaille en uniforme insulter sa femme ; et La Fayette qui, comme Mirabeau, sentait la situation lui échapper, contre toute attente, donna raison à Élisabeth, reconnaissant que Croisard et ses compères étaient « de mauvais sujets dont tout le monde souhaitait se débarrasser ».

On ne les renvoya pas pour si peu, mais un semblant de décence revint dans les rangs ; cela n'empêchait pas le ressentiment de bouillonner par en dessous chez ces hommes, offusqués de « servir des femmes » et qui, emportés par leurs haines et leurs passions, unissaient, non seulement Élisabeth, mais la petite Madame Royale, dans une détestation qui, à l'origine, ne s'adressait qu'à la reine.

La princesse le sentait, opposait à cette attitude une indifférence qu'ils prenaient pour de la morgue et du mépris. Ce n'était qu'une résignation grandissante, non aux événements, qui lui inspiraient toujours la même douleur, mais à la volonté de Dieu.

Élisabeth ne s'étonnait pas des malheurs qui frappaient la France et les siens : elle y voyait un châtiment pour tant d'années d'indifférence religieuse, de moqueries, de blasphèmes, une impiété qui sévissait jusqu'aux marches du trône. Tout en gardant quelques principes de dévotion, son frère, et surtout sa belle-sœur, n'avaient pas toujours donné l'exemple. Les engouements de Marie-Antoinette pour Voltaire et Rousseau, son cercle d'intimes étalant leurs adultères publics et plaisantant des choses les plus saintes, tout cela qu'Élisabeth avait désiré fuir, avaient contribué à la conflagration actuelle. Oui, le châtiment était juste. Plus elle s'en convainquait, moins elle espérait l'apaisement des troubles révolutionnaires.

La journée du 14 juillet, fête de la Fédération, passa dans le calme, dans une concorde qui eût laissé espérer une réconciliation des Français si, dans le même temps, des nouvelles de violences et de meurtres commis sur des « aristocrates » en Bourgogne et dans le Midi n'avaient atteint Paris, prouvant que les esprits demeuraient échauffées et les inimitiés tenaces.

Cette « crise de la fédération[18] » à peine passée sans troubles, en survint une autre : le 22 juillet, Louis XVI accepta le décret d'application de la Constitution civile du clergé. Jusqu'au bout, catholiques et royalistes, notions qui commençaient à devenir synonymes, avaient cru qu'il opposerait son veto. Ils furent sidérés. Élisabeth la première qui, à compter de cet instant, n'attendit plus aucune réaction de la part de son frère.

Un triste lieutenant de Dieu

Très informée par les ecclésiastiques de son entourage des enjeux de cette constitution qui transformait l'Église de France en un corps de fonctionnaires dévoué aux nouvelles institutions, d'autant plus soustrait à l'influence de Rome que les évêques seraient, non plus nommés par le pape avec approbation du roi, mais élus par les électeurs de leur diocèse, athées, protestants et juifs compris, elle savait l'acte aussi schismatique que celui d'Henry VIII d'Angleterre en son temps. En France, existerait à l'avenir une église gallicane, mais plus catholique et romaine.

Élisabeth en avait parlé avec son frère, lui avait fait part de ses objections. Il n'en avait pas tenu compte. D'ailleurs, tenait-il jamais compte des avis de celle qu'il s'obstinait à considérer comme une petite fille impulsive et irréfléchie ?

Il n'avait pas jugé à propos de lui expliquer sa position. Lui qui n'avait plus « que le droit de porter sa couronne car c'était à peu près tout ce qui lui restait[19] » se posait encore en monarque absolu devant sa cadette et ne s'abaissait pas à se justifier devant elle. Il est vrai qu'Élisabeth n'eût pas approuvé la logique tordue prêchée par les conseillers épiscopaux du roi, Cicé[20], Pompignan et Boisgelin, qui présentaient la Constitution civile du clergé comme un moindre mal nécessaire à la réconciliation nationale, à l'évitement de la guerre civile, hantise du roi, et se faisaient fort d'obtenir de Pie VI qu'il acceptât d'entériner la nouvelle législation française.

Pie VI ne l'accepterait jamais ; les ministres évêques le savaient puisque, à plusieurs reprises, avant même la demande officielle faite à Rome de donner son avis sur le texte, le souverain pontife l'avait condamné sans appel. S'imaginer qu'il changerait d'avis relevait d'une manipulation destinée à faire entériner la loi par Louis XVI. Lui avait-on caché le bref pontifical, parti de Rome le 9 juillet et arrivé à Paris le 23[21] ? Non... Le roi savait ce qu'il faisait, et c'était ce que sa sœur ne pouvait admettre.

Elle dut le lui dire, avec une franchise égale à celle témoignée lors de l'entretien Esterházy. Sans l'amener à changer d'opinion : Louis ne mettrait pas son veto. Il ne mesurait pas la malignité de cette législation que ses conseillers lui peignaient compatible, à terme, avec l'obéissance à Rome, comptait sur son ambassadeur, le cardinal de Bernis, pour amener Pie VI à l'indulgence. Surtout, le souvenir du veto opposé l'automne précédent qui avait abouti aux journées d'Octobre, pesait de tout son poids. La crainte panique des violences qu'il risquait de déclencher en manifestant la moindre résistance le paralysait, lui donnait « ces lourdeurs dans les jambes » que sa sœur évoquait pour décrire en langage codé dans ses lettres l'apathie de son frère, sa « *molonté* » disait Mirabeau, méchant mais lucide.

Début août, de Saint-Cloud où Louis XVI se retrouva alitée par une fluxion dentaire, Élisabeth disait à Mme de Bombelles qu'elle avait « la rage au cœur »[22]. Faisait-elle allusion à la Constitution civile du clergé, ou à une autre dérobade du roi, qui l'entretenait dans sa colère ?

La fête de la Fédération avait permis à nombre de sujets fidèles, nobles ou roturiers, si tant est que la distinction eût encore une signification maintenant que Louis XVI avait aboli les titres héréditaires, de présenter leurs hommages au souverain. Parmi eux, beaucoup, surtout Dauphinois et Bretons, ne cachaient pas leur indignation du traitement réservé à la famille royale. Eux aussi comprenaient que le salut des princes exigeait de leur faire quitter la capitale. Non en tentant une évasion, – Favras avait démontré les aléas de la méthode. – mais en organisant un voyage officiel dans les provinces fidèles. Une fois à Rennes ou à Grenoble, échappés aux griffes des furieux de l'Assemblée et des faubourgs, protégés par la noblesse locale, les régiments cantonnés sur place et la majorité de la population, le roi refuserait de regagner Paris et ressaisirait les rênes du pouvoir. L'idée était bonne, Mirabeau l'appuierait, en conseillant Rouen, plus proche, mais Louis XVI, repris par son apathie, ne voulut pas en entendre davantage et l'on en resta là, tandis que les royalistes rentraient chez eux déconfits et désorientés.

C'était à désespérer, à crever de colère, ou à s'étourdir de jeux et de plaisirs dans l'illusion d'oublier. Ces tentations effleuraient tour à tour Élisabeth[23].

Une volonté de réparation

Elle les repoussait en se jetant dans un surcroît de dévotion. À Saint-Cloud plus facilement qu'aux Tuileries où se rendre à la messe excitait les plaisanteries douteuses et les blasphèmes des gardes nationaux, elle pouvait prier en paix, communier tous les jours, se plonger dans les ouvrages de piété des auteurs jansénistes du temps de Port-Royal, ces solitaires qu'elle était trop cultivée pour confondre avec leurs héritiers abâtardis qui avaient contribué, par haine du trône, à la rédaction de la Constitution civile du clergé, s'acoquinant sans vergogne aux philosophes athées, francs-maçons et protestants.

La communion quotidienne exigeait la confession quotidienne, exercice qui l'obligeait à opérer de sérieux retours sur elle-même et à s'examiner sans indulgence. Elle s'y astreignait, à genoux sur les degrés de marbre noir et jaune, à sa demande travaillés de façon à donner l'impression de s'agenouiller sur un tas de cailloux, d'un confessionnal portatif qu'elle avait fait fabriquer exprès afin de pouvoir le conserver dans ses appartements ; elle prévoyait déjà l'éventualité de devoir faire venir en secret des prêtres passés dans la clandestinité afin de n'avoir point affaire aux lâches, aux opportunistes ou aux mauvais catholiques qui composeraient le futur clergé officiel, dit assermenté. Si désagréable que fût cette pénitence, elle était à ses yeux la clef qui lui donnait accès à l'Eucharistie ; elle pouvait de moins en moins s'en passer, s'étonnait que ses amies, par une mauvaise compréhension de la valeur des sacrements, n'y recourussent pas comme elle. Autant se priver de manger quand on mourait de faim[24] !

Se meurtrir les genoux ne lui suffisait pas. En raison de ce qui se passait, de la complicité de son frère, Élisabeth éprouvait le besoin de réparer les offenses faites incessamment à Dieu en France.

Depuis son enfance, elle vouait une grande dévotion au Sacré-Cœur, connaissait les révélations du Christ à Marguerite-Marie Alacoque[25], visitandine de Paray-le-Monial, morte exactement un siècle plus tôt, en 1690, la demande expresse du Seigneur de Lui consacrer la France et faire figurer l'image du Sacré Cœur sur les étendards royaux. En échange de cette consécration, la dynastie serait affermie, protégée dans ses combats et ses épreuves, elle triompherait de ses ennemis. Dans le cas contraire...

Ni Louis XIV, ni Louis XV, ni Louis XVI n'avaient exaucé les volontés du Christ ; la France n'était pas consacrée au Sacré-Cœur dont l'emblème ne marquait pas les drapeaux fleurdelisés. Sous la menace grandissante de la persécution religieuse, témoin impuissant et angoissé de l'ébranlement de la monarchie, l'opinion catholique, frappée par la coïncidence des dates, interprétait le phénomène révolutionnaire à la lumière des événements de Paray et pensait la France et ses rois punis pour n'avoir pas obéi aux volontés divines. Élisabeth partageait cette lecture.

Pour elle, réparer signifiait payer pour les péchés passés et présents du royaume et ses souverains, mais aussi combler cette omission. L'idéal serait d'obtenir de Louis XVI de procéder à cette consécration de sa personne et son royaume, ou, si cela s'avérait impossible, d'y procéder à titre personnel, non sans promettre de donner au Sacré-Cœur toute sa place dans une monarchie française restaurée[26].

À cette fervente dévotion, Élisabeth en ajoutait une autre, complémentaire, au Cœur immaculé de Marie, ce cœur, au pied de la croix de Son Fils, transpercé d'un glaive de douleur. Largement développée au long du XVIIIe siècle, cette pratique visait à réparer les offenses faites à Dieu et à Notre-Dame.

La double dévotion aux Cœurs de Jésus et Marie avait accompagné Élisabeth depuis son enfance mais, dans l'épreuve et le malheur, cette pratique un peu routinière s'était chargée d'une force et d'une signification nouvelles, remède miraculeux offert aux maux du temps. Une grâce obtenue, au printemps 1789, par son amie, Mme de Saisseval, au terme d'une neuvaine, avait contribué à convaincre Élisabeth de la puissance de ce recours. En juillet 1789, après les premiers troubles, elle avait fondé une association de prières en leur honneur. Louise de Raigecourt et Hélène de Saisseval en étaient membres fondateurs.

Elle écrivit alors cet acte de consécration qu'elle fit relire par un prêtre avant de le répandre :

> Cœur adorable de Jésus, sanctuaire de cet amour qui a porté un Dieu à se faire homme, à sacrifier sa vie pour notre salut et à faire de son corps la nourriture de nos âmes, en reconnaissance de cette charité infinie, je vous donne mon cœur et avec lui tout ce que je possède au monde, tout ce que je suis, tout ce que je ferai, tout ce que je souffrirai. Mais enfin,

mon Dieu, que ce cœur, je vous en supplie, ne soit plus indigne de vous ; rendez-le semblable à vous-même, entourez-le de vos épines pour en fermer l'entrée à toutes les affections déréglées ; établissez-y votre croix ; qu'il en sente le prix ; qu'il en prenne le goût ; embrasez-le de vos divines flammes. Qu'il se consume pour votre gloire, qu'il soit à vous après que vous avez voulu être tout à lui. Vous êtes sa consolation dans les peines, le remède à ses maux, sa force et son refuge dans les tentations, son espérance pendant la vie, son asile à la mort. Je vous demande, ô cœur tant aimable, cette grâce pour mes associés. Ainsi soit-il !

Ô divin cœur de Jésus, je vous aime, je vous adore et je vous invoque avec tous mes associés pour tous les jours de ma vie et particulièrement à l'heure de ma mort. Ainsi soit-il !

O vere adorator et unice amator Dei, miserere nobis ! Amen[27] !

Telle quelle, l'association se présentait comme un moyen de sanctification personnelle classique, non comme une arme de combat contre-révolutionnaire. Six mois après sa fondation, ce but premier ne paraissait plus suffisant. Les enjeux avaient changé ; il était maintenant question du salut de la France, du catholicisme français, et, accessoirement, de celui de la famille royale. Il fallait un engagement plus solennel et, autant que possible en ces circonstances, public.

L'idée en était venue à Élisabeth le 27 janvier précédent, lors de la cérémonie du renouvellement du vœu de Louis XIII, quand une dame avait distribué une consécration de la France à la Vierge que presque toute l'assistance, y compris la famille royale, avait récité *in petto* à la fin de la messe. Élisabeth y avait vu un signe du Ciel, une promesse ; et la démonstration que d'autres croyants prenaient comme elle des moyens pacifiques de résister aux déchristianisateurs.

Élisabeth, fin juillet 1790, s'engagea par un vœu solennel auquel s'associèrent certaines de ses amies. Fait au Cœur immaculé de Marie, c'était un appel à Celle que Louis XIII avait donnée comme Souveraine à son royaume[28], « pour obtenir la conservation de la religion » en France. La conservation du trône, non mentionnée, était implicite. Pour Élisabeth comme pour la majorité de ses contemporains, dissocier Église et royauté relevait de l'aberration[29]. Ce vœu solennel comprenait l'engagement de chacune des associées de participer, dans la limite de ses possibilités financières, à une bonne œuvre : assurer l'éducation de deux enfants pauvres ; ériger, dès que la situation le permettrait, un autel en l'honneur du Cœur immaculé où un salut serait célébré chaque mois « en remerciement des grâces reçues ». Élisabeth, pour anticiper sur cette dernière réalisation, ou marquer l'importance de son engagement, fit fabriquer une représentation en or pur des Cœurs du Fils et de la Mère qu'elle fit porter à la cathédrale de Chartres, sanctuaire marial le plus proche de Paris. Fut aussi instauré un système de neuvaines au Sacré-Cœur et à Notre-Dame, à dates fixes afin que tous les associés pussent y participer aux intentions de la France et du roi pour qui l'on demanderait particulièrement les Sept dons du Saint-Esprit[30].

La prière et la vie spirituelle ne la détournaient cependant pas des préoccupations immédiates et des solutions encore humainement envisageables.

Séparations

La situation se tendait à nouveau. Fin août, les régiments de Nancy se mutinèrent, massacrèrent leurs officiers. Il fallut trois jours de combats de rues avant que le marquis de Bouillé, arrivé de Metz, parvînt, au prix de lourdes pertes, à reprendre le contrôle de la situation. L'Assemblée, qui n'aimait l'anarchie que lorsqu'elle l'orchestrait, appuya la répression, quoiqu'elle détestât Bouillé, archi-royaliste, avant de feindre l'indignation en apprenant que vingt-trois mutins avaient été passés par les armes : il ne fallait pas laisser ressaisir au roi la moindre parcelle d'autorité et, pour bien le lui faire comprendre, la rue et la presse révolutionnaires s'agitèrent tout le mois de septembre.

Heureusement, la famille royale se trouvait toujours à Saint-Cloud, ce qui lui épargna les débordements de fureur organisés et les hurlements des crieurs de journaux, prompts à venir brailler les titres les plus haineux des gazettes sous les fenêtres des souverains[31].

Élisabeth avait observé les événements de Nancy avec étonnement, se demandant si le succès de Bouillé tenait à son courage, ou à de sombres calculs qu'elle supputait aussi impénétrables que le mystère de la Sainte Trinité[32]. Elle n'avait pas tort : si l'Assemblée s'était trouvée débordée par un mouvement insurrectionnel spontané, elle voyait maintenant très bien comment l'utiliser à ses propres fins ; elle tenait l'occasion de faire tomber un gouvernement où Louis XVI comptait trop d'appuis. Pris à partie par les journalistes, menacé de mort par les faubourgs, Necker, toute popularité envolée, quitta Paris le 4 septembre. Le 20 octobre, Louis XVI accepta la démission de son gouvernement et son remplacement par une équipe choisie par La Fayette en fonction de son inaptitude aux affaires et un manque de caractère si flagrant que de pareils ministres achèveraient d'isoler tout à fait le roi.

Cette ambiance poussa M. de Raigecourt, puis M. des Monstiers-Mérinville à quitter Saint-Cloud en emmenant leurs femmes. Ils n'entendaient pas revenir. Leur décision priva Élisabeth de ses dames à accompagner.

À Rage, brisée par la mort du petit Stani, elle prêcha, en lui disant adieu, l'entière résignation à la volonté d'un Dieu qui n'aimait point les cœurs partagés, ce qui ne consola guère Louise[33]. Pas plus qu'un paquet qu'Élisabeth lui remit en lui demandant de ne pas l'ouvrir, à moins d'avoir appris sa mort : c'était son testament.

À Démon, elle parla en conseillère conjugale, donnant une idée de l'épouse qu'elle eût été : « Surtout, mon cœur, cherchez à plaire à votre mari ; quoique vous ne m'ayez jamais parlé de

251

lui, je le connais assez pour savoir qu'il a de bonnes qualités, mais qu'il peut en avoir qui ne vous plaisent pas autant. Faites-vous la loi de ne jamais vous arrêter sur celles-là et surtout de ne jamais permettre qu'on vous en parle : vous le lui devez comme vous vous le devez à vous-même. Cherchez à fixer son cœur ; si vous le possédez bien, vous serez toujours heureuse. Rendez-lui sa maison agréable, qu'il y retrouve toujours une femme empressée à lui plaire, occupée de ses devoirs, de ses enfants, et vous gagnerez par là sa confiance ; et si, une fois, vous l'avez bien, vous ferez, avec l'esprit que le Ciel vous a donné et un peu d'adresse, tout ce que vous voudrez. [...] Conservez ce bonheur et vous verrez que les tourments de la vie sont bien peu de choses comparés avec les tourments qu'éprouvent les gens livrés à toutes les passions[34]. »

Fin septembre, la jeune femme serait à Genève ; Élisabeth l'enviait un peu, pour la liberté recouvrée, le droit d'aller où bon lui semblait. Existait-il un moyen d'y remédier, sinon en partant à son tour, ce à quoi elle se refusait ?

Fin août, lors des troubles nancéens, étonné que la fermeté de Bouillé eût payé, Louis XVI laissa échapper en privé des propos interprétables comme un acquiescement à des solutions qu'il avait jusque-là repoussées : départ clandestin, ou intervention des émigrés sous la conduite d'Artois.

En vérité, le roi eût préféré une démarche diplomatique des puissances étrangères, quitte à ce que celles-ci haussent le ton et parlent de guerre mais les monarchies européennes, incapables d'imaginer une contagion révolutionnaire, ne montraient aucun zèle à intervenir. Ce mauvais vouloir s'aggravait d'un problème de liaison : faute de passer par les ambassades françaises, tenues sous surveillance par l'Assemblée, le roi devait se trouver des envoyés discrets. L'idéal, Élisabeth le lui répétait, était de s'adresser à Artois, mais Louis se refusait à lui donner une accréditation officielle. Cette réticence exaspérait sa sœur, ne résolvait rien et retardait tout. Il faudrait lui forcer la main, le mettre devant le fait accompli ; peut-être était-ce ce qu'il désirait : que d'autres prissent les décisions à sa place.

Des projets extravagants

Lors du séjour à Saint-Cloud, Élisabeth avait été approchée par plusieurs membres du Salon français, club royaliste fort d'environ six cents adhérents. Ces Messieurs[35], en liaison avec Turin, prétendaient enlever le roi pendant une partie de chasse à Fontainebleau, l'entraîner vers Lyon, connue pour ses sympathies royalistes et prête, affirmaient-ils, à se soulever pour sa défense. Tandis que l'on cherchait Louis XVI, la surveillance autour de sa famille se relâchait, on l'exfiltrait à son tour et elle rejoignait le roi. Dans l'intervalle, Artois et les émigrés passaient la frontière, marchaient sur Lyon, promue capitale provisoire. Renforcées des régiments fidèles et de toutes les bonnes volontés, ces troupes se portaient sur Paris et écrasaient la Révolution.

Sur le papier, le plan fonctionnait. Élisabeth y crut suffisamment pour l'exposer à son frère. Celui-ci ne le refusa pas d'emblée, comme il le faisait d'ordinaire, montra même assez d'intérêt envers le projet pour que les conjurés entreprissent de le mettre en œuvre. Il n'y avait plus qu'à attendre le moment propice. De Venise, Bombelles écrivait, le 3 octobre 1790, que le roi semblait « de plus en plus déterminé à rompre ses fers »[36] ; Élisabeth lui faisait écho, en langage codé, dans ses lettres à Angélique : « Si par hasard tu gardes mes lettres, relis-en une où je raisonnais avec toi sur les inconvénients que pourrait avoir une démarche d'un homme auquel vous vous intéressez. Vous devez lui redire, toutes les fois que vous en trouverez l'occasion, ce qu'elle contient. Je crois que celle-ci est favorable et d'autant plus nécessaire à saisir que je ne suis pas encore sûre que son maître l'approuve. Cependant, j'ai des raisons d'espérer que sa santé est meilleure[37]. »

« L'homme auquel les Bombelles s'intéressaient », c'était Artois ; la démarche en question, la tentative sur Lyon, même si la princesse n'était pas « sûre que son maître », le roi, l'approuvât. Élisabeth en avait dit autant à Mme de Raigecourt le 29 août : « Au reste, si tu veux savoir des nouvelles de ma petite santé, je te dirai que j'ai toujours beaucoup d'engourdissement dans les jambes. Cependant, à en croire les symptômes de cette vilaine maladie, je pourrais imaginer que la guérison s'approche mais j'y ai déjà été prise tant de fois que je n'ose pas m'en flatter et que, de bonne foi, je n'y crois pas. Peut-être même, si j'en avais le courage, je dirais que je ne le désire pas. Mais tu sais que je suis faible et que je n'aime pas m'exposer à de grandes douleurs. »

Le 13 octobre, elle envoya à Angélique un double du testament déjà confié à Louise de Raigecourt, en précisant : « Comme je viens, ma petite Bombe, de relire mon testament et de voir que je t'y recommande aux bontés du roi et que je te laisse mes cheveux, il faut bien que je te le dise moi-même, que je me recommande à tes prières, et puis que je te dise encore une petite fois, que je t'aime bien. Prie bien pour le comte d'Artois, convertis-le par le crédit que tu dois avoir dans le Ciel, et contribues-y toi-même si tu le peux. »

Élisabeth savait-elle que Vaudreuil, en qui elle avait confiance, et qui s'affolait facilement quand il s'agissait de la sécurité de « l'Ange[38] », se défiait de ces Messieurs du Salon français, leur trouvant « plus d'honneur que de bon sens » et craignait qu'un « secret » partagé entre six cents conjurés ne se pût garder jusqu'à la réussite de l'entreprise ? Fut-ce lui qui sema le doute dans l'esprit d'Artois ? Ces doutes atteignirent-ils Louis XVI, déjà réticent à toute action un peu déterminée ? En tout cas, mi-octobre, le roi avait les jambes plus faibles que jamais et sa sœur confiait à Mme de Bombelles : « Quant à ton parent, tu sais bien que, dans l'automne, l'humeur se porte aux jambes avec bien plus de force. Je crains fort qu'il n'éprouve, cette année, ce qu'il a éprouvé les autres et que l'engourdissement ne se fasse sentir avec bien plus de force. Ses médecins en voient des symptômes effrayants[39]. »

Jugeait-elle l'occasion perdue ? Peut-être pas à s'en fier aux propos codés qu'elle adressait à Mme de Raigecourt l'avant-veille : « Je n'ai pas encore les nouvelles que j'attendais. Je crois que la médecine que je devais prendre le 20 sera remise à huit ou dix jours, mais je te promets de ne pas tarder davantage : j'en ai l'impossibilité[40]. »

Huit ou dix jours, cela menait à la Toussaint. Les autorités avaient exigé le retour de la famille royale aux Tuileries le 11 novembre. Une fois à Paris, il ne serait plus temps, en effet, « de prendre médecine » pour se purger des humeurs révolutionnaires.

Des rumeurs circulaient dans Paris, atteignaient l'Assemblée, déjà en proie à bien assez de soupçons et de fantasmes. La peur d'une évasion royale avait hanté les députés tout l'été et chaque fois que Louis XVI montait à cheval... Fin octobre, cette crainte lancinante fit annuler l'autorisation, péniblement accordée peu avant à la famille royale, de passer l'automne à Fontainebleau. Des forêts bellifontaines, Louis XVI pouvait galoper jusqu'en Bourgogne ; pas depuis Saint-Cloud : la chance était passée.

Le découragement s'emparait même des plus fidèles. Le docteur Dassy, désormais plus agent de liaison que médecin, dont les ordonnances fournissaient à la princesse un code si pratique, n'était pas loin de trouver le cas désespéré et, dans son impossible amour pour Élisabeth, qu'il eût tant voulu mettre à l'abri, la suppliait d'user, tant qu'ils le pouvaient, de leur filière d'évasion. Elle ne lui laissa aucune illusion : jamais elle ne partirait seule, sans lui dire qu'il lui arrivait d'en mourir d'envie, qu'il lui fallait tout le sens qu'elle avait de sa naissance pour ne pas rêver d'un autre avenir. À Louise de Raigecourt, confidente discrète de ses sentiments, elle confia : « J'ai vu l'homme qui est si beau ; il est un peu à la désespérade. Son malade a toujours de l'engourdissement dans les jambes et il craint que cela ne gagne tellement les jointures qu'il n'y ait plus de remède. Pour moi, qui en ai douté que par bouffées, je me soumets aux ordres de la Providence. Elle me fait la grâce de ne pas sentir aussi vivement que je le devrais la position de ce malheureux et je l'en remercie de tout mon cœur. À chaque jour suffit son mal. J'attends qu'il soit au dernier période pour me désespérer et dans ce moment, j'espère bien n'en rien faire[41]. »

Pour plus de sûreté, peut-être parce qu'elle se sentait faiblir, fin novembre, Élisabeth accomplit un dernier sacrifice, en obtenant du comte de Provence qu'il accordât la succession de son médecin, récemment décédé, au docteur Dassy. Ainsi, c'en serait fait : elle ne reverrait plus « cet homme qui est si beau » et qu'elle aimait tant[42].

Un de plus qu'elle mettait à l'abri, se privant encore d'un ami et de son plus sûr moyen de correspondre avec l'extérieur. Elle avait pourtant l'occasion de constater que le dévouement, le courage, la fidélité devenaient rares, et précieux. Désireuse de transmettre un courrier au duc de Villequier à Bruxelles, elle s'était adressée à l'un des pages, et s'était heurtée à un refus immédiat, le garçon prétextant ne pas vouloir « compromettre ses parents »[43]. Décidément, il y avait quelque chose de pourri au royaume de France...

À l'étranger aussi, où, même parmi ses amis, sa conduite portait à gloser. Élisabeth ne cherchait pas à s'expliquer. Elle avait l'impression qu'une partie de sa correspondance avec Angélique et d'autres, dont les Polignac, depuis peu à Venise, s'égarait en route, ou qu'on la détournait. La comtesse Diane s'étonnait de n'avoir rien reçu d'elle depuis plus de cinq mois, quand Élisabeth avait écrit trois ou quatre fois ; ce n'était pas mieux avec les Bombelles, au point qu'elle demanda à Angélique de numéroter leurs courriers, de façon à vérifier s'il s'en perdait en chemin. Ce n'était pas le moment d'être trop explicite, ce que ses proches ne saisissaient point. Comment leur faire entendre que, pour un plan avorté, il s'en tramait un autre ? Les persuader d'avoir confiance en elle ? Que saisissaient-ils quand ils lisaient sous sa plume : « Tout le monde se porte bien ici et qu'il ne faut pas vous impatienter de ce que je ne prends pas médecine[44]. Ma santé est en bon état. Cela te paraîtra une énigme mais c'est pourtant vrai. Si j'osais, sans me comparer à Dieu, je dirais que j'exige de la foi dans la confiance que l'on me témoigne[45]. »

Depuis le retour à Paris, Louis XVI prenait conscience d'avoir gâché une chance inespérée. L'entrée en vigueur de la constitution civile du clergé, dont il commençait à mesurer la nocivité, l'inquiéterait peut-être assez pour l'inciter aux mesures qu'il avait repoussées auparavant.

Là était la cause de l'obstination d'Élisabeth à rester près de son frère. Elle croyait pouvoir l'empêcher de signer cette loi honteuse, l'amener à profiter de l'offre de M. de Courtomer, royaliste entré avec quelques amis dans la Garde nationale, qui affirmait connaître l'existence d'un souterrain sous les Tuileries menant à la Seine. Par les caves du palais, les souverains gagneraient, un soir que Courtomer serait de garde, la rive du fleuve, embarqueraient sur un bateau à destination de Rouen. On nageait en plein roman gothique. En attesta l'aventure d'un abbé Dubois, qui donnait dans les idées nouvelles et quitta Paris pour l'Italie avec l'intention d'entrer dans les bonnes grâces du comte d'Artois puis de l'empoisonner. On ne sut jamais ce qu'il en fût advenu puisque, à Chambéry, Dubois tomba malade et, se voyant à l'article de la mort, avoua à son confesseur le forfait qu'il avait envisagé de commettre. Cela eut l'avantage de prévenir Charles Philippe, d'un naturel confiant, contre d'autres tentatives d'attentat. La nouvelle causa à Élisabeth de l'effroi, et un immense soulagement, doublé d'une confiance accrue en la bonté divine qui avait épargné ce nouveau malheur[46]. Ainsi qu'elle l'écrirait le 2 décembre à Mme de Bombelles : « Je n'ai pas été inquiète comme je l'aurais pu des dangers qu'a courus mon frère ; tu sais qu'en général, je ne crois au mal que lorsqu'il est fait. J'ai conservé ce caractère, quoiqu'une triste expérience eût dû me rendre plus craintive. Je crois que c'est une grâce du Ciel car sans cela je n'existerais pas. Il a préservé ma famille de tant de maux que je serais ingrate si je n'avais pas toute confiance en lui. Adieu ma petite, prie-le bien pour le moment présent et pour l'avenir. Mais demande-lui par-dessus tout que la foi soit conservée dans ce royaume et qu'il éloigne de nous les schismes qui nous menacent. »

Le 26 décembre, malgré la condamnation romaine, Louis XVI avait signé le décret mettant en vigueur la Constitution civile du clergé. Ce texte « heurtait » sa conscience, mais il n'avait pas assez de caractère pour s'y opposer. Il n'en allait pas de même de la princesse : son frère ayant signé en la fête de saint Étienne, premier martyr, elle y vit le signe que Dieu appelait les catholiques français à Lui rester fidèles jusqu'à la mort. L'idée la plongeait, elle l'avait dit et le répétait[47], dans l'appréhension, mais, la grâce divine aidant, elle se pensait capable de tenir bon[48].

Restait à savoir comment le clergé réagirait, pris « entre sa conscience et le martyre[49] », ou, à tout le moins, entre une tranquillité assurée par ce serment et l'expulsion de la cure ou de l'évêché où l'on vivait paisiblement. Beaucoup tablaient sur son adhésion massive.

Et rien pour se changer les idées : la vie aux Tuileries avait repris son cours, ce qui signifiait qu'on y crevait d'ennui. Faute de distraction, et la lecture aux chandelles lui fatiguant la vue, Élisabeth se couchait tôt, se réfugiait dans un sommeil troublé, aux premières lueurs de l'aube, par les crieurs de journaux. Pour accentuer la pression sur le roi, la presse se faisait agressive, voire menaçante à l'encontre de la famille royale. Particulièrement de ses éléments féminins. Un avertissement destiné aux gardes nationaux de service au château, dans les numéros du 26 novembre et du 3 décembre 1790 des *Révolutions de Paris*, donnait le ton : « Il vous faudra être prêts à obéir avec une ponctualité religieuse aux ordres d'un homme, aux caprices d'une femme ; garder la porte d'un appartement où se trament journellement des mystères d'iniquité et des complots contre la patrie ; faire le salut des armes, c'est-à-dire rendre le plus bel hommage qu'on puisse exiger d'un citoyen libre, au passage d'une Marie-Antoinette, d'une Élisabeth, d'une petite princesse royale modelée déjà sur sa mère et sa tante. »

Ces âneries malfaisantes qui finissaient de monter contre les siens un corps déjà hostile achevaient de démoraliser Louis XVI.

Pour ne rien arranger, le temps était « vilain » et coupait toute envie de sortir. Élisabeth se forçait. Elle conservait le droit de monter à cheval et sortir de Paris, privilège dont son frère et sa belle-sœur étaient privés. Elle en profitait pour se rendre à Saint-Cyr, quoique l'ambiance, maintenant que la fermeture était certaine, y fût lourde.

Un jour, elle poussa jusqu'à Versailles qu'elle regarda de loin[50] : le parc était dans un état affreux, les massifs défleuris, les allées dévastées et envahies de crotte. Depuis le départ de la famille royale, les actes de vandalisme se multipliaient et l'on venait couper les arbres pour se chauffer. Quant au château, avec ses volets que la princesse ne se souvenait pas avoir jamais vus fermés, il serrait le cœur par l'impression d'abandon définitif qui s'en dégageait. Elle ne poussa pas jusqu'à Montreuil. Le spectacle de son jardin botanique à l'agonie, les arbres exotiques envahis de ronces, les vergers non taillés, les bâtiments suintant d'humidité, le cheptel disparu, lui eût crevé le cœur. Cela aussi, elle l'offrait à Dieu.

Un autre but de sortie la conduisait dans quelques églises ou couvents de Paris et des faubourgs, rachetés lors de la mise en vente des biens du clergé, par ceux que le parler révolutionnaire appelaient « catholiques non-conformistes », pour souligner précisément qu'il s'agissait des vrais catholiques, ceux qui ne voulaient pas entendre parler d'aller à la messe schismatique. Dans le principe, la loi, si elle écartait le clergé réfractaire des paroisses, autorisait l'ouverture de lieux de culte privés, desservis par des prêtres non assermentés défrayés par leurs ouailles. L'abbé de Pancemont, ancien curé de Saint-Sulpice, adversaire déclaré de la constitution civile, prêchait au Calvaire, après avoir été expulsé des Théatins et du séminaire irlandais. Élisabeth alla l'y entendre, par goût de la provocation plus que par plaisir car elle ne le trouvait pas sympathique.

Tout cela était à mourir de tristesse et il fallait, comme elle le conseillait à Mme de Raigecourt, « secouer bien fort les yeux pour en chasser le noir ». Dans ces conditions, pourquoi s'obstiner ? Pourquoi rester ? En cette fin d'année, le docteur Dassy revint une dernière fois à la charge, dans l'espoir de la convaincre de partir. Il se murmurait que Mesdames Tantes envisageaient de rejoindre leurs neveux en Italie. Élisabeth ne pouvait-elle les imiter sans honte ? Elle sortit de l'entretien mécontente, c'est-à-dire émue, l'accusa de « maladresse », ce qui justifierait son éloignement définitif : « Cet homme qui est si beau n'est plus ici. Je l'estime beaucoup mais je trouve qu'il n'y a pas un grand inconvénient. Vous savez que l'on ne l'écoutait guère[51]. »

Pauvre Dassy...

En lisant sa lettre, Angélique, Rage, leurs maris, leurs amis, à Venise, Turin, Trèves et Stuttgart, se demanderaient si « on » écoutait davantage la princesse. Elle-même était-elle dupe ? Il prenait parfois à Élisabeth des moments de découragement qu'elle laissait un peu transparaître, quand l'attitude des uns et des autres la navrait par trop.

L'absence de Dassy se faisait sentir au changement de vocabulaire : plus de médecines à prendre mais des histoires de commerce et de banque.

L'eût-on consolé en lui apprenant que l'apparente apathie de son frère couvrait d'autres projets et que, si le roi se dérobait à tous les plans de fuite proposés, c'était qu'il en nourrissait de particuliers ? Pas fatalement. Élisabeth eût-elle été mise au courant, elle en eût tiré deux conclusions également déplaisantes : son frère et sa belle-sœur ne lui faisaient pas confiance, les dissensions internes de la famille royale continuaient à se creuser.

Dans cette déréliction, le courage inattendu du clergé, élus en tête, qui, avec une unanimité surprenante, refusa en janvier 1791 de prêter le serment schismatique, constitua une consolation, et lui rendit un enthousiasme dont elle craignait qu'il lui fît défaut : « Des gens plus diligents que moi vous auront sûrement mandé ce qui s'est passé à l'assemblée mardi. Enfin mon cœur, la religion s'est rendue maîtresse de la peur. Dieu a parlé au cœur des évêques et des curés. Ils ont senti tout ce que leur caractère leur inspirait de devoirs, ils ont déclaré qu'ils ne prêteraient pas le serment. Pour le moins, vingt du côté de gauche se sont rétractés ; on n'a pas voulu les écouter. Mais Dieu les voyait et leur aura pardonné une erreur causée par toutes les voies de séduction dont il est possible de se servir. Un curé du côté gauche a mis beaucoup de fermeté pour ne pas le prêter. On dit que cette journée désappointe bien des gens : tant pis pour eux ! Ils n'ont que ce qu'ils méritent. Mais ce qu'il y a de triste, c'est qu'ils s'en vengeront, Dieu seul sait comment. Qu'Il ne nous abandonne pas tout à fait, voilà à quoi nous devons borner nos vœux. Je n'ai point de goût pour les martyres mais je sens que je serais très aise d'avoir la certitude de le souffrir plutôt que d'abandonner le moindre article de ma foi. J'espère que, si j'y suis destinée, Dieu m'en donnera la force[52]. »

Les violences contre les prêtres réfractaires et les catholiques non-conformistes se déchaînèrent. On expulsait le clergé fidèle des églises, entraînant des réactions de colère des fidèles décidés à défendre leurs curés, l'on se tapait sur la tête à coups de chaises à Saint-Roch et Saint-Germain-l'Auxerrois pour s'assurer le contrôle de l'autel et des orgues, l'on fouettait « à cul nu » dans les rues des dames surprises missel à la main se rendant à une messe « non-conformiste ». Ce débordement de fureur liberticide ferait dire aux plaisants : « L'Assemblée aime tellement la liberté qu'elle a décidé de la garder pour elle ! » Le mot était excellent, la réalité concrète beaucoup moins.

L'honneur de M. de Bombelles

Puisque la mode était aux prestations de serment, l'Assemblée en exigea un des diplomates français ; cela épurerait les ambassades des éléments royalistes. Tout le monde le comprit, ce qui n'empêcha pas de se poser des questions. Il y avait eu dans le clergé des prêtres, surnommés « entortilleurs », qui avaient essayé de concilier Dieu et le monde en trafiquant la formule du serment de façon à le prêter sans le prêter, au prix de savantes restrictions mentales, dans l'illusion de sauver leurs intérêts matériels de ce côté-ci, leur part de paradis de l'autre. Cela ne leur épargnerait pas l'excommunication.

Le corps diplomatique eut aussi ses « entortilleurs » qui, désireux de conserver leurs postes et leurs avantages, soutiendraient qu'il n'y avait rien de honteux à jurer fidélité à la Constitution puisque le roi en personne l'avait fait. Bombelles, lui, s'y refusa. C'était tout à son honneur, d'autant qu'il fut quasiment le seul ; même son beau-frère Mackau jura. Élisabeth, qui connaissait bien l'ambassadeur, ne s'étonna pas de sa réaction : elle l'avait vue venir de loin, Bombelles n'étant pas de ceux qui cachent leurs opinions. À la fin de l'été, il avait reçu officiellement Artois, de passage à Venise. Non, Élisabeth ne fut pas surprise, mais elle fut consternée. Refuser le serment, c'était la démission immédiate, la perte des avantages de carrière, des pensions, des émoluments, et du logement de fonction ; c'était aussi, Angélique se retrouvant, non plus épouse de diplomate en poste à l'étranger mais émigrée, la perte de sa place de dame à accompagner et de son salaire. Or, les Bombelles – ils le lui avaient assez chanté sur tous les tons – étaient pauvres... De quoi ce fou allait-il vivre ? De quoi, surtout, ferait-il vivre Angélique et les garçons ? Comment avait-il pu mettre en balance la sécurité des siens et un point d'honneur discutable puisqu'il n'eût fait que suivre l'exemple du roi ? Avant même l'annonce officielle de la démission de Bombelles, qui résilia ses fonctions le 31 décembre 1790, elle le mettait en garde, et, le 24 janvier 1791, la chose faite, elle récapitula ses arguments et critiques voilées dans une lettre à Angélique de Bombelles, se terminant ainsi : « Tu vois par tout ce que je te mande que je ne suis pas bien décidée sur ce que j'aurais fait à sa place. L'antique honneur, un certain esprit de noblesse chevaleresque qui ne mourra jamais dans les cœurs français, me font estimer l'action de ton mari. Mais le risque qu'il court de manquer à ses créanciers, et le scrupule de jurer de maintenir de tout son pouvoir ce que dans le fond de l'âme on maudit journellement, tout cela se combat si vivement dans mon âme qu'il ne me reste que la possibilité de partager les peines que tu vas éprouver, et d'être occupée de ce que tu vas devenir. Comment tes pauvres enfants s'habitueront-ils au mal-être après avoir été élevés dans l'aisance ? Et puis le regret de ne pouvoir faire pour toi tout ce que mon cœur me dicte ! Mais ma petite, parle-moi toujours franchement de ta position et sois sûre que je ferai tous les sacrifices possibles pour te la rendre moins désagréable. [...] J'espère que ton mari et toi conserveront [sic] la paix, la résignation et la douceur chrétiennes qui seules peuvent faire soutenir le malheur présent et ceux que l'on craint. »

On était loin de l'image que l'on se faisait de la princesse, tant en France où une certaine presse l'accusait de « conspirer », qu'à l'étranger où, encensée par l'entourage d'Artois, elle devenait une icône contre-révolutionnaire. Angélique de Bombelles débonda sa bile dans une lettre à Louise de Raigecourt : « Et pour rendre ce courrier de samedi complètement triste, notre princesse m'écrit en poste[53], sept lignes par lesquelles elle me mande que, tout en admirant le sentiment de mon mari, elle désirait qu'il réfléchît sérieusement au parti qu'il voulait prendre et que, quant à moi, je n'eusse pas à prendre celui d'arriver à Paris sans savoir "si elle le trouvait bon". Je vous avoue, mon enfant, que j'ai été choquée de ce style et que je suis trop attachée à cette intéressante princesse et trop habituée à lui parler vérité pour ne pas lui avoir marqué franchement ce que j'en pensais. Comment croire qu'il puisse m'entrer dans la tête de retourner en France, d'abandonner mon mari et d'établir entre nous une barrière qu'il ne pourrait franchir sans péril ? Je vois d'ici Madame Élisabeth poussée par ma mère, retenue par sa conscience, sa propre opinion. Elle n'aura voulu influer en rien sur notre détermination et, en cherchant à rendre sa lettre insignifiante, elle l'a rendue brève et sèche. Il faut voir à présent ce qu'elle dira lorsque, informée de la décision donnée par M. de Bombelles, elle sera sûre que notre parti est bien pris. Je ne puis croire qu'elle le blâme mais elle n'osera peut-être pas l'approuver[54]. »

Ces mots d'humeur, qui peignaient Élisabeth sous les traits d'une éternelle enfant soumise aux opinions d'autrui, prisonnière de ses principes rigides et qui rejoignaient l'idée que s'en faisait Louis XVI, incapable de la voir adulte, allaient lui nuire dans les milieux émigrés. Malgré Vaudreuil, on n'y prendrait plus autant « l'Ange » au sérieux et ce serait dommageable. Cela expliqua pourquoi on continua de la tenir à l'écart du projet de fuite de la famille royale, alors que Bombelles y fut impliqué dès février 1791. Bêtise, bassesses et mouvements d'humeur dont Angélique était coutumière vis-à-vis de son amie. Était-ce à la marquise de Bombelles qu'Élisabeth faisait allusion sans la nommer quand, en janvier 1791, elle écrivit à Louise de Raigecourt : « Une amitié désintéressée est la seule qui me touche (la tienne étant de ce genre, j'en cause librement avec toi.) Je sens bien que dans ma position (d'autrefois), on pouvait employer mon crédit pour obtenir quelque faveur ; je m'y prêtais avec zèle. [...] Je trouve que l'attachement vrai et dénué d'intérêt de fortune brillante est le seul qui puisse faire droit vis-à-vis de moi. »

Cela ne l'empêcherait pas de se mettre en quatre pour aider les Bombelles et les dédommager, dans la limite de ses possibilités, du sacrifice que Marc avait cru devoir consentir à l'honneur. Elle paierait à l'avenir la pension qu'Angélique faisait à l'une de ses anciennes femmes de chambre et, elle qui n'usait jamais de son crédit, écrirait à Artois afin qu'il demandât pour Bombelles une aide à la reine Marie-Caroline de Naples. Encore Élisabeth précisait-elle de faire en sorte que la fierté des Bombelles n'en fût point blessée. Pour l'heure, ils ignoraient tout de ses efforts, les ignoreraient longtemps[55] et se répandaient en médisances sur son compte. Au milieu de l'ennui qui pesait sur les exilés, ces propos de salon prendraient des proportions étonnantes, au point de lui revenir aux oreilles ; elle en serait peinée. Comme si elle n'avait pas assez de raisons d'affliction...

Mi-janvier 1791, un nouveau vide s'était creusé dans son entourage. Mme de Cimery, sa première femme de chambre, mourut d'un cancer du sein qui l'emporta en cinq semaines sans que cette personne de devoir eût daigné s'octroyer du repos ; elle ne s'alita qu'à l'article de la mort et rendit l'âme à peine reçus les derniers sacrements[56]. Mme Navarre, qui la remplaça, avait du mérite, par les temps qui couraient, à se trouver encore là quand tant d'autres s'en allaient, mais ce dévouement ne lui conférait pas les qualités de la défunte[57].

Bientôt, Élisabeth dut affronter une nouvelle désertion : l'abbé Madier, qui avait fait son éducation religieuse et la confessait depuis l'âge de sept ans, lui annonça qu'il quitterait la France avec Madame Victoire dont il était l'aumônier.

Ce départ compliquait encore une vie devenue singulièrement difficile. L'Assemblée comptait que le clergé « non conformiste » aurait laissé la place aux schismatiques avant la fin du Carême. Elle comptait surtout que Louis XVI et les siens cautionneraient ce changement en assistant à la grand messe de Pâques à Saint-Germain-l'Auxerrois, « paroisse des rois de France », et y communieraient de la main du nouveau curé constitutionnel. Élisabeth, qui ne comprenait plus rien à l'attitude de son frère et le jugeait capable désormais de tous les reniements, n'imaginait que trop Louis se prêtant à ce scandale... Quant à elle, il n'en était pas question ; on l'égorgerait plutôt que l'obliger à recevoir les sacrements ou entendre la messe à ces conditions-là. Heureusement, l'Assemblée, dans son mépris des femmes, lui laissait un semblant de liberté. Elle ferait dire la messe dans ses appartements et y communierait. Restait à trouver le prêtre qui remplacerait l'abbé Madier.

Assez avancée dans la vie spirituelle, ce qu'elle n'eût pas eu la vanité de dire, Élisabeth avait besoin d'un directeur de conscience intelligent, éclairé, sensible et ferme, pas trop impressionné par la naissance de sa pénitente, qualités rares chez un seul homme. Il fallait aussi qu'il fût assez fort dans ses principes catholiques pour accepter la place et s'y tenir, quand même la situation deviendrait plus contraire encore qu'elle ne l'était. Enfin, Élisabeth, d'une timidité toujours aussi vive, quoiqu'elle eût appris à la cacher, ne pourrait se confier qu'à un ecclésiastique avec lequel elle se sentirait en confiance. L'abbé de Pancemont, que Mme de Raigecourt lui avait chaudement recommandé, lui répugna au premier contact.

Demeurer ferme

Ses proches tablaient sur ces difficultés pour l'amener à prendre l'unique décision raisonnable : suivre l'exemple de Mesdames Tantes et quitter la France au plus vite.

Adélaïde et Victoire, sexagénaires de santé fragile, s'étaient cloîtrées à Bellevue. Elles y eussent fini leurs jours sans la Constitution civile du clergé. Très dévotes, Mesdames Tantes regardèrent l'entrée en vigueur de la loi comme la mise en application d'un plan satanique ; opinion assez courante et pas si exagérée qu'il y semblait. La France schismatique, le roi complice, elles ne pouvaient demeurer dans le royaume sous peine de cautionner ce qui s'y passait. En s'en allant, elles marqueraient leur horreur et leur opposition. Elles se mettraient surtout à l'abri, choix qui, à leur âge, pouvait s'excuser.

Louis XVI, averti du projet de ses tantes leur donna les autorisations nécessaires, prit langue avec Bernis, démis de ses fonctions d'ambassadeur de France auprès du Saint-Siège mais toujours au palais Farnèse car Pie VI refusait d'accréditer son remplaçant. Le roi espérait qu'Élisabeth partirait avec elles. Lui enlever l'abbé Madier était une façon de la pousser au départ. Comme le comte d'Artois, Louis XVI eût préféré savoir « la petite sœur » en sécurité. À cette louable intention se mêlait le soulagement de n'avoir plus à lui donner les explications, jamais franches et toujours embarrassées, qu'elle lui réclamait, de n'avoir plus à s'inquiéter de ses opinions trop prononcées, ses jugements, ses critiques, sa franchise.

Dans son horreur des discussions, le roi se garda d'abord la question avec sa cadette ; il se reposa de la besogne sur Mesdames, chargées d'entreprendre Élisabeth et l'amener à résipiscence, et, dans une moindre mesure, sur les Bombelles qui lui présenteraient un refus comme une cause de scandale doublée d'une erreur de jugement surprenante chez une princesse réputée pour son attachement à la religion et son bon sens. À la fin, elle céderait. Après tout, elle n'était qu'une enfant, et influençable, comme l'affirmait la chère Angélique. On se trompait et toutes les pressions se révélèrent vaines : Élisabeth avait pris sa décision une fois pour toutes, elle ne s'en irait pas sans les siens. Elle ne déserterait pas la place au pied du trône où la Providence l'avait fait naître[58].

Ce fut un tollé dans les milieux émigrés d'Italie d'abord, puis partout, tollé dont la chère Angélique fut le chef d'orchestre. Elle pensait, ce faisant, rendre service au roi et à « sa petite princesse » ; servait au passage le ressentiment qu'elle éprouvait à cause de la lettre du mois de janvier. Elle se répandit assez en reproches pour qu'Élisabeth, attristée d'avoir été, une fois encore, mal comprise, s'expliquât : « Mon Dieu, ma pauvre Bombe, que je suis fâchée que ma lettre t'ait fait autant de peine ! C'était bien loin d'être mon intention. Mais, ma petite Bombe, comment n'as-tu pas eu l'esprit de te dire : "Ma Princesse est bonne parce qu'elle ne veut pas nous décider ; elle nous recommande de faire de sérieuses réflexions, parce qu'elle sent l'horrible position où nous nous trouverons et qu'il y a tant de gens qui se mettent au dessus des scrupules qu'elle craindrait que notre zèle ne nous fît illusion sur nos devoirs." Voilà, mademoiselle Bombe, la conversation que vous auriez dû avoir avec vous-même, en y ajoutant quelques réflexions sur les sentiments de ta princesse, et tu n'aurais pas tourmenté ta tête et affligé ton amie par l'idée que tu as prise d'elle[59]. »

Ce baume versé sur les sentiments à vif de Mme de Bombelles ne suffirait pas à désarmer la campagne d'opinion qu'elle menait. « Comment une princesse aussi pieuse et aussi attachée au catholicisme tenait-elle à rester à Paris en pareilles circonstances ? Les mots de devoir méconnu, d'honneur mal compris furent prononcés[60]. » Élisabeth en ressentit une tristesse mêlée de colère, s'en ouvrit à Louise de Raigecourt, étrangère à ces manœuvres et sincère dans sa sollicitude. Il lui faudrait six semaines supplémentaires avant de trouver assez de calme pour s'expliquer avec Angélique : « Au reste, mon cœur, j'ai cru voir par tes lettres et par d'autres que j'ai reçues que l'on était étonné que je n'aie pas pris le même parti qu'elles (Mesdames Tantes). Je n'ai pas cru voir mon devoir attaché à cette démarche, voilà ce qui a dicté ma conduite. Mais crois que jamais je ne serai capable de trahir ni mon devoir, ni ma religion, ni mon sentiment pour les personnes qui le méritent seules et avec qui je voudrais vivre pour tout au monde[61]. »

Qu'on se le tînt pour dit. Un mois suffirait pour que ces têtes folles qui jugeaient de tout sans savoir eussent changé d'avis et se persuadassent que Madame Élisabeth avait, en restant, pris le meilleur parti ! Mme de Bombelles qui l'avait tant critiquée serait la plus prompte à l'approuver de demeurer en France. Elle l'écrirait sans s'effrayer de la palinodie : « Plus je réfléchis, plus je trouve qu'elle a bien fait de ne pas accompagner ses tantes et elle ne doit quitter le terrain que lorsque nous aurons perdu toute espérance de retour à un meilleur ordre des choses, car son courage peut en inspirer à tout ce qui l'entoure lorsqu'un plan bien combiné et bien appuyé leur dictera la conduite qu'ils auront à tenir[62]. »

Il est vrai que, dans le même temps, des gens qui se croyaient pareillement bien informés, prétendaient la princesse partie, seule, pour les Pays-Bas autrichiens et s'en félicitaient. C'était à ces « amis » bien intentionnés que songeait Élisabeth quand elle écrivait : « Mon Dieu, mon cœur, que l'on est malheureux de vivre dans ce moment-ci ! On ne rencontre que des fous, des imbéciles et des méchants ! Dieu veuille que l'esprit humain ouvre enfin les yeux à cette lumière que l'on dit que le siècle possède, mais qui est encore si obscure que pour moi, je n'y vois qu'un brouillard d'une épaisseur monstrueuse ! Si la religion ne vient pas à notre secours, il y a grande apparence que nous vivrons longtemps dans cette pénible situation. Enfin, dit-on, il faut vouloir tout ce que Dieu veut. Pour moi, je désire me sauver et que les gens que j'aime ne se perdent pas. Voilà tout ce qu'il me faut[63]. »

Les consolations de la foi lui restaient ; elle s'y raccrocha. Depuis qu'elle savait l'abbé Madier sur le point de partir[64], elle cherchait toujours un directeur de conscience : « Je suis à peu près décidée ; je crois que je prendrai le confesseur de Mme Doudeauville : on en dit beaucoup de bien et j'espère qu'il n'est ni trop doux ni trop sévère. Je te manderai ce qui en est lorsque j'y aurai été. Je suis convaincue que tu enrages un peu dans le fond de l'âme de ce que je ne pense pas à ton curé et tu vas croire que c'est parce que je l'ai vu. Non, point du tout, c'est tout simplement parce que je ne crois pas qu'il me convînt ; et puis, dans ce moment, j'aime mieux avoir un confesseur dont on parle moins et que je puisse espérer de garder. Au reste, je sens que je vais trôler mon âme de confesseur en confesseur[65]. »

Le protégé de Mme Doudeauville ne la convainquit pas puisque, début mars, elle écrivit au supérieur du séminaire des Missions étrangères de Paris, rue du Bac, lui demandant de lui recommander l'un de ses prêtres. Bon moyen de tourner la loi sur la Constitution civile du clergé : destinés à l'évangélisation de l'Extrême-Orient, ces Messieurs des Missions étrangères n'avaient ni cures ni postes en France et n'étaient donc pas tenus au serment schismatique. Ceux qui se trouvaient à Paris entre deux affectations ou le temps de refaire une santé éprouvée par le climat asiatique étaient en règle avec la loi française, et avec Rome, unique souci d'Élisabeth. En prenant là son confesseur, elle était assurée qu'on ne lui chercherait pas de tracas. Pour plus de précautions, le supérieur recommanda un prêtre d'origine étrangère que sa nationalité protégeait. Âgé de quarante ans, l'abbé Henry Edgeworth de Firmont, né en Irlande, demeurait sujet britannique. Appartenant à la gentry anglaise installée dans l'île au temps de Cromwell, les Edgeworth avaient donné au protestantisme une honorable lignée de pasteurs, jusqu'à ce que le père de l'abbé, ministre du culte réformé, se convertît à la foi de Rome. Après cela, l'exil était la seule solution. Les Edgeworth avaient trouvé asile à Toulouse où leur fils était devenu prêtre. Celui-ci s'était établi à Paris où il exerçait son ministère depuis dix-huit ans, se dévouant auprès des miséreux. L'abbé Edgeworth était un saint qui s'ignorait, modeste, timide, d'une inentamable fidélité à une monarchie française envers laquelle il se croyait redevable[66].

Mésaventures de « deux vieilles carpes »

Le prochain départ de Mesdames Tantes ne revêtait aucun caractère secret. Au nom de quoi les eût-on empêchées d'aller visiter Rome ? La liberté d'aller et de venir n'était-elle pas un droit de l'homme, et accessoirement de la femme ? Louis XVI l'avait pour une fois assez fermement dit, en signant les passeports de ses tantes et l'Assemblée n'avait trop su quoi lui opposer, bien que tout le monde sût la raison de ce départ, qui était le refus de reconnaître le clergé schismatique. Elle décida alors de recourir à son moyen d'intimidation ordinaire : la rue. Il suffirait d'envoyer à Meudon les « femmes » qui avaient marché sur Versailles en octobre 89 en les chargeant de ramener « les vieilles carpes » comme les surnommait Hébert dans son *Père Duchesne*.

La manœuvre eût fonctionné si Louis XVI n'avait pressé le départ de ses tantes qui quittèrent Bellevue la nuit du 20 février 1791 avant l'arrivée du cortège ; poissardes et sans-culottes se consoleraient de les avoir ratées en pillant leur demeure. Sitôt la nouvelle de leur départ – on dirait de leur « fuite » – connue, toutes les traverses furent bonnes pour les arrêter. Élisabeth, deux semaines avant leur départ, prophétisait déjà avec ironie : « Peut-être en chemin leur voudra-t-on persuader, aussi doucement que l'on nous a amenés ici, qu'il faut qu'elles reviennent ; elles ne se laisseront pas persuader, mais cela fera époque dans l'histoire pour prouver la douceur du joug que nous portons et la parfaite liberté qui règne dans notre malheureuse patrie[67]. »

Inquiétées une première fois à Moret-sur-Loing, Mesdames furent arrêtées à Arnay-le-Duc. On en référa à Paris, l'Assemblée fut saisie, discuta plusieurs jours de « l'affaire[68] ». Au bout d'une semaine, voyant que le roi ne céderait pas, les députés firent savoir aux Bourguignons qu'ils eussent à laisser les princesses continuer leur voyage, droit reconnu à tous les citoyens. Pour une fois que les grands principes révolutionnaires servaient à quelque chose ! Cette attitude de fermeté, inattendue tant Louis XVI en avait déshabitué son entourage, eut le curieux effet de ramener aux Tuileries des gens qui, dégoûtés, avaient renoncé à s'y montrer : « Le château était comble de gens qui étaient pleins de bonne volonté. [...] Aussi hier n'y a-t-il jamais eu tant de monde chez le roi et chez la reine. Il y avait longtemps que nous étions un peu seules au jeu ; mais hier, il était superbe. Je ne puis vous rendre le plaisir que j'ai éprouvé. Ah mon cœur, le sang français est toujours le même ; on lui a donné une dose d'opium bien forte mais elle n'a pas attaqué le fond de leur cœur. Il n'est point glacé et l'on aura beau faire, il ne changera jamais. Pour moi, je sens que, depuis trois jours, j'aime ma patrie mille fois davantage[69]. »

Était-ce à cette minime satisfaction qu'elle faisait allusion, ou à l'incident survenu le même jour qui lui rendait confiance ?

Le lundi 28 février 1791, le bruit se répandit que des travaux débutaient à Vincennes afin de permettre à cette forteresse de suppléer aux fonctions carcérales de la Bastille. Le sang des « patriotes » ne fit qu'un tour : on n'avait pas égorgé Launay au canif le 14 juillet pour permettre une telle chose ! Conduite par le brasseur Santerre, la foule se porta vers Vincennes d'autant plus bravement que l'endroit était dépourvu de canons et même de garnison.

À l'heure où Santerre entraînait ses troupes vers le vieux donjon, entre deux cents et quatre cents gentilshommes de province arrivaient aux Tuileries. La chose fût passée inaperçue si l'affluence des courtisans au palais eût été ordinaire mais, depuis l'accueil indigne des souverains à la marquise de Favras, les fidèles, échaudés, se faisaient rares. La Fayette s'alarma de cet afflux et donna l'ordre d'avoir l'œil.

Les « chevaliers du poignard »

Dans la matinée, un M. de La Tombelle se présenta chez la reine ; il semblait troublé, les gardes nationaux de faction prirent sur eux de l'interpeller et le fouiller. Découvrirent sur lui un poignard. Il n'en fallait pas davantage pour hurler au complot. Alerté, La Fayette débit dans les appartements royaux, fit arrêter La Tombelle. Puis expliqua au roi que la sécurité de la famille royale était menacée, qu'il s'agissait d'une tentative contre-révolutionnaire, qu'il ne répondait pas de la réaction des Parisiens s'ils apprenaient ce qui venait de se passer. Que venait-il de se passer ? Rien ! On avait trouvé une arme sur un visiteur, ce qui, en ces temps troublés, relevait d'une précaution élémentaire et légale.

Il n'empêche : La Tombelle arrêté, La Fayette exige du roi qu'il donne ordre aux gentilshommes présents aux Tuileries de quitter le château, après avoir « mis bas les armes ». Voilà l'incident transformé en sédition armée ! Le ridicule de la chose est si patent que Louis XVI devrait en rire, ou se mettre en colère ; au lieu de cela, il fait rassembler ces Messieurs, leur tient un discours qui accrédite la conspiration :

– Messieurs, c'est moi qui vous le demande ! Déposez ici les armes que vous avez prises pour ma défense. Quel que soit le danger auquel m'exposent l'erreur, les interprétations fausses et la haine, ne sortez plus de la modération[70] !

Les poches se vident de quelques pistolets confisqués après avoir été estampillés au nom de leurs propriétaires. Dans l'idée de La Fayette, il s'agit d'avoir la preuve du complot, et des noms à jeter en pâture à la vindicte de la rue... À peine ce désarmement terminé, il s'empare de la récolte, va la brandir sous le nez de ses troupes, braillant que l'on vient d'échapper à une Saint-Barthélemy des patriotes, que des agents de la réaction se promènent dans Paris en cachant sur eux des « poignards dissimulés dans des crucifix » aux lames empoisonnées afin que la moindre égratignure soit mortelle ! Ils comptent s'en servir pour assassiner les membres de l'Assemblée ! Ce délire qui mêle religion et politique, sur le thème à la mode du « complot clérico-nobiliaire », cabale fantasmatique qui enfièvre la minorité révolutionnaire, prend à merveille. La légende noire des « chevaliers du poignard » qui servira chaque fois que l'Assemblée redoutera un mouvement en faveur du roi vient de naître. Quelques seigneurs échappent de peu à la lanterne.

Il demeure malaisé de comprendre ce qui s'est réellement passé ce 28 février. Simple coïncidence entre le déplacement de Santerre et ses bandes à Vincennes et la présence de royalistes aux Tuileries, coïncidence que La Fayette, dans l'obligation de donner des gages à la gauche, aurait exploitée ? Ou tentative, d'une désespérante maladresse, pour arracher la famille royale à ses gardiens, tentative dont les auteurs auraient omis d'informer le roi afin d'éviter ses tergiversations, et qui aurait été dénoncée par un agent double ? Les deux versions ont leurs partisans. Élisabeth en tenait pour la seconde : « J'ai reçu votre petite lettre. Je ne crois pas que jamais la personne dont vous me parlez (la reine) ait eu l'intention que l'on lui prête à l'égard des autres. Elle a ses défauts mais je ne lui crois pas celui-là. Elle voudrait seulement être sûre des qualités du gendre (Artois) que l'on lui propose avant de se décider et elle n'a pas encore eu de preuves bien certaines qu'il ferait le bonheur de sa fille. Si Θ (Artois) peut rompre les liaisons avec v (Calonne) en voyageant d'un autre côté et non pas précisément dans le même moment, cela ferait plaisir, j'en suis sûre. Et moi, je le désire vivement pour le bien de la personne que j'aime tant et pour laquelle je vous avoue que je crains la liaison de v. Ne dites pas cela à l'homme que vous avez vu, mais vous pouvez le mander, sous le plus grand secret à celle dont vous approuvez les idées. Même pour les gens intéressés, je ne sais comment entrer en explication sur cela avec eux, et vous me ferez plaisir de vous en charger. Je ne sais pas si la poste ne repasse pas en France pour aller de ce côté-là[71]. »

Qu'il y avait eu tentative d'évasion, Élisabeth le laissait entendre. Quant aux raisons du silence observé vis-à-vis du couple royal, il se justifiait par la remarque à propos de la reine. Marie-Antoinette ne cachait plus son hostilité aux agissements du comte d'Artois. Fallait-il une preuve supplémentaire que la princesse avait su quelque chose de l'affaire « des poignards », et de bien d'autres, un ancien officier des gardes du corps, revenu à Paris à sa demande, reparti à la suite de ce nouveau ratage, le comte d'Albigiac, écrivait le 4 avril à Louise de Raigecourt : « Tous ceux qui ne sont pas corrompus, ceux qui ont conservé quelque espoir se rallient autour d'elle... » On ne pouvait mieux souligner le rôle d'Élisabeth au cœur des réseaux royalistes. Vaudreuil le confirmerait en écrivant à Artois depuis Vienne : « Vous conclurez que vous êtes indignement déjoué par la jalousie de la reine et la faiblesse du roi qui, cependant, [...] a au moins un œil ouvert sur le compte de la reine et n'a plus de vraie confiance que dans l'Ange que tous les honnêtes gens adorent. [...] S'adresser directement à Madame Élisabeth et que cet Ange obtienne du roi un plein pouvoir pour vous, qui détruise et annule tous les pouvoirs antérieurs[72]. »

Au-delà des différends familiaux qui continuaient à se creuser et la navraient, ce rôle d'organisatrice occulte de la résistance en France, Élisabeth avait intérêt à le dissimuler en s'enfermant dans le personnage ridicule de « la vieille fille bigote ». Tant qu'elle ne paraîtrait pas plus dangereuse que Mesdames Tantes « parties se faire ramoner par le pape » comme l'écrivait l'élégant Hébert, elle serait à peu près libre d'aller où bon lui semblerait et recevoir qui elle voudrait. Cette liberté lui était indispensable. Le durcissement de la persécution religieuse allait la contraindre à sortir de cette position effacée.

La famille royale savait qu'elle serait obligée d'assister aux offices de prêtres assermentés. À Louis XVI qui lui demandait s'il pourrait faire ses Pâques, l'évêque de Clermont, Mgr de Bonal, sur le point de quitter son siège épiscopal pour avoir refusé la Constitution civile du clergé, avait répondu que cela lui semblait doublement impossible : Sa Majesté, depuis qu'Elle avait approuvé la loi schismatique, se trouvait en situation d'excommunication, même si Rome ne l'avait pas clairement dit, et cet état lui interdisait d'approcher la Sainte Table tant qu'elle ne se serait pas publiquement rétractée, rétractation pour l'heure impossible ; et, quand bien même Rome eût toléré que le roi approchât des sacrements, il était interdit à un catholique de recourir au ministère des schismatiques, sauf *in articulo mortis*, et encore ! Ses conseillers ecclésiastiques s'étaient jusque-là gardé d'expliquer sa position à Louis XVI, de sorte qu'il n'avait pas pris conscience de la gravité de ses actes. Maintenant, désespéré, il cherchait un moyen de se tirer de ce guêpier et réparer ses torts envers la religion. Mgr de

Bonal soutenait qu'il ne serait pas réconcilié tant qu'il n'aurait pas publiquement dit son désaccord avec cette loi qu'on lui avait « arrachée ». Or, pour ce faire, il fallait être libre et Louis XVI ne l'était plus. Il devait, pour son salut éternel, recouvrer sa liberté d'action. Ce qui impliquait de quitter Paris.

L'affaire des poignards, dont il avait été très peu informé, lui parut détestable d'abord parce qu'elle soulignait que ses propres fidèles ne lui faisaient plus confiance, ensuite parce qu'elle resserrait la surveillance autour de lui, dans un moment où il préparait son évasion. Il en tomba malade.

Le 4 mars 1791, le roi, claquant de fièvre et crachant le sang, s'alita. Pour Élisabeth, la cause de cet accident de santé était évidente : « La scène de lundi » – la tragi-comédie de l'affaire des poignards, et le rôle lamentable que Louis XVI y avait tenu – « y était bien pour quelque chose[73] ». Y voyant une crise psychosomatique, l'ancienne infirmière du si beau docteur Dassy refusa de s'inquiéter, et, pour lui donner raison, Louis fut remis sur pied en quelques jours. Sur pieds, mais pas en jambes, car convalescent, muré vis-à-vis d'elle dans le silence et le secret, il lui semblait toujours aussi apathique :

Dans ces moments difficiles, au moins Madame Élisabeth avait-elle la consolation d'un soutien spirituel car l'abbé de Firmont s'était au premier instant accordé aux désirs de son âme. Leur rencontre avait pourtant failli tourner à la catastrophe lorsque ces deux timides s'étaient retrouvés à l'improviste face à face, pareillement incapables d'articuler un mot : « M. de Firmont [...] a remplacé l'abbé Madier dans ma confiance. Je me suis confessée hier ; j'en ai été parfaitement contente. Il a de l'esprit, de la douceur, une grande connaissance du cœur humain ; j'espère trouver en lui ce qui me manquait depuis longtemps pour faire des progrès dans la piété. Remercie le Ciel pour moi, mon cœur, de ce que, par un trait particulier de sa providence, il me l'a fait connaître et demande-lui que je sois fidèle à exécuter tous les ordres qu'il me donnera par cet organe[74]. »

Encore fallait-il y aider en expiant pour la nation égarée. Élisabeth s'y employait par ses efforts, ses sacrifices, et ceux de son association de prière aux Sacré-Cœur et au Cœur immaculé de Marie. Elle s'ouvrit à son nouveau confesseur de la règle de vie qu'elle s'était imposée lors de cette fondation :

> Le dimanche, je ferai toutes mes actions dans l'intention de faire pénitence de mes péchés.
> Le lundi, pour ne pas craindre le Jugement dernier, toutes mes actions pour ne pas craindre sa rigueur.
> Le mardi pour échapper à l'enfer, me pénétrer de l'idée que son plus grand mal est la privation de la vue de Dieu.
> Le mercredi le Paradis, le bonheur dont y jouissent les saints.
> Le jeudi, penser au sacrement divin que Dieu institua, lui demander la grâce de le recevoir souvent et de ne pas mourir sans l'avoir reçu.
> Le vendredi, détachement de tous les biens de la terre, pour embrasser la croix de Jésus Christ et préparation à la mort.
> Le samedi, implorer le secours de Marie auprès de Son Fils, s'exciter à sa dévotion et à celle de tous les saints.

Quoique cela n'eût rien d'étonnant dans une conception du catholicisme marquée par la pensée des fins dernières, la méditation de la mort tenait là une place prépondérante, la communion fréquente et la dévotion mariale se présentant comme des moyens de faire une « bonne fin » et des remèdes pour aider à se sauver. Tacitement, Élisabeth avait fait le sacrifice de sa vie.

Eût-elle eu l'outrecuidance d'évoquer cette idée, elle eût arraché des sourires condescendants à ses amis, sauf peut-être à Vaudreuil. Et à son ancien professeur d'histoire, Leblond, exilé, à l'instar de beaucoup d'anciens serviteurs trop liés à la famille royale pour n'être pas compromis et qui, peu avant, avait jeté un froid glacial dans le salon des Raigecourt en tirant d'exemples historiques la démonstration implacable que tout cela, fatalement, allait très mal finir et qu'il fallait s'attendre au pire, même à l'assassinat des malheureux princes. Enceinte, Louise avait été si saisie qu'elle avait cru en perdre son enfant, puis s'était demandée si elle ne devait pas regagner Paris et périr aux pieds de sa princesse... Élisabeth s'était fâchée : « Je suis désolée, mon cœur, de la peur indigne que vous a faite M. Leblond. Nous sommes loin encore de toutes les idées qu'il t'a fait venir[75]. »

Pas si loin que cela : Élisabeth le laissa entendre à Mme de Bombelles : « Ne sens-tu pas que c'est dans la peine, dans les moments où la religion est en danger que l'on en sent le mieux le prix ? Dédommager Dieu, s'il est possible, de tous les outrages qu'Il reçoit : ah qu'ils sont grands, mais que Sa bonté l'est mille fois davantage ! Prie-Le pour moi, mon cœur, c'est à ceux qui sont dans un séjour tranquille à obtenir des grâces pour ceux qui sont dans le pays le plus orageux que l'on ait jamais rencontré[76]. »

Tout était dit : c'était parce que les églises, abandonnées au clergé schismatique, se vidaient, laissant les fidèles obligés de faire leur salut comme ils le pouvaient, qu'il fallait se sacrifier, souffrir et offrir pour les autres, « dédommager Dieu » « en attendant avec crainte une persécution encore plus forte » qui risquait de mener, pour demeurer fidèle, au martyre... L'idée n'enthousiasmait nullement la princesse mais il fallait s'y préparer.

Le roi pécheur

Décidé à faire ses Pâques malgré Mgr de Bonal, Louis XVI ne voulait pas les faire à Saint-Germain-l'Auxerrois, des mains du nouveau curé. Le paradoxe intenable de sa situation ne lui échappait pas : comment, après avoir approuvé, ou donné l'impression de l'approuver, la Constitution civile du clergé, pouvait-il se contredire en refusant de recevoir les sacrements d'un prêtre qu'il avait contribué à installer en ses fonctions ? Le plus simple, si l'on voulait éviter un affrontement dont le roi ne se sentait pas la force, était de quitter Paris le 18 avril et d'aller passer la Semaine Sainte à Saint-Cloud. Là, à l'abri des investigations indiscrètes, la famille royale célèbrerait le triduum pascal en compagnie des prêtres de son choix.

Le Lundi Saint, vers 11 heures du matin, la famille royale, suivant ce plan, monta dans la berline qui devait l'emmener à Saint-Cloud, pour voir aussitôt la Garde nationale saisir les chevaux au mors et interdire à la voiture de s'ébranler. Quelqu'un cria :

– Au moindre coup de feu tiré, le second est pour le gros cochon d'aristocrate dans cette voiture ! On le mettra en morceaux !

C'était la première fois que l'on émettait une menace physique contre Louis XVI. S'il manquait cependant un défaut au monarque, c'était la lâcheté. Il lui était arrivé, depuis les commencements de la Révolution d'avoir peur, de le dire et le montrer, mais jamais pour lui. Pas plus ce jour-là que les autres. Se penchant à la vitre de la voiture, le roi lance d'une voix autoritaire qu'on ne lui a pas entendue depuis longtemps :

– Il serait étonnant qu'après avoir donné la liberté à la nation, je ne sois pas libre moi-même !

Belle formule qui prouve que Louis XVI n'a pas saisi les rouages révolutionnaires. Comme l'ont dit les excités d'Arnay-le-Duc quand ils ont intercepté Mesdames Tantes, depuis arrivées sans encombre à Turin : « La liberté, c'est pour le peuple ; pas pour les Princes ! » La Fayette, qui a souhaité ce séjour à Saint-Cloud afin de convaincre la France, l'étranger et la famille royale que rien ne saurait entraver le libre arbitre de Louis XVI s'indigne de cette « entrave mise aux décrets », et ne fait qu'exciter ses troupes qui n'ont aucun respect pour lui. La reine intervient, s'entend répondre :

– Tiens, voilà que cette foutue bougresse se mêle de nous donner des ordres !

Dans la voiture, cernée par une foule grossie de tous les désœuvrés qui traînaient au Carrousel et sur la terrasse des Feuillants, Louis XVI s'est enfermé dans le mutisme après avoir lancé à La Fayette :

— C'est à vous, Monsieur, à prendre les dispositions nécessaires pour faire respecter *votre* constitution !

La Fayette suggère de faire disperser l'émeute par la force publique. Sans état d'âme car il est sûr d'avance de la réponse de Louis XVI :

— Je ne veux pas qu'on verse le sang pour moi.

Élisabeth, rencognée dans un angle de la berline, soupire. Ce maudit refrain entonné sans cesse par son frère depuis deux ans ne leur a-t-il pas valu assez de malheurs ? Rien ne l'amènera-t-il à faire enfin preuve de fermeté ? Louis XVI, après quatre-vingts minutes passées dans cette voiture où l'atmosphère devient irrespirable, changeant soudain complètement d'attitude, ouvre la portière, descend, lance à la cantonade de cet air bonhomme qui exaspère sa femme et sa sœur :

— Il n'est pas possible que je sorte ? Eh bien, dans ce cas, je reste !

Lamentable, définitivement lamentable...

Désireuse de minimiser l'incident auprès de ses amies à l'étranger, Élisabeth écrirait le lendemain à Mme de Raigecourt : « Heureusement il n'y a point eu de malheur. Nous nous portons tous bien. [...] Le roi a parlé avec force et bonté et s'est parfaitement montré[77]. »

Elle n'en pensait pas un mot mais il fallait le dire, ou plutôt l'écrire. Sa lucidité, pourtant, restait entière. Élisabeth, à la différence de tant d'autres, avait compris dès les prémices de la Révolution que ce mouvement s'opérait d'abord contre Dieu et l'Église, accessoirement contre la monarchie, dans la mesure où celle-ci se voudrait garante de la sûreté des autels. La suite des événements avait démontré qu'elle avait vu juste, et, dans la semaine qui suivit l'incident du 21 avril, elle constata, ce qui ne la surprit pas, que le flux et le reflux de la violence suivait exactement l'attitude de la famille royale vis-à-vis de la Constitution civile du clergé. Le roi faisait-il mine d'accepter, tout s'apaisait[78] ; l'un ou l'autre de ses proches s'y refusait-il, l'agressivité se déclenchait derechef, de plus en plus violente et obscène.

Louis XVI, sans y communier davantage que le dimanche des Rameaux, assista, le 24 avril 1791, à la messe de Pâques à Saint-Germain-l'Auxerrois. La reine et les enfants l'avaient accompagné. Il le fallait puisque, l'avant-veille, le roi avait congédié Mgr de Montmorency-Laval et toute l'aumônerie du palais. Sa sœur se félicita d'avoir recouru à temps à l'abbé de Firmont. Toutes les objurgations de Louis ne purent la contraindre à se rendre à l'office de l'assermenté : son frère était son roi, son aîné, possédait sur elle bien des droits, mais pas celui de l'obliger à cautionner un schisme[79].

« La grosse Babet »

En même temps, Élisabeth se rendait compte que son attitude intransigeante, seule acceptable à ses yeux, compromettait son frère et le fragilisait, comme s'il en avait eu besoin. Pourtant, elle ne se demandait pas où était son devoir : Dieu, par la bouche de Pie VI, avait parlé ; il n'y avait pas à revenir sur la décision, quel que fût le prix à payer. D'ailleurs, la princesse, si péniblement agitée en son âme ces derniers mois, éprouvait, depuis qu'elle avait arrêté sa position, une sérénité nouvelle : elle possédait assez l'expérience de la vie intérieure pour savoir qu'il s'agissait d'une grâce[80].

Elle renonça toutefois, afin de ne pas exciter les fanatiques, aux offices du Jeudi et du Vendredi Saints, arguant d'une indigestion de « blanc-manger de Carême » pour garder la chambre[81]. Ce pieux mensonge n'avait dupé personne. Ces derniers mois, les ennemis de la monarchie, par instinct du vrai danger, par misogynie, ou les deux à la fois, la tenaient à l'œil.

Déjà, fin novembre, ils l'avaient accusée d'avoir fait de Saint-Cyr un repère de conspirateurs ; l'attaque avait concordé avec les commencements de la persécution contre le clergé fidèle. Fin avril 1791, Hébert, Marat et la presse révolutionnaire se donnèrent le mot pour concentrer leurs violences sur elle qui ne pliait pas et risquait d'inspirer à son aîné une attitude d'insoumission aux prétendues volontés de la nation. Les journalistes ne reculeraient devant rien, pas même les calomnies les plus invraisemblables ; le père Lenfant, ancien confesseur du roi, écrivait à son frère en cette Semaine Sainte 1791 : « Il n'est pas jusqu'à la vertu la plus pure, la plus soutenue qui ne soit indignement outragée. Madame Élisabeth est déchirée par les plus sanglantes et les plus absurdes calomnies[82] ! »

Il fallait en effet une imagination détraquée, un esprit pervers pour s'en prendre à la pureté de la jeune fille, accusée de cacher des prêtres réfractaires dans ses appartements, ou plutôt dans son lit, et se livrer avec eux à des bacchanales...

Cependant, l'innommable portrait brossé d'elle par le *Père Duchesne* cernait ce qui, dans cette pratique de plus en plus héroïque des vertus chrétiennes, déplaisait : « la grosse Babet » ne se contentait pas d'être « jolie », de cette beauté un peu paysanne éclatante de santé qui plaisait au peuple et la lui rendait sympathique, elle s'avisait aussi d'être « intelligente » ; pis encore, elle mettait cette intelligence au service de la Contre-Révolution. La preuve en était qu'elle « mangeait beaucoup de macaronis blancs », ce qui voulait dire qu'elle était adepte de la communion fréquente. Que Hébert et ses amis, élevés chez les bons Pères, au fait des usages du catholicisme, sachent la contradiction entre leurs attaques contre la chasteté de la princesse et sa piété, ne les empêchaient pas de la traiter à la fois de bigote et de salope. Ils savaient leurs lecteurs prêts à tout gober pourvu qu'on eût enrobé le propos dans ce vocabulaire ordurier faussement populacier qui faisait le succès du journal. La conclusion de l'article résumait l'ensemble des griefs : « Cette méchante carogne voudrait voir la Nation à tous les diables. Cependant, elle a part à la pitance du tyran[83] et elle gagne bien sa nourriture. Par qui cette guenon est-elle entretenue ? »

Si tant est que cette prose fût tombée sous les yeux de la princesse, ou qu'elle en ait entendu les titres hurlés sous sa fenêtre, un mot dut la frapper plus que les insultes la visant : celui de tyran appliqué à son frère. C'était un palier supplémentaire de franchi et tous les décrets votés ces derniers mois à propos du respect dû à la personne du roi, premier fonctionnaire de l'État, son inviolabilité prétendue apparaissaient pour ce qu'ils étaient : une plaisanterie... Dans ces conditions, Hébert avait raison : elle vouait à tous les diables ce qu'il osait appeler la Nation, entité qu'elle se refusait à confondre avec la France.

Malgré les insultes, les menaces, l'impossibilité de quitter Paris en ce printemps pluvieux et lugubre, car, après Pâques, viendraient l'Ascension et la Pentecôte, et l'on voulait être sûr que le roi entendrait la messe d'un prêtre à la nouvelle mode, Élisabeth assurait prendre son parti des événements, dans la mesure où on n'osait pas encore lui interdire de pratiquer à sa guise. Elle n'était « point gênée dans ses dévotions[84] », préférait demeurer aux Tuileries que se compliquer la vie à Saint-Cloud, où il lui faudrait traverser tout le château à l'aube pour entendre la messe à la chapelle. Ce qu'elle se gardait de dire à ses amies, c'était le prix qu'elle payait ses visites devant le Saint-Sacrement et le recours à l'abbé de Firmont. Les tombereaux d'immondices répandus sur son compte par la presse commençaient à porter leurs fruits et les gardes nationaux, déjà peu enclins à lui témoigner du respect, ne se contenaient plus. Pour se rendre à la chapelle des Tuileries, Élisabeth devait traverser plusieurs salles et salons, quelques cours aussi remplis de ces messieurs censés veiller à la sécurité de leurs princes et qui, en réalité, faisaient office de geôliers. Sur son passage, fusaient insultes, menaces, gros mots et moqueries, plaisanteries salaces, voire la promesse de lui faire voir ce que c'était qu'un homme, un vrai, pas un de ceux qui portaient la soutane. Où était le temps où l'on interdisait à Mme de Bombelles de changer son « baby » devant la princesse ? ! Le temps d'avant sa majorité, quand aucun représentant du sexe fort, hormis les vénérables personnages de sa proche Maison n'était autorisé à la voir.

En apparence sourde et indifférente, Élisabeth passait sans un regard pour cette cohue aux uniformes de carnaval que les premières chaleurs du mois de mai incitaient à un laisser-aller vestimentaire inconnu, jadis, des gardes du corps, souvent un peu ivres. Une fois ou deux, un audacieux plus saoul que la moyenne, ou plus haineux, s'était avisé de lui barrer le passage. Elle l'avait regardé sans un mot et le faquin, face à la descendante de Louis XIV, d'Henri IV et de Saint Louis, avait baissé le premier les yeux et s'était écarté. Extérieurement, rien ne transparaissait de l'émotion, la honte, la gêne, l'humiliation, la colère. Élisabeth conservait un souverain contrôle d'elle-même ; à l'intérieur, c'était une autre affaire.

Le 11 mai, profitant que Françoise d'Ampurie quittait Paris et rejoignait sa sœur à Trèves, elle disait à Mme de Raigecourt : « Croyez mon cœur, que je suis moins malheureuse que vous ne vous le figurez. Ma vivacité me soutient et dans les moments de crise, Dieu m'accable de bontés ; j'ai bien souffert dans la Semaine Sainte mais une fois le moment passé, je me calme. »

C'était un assez bon résumé de son état d'esprit. Toutefois, ces « crises » qui la privaient de sérénité ne lui semblaient pas, dans sa délicatesse spirituelle, réaction normale à l'anormalité de sa situation, aux épreuves endurées, à l'angoisse continuelle, mais un manquement grave à la volonté de Dieu. Loin de la détourner de cette idée, l'abbé de Firmont, directeur de conscience exigeant, sensible à la qualité d'âme exceptionnelle de sa pénitente, l'encourageait dans cette quête de perfection.

Cette « légèreté » dont elle se plaignait, qui lui interdisait de « sentir plus profondément » ces épreuves « bien fortes », la poussait, mais il n'était pas question de l'écrire dans une lettre susceptible d'être ouverte et lue, à nourrir des espoirs fort éloignés de la résignation à la volonté de Dieu. La princesse espérait une opération décisive menée depuis Turin par Artois avec le concours des puissances étrangères. Malgré l'éloignement du docteur Dassy, qu'elle avait voulu, son réseau d'information fonctionnait grâce à Vaudreuil. Quelque chose se préparait, elle le savait, l'attendait, misait tout ou presque dessus, le murmurait à certains intimes dans ses courriers codés, en les suppliant de n'en rien révéler à l'extérieur, recommandation que, bien entendu, trop contents d'être dans le secret des dieux, ils s'empressaient de violer, en faisant jurer le silence absolu.

C'était, Élisabeth voulait y croire, l'affaire d'un mois et tout serait fini, si Dieu le voulait. S'Il ne le voulait pas... Louise de Raigecourt recueillerait le 11 mai l'écho de ces espérances :

« On a rendu un décret avant-hier pour faire croire au peuple que l'on est libre d'exercer telle religion que l'on voudrait ; mais, dans le fait, il nous laisse dans la position où nous étions depuis trois semaines : seulement peut-être pourra-t-on acheter une église sans être fouetté, voilà ce que nous pouvons espérer de mieux. Nous prenons si peu de précautions que je crois que nous serons ici lorsque le premier coup de tambour se fera entendre. Si les choses sont menées sagement, je ne crois pas qu'il y ait un vrai danger. Je ne suis pas décidée sur ce que je ferai ; mais, jusqu'à ce moment, je ne vois pas jour à prendre congé de ma chère patrie. [...] Cependant les nouvelles de Θ[85] sont satisfaisantes. Tout le monde dit que les principautés sont coalisées pour nous. Je le désire vivement et peut-être trop vivement. [...] Je ne sais plus si je t'ai mandé que je ne croyais pas que nous fussions sortis de Paris lorsque tu y viendras. Que cela ne te bouscule pas le sang. Le danger n'aura rien de plus grand que celui d'avoir été prévu dès longtemps. »

Cette lettre ne laissait subsister aucun doute sur les objectifs visés : non un énième projet d'évasion de la famille royale mais une opération en armes, appuyée par les cours d'Europe, qui viserait la capitale. Avait-on compté que le roi et les siens auraient quitté Paris ? Dans ce cas, l'épisode du Lundi Saint pouvait avoir sérieusement inquiété et justifiait le conseil donné à Élisabeth, seule dans la confidence du projet, de passer à l'étranger si elle en gardait la facilité.

En attendant, le vide continuait de se faire autour d'elle. Louis XVI avait renvoyé nombre de gens d'un dévouement inaltérable, de ceux qui ne s'étaient pas encore rebutés de sa conduite, et ces départs forcés en entraînaient d'autres, de familiers qui, découragés, préféraient quitter les Tuileries. La persécution avait réveillé à l'improviste chez beaucoup de catholiques tièdes ou non pratiquants une foi endormie et suscité un élan de dévotion. Au début, Élisabeth s'en était réjouie[86] ; aujourd'hui, elle constatait les conséquences de ces conversions : privés de la messe et des sacrements, ne se sentant pas la force de braver la législation persécutrice qui allait jusqu'à la violence physique, ces gens préféraient l'exil.

Fin mai 1791, Mmes de Lastic, de Tilly, de Sérent et de Fournes, sous divers prétextes touchant à leurs affaires de familles, demandèrent congé. Ces départs, venant après ceux de Bombelles, Raigecourt, d'Ampurie et Démon, privaient entièrement la princesse de ses dames. Ce vide se révéla presque invivable. Cela aussi, elle décida de l'offrir à Dieu, dans l'idée que l'amitié humaine la détournait de l'essentiel et qu'en éloignant d'elle tant de gens qu'elle aimait, le Ciel cherchait à lui montrer les vraies priorités[87]. Cela faisait dix-huit proches envolés en deux ans[88]. Cette « désertion », pour employer son mot, qui frappait d'abord les plus fervents, les plus dévoués, les plus sûrs livrait la France à la faction ennemie. Si tous les royalistes s'en allaient, dans l'illusion de mieux servir à l'étranger, quel mouvement resterait possible dans le pays même ? En cette fin mai 1791, Élisabeth se trouvait partagée entre son cœur et sa raison, l'une lui conseillant de rappeler un maximum d'amis, l'autre la confortant dans le choix qu'elle avait fait dès 89 d'éloigner ceux qu'elle aimait le plus pour les mettre à l'abri. Ce déchirement transparaissait assez dans ses lettres pour que Louise de Raigecourt, accouchée d'une fille baptisée Hélène, ce troisième prénom de la princesse que celle-ci choisissait pour ses filleules, comme si elle sentait la nécessité de placer sous le signe de la Croix tout ce qui la touchait[89], prétendît quitter Trèves avec son nouveau-né afin de remplacer auprès d'Élisabeth celles qui s'en étaient allées. Il fallut toute l'autorité de la princesse pour l'en empêcher[90].

Coup supplémentaire, la tentative que projetait Artois fut repoussée de quelques semaines, mais ces quelques semaines, pour ceux qui, à Paris, vivaient dans une prison chaque jour plus étouffante paraîtraient des mois...

Élisabeth, désappointée, affichait pourtant une confiance intacte et continuait à refuser tout projet de départ singulier[91]. Même si, en des moments de déréliction qu'elle cachait, il lui arrivait de caresser le rêve inassouvi et inassouvissable d'une fuite solitaire qui la conduirait loin, très loin, de ce cauchemar éveillé que le Ciel la condamnait à vivre et auquel il lui demeurait possible d'échapper.

Chapitre XI

LA ROUTE DE VARENNES

Le 20 juin 1791, Marie-Antoinette emmena ses enfants au jardin de Tivoli[1], puis, rentrée vers 6 heures du soir, proposa à sa belle-sœur de l'accompagner faire une promenade à cheval au bois de Boulogne. Élisabeth n'aimait guère ce « triste » endroit mais accepta. Elles rentrèrent à 8 heures du soir.

On se mit à table tous ensemble, les Provence étant venus souper. Vers 9 heures et demie, Monsieur se retira avec sa femme. À l'instant de les laisser regagner le Luxembourg, Élisabeth saisit la main de son frère et, d'un ton dont elle n'usait pas d'habitude avec lui, chuchota, en lui glissant une image pieuse, objet qui faisait rire aux larmes le voltairien Louis Stanislas :

– Mon frère, vous avez de la religion. Permettez-moi de vous donner cette image car elle ne peut que vous porter bonheur.

Contre toute attente, le prince n'éclata pas de rire et prit l'une de ces vignettes du Sacré-Cœur et du Cœur immaculé qu'Élisabeth dessinait, manifesta un semblant d'émotion, ce qui ne lui ressemblait pas. On s'embrassa en se souhaitant bonne nuit et au lendemain, et, tandis que la princesse regagnait ses appartements, les Provence quittèrent les Tuileries[2].

Élisabeth rentra chez elle. Derrière la porte, on entendait le bruit des sentinelles de faction en train de déployer leur couchage sans se soucier de déranger celle que Marat et Hébert avaient aimablement surnommée « Madame Aspic ». Comme Mme Navarre et ses assistantes quittaient la chambre, Élisabeth leur demanda de « ne surtout pas oublier de la réveiller à temps pour la messe de 8 heures ».

À peine sont-elles sorties, Élisabeth se relève sans faire aucun bruit, enfile une robe grise, attrape un chapeau à larges bords muni d'une voilette et son petit sac. Tenant ses souliers à la main pour éviter de faire craquer le parquet, elle se glisse jusqu'au mur en face de son lit, écarte la tapisserie. Derrière se trouve une porte dérobée qui, en pivotant, donne sur un cagibi, puis un passage secret – les vieilles Tuileries en possèdent plusieurs voulus par Catherine de Médicis – conduisant à une galerie que tous croient condamnée. Dans le cagibi, un homme se tient tapi : l'un des gardes du corps retenus par le roi lorsqu'il a préparé l'opération. Le couple se hâte vers la sortie du palais et une citadine garée derrière le Carrousel. L'homme qui se tient près de la voiture s'approche, souffle :

– Madame, on vous attend !

Élisabeth reconnaît, à ses cheveux blond paille et ses yeux bleu pâle, le comte de Fersen. Dans la voiture, elle devine une femme tassée au fond, et deux enfants recroquevillés sur le plancher : Mme de Tourzel, le dauphin et sa sœur.

Il faut attendre une demi-heure avant que Louis XVI arrive. Contrairement à leurs habitudes, Bailly et La Fayette ont traîné dans la chambre royale après la cérémonie du coucher, et le roi s'est demandé s'ils ne soupçonnaient pas quelque chose. Cela n'aurait rien d'étonnant car le plan aurait dû être mis à exécution le 19 mai si une série de contretemps n'avait obligé à le repousser trois fois, au risque de le voir éventer.

Il est minuit passé, la reine n'a pas encore rejoint. Or, chaque minute perdue peut entraîner un désastre. À 8 heures du matin, valets et femmes de chambre entreront dans les appartements royaux, n'y trouveront pas les princes. Même si, comprenant de quoi il retourne et dévoués à leurs souverains, ils retarderont autant que possible le moment de signaler la fuite de la famille royale, il leur faudra prévenir. Enfin, voici Marie-Antoinette. Inutile d'attendre les Provence, partis devant et séparément pour plus de précaution.

Comment en est-on arrivé, sans qu'Élisabeth en ait rien deviné, à cette évasion nocturne ? Elle l'ignore.

En fait, Louis XVI a ravalé depuis dix-huit mois ses humiliations, chaque intervention de ses proches et ses fidèles lui donnant davantage l'impression de n'être pas à la hauteur. Sentiment insupportable qui l'a ancré dans l'idée de se tirer seul de l'ornière : pas de frères, beaux-frères, alliés, amis, serviteurs dévoués envers qui se sentir ensuite éternellement redevable. S'il hésitait encore, la persécution déclenchée par l'entrée en vigueur de la Constitution civile du clergé, Mgr de Bonal qui lui a asséné qu'il se trouvait *de facto* excommunié, l'empêchement du voyage à Saint-Cloud, l'obligation d'assister aux offices schismatiques, et, pour couronner le tout, la mort de Mirabeau, le 2 avril, qui l'a privé d'un soutien qui représentait l'ultime espoir d'une solution politique à la crise révolutionnaire, l'ont obligé à sortir de son apathie. Quand, après Pâques, il est tombé malade, le roi s'est vu à l'agonie, la pensée de mourir non réconcilié avec l'Église l'a terrifié. Élisabeth, d'ailleurs, s'en est rendue compte et l'a incité à une conversion sincère, qui passait par la consécration de sa personne et de son royaume au Sacré-Cœur. Louis XVI a promis. Restait l'obstacle fondamental : il n'était pas plus en position de poser ces actes d'expiation que de révéler le regret qu'il éprouvait d'avoir signé l'entrée en vigueur de la Constitution civile du clergé. Il devait d'abord recouvrer sa liberté. D'où la nécessité de quitter Paris au plus vite.

À part cela, le plan se borne à peu de choses : gagner la place forte de Montmédy, sous la protection du marquis de Bouillé, proche de la frontière autrichienne de sorte que l'empereur puisse apporter un soutien militaire à son beau-frère. Cela au moins, Louis XVI l'a révélé à Élisabeth.

Pour le reste, il n'a rien précisé, peut-être parce que lui-même demeure dans le flou quant à la suite. Envisage-t-il de recourir à la force ? Pense-t-il que son départ provoquera un choc dans l'opinion, et même au sein de l'Assemblée, qui lui permettra de négocier les conditions de son retour et la mise en place d'une monarchie constitutionnelle où il ne serait pas un soliveau ? Envisage-t-il de sortir de France si les choses ne se passent pas selon ses vues, afin de mettre sa famille à l'abri et sauver au moins sa liberté de conscience ?

La route la plus longue, la nuit la plus courte

Pour l'heure, l'urgence est de quitter Paris. La route la plus courte, empruntée par les Provence, oblige à traverser les Pays-Bas autrichiens, donc quitter le territoire français avant de remonter vers Montmédy par Longwy ; or la Constitution interdit au roi sous peine de déchéance de sortir du royaume. Louis XVI a donc pris le risque d'aller au plus long par Châlons-sur-Marne : près de 82 lieues[3] mais il est convenu avec Bouillé qu'un détachement attendra la voiture royale à Pont-de-Somme-Vesle ; une fois cette jonction faite, la sécurité sera garantie.

Louis XVI compte sur les déguisements revêtus pour n'être pas repérés. Ils sont pourtant simplistes puisque maîtres et serviteurs ont interverti leurs rôles, à la façon d'une comédie de Marivaux. Mme de Tourzel tient le rôle d'une dame russe, la baronne de Korff en route vers Saint-Pétersbourg ; la dame existe et a effectué le parcours afin de vérifier qu'on ne réclamait pas les papiers. Marie-Thérèse et Louis Charles, affublé d'une robe et d'un bonnet, mécontent de cet accoutrement, sont ses filles, Marie-Antoinette et Élisabeth ses femmes de chambre, le roi, son valet.

À la barrière de Clichy, les commis de l'octroi sont censés contrôler les papiers mais il est 1 heure du matin et, ce soir-là, Fersen le sait, ces braves gens célèbrent le mariage d'un collègue. Ils sont fins saouls et se moquent comme d'une guigne de cette voiture tardive.

Franchie la barrière, on échange la citadine contre la berline de la vraie Mme de Korff. On perd vingt minutes avant de trouver la voiture, puis à transborder les passagers. Premier relais à Bondy où Fersen, la mort dans l'âme, se sépare de la famille royale et part vers Mons.

À 4 heures, la berline arrive à Claye, où rejoint la voiture des femmes de chambre de la reine. Deux heures plus tard, on atteint Meaux. Vers 8 heures, passée La Ferté-sous-Jouarre, la famille royale s'abandonne à un début d'euphorie, sort des paniers de victuailles, un flacon de vin, des bouteilles d'eau minérale. Il commence à faire très chaud.

Cette chaleur explique la lenteur de l'équipage : il faut ménager l'attelage. Malchance, les foins sont commencés, nombre de maîtres de poste louent leurs bêtes aux voisins, de sorte que les limoniers sont déjà éreintés quand on les prend au relais. Lors de la halte à Chaintrix, le propriétaire du relais, Delally, et son gendre Vallet reconnaissent les souverains et les reçoivent avec tous les honneurs possibles. Comprennent-ils que le roi fuit Paris ? Oui puisque Vallet insiste pour conduire jusqu'à Châlons-sur-Marne. Les chevaux étant siens, il hésitera moins à les pousser. L'attelage, cette fois, part à fond de train, laissant espérer que l'on va récupérer les retards accumulés. Hélas, à la hauteur du pont sur la Somme-Soude, Vallet heurte une borne, les chevaux s'abattent. Il faut les relever, vérifier les traits, repartir à vitesse réduite. Il est 4 heures du soir quand la voiture entre à Châlons-sur-Marne et relaie chez Viet auquel Vallet confie d'une voix qui tremble l'identité de ses protégés.

Maintenant, plus d'incognito possible, la prétendue famille de Korff a perdu tout son mystère. Élisabeth, mal à l'aise dans le rôle de la soubrette Rosalie, personnage qui, aux étapes, exposait cette belle fille opulente aux familiarités des palefreniers, s'en inquiète-t-elle ? Tantôt, elle a entendu son frère calmer les alarmes d'un des gardes du corps, Moustier, en affirmant que « les précautions n'étaient plus nécessaires et le voyage à l'abri désormais des surprises »[4]. Le croit-elle ?

À 6 heures du soir, voici Pont-de-Somme-Vesle, étape où il est convenu de faire jonction avec les troupes envoyées par Bouillé, mais il n'y a personne... Le retard a été fatal. Le détachement a patienté deux heures au rendez-vous, puis les officiers, conscients de ne pas tenir en main une troupe travaillée par les agitateurs et qui ne croit pas à l'histoire de transports de fonds qu'on lui a servie pour justifier l'opération, ont préféré se retirer[5].

Louis XVI ne s'attendait pas à cela. Le choc est rude, il tente de le cacher, veut se persuader que le second détachement, à Sainte-Menehould, sera à son poste. Il faut continuer[6].

Le relais suivant est Oberval. Là, nouvelle malchance : le patron n'a pas de remonte parce que les chevaux sont partis aux foins et qu'il faut attendre qu'on les ramène des champs ; dans quel état ? On finit tout de même par atteler et l'on poursuit en direction de Sainte-Menehould.

À Sainte-Menehould, grosse déception : il y a bien quelques dragons en train de baguenauder dans la rue principale mais, à l'évidence, ce n'est pas la troupe attendue. Si... mais l'esprit des cavaliers est si mauvais que l'officier qui les commande approche discrètement Moustier et lui souffle :

– Les mesures sont mal prises ! Hâtez-vous ! Je m'éloigne pour ne donner aucun soupçon[7].

Et de disparaître sans demander son reste. De mieux en mieux ! En plus, le maître de poste, Drouet, fait la grimace devant cette berline surchargée, intime au postillon de ménager ses bêtes dans la traversée de l'Argonne. Pour un peu, il refuserait une remonte et fait traîner les choses plus d'une demi-heure. Le roi comprend-il que l'homme le fait exprès, que leur fuite est désormais connue et que l'on s'échine à les retarder ? Non...

Conformément aux ordres de son patron, le postillon prend au pas la grande côte qui conduit au défilé des Islettes, on se traîne à travers la forêt.

Envoyé en avant, l'un des gardes du corps, Valory, en entrant dans Clermont, tombe sur le colonel-comte de Damas, responsable du troisième détachement. La fortune aurait-elle tourné ? Non. Damas explique qu'il ne contrôle plus rien : ses hommes ne lui obéissant plus, il ne saurait être d'aucune aide à Leurs Majestés. Le seul conseil qu'il peut donner est de tenter de poursuivre et joindre Bouillé à Montmédy. Lui-même, avec quelques cavaliers qui l'écoutent encore, assurera l'arrière-garde. À défaut de mieux, ils pourront arrêter une estafette porteuse de la nouvelle de l'évasion du roi. Il conseille aussi de passer par Varennes, réputé moins acquis aux idées révolutionnaires. La patronne du relais, qui épie la conversation, se récrie : il n'y a pas de poste à Varennes, par conséquent pas de remonte. Le roi réplique que l'on a tant ménagé les chevaux depuis Sainte-Menehould qu'ils peuvent doubler l'étape. Plus que douze lieues à franchir.

Silencieuse, Élisabeth comprend, au ton de son frère, à son agacement que les choses ne se déroulent pas comme prévu. Cela ne l'étonne guère car elle éprouve depuis le début un sentiment d'improvisation.

La nuit de Varennes

Un peu avant Varennes, le garde du corps Malden affirme avoir entendu un coup de sifflet. Les avant-postes espérés ? La nuit est tombée, on ne distingue rien, excepté les lanternes de la voiture allumées afin d'être visibles, ce qui n'était peut-être pas, finalement, une si bonne idée.

Vallory propose d'aller en repérage. L'auberge du *Grand Monarque*, d'après les renseignements de l'itinéraire, se trouve à l'autre bout du bourg, il faut pour l'atteindre traverser l'Aire.

Vallory ne tarde pas à revenir, consterné : le pont est obstrué par une barricade de carrioles renversées. Il faut trouver une autre issue. Moustier avise une maison isolée aux fenêtres éclairées. Il frappe, un homme finit par ouvrir :

– Connaissez-vous un moyen d'atteindre Stenay autrement que par le pont coupé ?

Il faut supplier pour que le trembleur[8] finisse par montrer une route « qui passe devant le vieux couvent des Cordeliers » où il a aperçu des hussards du régiment de Lauzun. Cette précision rassure Louis XVI : Lauzun est censé tenir le poste. Les choses s'arrangent. À moitié puisque les postillons, arguant des ordres de leur patronne, prétendent dételer et faire demi-tour avec les chevaux, laissant leurs clients en plan. Un énorme pourboire les fait taire. On prend la direction de Stenay, la voiture des femmes de chambre passant devant, par précaution. Le convoi n'a pas fait cent toises que des ombres surgissent, saisissent les chevaux au mors. Une voix réclame les papiers des voyageurs. Dans la seconde voiture, la prétendue baronne de Korff, en les tendant, dit :

– Qu'on se dépêche ! Nous avons hâte d'arriver !

Ce ton de grande dame n'impressionne ni le procureur de la commune, Sauce, ni le commandant de la Garde nationale de Varennes. Ils empochent les documents, disent qu'il faut du temps pour les examiner, les viser, qu'il est tard, que rien ne sera possible avant le lendemain. Sauce, qui habite à quelques pas, propose de céder l'une de ses chambres aux voyageurs pour la nuit. Force est d'accepter.

Soudain, arrive le juge de paix du canton, Destez. La malchance qui s'est attachée à la famille royale veut qu'il ait habité Versailles, vu le roi et les siens des dizaines de fois, il y a longtemps. Il s'écrie :

– Bonsoir, Sire !

Ce « bonsoir, Sire ! » est, dans le chemin de croix débutant de la famille royale, l'équivalent du « Salut, Rabbi ! » de Judas au Jardin des Oliviers...

Louis XVI, avec une déconcertante aisance, sort de son personnage de valet. Un grand sourire aux lèvres, il déclare emphatiquement :

– Eh oui, mes enfants, je suis votre roi ! Placé dans la capitale au milieu des poignards et des baïonnettes, je viens chercher en province au milieu de mes fidèles sujets la paix et la liberté dont vous jouissez tous. Ma famille et moi ne pouvons plus rester à Paris sans y mourir !

Au théâtre, ce serait l'instant où les seconds rôles, subjugués, tomberaient à genoux devant leur souverain débarrassé de ses oripeaux mais on n'est pas au théâtre et la dignité royale a été tant écornée depuis deux ans que sa magie millénaire n'opère plus, même dans ce bourg perdu de l'Argonne. Certes, des figurants battent des mains ou essuient une larme d'émotion mais sans renoncer à retenir la famille royale. La seule véritablement bouleversée est la très vieille Mme Sauce ; apprenant qui sont les enfants endormis dans son lit, elle s'est agenouillée et pleure en couvrant de baisers extasiés la menotte du dauphin[9]...

Tout pourtant n'est pas encore perdu. À Varennes se trouve le quatrième détachement envoyé par Bouillé, sous les ordres de son fils cadet ; ses hommes sont loyaux. Tout comme ceux qui arrivent quelques instants plus tard, sous la conduite de Damas, Goguelat et Choiseul. Ces officiers expérimentés, d'un dévouement entier à leur roi, prêts, cela va sans dire, à se faire tuer pour lui, pensent pouvoir maîtriser cette bande de croquants et permettre l'évasion de la famille royale. Ils ont assez d'hommes et de montures pour cela. Sa Majesté prendrait son fils dans ses bras, la reine et Madame Élisabeth, dont ils connaissent les qualités de cavalières, enfourcheraient chacune un cheval de hussard, Madame Royale, Mme de Tourzel et les femmes de chambre monteraient en croupe ; on placerait la famille royale au centre du dispositif, entourée par une trentaine de soldats, et l'on foncerait dans le tas. En quelques foulées, on serait hors de Varennes, nul ne se risquerait à la poursuite dans la nuit noire. On serait vite à Montmédy où Bouillé les attend !

Plan de célibataires qui n'ont à perdre que leur peau. Louis XVI voit la situation sous un autre angle : il suffirait d'un fanatique, un imbécile, un paniquard qui tirerait au jugé pour entraîner une catastrophe. Il demande :

– Répondez-vous, Messieurs, que, dans ce combat inégal, de trente hommes contre sept ou huit cents, un coup de fusil ne viendra pas tuer la reine, ou ma fille, ou mon fils, ou ma sœur ?

Ou même Mme de Tourzel, veuve du meilleur ami, Mmes de Neuville et Brunier qui n'ont pas voulu abandonner Marie-Antoinette.

Choiseul se récrie qu'en pareil cas, il se tirerait une balle dans la tête pour se punir d'avoir provoqué un tel drame. Il ne manquait plus que la menace d'avoir en prime un suicidé sur la conscience ! Le roi écarte ce projet jouable, peut-être, s'il était seul, mais sûrement pas encombré de femmes et d'enfants. Ce serait prendre des risques gratuits puisque, sitôt informé de la présence à Varennes de la famille royale, le jeune Bouillé a sauté en selle et galopé vers Montmédy afin d'avertir son père. D'autres détachements attendent entre Varennes, Stenay et Montmédy ; à chaque poste, le lieutenant aura informé l'officier, demandé qu'on fasse mouvement sur Varennes. D'ici trois heures, ces troupes vont arriver. Il n'y a qu'à les attendre.

Le roi tient le même discours lorsqu'un officier de la garde nationale de Varennes, Étienne Radet, un honnête homme, suggère de prendre l'escalier de derrière qui donne sur une cour intérieure non gardée ; au fond, une porte ouvre sur un sentier qui conduit à la forêt. Louis refuse. Bouillé va venir, il suffit de l'attendre.

Les captifs

Encore faudrait-il en avoir le loisir... Sur le coup de 6 heures du matin, le 22 juin, surgissent les envoyés de Paris, Bayon et Romeuf, porteurs de l'ordre de l'Assemblée « d'arrêter les individus de la famille royale » et les ramener dans la capitale. Enfin tiré de son rêve éveillé, Louis XVI soupire :
— Il n'y a plus de roi en France...
Sa sœur se retient de lui rétorquer que cela n'est pas nouveau, qu'il constate les résultats de ses deux années d'atermoiements et de conciliations aberrantes.
Tout est-il cependant perdu ? La hâte des envoyés de l'Assemblée à les remettre en voiture direction Paris laisse supposer qu'ils ne se sentent pas de taille à affronter des troupes fortement armées. Peut-être suffit-il de gagner un moment pour se tirer de ce guet-apens ? Le roi déclare qu'il ne partira pas sans avoir mangé. Mme Sauce improvise un petit déjeuner avec tant de célérité que c'est à pleurer. Marie-Antoinette l'implore de traîner un peu ; l'autre la dévisage avec la morgue d'une pas grand-chose mise en position de traiter de haut une reine et siffle :
— Il est bien singulier, Madame, que votre mari ait tant envie de quitter une place à 24 millions[10] ! Je conçois bien que la position de votre mari est très fâcheuse mais mon mari, à moi, est responsable et je ne veux pas qu'on lui cherche noise ! Puisque vous pensez à votre époux, souffrez que je pense au mien !
À 7 heures et demie, les deux voitures viennent se ranger devant la maison Sauce, l'on invite les prisonniers à y monter. Mme de Neuville tente une manœuvre de la dernière chance et, avec un grand cri, se laisse tomber au sol, feignant un évanouissement. La reine exige qu'on la secoure. Sels d'ammoniaque sous le nez, la femme de chambre est forcée d'ouvrir les yeux ; son malaise simulé aura gagné une poignée de minutes, sans amener Bouillé. Parce que le lieutenant de

Bouillé, peu fier de la façon dont il a géré la crise, n'avait pas envie de s'expliquer avec son père, qu'il a lambiné en route et perdu deux heures à se demander ce qu'il allait raconter.

À Varennes, la famille royale monte en voiture. Devant la berline, Élisabeth remarque le commandant de la garde nationale de Neuvilly, Bigault de Signemont, qui arbore la croix de Saint-Louis. La princesse le regarde ; regard assez expressif pour que l'homme en saisisse le sens. Il dit en prenant soin d'être entendu :

– Madame, je suis citoyen avant d'être sujet !

L'imbécile... Ceux qui l'entourent entendent Élisabeth répliquer :

– Comment peut-on porter un tel ordre et sortir à ce point du chemin de l'honneur ?

L'honneur ? Qui s'en soucie encore hormis la princesse et des idéalistes accrochés à des vertus dépassées ?

Cette fois, il faut monter en voiture, avec l'impression de rejouer les journées d'octobre[11]. Consciente de l'ambiance et de ce qu'elle peut présager, Marie-Antoinette dit aux gardes du corps montés sur le banc du postillon :

– Ne nous quittez surtout pas ! Ils n'oseront quand même pas vous maltraiter devant nous.

Cela reste à prouver ; quant à « maltraiter », c'est un euphémisme pour décrire ce qui menace MM. de Moustier, de Malden et de Valory...

La berline s'ébranle, au pas, sous les huées. Il s'en est fallu d'un quart d'heure que Bouillé arrive. À l'instant où la famille royale repart vers la capitale, ses troupes atteignent Varennes mais, faute de cartes fiables, perdent un temps précieux à chercher un gué pour passer la rivière, sans s'apercevoir qu'elles sont du bon côté et à portée de secourir le roi ! Quand, enfin, ils s'en rendent compte, il est trop tard. À l'entrée du hameau qui précède Varennes en venant de Stenay, un panneau indique : Ratantout...

À 1 heure de l'après-midi, escortée d'une foule de dix mille personnes qui enfle à chaque agglomération, voici Sainte-Menehould où le maire, privé la veille de ce plaisir par l'incognito des visiteurs, tient à présenter les clefs à Leurs Majestés et leur offrir à dîner à l'Hôtel du *Soleil d'or*. Malgré son appétit légendaire, le roi rechigne devant les fameux pieds de cochon qui ont fait la réputation de l'auberge. On écourte la halte, marquée par une atrocité, que l'on cache à la famille royale : le comte de Dampierre est massacré pour avoir échangé quelques mots avec les femmes de chambre.

Il est 11 heures du soir lorsqu'on atteint Châlons-sur-Marne, peu acquise aux idées nouvelles qui tente d'offrir bon accueil aux souverains. Leurs hôtes proposent, comme la veille, de s'esquiver par une porte de derrière, et se heurtent au même refus. Louis XVI ne veut prendre aucun risque. S'attend-il à voir surgir les cavaliers de Royal Allemand ? Dans ce cas, il se trompe. Bouillé, consterné, son régiment ne lui obéissant plus, s'est replié et se prépare à passer la frontière afin d'échapper au sort funeste qui fut celui de Favras, infiniment moins coupable que lui.

Le roi l'ignore et, au matin du jeudi 23 juin, refuse de quitter la ville sans avoir entendu la messe de la Fête-Dieu. Comme il s'agit d'une cérémonie schismatique, la demande sent le prétexte à plein nez, ce qui explique pourquoi Élisabeth, qui refuse d'ordinaire de se commettre avec les excommuniés, s'y rend. La présence de la famille royale excite la haine anticléricale d'une délégation rémoise décidée à faire oublier ce que la ville doit à la monarchie. Ils hurlent à la mort, crient en chœur :

— Il faut faire des cocardes avec leurs boyaux, des ceinturons avec leurs peaux ! On veut manger leurs cœurs et leurs foies !

Un peu inquiètes à l'énoncé de ce programme anthropophagique, les autorités décident d'évacuer les souverains, malgré le refus du roi : la messe n'est pas finie ! Toujours cet espoir dérisoire d'une arrivée de Bouillé... Les responsables ne veulent rien entendre. Louis XVI maugrée :

— Puisque ces gens s'oublient jusqu'à méconnaître leur Dieu, retirons-nous afin de ne pas aggraver le scandale !

Et réclame à manger. Dans la foule, quelqu'un réplique :

— Pas la peine ! Le gros cochon est bien assez gras pour ce qu'on veut en faire !

On les pousse dans la voiture, on repart. À la hauteur de Chouilly, un homme s'approche de la berline dont, à cause de la chaleur, il a fallu baisser les vitres, et crache à la figure du roi. Louis XVI le regarde et, sans un mot, s'essuie le visage. Après le Jardin des Oliviers, le Christ aux outrages...

Marie-Antoinette s'est mise à pleurer, Élisabeth et Madame Royale aussi. Elles pleurent encore à Épernay. S'en apercevant, une femme rit et, donnant une bourrade à Élisabeth, lui lance :

— Allez, ma petite belle ! On t'en fera voir bien d'autres !

Est-ce là cette France qu'elle aimait tellement qu'elle se refusait à s'expatrier ? Comme si cela ne suffisait pas, on entend :

— Couvrez-moi que je descende la reine sans qu'on sache qui a fait le coup !

Marie-Antoinette a un geste pour couvrir ses enfants de son corps, mais sa belle-sœur, plus prompte, s'est déjà jetée devant eux. Ce n'est pas qu'elle imagine qu'on hésiterait à lui tirer dessus, mais son sacrifice permettrait l'arrestation de l'assassin.

Au vrai, ce n'est pas pour elle que Marie-Antoinette a peur, mais pour les gardes du corps ; elle a appris l'assassinat de Dampierre, redoute que ces fidèles paient leur dévouement de leur vie. Hier, elle croyait encore que la présence royale s'étendait, tutélaire, sur ses entours ; elle sait maintenant que, loin de protéger ses amis, la famille royale risque de les perdre. La réalité du pouvoir est passée à d'autres.

Les nouveaux maîtres du jeu

C'est pourquoi l'arrivée des envoyés officiels de l'Assemblée, La Tour-Maubourg, Pétion et Barnave, arrache aux captifs un soupir de soulagement. Voilà les vrais puissants du moment, détenteurs d'une sacralité incompréhensible, caricaturale, voire ridicule, mais, pour l'heure, quasi omnipotente. Marie-Antoinette s'élance vers La Tour Maubourg, l'implore :

– Monsieur, de grâce ! Qu'aucun malheur n'arrive à ceux qui nous ont accompagnés, que l'on n'attente pas à leurs jours !

Élisabeth, dédaignant l'aristocrate renégat, s'avance vers Pétion, avocat chartrain de trente-trois ans qui siège très à gauche de l'Assemblée, lui tend la main avec cette grâce dont elle est capable et dit d'un ton ferme :

– Monsieur, le roi n'a jamais voulu sortir de France !

C'est exact, c'est même la raison qui a poussé à prendre la route de l'est plutôt que celle du nord afin d'éviter la Belgique ; l'argument doit faire impression sur ce juriste. Moins, mais Élisabeth ne peut le deviner, que son physique. Pétion est un homme à femmes, beau garçon imbu de lui-même, persuadé qu'aucune personne du sexe ne résiste à son charme. Il prend le geste de la princesse pour une invite, se persuade qu'il a conquis la sœur de Capet, qu'il trouve terriblement à son goût. N'imagine pas qu'il compte infiniment moins que la mission dont ses collègues et lui sont investis : l'important est le décret dont ils sont porteurs, précisant que « la dignité royale doit être maintenue », garantie relative d'éviter une tragédie supplémentaire.

Reste à leur trouver une place dans les voitures puisque leur présence est le palladium de la famille royale. La Tour-Maubourg s'installe dans le cabriolet des femmes de chambre. Barnave, député de Grenoble, fin, distingué, intimement reconnaissant, car il est huguenot, des dispositions prises par Louis XVI en faveur de ses coreligionnaires, refuse d'imposer sa présence dans la berline surchargée, mais Louis XVI et Marie-Antoinette insistent, disent qu'ils prendront les enfants sur les genoux. Ce qu'ils font. Pétion se retrouve serré entre la gouvernante des Enfants de France, dame mûre qui ne l'inspire guère, et Élisabeth qui se passerait de le sentir se coller contre elle en prétextant les inévitables cahots.

Barnave s'assied à côté du roi, en face de la princesse. Plus réservé que son collègue, jeune et séduisant lui aussi, il déplaît beaucoup moins à Élisabeth que son encombrant voisin, lequel, comble de disgrâce, transpire tant qu'il peut, sans renoncer pour autant à se presser contre sa voisine, laquelle, non seulement dissimule sa répugnance mais prend sur elle pour faire la conversation à l'importun. Incapable de comprendre qu'il s'agit d'une simple politesse, celle des rois, l'insupportable vaniteux se convainc de sa bonne fortune :

> Madame Élisabeth me fixait avec des yeux *attendris*, avec cet air de langueur que le malheur donne et qui inspire un assez vif intérêt. Nos yeux se rencontrèrent quelquefois avec une espèce d'intelligence et d'attraction. J'allongeai mon bras ; Madame Élisabeth allongea le sien sur le mien ! Nos bras étaient *enlacés*, le mien touchait sous son aisselle. Je sentais ses mouvements qui se précipitaient, une chaleur qui traversait les vêtements *[rien d'étonnant à cela, puisqu'il faisait plus de 30° au dehors et bien davantage dans la voiture...]*. Les regards de Madame Élisabeth me semblaient plus touchants. J'apercevais un certain *abandon* dans son maintien, ses yeux étaient humides, la mélancolie se mêlait à une espèce de *volupté*. Je puis me tromper : on peut facilement confondre la sensibilité du malheur avec la sensibilité du plaisir... mais je pense que, si nous eussions été seuls, que si, comme par enchantement, tout le monde eût disparu, elle se serait laissée aller dans mes bras et se serait abandonnée aux mouvements de la nature ! Je fus tellement frappé de cet état que je me disais : Quoi !? Serait-ce un artifice pour m'acheter à ce prix ?! Madame Élisabeth serait-elle convenue de perdre son honneur pour me

faire perdre le mien ? ! Oui... à la Cour, rien ne coûte ! La reine a pu arranger le plan... Et puis, considérant cet air de naturel, l'amour propre aussi m'insinuant que je pouvais plaire, qu'elle était dans cet âge où les passions se font sentir, je me persuadais, et j'y trouvais du plaisir, que des émotions vives la tourmentaient... »

Certes, mais pas celles que s'imagine cet extravagant ! Les prétendus mouvements de la nature ne sont que des tentatives désespérées pour se décoller de lui... Pauvre Élisabeth, « dans l'âge des passions » en effet, qui n'a jamais permis au beau, au merveilleux, au bien-aimé Dassy le moindre geste tendre. Et, pendant qu'elle tente d'échapper aux mains baladeuses de Pétion, celui-ci se persuade qu'il lui fait un effet extraordinaire et que, s'ils parvenaient à rester seuls, elle céderait « à ces douces instances, ces caresses délicates qui vainquent la pudeur sans l'offenser et amènent la défaite sans que la délicatesse s'en alarme, où le trouble et la nature sont seuls complice ».

Quelques détails, au milieu de ses fantasmes, chiffonnent cependant Pétion : la famille du Tyran, sauf à supposer qu'elle lui joue la comédie pour l'attendrir, a un comportement très simple qui ne détonnerait pas dans cette moyenne bourgeoisie d'où lui-même est issu ; c'est bien décevant ! Quant aux habits, ils sont mesquins, sales, chiffonnés, surtout ceux des femmes, vêtues comme des ouvrières avec « des petites robes du matin ». Pétion s'attendait-il à ce que Louis XVI ait quitté Paris en manteau du sacre, la couronne sur la tête ? Quoiqu'il en soit, cette simplicité, moins affectée qu'il le suppose, achève de désacraliser ce qui subsiste dans son esprit du mythe royal et le conforte dans la pensée que Mlle Capet pourrait être accessible à son charme. En grand habit de cour, arborant ses diamants, Élisabeth lui ferait certainement un tout autre effet mais, pour l'heure, elle paraît une femme ordinaire.

Il est 11 heures du soir lorsque la voiture atteint Dormans et l'hôtel du Louvre, en bord de Marne. Tandis que l'on apprête le souper, Pétion surprend la princesse seule, assise dans le jardin, au clair de lune, au bord de l'eau. Cette scène bucolique redouble ses ardeurs, il s'autorise à lui tenir compagnie. Loin de « se laisser aller aux mouvements de la nature », la jeune fille profite de l'occasion pour entreprendre le député au sujet des gardes du corps dont le sort la préoccupe terriblement : « Elle en parlait avec un intérêt *tendre*, sa voix avait je ne sais quoi de flatteur. Elle interrompait parfois ses mots de manière *à me troubler*... Je lui répondais avec une égale douceur mais cependant sans faiblesse. Je pense qu'elle le sentit à merveille, qu'elle vit que *les tentations les plus séduisantes* seraient inutiles car je remarquais un certain refroidissement, une certaine sévérité qui tient souvent chez les femmes à l'amour propre irrité... »

Prodigieux idiot... Il y a dans sa réaction beaucoup de jalousie due à cet intérêt d'Élisabeth pour les gardes du corps qui va au courage et au dévouement de ces Messieurs, prêts à payer de leur vie leur attachement à leur roi, et que Pétion prend pour un sentiment amoureux. Quant au changement de ton, il tient à la surprise d'Élisabeth devant les allusions à double sens qui émaillent la conversation. Chaste mais pas le moins du monde oie blanche, elle comprend le jeu, y met un terme en rentrant à l'auberge. La table est mise, le harceleur s'y assiérait volontiers, de préférence près d'elle si Barnave ne lui faisait signe qu'ils ont une place à l'autre bout de la salle. Désappointé, Pétion braille qu'il est « bien content que Louis sache enfin à quoi ressemble une auberge ordinaire ! ». Ce n'est pas aimable pour les propriétaires qui se sont mis en quatre pour accueillir leurs hôtes. Quant à être « ordinaire »...

En début de repas, un serveur se penche à l'oreille d'Élisabeth, lui débite des propos qui n'ont rien à voir avec le menu. Il s'agit d'un plan d'évasion, bricolé dès que les Truet, patrons de l'établissement, ont su qu'ils auraient l'honneur de recevoir les souverains. Ils ont donné la meilleure chambre au roi, elle ouvre sur un balcon, lequel possède un escalier menant au jardin. De là, vingt pas suffisent pour atteindre la Marne et une barque. La famille royale passe la rivière, descend à Vincelles, sur l'autre rive où un attelage l'attend qui la conduit à Fère-en-Tardenois. Là, changement de voiture, départ pour Forey. D'étape en étape, on rejoint la frontière à Rocroi. Si tout va bien, vers 8 heures du matin, ils seront en lieu sûr.

Élisabeth a reconnu le serveur : Landrieux, avocat au Parlement, inspecteur des Relais, secrétaire aux avis du comte de Provence, chez qui elle l'a maintes fois rencontré, accessoirement gendre des Truet. C'est dire qu'elle répond de lui. Mais Louis XVI fait la moue, il ne veut pas faire prendre de risques à ces loyaux sujets. En fait, le roi n'arrive pas à croire qu'une évasion nocturne improvisée, en char à foins, détail fâcheux, organisée par une poignée d'amateurs, puisse réussir quand le plan élaboré par ses soins avec l'aide de militaires et de diplomates vient lamentablement d'échouer. Et puis, il y a le but de l'expédition : passer la frontière. Jamais il n'a été dans ses projets de quitter le territoire national ! Il déclare :

– Je compte sur ma bonne ville de Paris ; je ne l'ai quittée que malgré moi sur de fausses insinuations.

Élisabeth, qui détestait déjà la capitale avant la Révolution, se retient de lui dire ce qu'elle pense de « sa bonne ville de Paris ».

7 heures du matin, le 24 juin : on repart. Barnave, qui a vu le jeu déplacé de son collègue, a changé de place avec lui et se retrouve assis près d'Élisabeth, au grand soulagement de la jeune fille. On a beau raconter des horreurs sur le compte du député protestant de Grenoble qui aurait applaudi les assassinats de Launay, Bertier et Flesselles en juillet 89, il ne profite pas de la promiscuité pour la chatouiller et lui susurrer des propos salaces. Soulagée, elle entame une conversation sérieuse : « Vous avez trop d'esprit, M. Barnave, pour n'avoir pas connu sur-le-champ l'amour du roi pour les Français et son désir de les rendre heureux. Égaré par un amour excessif de la liberté, vous n'avez calculé que ses avantages, sans penser aux désordres qui pouvaient l'accompagner. [...] Vous avez oublié

que le bien s'opère lentement. Vous vous êtes persuadés qu'en détruisant ce qui existait, bon ou mauvais, vous construiriez un ouvrage parfait et que vous rétabliriez ce qui était utile à conserver. Séduits par cette idée, vous avez attaqué tous les fondements de la royauté et abreuvé d'outrages et d'amertumes le meilleur des rois ! [...] Vous n'avez cessé de calomnier ses intentions et de l'avilir aux yeux de son peuple en ôtant à la royauté toutes les prérogatives qui inspirent le respect et l'amour. Vous avez arraché de son palais ce bon roi et l'avez conduit à Paris de la manière la plus indécente : pourtant, sa clémence ne s'est pas démentie. [...] Vous l'avez forcé à signer une constitution point achevée [...] et l'avez obligé de la présenter ainsi au peuple dans une fédération dont l'objet était de vous attacher les départements en isolant le roi de la Nation[12]... »

Barnave écoute, étonné de la clarté et de la force des arguments mis en avant par cette jeune fille que l'on dit incapable d'une réaction qui ne soit point passionnelle s'agissant de cette révolution qu'il chérit et qu'elle ne se cache pas de maudire. Cela l'intéresse assez pour qu'il rebondisse sur l'allusion au 14 juillet 1790 :

– Ah, Madame, ne vous plaignez pas de cette journée de la Fédération ! Nous étions perdus si vous aviez su en profiter !

L'aveu est de taille. Il fait tiquer Pétion, et le couple royal qui comprend, trop tard, l'occasion qu'il a laissé passer lorsqu'il a décliné l'offre des délégations provinciales à se rendre en Bretagne ou ailleurs, où il eût été à l'abri des pressions...

Élisabeth repart, avec la même hardiesse qui, elle le comprend, agit sur le jeune homme :

– Le roi, malgré les insultes qu'il a éprouvées de nouveau depuis cette époque, ne pouvait encore se résoudre au parti qu'il vient de prendre. Mais attaqué dans ses principes, dans sa famille, dans sa propre personne, profondément affligé des crimes qui se commettaient dans toute la France et voyant une désorganisation générale dans toutes les parties du gouvernement, et les maux qui en résultaient, il s'est déterminé à quitter

Paris pour aller dans une ville du royaume où il serait libre de ses action, où il pût engager l'Assemblée à réviser ses décrets, et à faire, de concert avec elle, une constitution qui, classant les divers pouvoirs et les remettant à leurs places, pût faire le bonheur de la France. Je ne parle point de nos malheurs particuliers. Le roi seul, qui ne doit faire qu'un avec la France, nous occupe uniquement.

L'argumentation est habile, inattendue venant de cette jeune fille qui semble au fait des questions de droit. Élisabeth est trop femme pour n'avoir pas saisi qu'elle exerce une attraction, plus intellectuelle mais tout aussi réelle, sur Barnave que sur Pétion. Elle s'en sert :

– Je ne quitterai jamais la personne du roi, à moins que vos décrets, achevant d'ôter toute liberté religieuse, je ne sois forcée de l'abandonner pour aller dans un pays où la liberté de conscience me donne les moyens de pratiquer une religion à laquelle je tiens plus qu'à ma propre vie !

Elle n'a cessé de dire qu'elle ne quitterait ni la France ni son frère mais Barnave l'ignore. Quant à évoquer la liberté de conscience avec un fidèle de la religion prétendue réformée qui doit à Louis XVI de pouvoir se rendre au temple sans enfreindre la loi, c'est faire vibrer une corde sensible. Ému, Barnave s'écrie :

– Gardez-vous-en bien, Madame ! Vos exemples et votre présence sont trop utiles à votre pays !

La jeune femme soupire :

– Monsieur Barnave, je n'y penserais jamais sans cela... Il m'en coûterait trop de quitter mon frère quand il est aussi malheureux ! Mais un pareil motif ne peut faire impression sur vous, que l'on dit protestant, et qui n'avez peut-être même aucune religion...

Barnave s'insurge contre l'idée qu'on le suppose athée, tient, sur la lancée, à rétracter les propos « infâmes » qui lui furent prêtés lors des assassinats de juillet 89. Peu importe que sa propre mère les ait rapportés. Le fait est que, maintenant, face à cette jeune fille belle, enthousiaste, vibrante de fierté et de courage, il les désavoue :

– On m'a calomnié, Madame ! De tels propos sont bien éloignés de mes sentiments.

Pétion, qu'il agace, lui coupe la parole, se lance dans une attaque virulente contre le catholicisme ; l'unique but de la manœuvre est de ramener sur lui l'intérêt de la princesse.

Marie-Antoinette, beaucoup plus au fait que sa belle-sœur de l'art de la séduction et des mille moyens dont une femme dispose pour amener un homme à ses vues, mais vieillie et fanée par les épreuves, de sorte qu'à présent elle émeut au lieu de plaire, s'étonne de la maîtrise d'Élisabeth dans cet exercice. Plus encore de la maturité et de l'intelligence de son argumentation : il devient inutile que le roi et elle tentent de s'expliquer avec ces Messieurs et de les convaincre ; la princesse s'y prend infiniment mieux qu'eux. Cela n'améliore en rien le présent.

Si, à La Ferté-sous-Jouarre, Mme de l'Isle, épouse du maire, fait aux prisonniers un accueil à l'ancienne, refusant de revêtir ses beaux atours pour ne pas offenser « aux petites robes d'ouvrières » des princesses, ailleurs, c'est l'enfer. Le 24 juin, la famille royale couche au palais épiscopal de Meaux, chez l'évêque constitutionnel. À « l'Intrus » qui s'excuse de sa médiocre réception, Louis XVI, excédé, réplique :

– Monsieur, quand on n'est pas chez soi, on est dispensé de recevoir !

Il y a moins de dix lieues entre Meaux et Paris mais les parcourir prendra, le lendemain, plus de treize heures à cause de la populace des faubourg parisiens que les sections ont envoyée « faire un brin de conduite au gros cochon ». On hurle des menaces de mort contre les gardes du corps. Élisabeth se penche vers les députés, implore :

– Il ne faut pas qu'ils soient séparés de nous ! Quoiqu'il puisse arriver ! Ils se sont dévoués pour nous suivre, nous devons protéger leur sort !

C'est plus facile à dire qu'à faire... Barnave, bravant la foule que la chaleur et l'abus de boisson rend agressive, se penche à la portière et lance au commandant de l'escorte :

– Songez, colonel, que vous répondez sur votre tête de leur sécurité, et de celle de la famille royale.

Comme il dit cela, un cahot manque le faire passer par la vitre ; il tomberait si Élisabeth ne le rattrapait par les basques de sa redingote. Tous deux se regardent, et sont pris d'un fou rire incontrôlable que la jeune fille jugera plus tard du dernier ridicule, comme toute cette lamentable équipée[13].

Il n'y a pourtant pas de quoi rire... La foule qui ne cesse de grossir est toujours plus menaçante tandis que l'on approche de la capitale. Marie-Antoinette qui voudrait donner à leur retour le caractère d'une « entrée » officielle, s'obstine à saluer de la main des gens qui braillent en l'apercevant : « Salope, putain, gueuse, bougresse, garce » et autres amabilités. Terrifié, Louis Charles pleure à gros sanglots. Dans l'illusion que le petit garçon attendrira la canaille, la reine le prend dans ses bras. Une voix s'exclame :

– Elle a beau nous montrer son gosse, tout le monde sait qu'il n'est pas du gros Louis !

Marie-Antoinette, livide, s'est rejetée dans le fond de la voiture et, malgré la présence de Barnave et Pétion, pleure en silence. Son mari a les yeux perdus dans le vide, comme s'il avait décidé de ne rien voir, rien entendre. Ce soir, il dira à La Fayette qu'il s'est mépris, qu'il avait cru que la France, à défaut de Paris, avait conservé son attachement à l'ancien ordre des choses, que les derniers jours lui ont démontré le contraire... C'est faux : Louis XVI n'a cessé d'avoir des preuves de l'attachement, moins bruyant mais infiniment plus dangereux que le parti contraire, des honnêtes gens. À chaque étape, il en a rencontré prêts à perdre leur vie pour sauver la sienne, et les a éconduits. Ce sont eux, le pays réel, mais, après cet ignominieux retour, le roi englobe tous les Français dans la masse des émeutiers et des insulteurs.

Chapitre XII

VIA CRUCIS

En arrivant à la barrière de Pantin, le silence succède abruptement à l'épouvantable charivari ; cela tient à l'affiche placardée ce matin : « Quiconque applaudira le roi sera bastonné ! Qui l'insultera sera pendu ! ». Mais toutes les insultes ne sont pas bruyantes et les chapeaux vissés sur le crâne des hommes alignés le long des rues en disent autant que les brocards précédents.
Enfin, voici la cour des Tuileries. On en referme les portes sitôt la voiture entrée. Effet de l'épreuve endurée, ou de l'insupportable chaleur, Marie-Antoinette a un malaise ; il faut la porter à demi évanouie dans ses appartements. Hue, le valet de chambre du roi, récupère le dauphin que Barnave avait pris dans ses bras et qui hurle de terreur. Les députés n'ont pas plus de chance avec Madame Royale qui refuse de les suivre et réclame sa tante à grands cris, sans comprendre qu'Élisabeth, dans le brouhaha ambiant, ne l'entend pas l'appeler. Quant au roi, les témoins de la scène ont l'impression, en le voyant passer tête basse, dos rond et regard fuyant, d'assister au retour d'un coupable. Simple impression mais qui accroît le sentiment de malaise. En fait, Louis XVI est fou de rage et ne l'envoie pas dire à La Fayette qui a le front de lui demander ses ordres :

– Il me semble que je suis plus à vos ordres que vous n'êtes aux miens !

Dans ce désolant chaos, Élisabeth conserve son efficacité ordinaire. Tandis que son frère vide un plein pichet de vin en déclarant qu'il meurt de soif, Pétion dit : « moi aussi » d'un ton si lamentable qu'elle lui sert de la bière. Elle obtient que l'on conduise les gardes du corps en prison où ils seront paradoxalement plus en sécurité que dehors ; Mmes de Neuville et Brunier ont droit au même traitement, Mme de Tourzel les suivrait si Élisabeth, sa belle-sœur en proie à ses vapeurs et son frère muré dans l'indifférence, ne déclarait qu'il est hors de question de priver ses neveux de leur gouvernante : qu'on l'assigne à résidence, mais qu'on la laisse auprès des enfants[1] ! Ce sort ne diffère pas de celui du couple royal et du dauphin, placés sous surveillance jour et nuit, privés de la moindre intimité, et même du droit de communiquer.

Fantaisie d'une Constitution qui dénie aux Filles de France toute importance, Madame Royale et Élisabeth, en revanche, conservent leur liberté de mouvement. La mesure est de peu d'importance s'agissant d'une enfant de treize ans ; elle se révèle plus imprudente concernant Élisabeth. C'est que d'aucuns aimeraient la voir s'en aller tant qu'ils lui en laissent la possibilité. Cette occasion, elle refuse, encore et toujours, de la saisir.

À devenir folle

La vie se réorganisa aux Tuileries devenues prison pour le couple royal. Élisabeth pouvait, si le cœur lui en disait, poursuivre la sienne comme devant, faire seller un cheval, aller se promener au bois de Boulogne, à Saint-Cloud ou Fausses-Reposes, voir qui bon lui semblait. Elle s'y refusa afin de ne point se désolidariser des siens[2].

Tout au long de la route de retour, elle était demeurée d'un calme souverain. Elle en éprouvait maintenant le contrecoup. Des malaises divers, qu'elle savait psychosomatiques, lui fournirent un prétexte à ne pas quitter ses appartements. Cet isolement l'amena à ressasser les événements et cette délectation morose n'était favorable ni à son moral ni à ses progrès spirituels, elle s'en apercevait : « Cette dernière (son âme) n'est pas ce qu'elle devrait être pour son Créateur ; la seule indulgence de Dieu peut lui faire espérer cette grâce. Je ne puis ni ne veux entrer en détails sur tout ce qui me touche ; qu'il vous suffise de savoir que je me porte bien, que je suis tranquille, que je vous aime de tout mon cœur, et que je vous écrirai bientôt, *si je puis*[3]. »

Ce « si je puis » soulignait la fragilité de sa position. On oscillait entre le ridicule de précautions exagérées, qui faisaient placer des sentinelles en faction sous les fenêtres des souverains au premier étage, comme s'ils allaient en sauter et s'enfuir à travers les platebandes, l'odieux, car des gardes nationaux campaient dans la chambre de la reine dont on n'avait plus le droit de fermer la porte et s'y comportaient comme s'ils étaient chez eux, et l'angoissant, puisqu'il était question de juger Louis XVI pour sa tentative de fuite[4]. Le roi avait été suspendu de l'exécutif. S'il avait espéré que son départ bloquerait les rouages de l'État, c'était manqué. Pis encore, l'idée de se passer de lui, qui semblait absurde à Pétion et Barnave, sincèrement stupéfaits lorsque Louis XVI les avait accusés de méditer l'établissement d'une république, prenait corps.

L'unique bonne nouvelle fut de savoir le comte et la comtesse de Provence en sécurité à Bruxelles. Plus franche avec son aîné qu'elle ne l'était avec ses amies, car elle redoutait que celles-ci prissent, pour l'amour d'elle, le risque de regagner Paris, alors qu'elle était bien assurée que Monsieur ne le ferait jamais, Élisabeth laissa, dans une lettre du 4 juillet, échapper ces mots désabusés : « Ne pensez jamais faiblement à ceux que la main de Dieu a frappés d'une manière forte mais à qui Il donnera, j'espère, les moyens de soutenir cette épreuve. »

C'était beaucoup demander à l'égoïsme de Louis Stanislas.

Les jours passant, semblables et désespérants, la princesse restant enfermée chez elle, non plus pour cause de maladie mais parce qu'elle refusait de jouir de sa liberté aussi longtemps que les siens en seraient privés, la fuite à Varennes perdait son caractère d'aventure grotesque et prenait des proportions cataclysmiques. Élisabeth songeait, amère, qu'un peu plus de confiance eût-elle régné entre ses frères, on n'en serait pas là car on eût tranquillement attendu la mise en œuvre du plan Artois. Aucune lueur d'espoir ne s'allumait plus à l'horizon et cet avenir bouché accentuait un sentiment de détresse qu'elle n'avait jamais connu. De lettre en lettre, par bribes, transparaissait ce sentiment étranger à sa nature optimiste :

> J'ai été bien malheureuse ; je le suis moins. Si je voyais un terme à tout ceci, je supporterais plus facilement ce qui arrive, mais c'est le temps de s'abandonner entièrement entre les mains de Dieu[5]. [...] Je suis encore un peu étourdie de la secousse violente que nous avons éprouvée. Il faudrait pouvoir passer quelques jours bien tranquille, éloigné du mouvement de Paris pour remettre ses sens, mais, Dieu ne le permettant pas, j'espère qu'Il y suppléera. Ah mon cœur, heureux l'homme qui, tenant toujours son âme entre ses mains, ne voit que Dieu et l'éternité, et n'a d'autre but que de faire servir les maux de ce monde à la gloire de Dieu et d'en tirer parti pour jouir en paix de la récompense éternelle ! Que je suis loin de cela ! Cependant, n'allez pas croire que mon âme est livrée à une douleur violente ; non. J'ai même conservé de la gaieté. Hier encore, j'ai beaucoup ri en me rappelant des anecdotes ridicules de notre voyage mais je suis encore dans l'effervescence. Vous, qui êtes bien aussi vive que moi, vous devez sentir ma position. Cependant, j'espère que je ne serai pas encore longtemps comme cela[6]. [...] Tu as bien tort de me voir l'âme calme car j'en étais bien loin. À présent, je suis encore tout étourdie, ainsi, juge de ce que c'était il y a un mois. Petit à petit, j'espère que cela reviendra et que je ne finirai pas par devenir folle[7].

C'était à devenir folle, en effet. N'eût été l'abbé de Firmont qui lui continuait ses visites, en civil, l'habit ecclésiastique devenant difficile à porter, qui ramenait par ses conseils la paix et la résignation dans l'esprit de la princesse, l'ambiance délétère des Tuileries eût fait son œuvre. Comme si les gardes à vue, les menaces, l'insolence n'y suffisaient point, la famille royale, confinée et repliée sur elle-même, se déchirait.

Cela ne se voyait pas de l'extérieur où les princes renvoyaient l'image d'une famille unie, au mode de vie modeste, presque bourgeois, se rendant à la messe chaque matin, prenant leurs repas ensemble dans une tendre familiarité, passant leurs journées de concert, les femmes lisant, écrivant ou s'occupant à des travaux d'aiguille, à moins que l'on jouât avec les enfants à des jeux de société ; Louis Charles trichait, scandalisant sa sœur et provoquant des querelles, qui n'étaient rien comparé à celles des adultes[8].

Tandis que le roi, écœuré, persuadé à tort que ses peuples étaient acquis à la Révolution, passait l'été enfermé à méditer ses fautes, et attendait qu'on lui présentât la Constitution à signer, signature qui marquerait la fin de sa suspension, on s'agitait beaucoup.

Désormais, nul n'ignorait à l'étranger que Louis XVI était « empêché », terme courtois signifiant qu'il n'exerçait plus la réalité du pouvoir. C'était ce que le comte d'Artois essayait d'expliquer depuis deux ans sans rencontrer d'écho parce qu'il était difficile aux puissances étrangères de conserver des relations diplomatiques avec le roi de France tout en reconnaissant à son cadet la régence de fait. L'arrivée de Provence, qui devançait Artois dans l'ordre successoral, n'avait pas simplifié un jeu diplomatique tellement embrouillé que l'empereur Léopold optait pour l'attentisme, désireux d'éviter une guerre avec la France dont l'Autriche n'avait pas les moyens, donnant pour consigne à ses représentants d'« empêcher les Français et le comte d'Artois de faire des coups de tête », autrement dit de se lancer dans des expéditions comparables à celle tant espérée d'Élisabeth...

Pour ne rien arranger, le roi et la reine, ensemble ou séparément, menaient leur propre partie et achevaient de brouiller les cartes[9]. Marie-Antoinette, qui n'avait jamais beaucoup aimé ses beaux-frères, ne se cachait plus de les détester, les tenait responsables d'une part de leurs ennuis, et redoublait de défiance vis-à-vis de sa belle-sœur qu'elle prétendait « dominée par ses frères », comme si elle n'eût pas su qu'Élisabeth avait trop de caractère pour se laisser dominer par quiconque.

De son côté, celle-ci comprenait que cette division, ces secrets, cette méfiance nuisaient aux intérêts communs. La lettre superficiellement cryptée et rédigée à l'encre sympathique qu'elle adressa le 12 septembre à Louise de Raigecourt, à même de se faire son interprète près de Breteuil, exprimait ses inquiétudes et son désir de rétablir l'union familiale. Elle lui demandait de convaincre Breteuil de faire pression sur Artois afin de se soumettre au roi et, surtout, de se réconcilier avec la reine. Cependant, elle ne se cachait pas la réalité du problème : il faudrait au préalable qu'Artois agrée Breteuil ce que, jusqu'ici, il avait refusé de faire car celui-ci était lié à Marie-Antoinette. Le 8 octobre, Mme Élisabeth précisait à Angélique : « Nous voilà aux portes de l'hiver, c'est le moment des négociations. Elles peuvent avoir une heureuse issue mais seulement si l'on agit d'accord. Si cela n'existe pas, souviens-toi de ce que je te dis, au printemps, la guerre civile la plus horrible s'établira en France, ou chaque province se donnera un maître. Ne crois pas la politique de Vienne très désintéressée : il s'en faut de beaucoup. Elle n'oublie pas que l'Alsace lui a appartenu. Toutes les autres sont bien aises d'avoir une raison pour nous laisser dans l'humiliation. Songe au temps qui s'est passé depuis notre retour de Varennes. Ont-elles remué l'empereur ? N'a-t-il pas été le premier à montrer de l'incertitude sur ce qu'il devait faire ? Croire, comme bien des gens l'assurent, que c'est la reine qui l'arrête me paraît un [mot illisible] de raison, et presque un crime. Mais je me permets de penser que la politique vis-à-vis de cette puissance n'a pas été menée avec assez d'habileté. Si cela est, je trouve que l'on a eu tort ; mais il serait impardonnable si, d'après le décret qui a été rendu hier sur les émigrants, on n'en sentait pas le danger. Juge à la quantité qui sont là s'il sera possible de les retenir et ce que deviendra la France et son chef s'ils prennent ce parti sans secours étranger. [...] Adieu, accuse-moi réception de cette lettre et, si ton mari fait quelques démarches vis-à-vis du baron, qu'il ne sache pas que je l'en ai prié, ni même que je t'ai parlé de tout cela. »

Tout ce passage était écrit à l'encre sympathique, sous une autre missive qui se plaignait du temps, glacial depuis la Toussaint, des difficultés du quotidien, et cela expliquait les mots illisibles ou absents, car, faute de pouvoir se relire, Élisabeth repassait parfois sur les mêmes lignes. L'analyse qu'elle dressait de la situation internationale était juste mais n'incitait pas à l'optimisme. Pas plus que quelques expériences récentes qui la mettaient en porte à faux tant du côté du roi que de celui de l'Émigration.

Fin août 1791, époque où l'on ignorait encore en Europe la révolte des esclaves à Saint-Domingue, Provence et Artois, désireux de s'assurer une base de repli si jamais les puissances européennes les jugeaient indésirables, avaient nommé, « à l'insu du roi », le comte de Paroy gouverneur de l'île. Position intenable ! S'en avisant, Paroy voulut faire ratifier cette nomination par Louis XVI, et chargea son fils de cette démarche : « Il fut convenu alors que je demanderai une audience au roi. Je ne pouvais l'obtenir que par Mme la baronne de Mackau, ancienne gouvernante de Madame Élisabeth. [...] La famille royale était si espionnée qu'il était difficile de parler au roi en particulier et la reine m'avait dit que, si j'avais quelque chose d'intéressant à lui faire savoir, j'en prévinsse Madame Élisabeth qui avait la liberté d'aller chez Mme de Mackau par l'intérieur. Je priai donc cette dernière d'expliquer à Madame Élisabeth que mon père revenait de Coblentz, et désirait une audience particulière du roi, ayant une nouvelle importante à lui communiquer. Mme de Mackau répondit au bout de deux jours que Madame Élisabeth avait parlé au roi, mais que celui-ci hésitait à accorder une audience sans en connaître le motif. Je répliquai que mon père ne pourrait le révéler qu'au roi. Le même jour, Mme de Mackau me prévint que Madame Élisabeth viendrait le soir chez elle et que je pourrais alors lui parler. Effectivement, je l'y vis sur les neuf heures. Elle m'annonça que le roi recevrait mon père et moi dans son cabinet le lendemain au retour de la messe, que nous y entrerions sans affectation avec le service de la chambre et que M. de Septeuil, alors de service, me ferait signe de le suivre.

Les choses eurent lieu le lendemain, d'après ces données. Mon père exposa au roi les motifs déterminant sa nomination par les princes à Saint-Domingue, il lui en demandait confirmation. Le roi refusa et ajouta ne vouloir rien écouter de tout ce qui y a rapport[10]. »

Louis XVI et Marie-Antoinette, désormais hostiles à une émigration qu'ils avaient d'abord encouragée, incitèrent le jeune Paroy à « se désolidariser de son père et rester à Paris », ce qu'il fit. On ne sait ce que le couple royal redoutait le plus : être dépossédé par Artois et Provence du peu de pouvoir qu'il leur restait ; ou laisser les princes déclencher cette guerre civile qui épouvantait Louis XVI mais qu'Élisabeth, lucide, savait inévitable.

Le malheureux souverain ne voyait pas qu'il s'enferrait. Roi constitutionnel depuis le 13 septembre, date de sa prestation de serment devant une Assemblée qui n'avait daigné ni se lever ni se découvrir en sa présence, il avait opposé en novembre son veto aux décrets qui aggravaient la persécution contre les prêtres réfractaires, « prévenus de révolte contre la loi et de mauvaises intentions contre la patrie » et menaçaient de mort les émigrés qui ne rentreraient pas dans les meilleurs délais. Puis accepté, le 14 décembre, ce qui paraissait contradictoire, l'éventualité d'une déclaration de guerre aux principicules allemands qui toléraient dans leurs États des rassemblements français contre-révolutionnaires. Dans le même temps, le couple royal poursuivait une correspondance secrète avec l'Autriche et la Prusse et réclamait leur aide contre les « factieux ». Comment s'y retrouver ?

Discordes et complots

Élisabeth n'était pas en reste. Le départ de Dassy et l'affaire de Varennes avaient désorganisé sa ligne de courrier ; elle occupa l'automne 1791 à la rétablir, avec le concours de Vaudreuil. Le jeune Paroy se retrouva chargé de faire sortir des Tuileries les courriers de la princesse destinés au comte d'Artois, camouflés sous des lettres d'affaires adressées à un négociant viennois, couverture de Vaudreuil qui les faisait ensuite suivre à Coblence. Ces courriers d'Élisabeth à Artois[11] tendaient tous au rapprochement entre le roi et ses frères. Bonne volonté non payée de retour puisque, le 31 octobre, la reine, écrivant à Fersen, se plaignait de sa belle-sœur, « tellement indiscrète et entourée d'intrigants [...] qu'il faudrait quereller tout le jour »...

À quoi Marie-Antoinette faisait-elle allusion ? À la correspondance d'Élisabeth avec Mmes de Bombelles et de Raigecourt, correspondance qu'elles montraient volontiers ? Aux tentatives de la princesse, inspirées par l'heureuse impression que lui avait faite Barnave[12], pour se rapprocher du parti constitutionnel ?

Élisabeth entretenait des relations suivies depuis 1789 avec les membres du Salon français ; ils l'avaient dans le passé prise pour confidente de plans fumeux censés permettre l'évasion de la famille royale, jamais réalisés, ce qui n'incitait pas à se fier à ces hurluberlus. Parmi eux se trouvait Gilliers, ancien maire de Romans, proche des dirigeants du parti constitutionnel Virieu, Malouet et Montmorin. Gilliers était aussi proche de Barnave et c'était à leurs efforts conjoints que Louis XVI, à la fin de l'été, devait d'avoir sauvé sa couronne. Gilliers était devenu le représentant de la princesse auprès du parti constitutionnel et de Barnave. Cela agaçait Marie-Antoinette, qui utilisait elle aussi le député de Grenoble mais, inconsciente de la sincérité de sa conversion, le manipulait assez vilainement.

Elle eût été bien davantage agacée si elle avait appris, en novembre 1791, que Gilliers venait de présenter à sa belle-sœur un comte de Montalbano qui se disait envoyé officieux de l'archiduc François, héritier d'un trône d'Autriche à portée de sa main puisque la santé de Léopold II donnait de vives inquiétudes. Montalbano venait à Paris chercher une accréditation auprès d'Artois et Provence. Élisabeth le reçut. Elle restait la seule de la famille royale à pouvoir rencontrer qui bon lui semblait, et Marie-Antoinette, en se plaignant des « intrigants » du cercle de la princesse, oubliait que nombre d'entre eux passaient par elle faute de pouvoir accéder au roi et à la reine.

Montalbano fit bon effet ; Élisabeth lui remit un mot de recommandation pour ses frères et le renvoya dans les Allemagnes flanqué du comte de Virieu, chargé de répondre de lui devant les princes. En vérité, Virieu devait leur exposer l'évolution politique du parti constitutionnel, son inquiétude devant l'éventuelle abolition de la monarchie – « évolution naturelle » d'une semblable révolution, comme le disait l'ambassadeur des États-Unis, que ces Messieurs, en bons apprentis sorciers, n'avaient nullement prévue –, et leur volonté d'œuvrer à la préservation du trône.

Dans l'esprit d'Élisabeth, le rôle de Virieu l'emportait sur celui de Montalbano. Elle ne doutait pas que celui-ci représentât l'archiduc François, ni que l'héritier autrichien affichât une ligne de conduite plus ferme que son père face à la Révolution, mais, en vraie Capétienne, elle se méfiait de Vienne, devinait la bonne volonté des puissances étrangères lourde d'arrière-pensées hostiles à la France. Elle n'avait jamais attendu d'elles qu'un soutien logistique et financier, en aucun cas armé, dans la certitude qu'il appartenait aux Français de régler leurs problèmes entre eux, en y mêlant le moins possible leurs voisins. Voilà pourquoi elle expédiait Virieu à ses frères.

Élisabeth ignorait l'ambiance détestable de Coblence. Les émigrés de la première heure écrasaient de leur mépris quiconque avait tardé à quitter la France. Regardant de haut des royalistes impeccables, ils ne tolérèrent pas l'intrusion de Virieu, ancien chef de file de la contestation compromis avec l'Assemblée. Élisabeth avait longtemps partagé ces préventions mais, depuis sa rencontre avec Barnave, elle voyait la situation d'un autre œil, jugeait bon de s'appuyer sur les repentis. Elle avait raison mais fut incapable de le faire admettre à ses frères. Artois et Provence, qui s'entendaient mal et passaient leur temps à contrarier mutuellement leurs projets respectifs, firent mille embrassades à Montalbano, personnage douteux dont il ne devait plus jamais être question mais reçurent Virieu de façon glaciale et coupèrent court à ses offres et celles de ses amis[13]. La royauté n'avait pas besoin d'eux.

Attitude stupide, lourde de conséquences, qui porta atteinte au crédit d'Élisabeth, déjà entamé dans les rangs de l'Émigration pour son obstiné refus de quitter la France malgré la persécution religieuse, qui faisait dire aux extrémistes et aux sots qu'elle cautionnait ce qui se passait...

La princesse avait-elle omis d'avertir Louis XVI de son initiative ? Ce serait d'autant plus étonnant qu'en mars 1792, le roi, obligé de laisser entrer au Conseil trois ministres girondins ouvertement partisans de la République, demanderait à sa sœur de lui servir d'interprète auprès des membres d'un comité ministériel parallèle et secret, qu'elle rencontrerait, deux fois par semaine, après le jeu de la reine, tard le soir. Ce comité se composait justement de quatre personnalités du parti constitutionnel, Montmorin, ancien ministre des Affaires étrangères ; Boisgelin, ancien archevêque d'Aix-en-Provence, l'abbé de Montesquiou, grand contempteur de la Constitution civile du clergé, et le baron Malouet, membre du Salon français, interlocuteur ordinaire de la princesse, tous parfaitement au courant de la mission Virieu. Impossible, dans ce contexte, de croire Louis XVI dans l'ignorance des menées de sa sœur, mais Marie-Antoinette, elle, pouvait bien ne pas en avoir été informée, ce qui expliquait son acrimonie.

Et l'offre faite à Élisabeth, par l'intermédiaire de Fersen, de quitter la France. Eût-elle accepté, la reine était débarrassée de cette belle-sœur gênante. Élisabeth refusa, comme elle refusa fin 1791 une autre proposition venant de La Fayette. La démarche traduisait le malaise du camp républicain à son égard. Irréprochable, au grand dam du *Père Duchesne* qui épuisait son vocabulaire ordurier contre « la grosse Babet » sans écorner une réputation au-dessus de tout soupçon, louée par une presse plus modérée, Élisabeth détonait dans la caricature que l'on voulait accréditer de la famille royale, attestait la fausseté des accusations portées contre les siens. La Fayette et ses amis redoutaient son influence sur son frère, se défiaient d'une intelligence ferme et de compétences politiques qui s'exerçaient dans l'ombre. Pour toutes ces raisons, eux aussi eussent préféré la savoir loin.

Il fallut plus de courage et de résignation que jamais à Élisabeth, alors qu'elle éprouvait vivement le refroidissement de l'affection dans le cercle familial et le rejet de sa belle-sœur, pour refuser ces offres, relayées par ses amis qui la pressaient de partir. À Louise de Raigecourt, elle opposa une ultime fin de non-recevoir : « Quant à ceux qui me blâment, je trouve qu'ils ont tort. Tu diras que j'ai bien de l'orgueil mais en vérité, c'est que ce n'était pas le cas de faire autrement que je n'ai fait et qu'il y aurait eu des inconvénients réels, peut-être même pour ceux qui me blâment, à être autrement[14]. »

Propos faussement sibyllins qui s'éclairaient à la lecture d'une lettre adressée à Artois le 23 février 1792 : « Votre dernière lettre m'a été remise ce matin, mon cher frère, et j'ai été bien heureuse d'y trouver moins d'amertume que dans la précédente. Cependant, je vous ai promis d'ajouter quelques mots à ce que je vous ai écrit il y a quelques jours, et je suis votre amie trop sincère pour ne pas le faire.

Je trouve que le fils[15] a trop de sévérité pour la belle-mère. Elle n'a pas les défauts qu'on lui reproche. Je crois qu'elle a pu écouter des conseils suspects mais elle supporte les maux qui l'accablent avec un courage fort, et il faut encore plus la plaindre que la blâmer car elle a de bonnes intentions. [...] Vous savez la différence d'habitudes et de sociétés que votre sœur a toujours eue avec la belle-mère ; malgré cela, on se sentirait du rapprochement pour elle quand on la voit injustement accuser et quand on regarde en face l'avenir.

C'est bien fâcheux que le fils n'ait rien voulu ou pu faire pour gagner l'ami intime du frère de la belle-mère[16]. Ce vieux renard la jouait et il eût fallu prendre sur soi, s'il avait été possible, et faire le sacrifice de s'entendre avec lui pour le déjouer et prévenir le mal devenu effrayant aujourd'hui. [...] L'idée de l'empereur me tourmente. S'il nous fait la guerre, il y aura une affreuse explosion. [...] Adieu. Que me demandez-vous ? Quelles sont mes occupations aujourd'hui ? Si je monte à cheval et si je vais encore à Saint-Cyr ? À peine ose-t-on faire ses devoirs depuis plus d'un an ! Je vous embrasse de tout mon cœur. *Miserere nobis !* »

L'emploi du conditionnel, s'agissant des sentiments d'Élisabeth envers Marie-Antoinette – « on se sentirait du rapprochement pour elle » – révélait l'abîme ouvert entre les deux femmes et leurs conceptions antinomiques de la situation ; il fallait que la princesse se sentît, ou se sût, très indispensable pour ne pas se résoudre au départ, qu'elle se vît, surtout, comme le dernier facteur d'unité, l'unique chance de réconciliation, œuvre à laquelle elle se disait prête « à consacrer sa vie à la demander à deux genoux ». S'illusionnait-elle sur ses chances, ou sur sa véritable influence ? Bombelles, depuis Venise, se gaussait de « sa légèreté [...] qui détruit tout et n'est pas encore corrigée[17] », et, ne comprenant pas que les lettres de la princesse à Angélique étaient un leurre destiné à empêcher la marquise de revenir en France, s'étonnait que Madame Élisabeth pût se méprendre ainsi sur la gravité des événements.

Malouet, l'un des principaux interlocuteurs de la princesse, l'accuserait quant à lui dans ses *Mémoires*[18], quoiqu'il lui reconnût « plus d'esprit et de fermeté que son frère », d'avoir partagé avec Louis XVI et la reine une méfiance, « triste défaut », qui l'empêchait d'accorder sa confiance entière au comité[19]. En quoi il perdait de vue qu'Élisabeth était une intermédiaire et que les décisions ne dépendaient pas d'elle ; « le triste défaut » pouvait être imputable au roi et non à sa cadette. Seulement, dans les milieux royalistes, en France et à l'étranger, le malheureux souverain était si discrédité que ses moindres désirs étaient soupçonnés émaner de sa femme ou de sa sœur, ce qui n'était pas le cas, Élisabeth, par loyalisme, se bornant à exprimer l'opinion de Louis XVI, quand même elle la désapprouvait. Dans la même logique, elle se forcerait, tout l'automne et l'hiver 1791-1792, à « se trimballer au spectacle[20] » : « Ce n'est, certes, ni mon goût ni mes principes qui m'y amènent ; ce n'est donc que mon devoir. Mais il est des choses sur lesquelles rien ne pourra le faire ployer et c'est la seule distraction que je puisse et veuille me permettre dans ce moment ; mais sur cela, Dieu me fera, j'espère, la grâce de lui être d'une fidélité à toute épreuve. »

Le devoir en question tenait à une évidence : le parti républicain grandissait, l'unique moyen de le contrer était de rendre à la famille royale sa popularité perdue. Or, la présence des souverains, de leurs enfants et d'Élisabeth au théâtre suscitait un regain d'enthousiasme en leur faveur, enthousiasme qui allait certains soirs jusqu'à provoquer des bagarres entre royalistes et républicains[21].

Cela non plus n'était pas compris, et l'internonce, Mgr de Salamon, qui tenait Élisabeth en très haute estime, informa Rome que l'on « traînait de force » à l'Opéra cette « vertueuse princesse », faute d'imaginer le calcul politique de cette pieuse jeune fille qui lui disait, en confidence et pour son édification, être mille fois plus affligée des malheurs de la religion que de ceux de sa famille[22].

À désespérer

La princesse donnait le change. Hormis la messe des « Intrus », où elle se refusait à mettre les pieds, quand le reste de la famille royale s'y rendait, elle s'appliquait à présenter une façade inoffensive aux regards scrutateurs des espions qui les entouraient. Elle commençait à exceller à cette comédie qui pourtant lui coûtait.

Le jour de la fête des morts, tout un symbole, elle donna audience aux colons de Saint-Domingue réchappés des massacres de Blancs qui désolaient l'île et venaient supplier le roi de leur venir en aide. Rentrée dans ses appartements[23], elle dit à ses femmes :

– Ces pauvres colons qui se noient appellent des noyés à leur aide[24].

Cela traduisait mieux le fond de sa pensée que les paroles apaisantes dispensées à ses proches. Élisabeth, même si elle s'obligeait à une apparence de gaieté, était en proie, depuis le retour de Varennes, à des accès d'angoisse qui confinaient parfois au désespoir. Il lui semblait par moments que tout, à vues humaines, était perdu car les puissances infernales s'étaient déchaînées contre la France[25], à d'autres que l'on assistait aux prémices de la fin du monde, ce qui ne l'affligeait guère étant donné son état et le train dont il allait[26].

Pour mettre un comble à cette désolation dont seul l'abbé de Firmont demeurait confident, cette fin d'année lugubre se trouva un peu plus assombrie par une série de deuils et de sourdes menées.

La rumeur d'un attentat revint à l'intendant de la liste civile, M. de Laporte. Début décembre, le pâtissier des Tuileries laisserait sa place à son survivancier. Celui-ci appartenait au club des Jacobins et s'y vantait que « l'on ferait un grand bien à la France en abrégeant les jours du roi[27] ». Rien de plus facile pour lui que verser du poison dans les crèmes fouettées, les bavaroises et les babas au rhum. Et même, puisqu'il avait accès à tous les services, dans les rôts, les sauces, voire les bouteilles de vin ou d'eau minérale.

Saisie d'un accès de paranoïa, la famille royale, jusqu'à fin avril 1792, date où elle fut informée que l'on avait renoncé au poison, se contraignit à mille ruses afin de déjouer les criminels sans leur laisser deviner qu'elle était au courant et qu'elle avait peur. Cela obligea, avec la complicité de quelques fidèles, à ne consommer que des aliments et boissons apportés de l'extérieur, pain compris, que l'on serrait sous clef après chaque repas, tout en faisant disparaître plats et bouteilles apportés des cuisines pour laisser croire que l'on mangeait comme à l'ordinaire.

Se rendre, après ces agapes terrifiées, dans la salle de billard où Élisabeth entraînait son frère pour une longue partie, dernière activité physique à laquelle il se livrait, ou faire une promenade à cheval avec la reine, qui refusait de quitter seule le palais parce qu'on lui témoignait dehors une insolence un peu apaisée par la présence de sa belle-sœur, demandait des nerfs d'acier. Ceux d'Élisabeth étaient soumis à rude épreuve.

Mi-décembre, Mme des Essarts, l'une des dernières dames qui lui restaient, mourut de la variole. Le 25 février 1792, après trois mois de maladie, la vicomtesse d'Aumale, la chère Rosalie, « l'être à qui je dois tout » dirait Élisabeth[28], succombait en quelques minutes entre les bras d'un médecin qui ne s'y attendait pas. L'accès à la Cour lui était demeuré fermé, même aux Tuileries, Louis XVI n'ayant jamais voulu se déjuger, mais la princesse continuait à la voir, chez elle ou chez des amis. De tous les deuils qui pouvaient la frapper, celui-là était l'un des plus sensibles. Avec Mme d'Aumale, Élisabeth perdait celle qui lui avait tenu lieu de mère, avait consolé ses chagrins d'enfance, guidé ses pas sur les chemins de la foi, formé son intelligence, son jugement, et dont l'influence, on le lui avait assez reproché, l'avait emportée sur toutes les autres. Il lui faudrait beaucoup de charité et d'affection pour écrire à Angélique de Bombelles, responsable des malheurs de la vicomtesse, que tout était oublié et pardonné depuis longtemps de cette triste histoire[29].

Tout se résumait en cet acte d'acceptation posé à l'entrée de cette nouvelle année : « Seigneur, j'abandonne à tout ce qu'il plaira à Votre bonté d'ordonner pour mon salut. Sauvez-moi, mon Dieu, et que je Vous aime : voilà tout ce que je désire. » Telle est la vraie prière de Madame Élisabeth, non un texte dont elle n'est pas l'auteur mais qu'elle récitait et qui finit par lui être attribué. L'esprit, cependant, est le même : « Que m'arrivera-t-il aujourd'hui, mon Dieu ? Je n'en sais rien. Tout ce que je sais, c'est qu'il ne m'arrivera rien que Vous n'ayez prévu de toute éternité. Cela me suffit, ô mon Dieu, pour être tranquille. J'adore Vos desseins éternels et impénétrables, je m'y soumets de tout mon cœur pour l'amour de Vous. » Pourtant l'auteur de ces lignes admirables se plaignait, dans le même temps, d'être « de l'humeur d'un petit dogue contre tout[30] », très éloignée du moindre progrès spirituel, à cause d'une « inferveur très désagréable[31] ».

Quant à l'humeur et aux affres diverses qui nuisaient à sa vie de prières, lui faisant écrire qu'elle n'avait pas « des distractions dans la prière », mais une seule distraction qui durait d'un bout à l'autre de ses oraisons, il fallait en chercher les causes au dehors. Toute la résignation de la princesse, sa foi, son abandon à la Providence ne pouvaient l'empêcher de ressentir vivement les événements, et de s'inquiéter de leurs conséquences.

Paris, d'octobre 1791 à avril 1792, fut d'un calme étonnant. Louis XVI, en prêtant serment à la Constitution, en envisageant de déclarer la guerre aux puissances qui accordaient asile aux rassemblements d'émigrés en armes, avait donné des gages. Les acclamations qui accueillaient la famille royale à chaque sortie en étaient la preuve. Le froid très vif de cet hiver-là, qui prit dès la Toussaint et dura, avec de violentes chutes de neige jusqu'en mars, contribua à cette tranquillité : le peuple des faubourgs, privé de travail et de pain, privé aussi des secours dispensés par l'Église, la monarchie et la noblesse en périodes difficiles[32], était trop occupé à tenter de survivre pour se soucier de politique. Les premiers beaux jours mirent un terme à cette trêve.

Le refus initial de Louis XVI de faire entrer au ministère des représentants de la Gironde rouvrit la crise mi-mars 1792. Sa décision de prendre le deuil de l'empereur d'Autriche, Léopold, mort le 1er mars, fut perçue comme une provocation, en oubliant que « le chef des conspirateurs », comme l'appelait l'aile gauche de l'Assemblée, était d'abord le frère de la reine. Marie-Antoinette, aperçue de noir vêtue[33], fut insultée, ce qui n'était pas nouveau ; ce qui l'était, c'était qu'Élisabeth se fit ce matin-là elle aussi traiter de « pute, de gourgandine et de garce ». Elle n'en dirait rien à ses amies et Bombelles continuerait à s'esbaudir de sa « légèreté ».

Marque d'une incompréhension généralisée, l'internonce, Mgr de Salamon, dans sa correspondance avec Rome, s'exclamait : « Mais pourquoi cette reine a-t-elle la manie de se montrer au peuple ? ! »

Simplement parce que regagner l'amour du peuple demeurait la dernière chance des souverains et qu'il fallait, afin d'y parvenir, se montrer, dût-on encourir jusqu'aux menaces de mort.

Le Carême commença, sans offices ni saluts, sans retraites ni sermons puisque les seuls autorisés étaient ceux des Intrus et qu'Élisabeth persistait à n'y pas mettre les pieds. Temps de disette et de désolation pour les catholiques français ; la princesse, qui conservait l'abbé de Firmont, s'estimait privilégiée par rapport à tant d'autres. Fallait-il s'obstiner à rester en France ? Une lettre de Mesdames Tantes, heureuses à Rome, l'incita une nouvelle fois au départ. Elle y répondit par des banalités, gardant pour l'abbé de Lubersac, leur aumônier dont elle estimait les vertus, le fond de sa pensée : « Le désir que vous me témoignez de me voir réunie à celles qui ont tant de bontés pour moi m'a fait un grand plaisir, mais il est des positions où l'on ne peut pas disposer de soi, et c'est la mienne.

La ligne que je dois suivre m'est tracée si clairement par la Providence qu'il faut bien que j'y reste. Tout ce que je désire, c'est que vous vouliez bien prier pour moi, pour obtenir de la bonté de Dieu que je sois ce qu'Il désire. S'Il me réserve encore dans ma vie des moments de calme, ah ! je sens que j'en jouirai bien, au lieu de me soumettre aux épreuves qu'Il m'envoie ! J'envie ceux qui, calmes intérieurement et tranquilles à l'extérieur, peuvent à tous les instants ramener leur âme vers Dieu, lui parler et, surtout, L'écouter. Pour moi qui suis destinée à tout autre chose, cet état me paraît un vrai paradis[34]. »

Toujours cette volonté déterminée de demeurer là où elle croyait que Dieu la voulait, près de son frère et son roi ; mais, et cela, il n'était pas question de l'écrire, la princesse jugeait sa présence rendue plus nécessaire que jamais par les missions dont Louis XVI l'avait chargée. Outre le rôle d'agent de liaison qu'elle assurait avec Malouet et le cabinet fantôme depuis l'entrée des ministres girondins au gouvernement, Élisabeth en occupait un autre, qui consistait à parachever le retournement de Pétion et faire miroiter à cet honnête homme trois ou quatre cent mille francs-or en contrepartie de son aide[35].

Deux autres figures de la gauche, Santerre, le brasseur du faubourg Saint-Antoine illustré lors des journées de 89, et Danton, dont l'étoile politique ne cessait de monter, faisaient l'objet d'approches similaires. Il s'agissait de contribuer à désarmer l'émeute, arme des extrémistes. Les réseaux du renseignement royaliste affirmaient que la faction républicaine comptait recourir à la violence pour abattre la monarchie. Être averti à temps de la mise en œuvre de telles opérations, pouvoir les empêcher grâce à la complicité de chefs ne manquait pas d'intérêt, à condition que ceux-ci fussent sincères, ce qui n'était le cas ni de Santerre ni de Danton, lesquels encaissèrent d'énormes sommes sans le moindre état d'âme, et ne tinrent aucun de leurs engagements. Il serait trop tard quand Louis XVI le comprendrait.

Impliquée dans le projet, Élisabeth pouvait moins que jamais envisager un départ solitaire. Elle mesurait pourtant assez les risques pour brûler l'essentiel de sa correspondance afin de ne laisser subsister aucune trace de ses réseaux et de son action clandestine.

Louis XVI, au printemps, avait prié Laporte, intendant de la liste civile qui exerçait des fonctions dans le renseignement royaliste, de remettre chaque matin à sa sœur copie du rapport qu'il lui faisait, ainsi qu'une revue de presse censée donner une idée de l'opinion publique. Il ne souhaitait pas qu'un exemplaire de ces documents fût remis à la reine. L'attitude du roi s'expliquait par la sottise dont Marie-Antoinette avait fait preuve en repoussant les offres d'un des ministres girondins, Dumouriez, qui proposait son aide. Le général appartenait à la faction du duc d'Orléans, que la reine détestait. Élisabeth, plus au fait des réalités, désireuse de rassembler tous les Français de bonne volonté autour de son frère, plaida en vain la cause du ministre des Affaires étrangères, puis celle de La Fayette en train de revenir de ses erreurs : cet « oubli du passé » qu'elle prônait, par réalisme politique et charité chrétienne, n'était pas du goût de la reine, décidée à faire payer à la première occasion les humiliations endurées. Quant à lui faire admettre qu'elle n'en avait pas les moyens, et n'était pas près de les avoir, c'était une autre affaire.

Impliquée dans les projets de son frère, au courant, enfin, d'une part de ses secrets, Élisabeth, en ces mois d'avril et mai 1792, laissa de côté, au grand dam du Club français et de Malouet, des plans antérieurs. Il s'agissait, pour la énième fois, d'organiser l'évasion de la famille royale. La princesse savait que le roi s'y refuserait. Et, quoiqu'elle en pensât, elle n'irait pas contre son opinion. Louis XVI avait opté pour le retournement des dirigeants révolutionnaires ; il fallait souhaiter que cela fonctionnât, y aider de tout son pouvoir. Elle s'y employait.

Était-elle sereine pour autant ? Elle continuait à le feindre avec un suprême talent, trompant jusqu'à ses amis, mais s'abusait-elle autant qu'ils se l'imaginaient ? Non... Élisabeth était très consciente des périls. Cependant, elle avait fait à Dieu un sacrifice total et ne voulait plus regarder en arrière. Arriverait ce que le Ciel voulait.

Le 20 avril 1792, sous la pression des girondins, Louis XVI, après que l'Autriche eut rejeté l'ultimatum français à propos des rassemblements émigrés sur son territoire, déclara la guerre à François II. Cette décision le désespérait-elle, comme le pensait Malouet, ou, au contraire, en éprouvait-il une jubilation intime, dans l'espoir de voir les bataillons révolutionnaires pulvérisés aux premiers engagements ? En son âme, le patriotisme le disputait au désir de mettre un terme aux troubles. La même ambivalence se devinait à travers les lettres d'Élisabeth[36]. À ceux qui s'en fussent scandalisés, elle eût rétorqué qu'elle ne confondait pas la France, qu'elle aimait de tout son cœur, se refusait à quitter, pour le bonheur et le salut de laquelle elle se fût cent fois sacrifiée, et un parti révolutionnaire dont les désastres militaires devaient permettre le retour à l'ordre monarchique et chrétien.

Piques et bonnets rouges

La guerre livrée à la religion, qui s'amplifiait, s'aggravait, revêtait pour Élisabeth une autre dimension que les escarmouches aux frontières. Elle avait au moins la satisfaction d'avoir fait partager son point de vue à son frère qui témoigna, en ce printemps, d'une incontestable fermeté sur la question religieuse. Le 27 mai, Louis XVI opposa son veto au décret qui condamnait à la déportation les prêtres réfractaires âgés de moins de soixante-cinq ans et exigeait le placement en résidence surveillée des plus vieux, des infirmes et des malades. Le roi n'allait pas tarder à payer cette résistance. Le 29 mai, l'Assemblée décréta la dissolution de la Garde constitutionnelle et fit le lendemain arrêter son chef, le duc de Brissac[37].

Cette Garde constitutionnelle, forte de quinze cents hommes choisis en vertu de leur fidélité au roi, avait, au lendemain de la prestation de serment de Louis XVI à la Constitution, remplacé la Garde nationale. Sa présence aux Tuileries expliquait la tranquillité dont la famille royale avait jouie, puisque ces fidèles interdisaient aux factieux l'accès aux jardins et au palais. Elle constituait une protection efficace et c'était la première raison de sa dissolution.

Le roi signa ce décret-là, comme s'il n'y attachait aucune importance et considérait que plus rien ni personne n'était en mesure de le protéger ; le 1er juin, la Garde nationale reprit son service au palais. On eut la démonstration de son efficacité dès le surlendemain, quand elle ouvrit les grilles à une foule mal intentionnée qui passa et repassa jusqu'au soir sous les fenêtres de la reine en l'agonissant d'insultes. Ces manifestations « spontanées » se renouvelleraient quotidiennement. Les heures de la monarchie étaient comptées.

Louis XVI, cependant, ne revint pas sur son veto et même, le 6 juin, en opposa un second, cette fois à la demande d'installer aux portes de Paris vingt mille fédérés délégués à l'occasion du 14 juillet par les gardes nationales de province. Cette force demeurerait ensuite aux abords de la capitale afin de la défendre contre une possible agression des ennemis de la nation... Louis XVI ne s'y méprit point : il s'agissait pour l'Assemblée de disposer de troupes en vue de l'attaque contre le château. Puisqu'il maintenait son double veto, l'Assemblée se servit des faubourgs. Le 20 juin à midi, une foule d'environ dix mille personnes se massa devant le Manège où siégeait l'Assemblée sous prétexte de planter des arbres de la Liberté. La suite était hautement prévisible...

Vers midi, donc, comme les « manifestants » affluaient et que l'on prétendait craindre des bousculades, ou un début de panique comme celui qui avait si terriblement endeuillé les noces de Louis XVI et de Marie-Antoinette, la municipalité parisienne demanda au roi la permission d'ouvrir les grilles des

Tuileries, ce afin que la foule pût s'écouler sans incident à travers les jardins. Assez peu dupe d'un prétexte qui livrait le château aux agitateurs mais n'ayant guère le choix, Louis consentit à ce que la manifestation traversât la terrasse des Feuillants pour sortir par la porte du Manège. Cet itinéraire balisé devait, en principe, réguler le flot et empêcher un trop grand afflux d'une populace qui, d'abord composée de femmes et de citoyens aux allures débonnaires, changeait rapidement de visages et comptait dans ses rangs un nombre grandissant de sans-culottes coiffés du bonnet rouge et brandissant des piques.

Bien entendu, et comme il fallait s'y attendre, la garde nationale, au lieu d'ouvrir un seul accès aux jardins, les ouvrit tous, de sorte qu'en un instant, tous les émeutiers se répandirent dans les allées. Et, même s'ils semblaient se borner à traverser par la porte du Pont Royal et le Carrousel, pour regagner le faubourg Saint-Antoine, il apparut vite que ceux qui sortaient d'un côté rentraient aussitôt de l'autre, et que le nombre des mécontents demeurait constant.

Sur le coup de trois heures de l'après-midi, fatiguées de tourner en rond, « les Piques », ainsi que les appelait Élisabeth, « firent mine de vouloir enfoncer la porte de la grand cour », qui protégeait encore le palais et les appartements royaux. En pareille occurrence, il y avait consigne, normalement, de repousser la menace par les armes, si nécessaire, mais les officiers municipaux de service, sous prétexte qu'ils n'avaient reçu aucun ordre en ce sens, refusèrent d'opposer la moindre résistance et firent ouvrir les portes.

Décidément, le coup était bien préparé...

Aux premières alarmes sérieuses, la famille royale s'était réfugiée dans les appartements du roi d'où, par une fenêtre, elle observait avec inquiétude les événements. Sur ce, un officier de la garde nationale, Aclocque, se présenta avec quelques grenadiers et demanda à Louis XVI de bien vouloir le suivre afin de se montrer au peuple. Seul. Ce à quoi le comte d'Hervilly, petit bonhomme atrabilaire et perpétuellement énervé mais d'une bravoure et d'une fidélité inentamables s'opposa, exigeant d'accompagner le souverain avec quatre soldats qui avaient sa confiance. Aclocque céda.

Pendant ce temps, inquiets de sa sécurité, ses gens avaient réussi à entraîner Marie-Antoinette vers les appartements du dauphin, plus écartés et qui offraient encore une relative protection.

Au moment où ses femmes entraînaient la reine vers les appartements de son fils, dans l'espoir qu'elle y échapperait aux émeutiers, Élisabeth, malgré les objurgations des gentilshommes présents, était parvenue à rejoindre son frère dans le salon où il faisait tête à la horde.

La presse était déjà telle que, pour n'être pas écrasée, elle avait été obligée de se jucher sur un coffre. Le vieux maréchal de Mouchy et quelques autres, demeurés près de Louis XVI, avaient voulu lui faire quitter la pièce, et s'étaient heurtés à un refus :

– Je ne quitterai pas le roi ! Sauvez-le ! Il faudra me massacrer avec lui.

Ces mots l'avaient fait confondre avec la reine ; un homme s'était précipité en hurlant :

– C'est toi, l'Autrichienne ? C'est que nous voulons sa tête !

Un sabre avait effleuré de très près la gorge d'Élisabeth. Elle avait dit au forcené :

– Écartez votre arme ! Je sais que vous ne voulez pas me faire de mal.

Et comme son écuyer, Saint-Pardoux, essayait de dissiper la confusion, la princesse, décidément sublime, lui avait chuchoté :

– De grâce, ne le détrompez pas ! S'ils pouvaient me prendre pour la reine, cela lui laisserait le temps de se sauver.

Les excités s'étaient calmés, écoutant, un peu, le langage de la raison que Pétion et d'autres députés avaient fini par venir leur tenir. Le roi, après avoir déclaré qu'il « ne coifferait jamais le bonnet rouge » de la Révolution, l'avait posé sur sa tête, lamentable avatar de sa couronne. Quelques minutes plus tard, Marie-Antoinette, débusquée dans la chambre de son fils, avait été contrainte de s'en coiffer à son tour et d'en coiffer Louis Charles, muet de terreur.

À Élisabeth, nul n'avait osé proposer le bonnet phrygien, coiffure de la chiourme des galériens, devenu, depuis les mutineries de Nancy, symbole républicain ; l'on s'était contenté de lui tendre une cocarde tricolore qu'elle avait sans mot dire épinglée à son bonnet. Puis tout avait fini en mélodrame, au milieu des larmes d'attendrissement des députés venus à la rescousse et des officiers de la Garde nationale. Élisabeth tenait cette propension de ses contemporains aux pleurnicheries sentimentales pour une triste hypocrisie. L'époque larmoyait beaucoup, mais ces larmes de crocodile cachaient des cœurs secs.

Elle avait regagné ses appartements, s'arrachant aux remerciements de son frère et de sa belle-sœur qui commençaient à prendre la mesure de son abnégation et de son courage, impassible. Quand elle relaterait la « journée » à ses amies, les événements prendraient, sous sa plume, un côté bon enfant qu'ils n'avaient jamais eu et elle tairait, soigneusement, le danger, très réel, qu'elle avait couru afin de rester près du roi. Quant à la peur qu'elle avait éprouvée, elle la garderait pour elle, pour son confesseur, et pour l'abbé de Lubersac, auquel elle s'ouvrit avec une franchise qui manquait à ses autres récits : « Cette lettre sera un peu longtemps en chemin mais j'aime mieux ne pas laisser échapper une occasion de causer avec vous.

Je suis persuadée que vous avez ressenti presque aussi vivement que nous, Monsieur, le coup qui vient de nous frapper. Il est d'autant plus affreux qu'il déchire le cœur et ôte tout repos d'esprit. L'avenir paraît un gouffre d'où l'on ne peut sortir que par un miracle de la Providence, et le méritons-nous ? À cette demande, l'on sent tout le courage manquer. Qui de nous peut se flatter qu'il lui sera répondu : "oui, tu le mérites !" Tout le monde souffre, mais hélas, nul ne fait pénitence ; on ne retourne point son cœur vers Dieu. Moi-même, combien de reproches n'ai-je pas à me faire ! Entraînée par le tourbillon du malheur, je ne m'occupais pas de demander à Dieu les grâces dont nous avons besoin ; je m'appuyais sur les secours humains et j'étais plus coupable qu'une autre car qui plus que moi est l'enfant de la Providence ? [...]

En me lisant, vous allez me croire un peu folle mais pardonnez à l'excès des maux dont mon âme est atteinte. Jamais je ne les ai si vivement sentis. Dieu les connaît, Dieu sait les remèdes qu'Il doit appliquer mais sa bonté permet qu'on lui fasse les demandes dont on a besoin et j'use, comme vous voyez, de cette permission.

Je suis fâchée de vous écrire dans un style aussi noir, mais mon cœur l'est tellement qu'il me serait bien difficile de parler autrement. [...] Adieu, monsieur, priez pour moi, je vous en prie, après avoir prié pour les autres et donnez-moi souvent de vos nouvelles : c'est une consolation pour moi[38]. »

Jamais Élisabeth n'avait avoué si profonde angoisse. En y resongeant, elle s'en voudrait de s'être laissée aller de la sorte et, le 22 juillet, réécrirait à l'abbé de Lubersac, pour la dernière fois, afin de s'excuser du ton de sa précédente missive : « Vous devez recevoir bientôt une lettre de moi qui est une vraie jérémiade. Il semblait à mon style que je prévoyais ce qui a suivi. Je ne veux pas, monsieur, que vous croyiez que c'est là mon état habituel. Non ! Dieu me fait la grâce d'être toute autre mais, par moments, le cœur a besoin de se laisser aller à parler des affections qui l'occupent. Il semble qu'en donnant un peu de relâche aux nerfs, ils n'en prennent que plus de force. Plus sensible qu'un autre, vous devez connaître ce besoin.

Depuis l'affreuse journée du 20, nous sommes tranquilles mais nous n'en avons pas moins besoin des prières des saintes âmes. Que ceux qui, à l'abri de l'orage, n'en ressentent, pour ainsi dire, que le contrecoup, élèvent leur cœur vers Dieu. Oui, Dieu ne leur a donné la grâce de vivre dans le calme que pour qu'ils fassent cet usage de leur liberté. Ceux sur qui l'orage gronde éprouvent parfois de telles secousses qu'il est difficile de savoir et de pratiquer cette grande ressource, celle de la prière. Heureux le cœur de celui qui peut sentir, dans les plus grandes agitations de ce monde, que Dieu est encore avec lui ! Heureux les saints qui, percés de coups, n'en louent pas moins Dieu à chaque instant du jour ! Demandez cette grâce, monsieur, pour ceux qui sont faibles et peu fidèles comme moi ; ce sera une vraie œuvre de charité que vous exercerez. »

Terrible épreuve pour cette âme parvenue peu avant à ce qui ressemblait au sommet de l'acceptation des volontés divines que d'être retombée, toute sérénité envolée, dans les terreurs communes et de se croire indigne des grâces déjà dispensées. Cependant, Élisabeth était assez avancée dans la voie du progrès spirituel, et l'abbé de Firmont directeur de conscience assez éclairé, pour comprendre que ce drame supplémentaire relevait d'une sagesse céleste dépassant l'intelligence humaine.

À la demande de son confesseur, elle avait très vite renouvelé du fond du cœur cette acceptation de la Croix déjà faite dans le passé[39]. Peu importait que cette acceptation eût, humainement, ses fragilités, ses mouvements de révolte et de refus tant que la fine pointe de l'âme voulait et réclamait les grâces nécessaires pour demeurer fidèle.

Cet abandon total entre les mains de Dieu ne signifiait pas pour autant renoncer à se battre. Tant qu'elle en conserverait la possibilité, Élisabeth chercherait à sauver les siens, et, avec eux, la France tout entière.

Les derniers jours de juin et le mois de juillet rendirent quelque espoir. Une majorité de départements[40], les corps constitués, trois des armées aux frontières firent connaître leur indignation face aux violences du 20 juin. La Fayette revint à Paris exprimer ses regrets et proposer ses services, maintenant qu'il n'exerçait plus aucune influence sur une Révolution qui lui avait échappée. Marie-Antoinette lui refusa la moindre audience, bien qu'Élisabeth eût plaidé en sa faveur. Croyait-elle qu'il « fallait se jeter dans les bras du seul homme qui pouvait encore sauver la monarchie » ? Peut-être pas, mais elle faisait feu de tout bois et tentait de rallier toutes les bonnes volontés en un moment où elles faisaient cruellement défaut. Nombre de gens considéraient que la monarchie avait vécu et ne prenaient plus de gants avec leurs infortunés princes. Élisabeth le constatait chaque jour, à l'ingratitude des uns, à la grossièreté des autres. Clermont-Tonnerre dont elle avait soutenu la carrière lui refusa un service trop dangereux à son goût, et Gerville, ministre qu'elle souhaitait intéresser au sort de Saint-Cyr et de son amie, Mme de Ligondès, lui répondit qu'il n'avait pas le loisir de perdre une demi-heure à discuter des difficultés d'une « nonne et qu'il ne s'occuperait pas davantage de celle-là que des autres ». Elle en resta sans voix.

Pouvait-on, dans ces conditions, se permettre de rembarrer les derniers dévouements ? Apparemment oui puisque le couple royal s'y employait.

Louis XVI, au contraire de sa sœur, très ébranlée par le 20 juin, n'était pas si mécontent de cette journée. Certes, il avait eu la démonstration que la Garde nationale n'était pas fidèle, mais il le savait déjà ; certes, on était passé près d'un désastre, une partie de la foule n'étant pas contrôlable ; certes, il y avait eu l'humiliation de coiffer l'infâme bonnet phrygien, mais, et le roi ne voulait voir que cela, pour la première fois depuis trois ans, il n'avait pas cédé à la pression révolutionnaire : les émeutiers, et derrière eux les députés qui les manipulaient, étaient venus lui demander de lever son veto, et il ne l'avait point levé. Cette fermeté avait porté ses fruits, Louis XVI en était persuadé, la preuve en étant que « les honnêtes gens » le soutenaient et que l'application des deux décrets était suspendue. Quant aux menaces, elles restaient verbales, ce qui ne l'atteignait plus, et un grand calme régnait sur Paris.

Dernières chances

D'autres, qui y voyaient plus clair, l'avaient compris : ce grand calme était celui qui précède la tempête. Il en allait désormais de la vie du roi et des siens, et précisément pour la raison qui rendait si fier Louis XVI : il n'avait pas cédé et, en refusant de rester plus longtemps le docile pantin de l'Assemblée, avait perdu son utilité dans le projet révolutionnaire. Le roi n'était plus une aide, ni une façade de légitimité conférée au nouveau pouvoir, mais un obstacle qu'il convenait d'abattre. Dût-on le tuer.

Ses fidèles tentaient de le lui faire comprendre, tout comme ceux qui ne l'avaient pas soutenu quand il en était temps mais qui ne souhaitaient pas aller jusqu'au régicide. Jamais on ne s'était autant agité autour de la famille royale afin de favoriser son évasion et lui sauver la vie. Pas un jour qui n'apportât son plan de fuite, envisageable ou pas. La Fayette promettait d'appuyer un voyage à Compiègne d'où l'on exfiltrerait les princes vers la frontière ; la baronne de Staël, ambassadrice de Suède, possédait une propriété achetée exprès près de Dieppe dont les jardins descendaient jusqu'à la mer ; elle se faisait fort d'y emmener la famille royale en la faisant passer pour des membres du personnel de l'ambassade. Une fois à Dieppe, un yacht récupérerait les fugitifs et les déposerait sur la côte anglaise. Le duc de Liancourt, commandant le port du Havre, peaufinait un plan identique, garanti non par l'immunité diplomatique mais par l'appui des troupes fidèles dont il disposait, et proposait, si le roi se refusait à quitter le territoire national, de soulever la Normandie pour sa défense...

Louis XVI déclina toutes les offres : celle de La Fayette parce qu'elle venait de lui ; celle de Mme de Staël parce qu'elle venait de la fille de Necker et ressemblait à l'histoire de Varennes, le projet Liancourt parce que Malouet, qui s'en fit le rapporteur, le présenta comme « la solution du désespoir », formule qui ne plut pas au roi, lequel déclara :

– Malouet nous est dévoué mais il y a de l'exagération dans ses inquiétudes et peu de sûreté dans ses moyens. Nous verrons. Rien ne m'oblige à prendre un parti hasardeux ; l'affaire de Varennes est une leçon.

L'inertie et la méfiance, défauts qui avaient présidé à ses décisions depuis 1789, reprenaient le dessus. Louis XVI comptait sur Santerre, Danton et Pétion, auxquels il venait de faire remettre 750 000 francs supplémentaires[41]. Chefs de file des journées révolutionnaires, ils devaient mieux que personne être capables de les empêcher. À condition de le vouloir. Excepté Pétion, dont ses amis de la gauche commençaient à se méfier, les deux autres demeuraient des appuis aléatoires, surtout Danton, maître dans l'art du double jeu qui découvrait combien il aimait l'argent : on ne pouvait rien fonder sur cet homme toujours à vendre mais définitivement impayable qui ménageait les royalistes au cas où la Fortune tournerait en leur faveur.

Élisabeth eût, quant à elle, privilégié la solution du départ préconisée par Malouet dont son frère ne voulait pas entendre parler. Alors, une fois encore, par loyalisme, elle se rangea de son avis. Elle avait choisi de partager son sort jusqu'au bout, même s'il s'obstinait à courir à sa perte et y entraîner ses proches. Louis XVI avait repris son leitmotiv : il ne voulait pas commencer la guerre civile ni verser le sang de ses sujets, ce à quoi sa femme, dans un mouvement d'exaspération, avait rétorqué :

– En effet, vous préférez le faire verser par les autres !

La journée du 14 juillet, fête de la Fédération, se passa sans heurt[42]. Ce calme abusa le roi, moins sa sœur. Si la lettre, l'une des dernières qu'elle adressa à Louise de Raigecourt, le 25 juillet 1792, respirait un optimisme béat, sous cette missive s'en dissimulait une autre, chiffrée, écrite au jus de citron, destinée à M. de Raigecourt, urgente, qui appelait le comte d'Artois à l'aide.

Était-ce la même, ou une autre semblable partie par une autre voie pour plus de sûreté, qu'Élisabeth remit début août, avec une somme de 100 francs, au jeune Paroy, son dernier courrier, toujours à l'intention de Charles Philippe à Coblence ? Marie-Antoinette avait doublé cette lettre d'un mot de sa main : Élisabeth avait donc atteint le but qu'elle s'était fixé de réconcilier sa famille, mais c'était trop tard.

Le 1er août, le manifeste du duc de Brunswick, qui menaçait Paris de représailles militaires en cas de violences contre la famille royale, fut affiché dans les rues : pain bénit pour le parti révolutionnaire qui eut beau jeu de manipuler la peur et la colère de la population, et les tourner contre le roi et « l'Autrichienne ». De cet instant, on sut l'insurrection prochaine, l'assaut des Tuileries programmé. Même en province d'où accouraient des hobereaux désargentés décidés à se faire tuer sur les marches du trône.

Seul Louis XVI semblait refuser l'évidence. Croyait-il à l'appui des meneurs qu'il pensait avoir achetés ? Trois tentatives contre le palais, les 26 et 28 juillet, puis le 4 août, s'étaient soldées par des échecs, la Garde nationale ayant fermé les grilles et mis le château en défense. Que le marquis de Mandat-Grancey, royaliste à chaux et à sable, commandât expliquait cela, non un regain de loyalisme au sein d'une troupe qui s'était toujours voulue fer de lance de la Révolution.

Paris continuait pourtant de fermenter. Le 2 août, un groupe de fédérés venus pour le 14 juillet et qui, bien entendu, n'étaient pas repartis, des Marseillais, en vinrent aux mains avec le bataillon de la Garde nationale des Filles Saint-Thomas, l'un des rares qui ne cachait point son attachement à la monarchie. Le sang coula, un garde fut tué, plusieurs, blessés, ramenés aux Tuileries afin d'y recevoir des soins. Élisabeth en personne réconforta ces héros, en pansa quelques-uns, avec cette dextérité acquise jadis grâce au docteur Dassy[43]. C'était, s'agissant d'une princesse célibataire, donc censée tout ignorer de la physiologie masculine, affreusement contraire à l'étiquette. Mais on n'en était plus là depuis longtemps et l'étiquette, en ce début août 1792, avait perdu ses droits.

L'esprit de dévouement et de sacrifice, eux, n'avaient pas encore perdu les leurs. Il restait des hommes prêts à mourir pour le salut de la famille royale. Pourvu qu'elle l'acceptât, ce qui n'allait pas de soi.

Le 7 août, la rumeur se répandit dans Paris que l'attaque décisive contre le palais aurait lieu le 10. Les derniers amis de Louis XVI comptèrent leurs troupes : quelques régiments suisses, mercenaires d'une fidélité inébranlable et d'une qualité militaire remarquable, mais pas assez nombreux pour s'opposer au déferlement de trente ou cinquante mille canailles. Les renforts qu'apporteraient les anciens gardes constitutionnels restés à Paris, quelques dizaines, et « les chevaliers du poignard », car ce surnom ridicule collait toujours aux royalistes, seraient les bienvenus mais ne suffiraient point à faire barrage à l'émeute ni à sauver le roi. Le sacrifice de leur vie, consenti d'avance, eût été cependant moins amer à ces hommes s'ils avaient eu l'espoir que leur mort servirait à quelque chose : ce n'était pas le cas et cela justifia, au soir du 7 août, la démarche désespérée de M. de Montmorin.

L'ancien ministre et ses amis avaient préparé, sans en référer au roi, un plan de fuite audacieux. Le lendemain, Sa Majesté, la reine, les enfants, Madame Élisabeth, escortés par les bataillons de la Garde nationale loyaux, sortiraient avant l'aube les Tuileries et se rendraient aux Champs-Élysées où les attendraient une berline de voyage et quatre bataillons suisses de la caserne de Courbevoie. Sous leur protection, la famille royale quitterait Paris et galoperait vers le Nord ou la Normandie, l'essentiel étant de fuir la capitale. Si nécessaire, ces hommes sûrs se battraient et mourraient afin de protéger ce départ. C'était une reprise, mieux préparée et moins dangereuse, de la sortie en force que conseillaient les officiers à Varennes. Combien de chances Montmorin et ses amis avaient-ils d'y faire adhérer Louis XVI ? Peu, et ils s'en doutaient. Montmorin, qui ne parvint même pas à voir le roi, dut se contenter de parler à Élisabeth. Elle lui promit d'en référer à son frère, revint un moment plus tard décliner l'offre et, se faisant l'écho des propos royaux, assura qu'il ne fallait pas s'inquiéter, que l'insurrection n'aurait pas lieu, que ses chefs avaient été achetés. Elle n'en croyait plus un mot mais ne pouvait l'avouer. Montmorin se retira au désespoir, contremanda l'opération et avertit Malouet. Celui-ci venait de recevoir un second plan Liancourt qui proposait d'insurger la Normandie plutôt que de passer en Angleterre, solution odieuse au roi. Il se précipita à son tour aux Tuileries, remit copie de ce courrier à l'intendant Laporte qui le donna au roi. Si Louis XVI y souscrivait, il était encore possible de réactiver le dispositif d'évasion pour l'aube du 9 août. Malouet conseilla de brûler tous les papiers et dossiers compromettants. Il pensait aux correspondances avec les princes émigrés et les puissances étrangères, aux notes de Mirabeau, et surtout de Barnave. Louis XVI répondit qu'il y avait pourvu, prit connaissance de la lettre Liancourt en présence de la reine et de sa sœur. Parut, en la lisant, si agité qu'elles s'inquiétèrent :

– Je ne vous en communiquerai pas le contenu parce qu'il vous troublerait.

Louis XVI redoutait surtout qu'elles approuvassent ce plan et de devoir se lancer dans une discussion. Élisabeth avait déjà beaucoup argumenté la veille au soir en faveur du projet Montmorin. Cette attitude exacerba leur inquiétude. De retour dans ses appartements, Élisabeth demanda d'urgence à Malouet une copie de la missive, la lut, soupira :

– Ils ont raison mais nous sommes déjà engagés dans d'autres mesures. Dieu sait ce qui arrivera.

Louis XVI avait fait seul ses choix. Fataliste, Montmorin dit simplement :

– Nous allons tous nous faire massacrer, et ce ne sera pas long.

Tout le monde était de son avis. Le bon côté de la chose fut que personne ne s'en excusa pour s'en aller. Finalement, cet esprit français, cet esprit chevaleresque dont Élisabeth déplorait la perte n'était pas encore mort.

Comme pour donner raison au roi contre ses partisans, les 8 et 9 août furent d'une parfaite tranquillité. Élisabeth en profita pour écrire à ses amies ; c'était la dernière fois et le ton guilleret dont elle usa leur serrerait plus tard affreusement le cœur : « J'ai l'honneur de souhaiter le bonjour à Mme de Raigecourt et, à l'agonie de mon titre de sœur du pouvoir exécutif, de lui faire mon compliment sur le nouveau citoyen actif que sa belle-sœur vient de mettre au monde. Mais ne plaisantons plus. [...]

On dit que l'assemblée ne veut plus la déchéance mais qu'elle y sera forcée[44]. On dit que le roi va déloger d'ici, un peu de force, pour loger à l'Hôtel de ville. On dit qu'il y aura pour cela un mouvement très fort dans Paris. Y crois-tu ? Pour moi, je n'en crois rien ; je crois à du bruit, mais sans résultat : voilà ma profession de foi. Au reste, tout est aujourd'hui d'un calme parfait. La journée d'hier s'est passée de même et quoiqu'il soit de bonne heure, je crois que celle-ci l'imitera. Adieu, je ne te dis rien parce que j'ai trop de choses à te dire. Tout ce que je veux ajouter, c'est que tu me parais d'une grande lenteur à exécuter les commissions que l'on te donne[45]. En attendant, j'enrage[46]. »

Elle en dirait autant à Mme de Bombelles le lendemain, mais, par une curieuse erreur révélatrice de ses angoisses, daterait sa lettre du 10, non du 9 août, et se féliciterait, trop vite, que « cette journée du 10, qui devait être si vive, si terrible » soit d'un calme parfait.

Pourtant, ce même après-midi, prise d'un pressentiment, Élisabeth avait demandé à l'abbé de Firmont de passer et s'était longuement entretenue avec lui, comme si elle devinait que l'occasion ne reviendrait plus. Le prêtre se souviendrait que la Garde nationale l'avait laissé entrer sans poser de questions, et qu'il avait trouvé Paris étrangement serein. Cela aussi faisait partie du plan. Il fallait désarmer les méfiances, éviter que les

« chevaliers du poignard » et les anciens gardes constitutionnels, de plus en plus nombreux dans la capitale, se précipitassent au palais, ce qui rendrait, car ils étaient braves et ne craignaient pas la mort, l'assaut plus long, difficile et dangereux pour les « patriotes ».

Sa correspondance terminée, Élisabeth classa quelques papiers afin de retrouver sa table de logarithmes que lui demandait un professeur de mathématiques à l'école Navale, son système étant plus simple et mieux adapté que celui en vigueur dans l'enseignement. Bel hommage rendu à ses dons de mathématicienne et de scientifique.

Puis elle prit ses pinceaux et se remit à une aquarelle : deux cavaliers s'en allaient, de dos, vers le couchant le long d'une route déserte que bordait une forêt majestueuse. Qui étaient-ils ? Où allaient-ils ? De quels secrets espoirs, quels rêves inassouvis étaient-ils porteurs ?

Il faisait très chaud, le temps lourd laissait présager un orage. Soudain inquiet, Louis XVI fit appeler Pétion, qui tarda à venir : il s'agissait de tester la fidélité, si cher payée, du maire de Paris sur lequel le roi comptait pour empêcher l'insurrection. Quand il arriva, il paraissait au comble de l'embarras, venant d'avouer au marquis de Mandat-Grancey qu'il ne disposait ni d'armes ni de munitions pour assurer l'éventuelle défense du palais. En fait, sur ordre de Danton, qui ne se sentait point tenu pour quelques malheureux trois cent mille francs or, il les avait distribuées aux fédérés et aux professionnels faubouriens de l'émeute. Mandat, qui avait fait ses comptes et disposait de trois cartouches par soldat, suggéra de garder Pétion en otage, Louis XVI refusa. Le maire, avant de se retirer, avait admis que l'atmosphère n'était pas bonne, que les esprits fermentaient ; on en eut confirmation vers 10 heures du soir, quand on apprit que les sections sans-culottes mobilisaient ; Mandat en fit autant. On allait à cette guerre civile que Louis XVI refusait. L'état des troupes disponibles n'était pas brillant : des dix mille hommes de la Garde nationale, beaucoup avaient reçu une permission pour la soirée. Quant à ceux qui restaient, excepté le bataillon des Filles Saint-Thomas, on ne pouvait s'appuyer sur eux. Abusés par le calme des derniers jours, nombre de gentilshommes, à Paris pour protéger le roi, ne se trouvaient pas aux Tuileries, persuadés qu'il ne se passerait rien cette nuit-là ; quand le tocsin commencerait à sonner, à minuit, ils se précipiteraient dehors mais les trois quarts d'entre eux ne pourraient passer à travers l'émeute ou arriveraient trop tard pour franchir les grilles des jardins que l'on aurait fermées. Restaient quinze cents gardes suisses et gendarmes des casernes de Rueil et Courbevoie.

Combien de temps ce dispositif de fortune tiendrait-il ? L'issue apparaissait si noire que Louis XVI appela son confesseur et demeura un long moment avec lui.

Quelqu'un, peut-être Roederer qui vient d'arriver, soutient que les fédérés marseillais seraient prêts à changer de camp et empêcher l'assaut si on leur donnait un million de francs. L'annonce tombe dans le vide : Louis XVI ne dispose pas de cette somme.

Le bruit d'une couronne qui tombe

Dehors, lancinant, le tocsin sonne, repris par tous les clochers de Paris, et porte sur les nerfs déjà trop éprouvés de la famille royale et des vestiges de la Cour. Par les fenêtres donnant sur le quai, les défenseurs voient avancer une colonne d'insurgés violemment éclairée par des centaines de torches ; une autre progresse par le Carrousel. La version officielle est qu'il s'agit d'une manifestation pacifique... Qui peut croire à cette fable ? Pas Louis XVI qui semble soudain avoir pris la mesure de son imprudence. S'il ne peut plus rien pour sa femme et ses enfants dont leur mère ne voudra jamais se séparer, il croit encore possible de sauver sa sœur. Prenant Élisabeth à part, il la supplie :

– Ma sœur, je vous en conjure, quittez ce séjour dangereux ! Toute l'attention de ces gens est portée sur moi et sur la reine. Je peux encore facilement vous soustraire à leur fureur[47] !

Il existe plusieurs passages dérobés par lesquels la princesse pourrait s'enfuir, protégée par quelques hommes de confiance. Une fois dehors, Malouet, Montmorin et les autres sauraient trouver un moyen pour la mettre à l'abri et lui faire quitter la France. Élisabeth refuse. Elle se l'est juré et l'a juré à d'autres : jamais elle ne désertera la place où la naissance l'a mise et où le devoir la retient. Quel que soit le prix à payer. Cet esprit de sacrifice qui l'habite ne l'incite pas à sacrifier les autres. Croisant Laporte, l'intendant de la liste civile, qui lui explique qu'il a l'intention de mourir aux pieds du roi, elle lui répond :

– Vous nous êtes infiniment plus utile dehors ! Allez-vous-en immédiatement ! Qui nous tiendra informés de ce qui se passe sinon vous ?

Arnaud de Laporte obtempère, par obéissance. Élisabeth sait qu'il ne pourra pas revenir, qu'il ne lui reste qu'à essayer de s'en tirer.

Il est 3 heures du matin. Malgré la chaleur, l'angoisse, le bruit, la reine et elle s'allongent sur des canapés, essaient de prendre un peu de repos. Au même moment, le marquis de Mandat-Grancey, convoqué à l'Hôtel de Ville, vient d'y être assassiné, son cadavre jeté à la Seine. Les Tuileries ont perdu leur défenseur le plus résolu. À ceux qui s'inquiètent de ne pas le voir revenir, et pour cause, Roederer répète d'un air apaisant qu'il dispose d'ordres donnés par Pétion autorisant les défenseurs du palais « à repousser la force par la force », qu'il saura maintenir les hommes à leurs postes. C'est vite dit, d'autant que les très médiocres soldats de la Garde nationale n'ont pas de munitions. Roederer ne tardera pas à s'éclipser, sous prétexte d'aller voir ce que fait l'Assemblée. Il n'est pas le seul : des huit mille gardes nationaux de faction aux Tuileries la veille au soir, n'en restent que cinq cents à l'heure où le soleil, rouge sang, surgit dans un glorieux ciel d'été.

Louis XVI a pris son fils par la main ; suivi de sa femme, sa sœur et sa fille, il fait le tour des salons où se pressent ses défenseurs, intimement certains de mourir aujourd'hui, ce qui ne les dissuade pas de crier « Vive le roi » au passage du souverain et de sa famille. L'ambiance est différente dans les cours et près des grilles. Le souverain a préféré s'y rendre seul ; il a bien fait. S'il conservait un doute sur l'état d'esprit de la Garde nationale, les injures qui l'accueillent lui prouvent que le château est sans défense. Aux officiers qui les pressent de prendre leurs postes, les hommes rétorquent, hargneux, qu'ils « ne tireront pas sur leurs frères ». Il fallait s'y attendre. Louis XVI donne ordre au maréchal de Mailly, qui remplace Mandat-Grancey, de replier les Suisses, les bataillons loyaux de la Garde nationale et les gentilshommes dans la galerie de Diane. On se battra dans les appartements royaux.

Non, car, à 8 heures et demie, Roederer revient, demande au roi de le suivre, avec sa famille, à l'Assemblée, où ils seront sous la protection des députés. Selon lui, les Tuileries sont indéfendables. C'est indéniable, le roi l'a constaté lui-même. Et la perspective de faire couler le sang dans une lutte fratricide lui est toujours aussi insupportable. L'Assemblée mise là-dessus pour faire tomber la monarchie sans tirer un coup de feu. Trop content de trouver un prétexte à cesser un combat perdu d'avance, Louis XVI obtempère, malgré les objurgations de la reine. Au comble de la rage, Marie-Antoinette regarde son mari et lui jette :

– Comment pourrait-on donner du courage à un homme qui n'en a pas ?

Du courage, Louis XVI en a, mais pas le bon... Roederer qui redoute l'influence de la reine, accuse Marie-Antoinette de perdre son mari, ses enfants, tous les siens en poussant à une résistance inutile dont elle portera l'entière responsabilité. La reine se tait. Élisabeth dévisage Roederer, demande :

– Monsieur Roederer, répondez-vous des jours du roi et de la reine ?

Le procureur-syndic de Paris, incapable de soutenir le regard de la princesse, marmonne :

— Nous répondons de mourir à leurs côtés ; c'est tout ce que nous pouvons garantir.

Ce n'est pas grand-chose. Élisabeth ne croit pas qu'aucun des députés présents à l'Assemblée, dont les royalistes ont été chassés l'avant-veille, se ferait trancher la gorge afin de protéger le Tyran, l'Autrichienne, le Louveteau, l'Araignée[48], Madame Aspic et compagnie. L'honneur, elle le sait, est de rester là, près des leurs, qui, eux, mourront pour les défendre. Mais, en acceptant la suggestion de Roederer, peut-être la famille royale sauvera-t-elle ces gens venus la défendre. Y croit-elle ? À peine... Louis XVI est décontenancé. Marie-Antoinette sanglote d'humiliation et de fureur. Louis Charles et Marie-Thérèse, qui voient leur mère pleurer, font chorus. Tant pis ! Il est trop tard pour changer d'avis.

Un major des Suisses, Bachmann, prend la tête du cortège. Le roi s'avance juste derrière. Marie-Antoinette a saisi la main du dauphin, Élisabeth celle de sa nièce. Suivent Mme de Tourzel et sa fille Pauline, puis la princesse de Lamballe, au bord de la pâmoison[49]. Une dizaine de gentilshommes ferment la marche, décidés à protéger le roi jusqu'à la salle du Manège où siège l'Assemblée. En traversant la cour, jonchée de feuilles mortes, Louis XVI constate :

— Les feuilles tombent de bonne heure, cette année.

Les têtes aussi... Au bas de l'escalier de la terrasse, des émeutiers se sont massés et abreuvent d'insultes la famille royale, avant de lui brandir sous le nez des objets qu'un instant, on hésite à reconnaître : morceaux de corps démembrés, têtes tranchées, dégoulinants encore de sang ; ces restes appartiennent au journaliste royaliste François Suleau et quelques-uns de ses amis, reconnus alors qu'ils venaient aux nouvelles et ignominieusement massacrés, premières victimes d'une journée d'épouvante qui en verra bien d'autres. Tantôt, afin que la fête soit complète, ces morceaux de viande humaine seront mis à rôtir sur des barbecues improvisés au hasard des allées et des parterres, il se trouvera, en nombre, des gens pour s'inviter au festin cannibale. Alors, on y rajoutera des gigots de Suisses tout juste égorgés, émasculés et découpés.

Élisabeth a-t-elle reconnu Suleau ? Est-ce l'abomination du spectacle ? Elle qui a montré depuis la veille un courage inentamable vacille, se raccroche au bras secourable du jeune La Rochefoucauld. Celui-ci, blême de fureur, mâchoires crispées, semble sur le point de commettre une folie. Elle lui dit :

– Tous ces gens sont égarés. Mon Dieu, je Vous demande leur conversion, pas leur châtiment !

– Je n'ai pas votre vertu, Madame, rétorque le jeune homme, et je vous avoue qu'en cet instant, le désir de vengeance est ce qui m'anime le plus.

Désirs irréalisables, dangereux, ce que la princesse souffle à Weber, le frère de lait de la reine, qui la voyant emmenée, paraît capable d'un geste désespéré :

– Weber, calmez-vous et soyez raisonnable. La reine elle-même vous demande de vous posséder.

Se posséder, posséder son âme... Combien de fois Élisabeth a-t-elle réclamé cette grâce ? En ce matin du 10 août 1792, elle est exaucée et domine la situation avec une sérénité que rien ni personne n'entamera plus.

Parcourir les cinq cents mètres qui séparent les Tuileries du Manège prend une demi-heure, à cause de la foule qui tente d'interdire l'accès de ce nouveau lieu sacré au Tyran. Enfin, voici l'Assemblée. Par contraste avec le grand soleil de l'extérieur, il fait sombre dans les étroits couloirs, et chaud. Louis XVI s'avance, escorté d'un seul grenadier qui porte le prince royal dans ses bras. D'une voix émue, le roi déclare :

– Je viens me placer avec ma famille sous la protection des représentants de la Nation.

Décidément, toute honte est bue, et en vain. En effet, si la Constitution exige que l'on ne sépare pas les pouvoirs législatif et exécutif, qui doivent siéger dans la même ville, elle interdit aussi que le « premier fonctionnaire » assiste aux séances de l'Assemblée, détail que les députés ont oublié quand ils ont, il y a une heure, réclamé que la famille royale vienne se placer sous leur protection.

On prie donc le « premier fonctionnaire » de quitter la salle et se retirer avec les siens dans une autre pièce. La seule disponible est la loge des tachylographes, secrétaires qui prennent en sténodactylo échanges et débats de l'Assemblée en vue de leur publication : une guérite de quatre mètres sur quatre, haute de deux mètres, vitrée sur tous les côtés munie d'épais rideaux poussiéreux que l'on tirera du côté de la salle afin de préserver l'intimité des parlementaires, sommairement meublée de deux ou trois chaises, d'une table et d'un banc. C'est dans ce cagibi surchauffé et puant que l'on pousse Louis XVI, sa femme, leurs enfants, sa sœur, les Tourzel. Ceux qui les ont accompagnés, y compris Mme de Lamballe, ont été retenus.

Une heure passe ainsi. Soudain, on entend claquer un coup de feu isolé, du côté du Carrousel, vite suivi d'une véritable fusillade. Louis XVI s'écrie :

– Mais j'ai donné l'ordre formel de ne pas tirer !

Oui, à ses partisans, pas à ceux d'en face, qui viennent de déclencher l'attaque... L'émeute a décidé d'en finir avec le palais et ses défenseurs, mais oublié que ceux-ci vendraient chèrement leur peau. Le roi a donné l'ordre de ne pas ouvrir le feu mais n'a pas interdit de riposter. Les régiments helvétiques tirent, et font reculer la meute, avant de la courser. Brève victoire. Santerre, malgré les 350 000 francs qu'il a lui aussi palpés, déploie son artillerie et balaie la cour, obligeant les Suisses à reculer et regagner l'abri du château. Il est 9 heures et demi.

À cet instant, Louis XVI a plusieurs fois renouvelé l'ordre à ses défenseurs de poser les armes, et, pour les Suisses, de regagner leurs casernes. On ne saura jamais s'ils l'ont reçu. Ce qui est certain, en revanche, c'est que cet ordre n'a plus de raison d'être car la rue ignore les lois de la guerre civilisée et tous les défenseurs du château qui tomberont au pouvoir de l'émeute seront torturés, massacrés, mutilés. Le roi voulait les protéger ; il les a condamnés à la pire des morts : celle qui ne sert à rien[50].

À 10 heures, les dernières détonations s'éteignent, tandis que la véritable tuerie, qui durera toute la journée, débute, ponctuée par l'arrivée de vainqueurs brandissant des trophées sanguinolents, et, clou du spectacle, le ciboire de la chapelle des Tuileries dont les hosties consacrées sont jetées à terre au milieu des rires et des hurlements, puis piétinées[51]. Élisabeth assiste à ce spectacle sans mot dire.

Vers midi, on apporte une bouteille de jus de groseille et un morceau de pain ; unique repas que l'on offrira à la famille royale de la journée. Dans la chaleur de ce mois d'août torride, les enfants pleurent de soif sans attendrir leurs gardiens. Louis Charles, à bout de forces, s'endort sur les genoux de sa mère, puis, à son réveil, se reprend à sangloter en découvrant que, dans l'affolement du départ, personne, ce matin, n'a pensé à emporter son petit chien.

De l'autre côté du rideau, l'on continue à débattre du sort de la monarchie. Monté à la tribune, le girondin Vergniaud, l'un des pires adversaires de la royauté, demande et obtient la suspension du roi, la préparation d'une refonte des institutions en vue de l'instauration d'une république par une nouvelle Assemblée, la Convention. La gauche est mécontente, elle espérait la déchéance du souverain. En attendant que l'on statue définitivement, la famille royale résidera au palais du Luxembourg. Le paiement de la liste civile est suspendu mais l'on pourvoira aux nécessités financières du roi et des siens.

Dans l'incapacité d'assurer leur sécurité car Paris est à feu et à sang, on logera provisoirement les souverains au couvent désaffecté des Feuillants, qui jouxte l'Assemblée. Dans l'après-midi, on a meublé en hâte quatre des anciennes cellules. À 2 heures du matin, la famille royale, sous les huées de la foule qu'une pleine journée de meurtre et de pillage n'a pas apaisée, est emmenée dans ces locaux de fortune qui n'ont même pas de volets aux fenêtres et où l'on étouffera dès le lever du soleil. L'incendie en train de ravager les Tuileries, que nul ne se soucie d'éteindre, illumine la nuit et finit d'échauffer l'atmosphère.

Aux Feuillants, l'appartement se révèle trop étroit pour loger tout le monde. Élisabeth propose de partager avec Mme de Lamballe, enfin retrouvée, une pièce de l'autre côté du corridor où l'on pose deux matelas. Pas de draps, de linge de toilette, de vêtements de rechange. Pas davantage de repas. On trouve un peu d'eau, voilà tout. Louis Charles, épuisé de fatigue, a recommencé à pleurer et réclame son bichon perdu. Le prenant dans ses bras, Élisabeth lui dit gravement :

– Allons, mon cher enfant, vous apprendrez qu'il est des douleurs bien plus cruelles... Offrez celle-là à Dieu et continuez de L'aimer afin qu'Il vous préserve[52].

Entre les lueurs de l'incendie qui se reflétait dans les vitres et les cris de haine de la foule qui réclamait « la tête de Monsieur Veto », il fut impossible de fermer l'œil. À 7 heures et demi, on ramena la famille royale à l'Assemblée où elle s'entassa jusqu'au soir dans la loge du logographe. À chaque déplacement, on entendait les mêmes menaces, les mêmes insultes, les mêmes obscénités. Autrefois, Élisabeth était épargnée ; ce n'était plus le cas. Une sorte de fureur sacrilège s'était emparée de la foule et elle se concentrait sur la princesse, parce qu'elle refusait l'Église schismatique. Des drôles réclamaient de la fouiller au corps pour s'assurer qu'elle « ne cachait pas de curé réfractaire dans ses poches » et un homme élégant s'inclina devant elle en lui demandant si « elle ne voulait pas qu'il monte lui chanter la messe »... Saint-Pardoux, son écuyer, en fut plus choqué qu'elle. Cette plaisanterie dura trois jours.

Chapitre XIII

« MADAME À SA TOUR MONTE... »

En fin d'après-midi le 13 août, on informa Louis XVI qu'il fallait renoncer au Luxembourg, pour raisons de sécurité et qu'il serait logé avec sa famille au Temple. Il y eut un moment de joie car on crut qu'il s'agissait du palais du prince de Conti, l'un des plus beaux de la capitale. On se garda de détromper le roi. La famille royale passa la journée à dresser des listes d'objets dont elle aurait besoin, et celle des personnes qu'elle souhaitait conserver à son service : les Tourzel, Mme de Lamballe, Mmes Thibaut et de Saint-Brice, femmes de chambre de la reine, Chamilly, premier valet de chambre du roi, Hue, attaché au service du dauphin. Élisabeth n'indiqua qu'un seul nom, celui de sa première femme de chambre, Mme Navarre. Puis elle appela discrètement Pauline de Tourzel, la moins surveillée en raison de son jeune âge, et lui demanda de l'aider à faire disparaître « une lettre compromettante qu'elle avait sur elle et qu'elle ne voulait pas qu'on trouvât[1] ». Manifestement, la princesse avait pris au sérieux la menace de fouille au corps.

Il s'agissait d'une missive de huit pages, reçue ou écrite juste avant l'émeute, qu'elle n'avait pas eu le temps de brûler, comme elle le faisait systématiquement. Sans feu ni bougie, il fallut se résoudre à hacher menu les pages épaisses, puis les manger. Même en mastiquant, à la troisième bouchée, la princesse fut saisie de hauts le cœur et la pauvre Pauline dut ingurgiter le reste, mission sacrée et indigeste dont elle pensa ne jamais voir le bout.

À 6 heures du soir, deux carrosses se rangèrent dans la cour des Feuillants, la famille royale y monta. Pétion s'y trouvait déjà, le chapeau sur la tête. La présence d'un représentant de la Commune de Paris dans la voiture expliquait cette attitude : depuis le 9 août, cette institution insurrectionnelle représentait le véritable pouvoir dans la capitale, celui de la rue, et Pétion, compromis au possible, avait une peur atroce de ces gens-là.

On mit deux heures à atteindre l'Enclos du Temple. En chemin, la foule avait copieusement insulté le cortège. La vue du palais brillamment éclairé causa un sursaut de joie, vite éteint. Derrière cette façade se dissimulait la réalité du nouveau monde révolutionnaire : dans les salons, vautrés sur les sofas et les bergères, écrasant les soies délicates sous ses galoches, s'était rassemblée la fine fleur de la sans-culotterie venue voir quelle tête tirait la famille royale. Cela coupa l'appétit. Le dauphin, épuisé, s'était endormi à table. L'un des municipaux, dans un geste de père de famille, le prit dans ses bras et l'emmena au lit. Alors seulement, en le voyant partir avec l'enfant, la famille royale prit conscience de la réalité : elle ne logerait pas dans le palais du prince de Conti, mais dans l'une des tours médiévales, vestiges de l'ancien palais du grand maître du Temple, cent fois promis à la pioche des démolisseurs et jamais démoli... La grande tour, donjon construit pour abriter l'énorme trésor de l'ordre, banquier de l'Europe et de la Croisade, était désaffecté. Ce coffre-fort géant constituait une prison rêvée et la Commune entendait y faire entreprendre des travaux qui permettraient d'y installer les prisonniers royaux. Bien malin qui parviendrait, une fois bouclés là-dedans, à les en tirer !

Une princesse dans une souillarde

Dans l'immédiat, il faudrait se contenter de la petite tour qui abritait les archives de l'ordre souverain de Malte et l'appartement privé de leur archiviste bibliothécaire. Le pauvre homme venait d'en être expulsé afin de laisser la place aux nouveaux arrivants. Pour éviter des frais superflus, on l'avait sommé de laisser ses meubles.

La tour se composait d'un rez de chaussée, où les municipaux en charge de la surveillance de la famille royale s'installeraient, et de trois étages comprenant deux pièces plus une antichambre où passait l'escalier. On installa la reine dans le salon du second aménagé en chambre. Un lit supplémentaire avait été ajouté pour Marie-Thérèse qui dormirait avec sa mère et Mme de Lamballe ; Louis Charles occuperait la pièce adjacente en compagnie de Hue, son valet de chambre, et de Mme de Tourzel. Louis XVI, excès de précautions, coucherait au troisième, l'étage le plus éloigné de la sortie.

Élisabeth se vit ouvrir la pièce de devant, qu'on devait traverser pour accéder à la chambre de son frère ; là, même le municipal Manuel, qui faisait visiter, eut un sursaut. Ce n'était pas une chambre, mais la cuisine de l'appartement, ou plus exactement la souillarde. La vaisselle s'entassait sur un évier graisseux, aussi antique que le reste de la bâtisse, d'où, par cette chaleur, remontait des odeurs pestilentielles. Des déchets traînaient sur le carrelage crasseux, les murs jamais lessivés étaient encombrés de casseroles et de poêles noircies à l'usage. Là dedans, on avait mis deux lits de camp, pour la princesse et Mme Navarre.

Chacun s'était figé, dégoûté, Manuel était sur le point de présenter des excuses à Élisabeth quand celle-ci, indifférente au décor et à la pestilence ambiante, réclama que l'on fît monter un couchage supplémentaire car on avait oublié Mlle de Tourzel, qui partagerait sa « chambre ». Élisabeth était certainement la seule personne au monde susceptible d'appeler « chambre » cet endroit, et de s'en arranger².

Sur le palier, campaient les hommes affectés à la surveillance du roi ; sans se gêner le moins du monde, ils passeraient la nuit à causer à haute voix, rire, boire et taper le carton, interdisant aux prisonniers de dormir.

À 8 heures et demie, tout le monde se retrouva dans la salle à manger où Louis XVI avait fait décrocher deux gravures de Van Loo un peu libertines qu'il refusait de laisser voir à sa fille et peut-être à sa sœur. Consolation, le déjeuner disposé sur la table était copieux : café, chocolat, lait, crème épaisse, beurre, sirop, eau d'orgeat, pain blanc et pain au lait, sucre et fruits frais. C'était le premier vrai repas que la famille royale prenait depuis le 9 août à midi.

Les prisonniers commençaient à s'habituer à ce train de vie, ponctué de sorties dans l'enceinte et les jardins, quand, au soir du 18 août, les personnes qui avaient accompagnées la famille royale – dont Mme de Lamballe – suspectes de courage et de loyauté, crimes pendables, furent mises en état d'arrestation et emmenées sans explications à la prison de la Force. Seul Hue reviendrait le surlendemain, au terme d'une série d'interrogatoires serrés, parce qu'il avait paru nécessaire au service.

Leur départ libéra de la place et permit à Élisabeth de quitter son immonde souillarde pour s'installer dans la chambre qu'occupait auparavant le dauphin. En y déposant ses affaires, elle se tourna vers la reine, dit gaiement :

– Ma sœur, je suis presque aussi heureuse que le jour où le roi me donna Montreuil.

Ce n'était pourtant qu'une chambre de petit bourgeois au papier peint fané et sale, meublée d'un lit à montant de fer recouvert de toile de Jouy verte et blanche, d'une commode à dessus de marbre, une table en noyer, deux chaises et deux fauteuils de perse, un miroir et deux flambeaux plaqués argent, mais après la cuisine grouillante de vermine, le progrès était indéniable.

Le principal désagrément du séjour serait l'envahissante présence des municipaux et les quatre cents gardes nationaux qui ne quittaient pas la famille royale d'une semelle, la privant de toute intimité. Gardiens attitrés et citoyens libres, ils n'entendaient pas rendre le moindre service domestique et, au bout de trois ou quatre jours, Hue, qui assurait seul la besogne dévolue auparavant à six ou sept personnes, demanda de l'aide. Le 26 août, Pétion envoya en renfort un ancien commis des barrières, Tison, et sa femme, qui se chargeraient des gros travaux ménagers, puis accepta qu'un des valets du dauphin, Claude Hanet, dit Cléry, vînt seconder Hue. Arrangement momentané car, le 1ᵉʳ septembre, ce dernier, décidément suspect, fut de nouveau arrêté et ne reparut pas.

Pendant ce temps, la famille royale pouvait, chaque matin, lors de sa promenade quotidienne, assister aux « aménagements » que sa présence au Temple impliquaient. Si elle s'était imaginée qu'il s'agissait de lui procurer un logement plus agréable, elle s'était trompée : il s'agissait de rendre sa geôle, car c'en était une, impénétrable. Palloy, entrepreneur en travaux publics devenu riche pour avoir enlevé le marché de démolition de la Bastille, dont il avait eu l'idée géniale de vendre les pierres une à une à titre de souvenirs, venait d'emporter celui du Temple et s'employait à satisfaire ses commanditaires. Des terrassiers exhaussaient le vieux mur d'enceinte, des bûcherons coupaient les arbres du jardin car ils masquaient la vue sur les alentours ; on abattait les bâtisses limitrophes des deux tours, tandis qu'à l'intérieur du donjon, on installait des corps de garde, des guichets à chaque porte, chaque étage, chaque palier, et, ce qui plongea le roi et les siens dans la consternation, on occultait les fenêtres par des soufflets qui couperaient à peu près toute lumière naturelle et interdiraient aux prisonniers de rien voir de ce qui se passait dehors. À peine si, en levant la tête, ils apercevraient encore un bout de ciel...

Témoin de la construction de sa cage, Élisabeth, qui aimait tant courir au grand air, chevaucher, prendre de l'exercice et souffrait d'être enfermée, refusait de se plaindre. Cette prison que l'on bâtissait, elle avait eu dix fois la possibilité de s'y soustraire ; ne l'avait pas voulu. Même si elle n'avait pas pris la mesure de ce que cela signifierait, elle avait, en toute lucidité, volontairement, fait le choix de rester avec les siens. Il n'y avait plus à se lamenter des conséquences et elle ne se lamentait pas. Au contraire, son courage, son bon sens, sa dignité, que ceux qui les surveillaient appelaient de « la fierté », soutenaient les siens. Sans elle, ils eussent été désemparés devant les choses les plus ordinaires de l'existence auxquelles ils n'étaient pas préparés. Son esprit pratique lui permit d'organiser le quotidien, le roi l'aida, en se préoccupant de l'éducation des enfants, privés de professeurs.

L'enfermement

Faire la classe à Louis Charles et Marie-Thérèse occuperait une bonne partie du temps. Louis XVI, sa femme et sa sœur se partagèrent les cours en fonction de leurs compétences réciproques. Le roi se réserva la géographie, passion insatisfaite de ce voyageur immobile, et l'étude des classiques français du XVIIe siècle ; Marie-Antoinette se chargea de l'histoire, la poésie et la musique. Élisabeth prit les mathématiques et le dessin ainsi que le catéchisme. Elle enseigna à sa nièce à coudre, broder, tapisser, tricoter, ravauder, ce qui, à quelques mois de là, se révélerait singulièrement utile à l'adolescente. Les leçons se donnaient en présence des municipaux de service, pour certains illettrés et qui se penchaient par-dessus l'épaule des enfants royaux, persuadés, dans leur peur de l'écrit, de découvrir sous les tables de multiplication et les cartes des codes secrets et des projets de conspiration[3].

Entre les cours, les princesses se mettaient à des ouvrages de dames, qui consistaient surtout à réparer les vêtements car aucun d'entre eux n'avait d'habits de rechange. Cela fait, l'on jouait au trictrac, au piquet et aux devinettes. Le soir, une fois le dauphin couché, on se mettait à table, puis on lisait à haute voix l'un des volumes de la bibliothèque, heureusement bien fournie, en choisissant de préférence les lectures distrayantes qui permettaient de s'évader hors d'une réalité affligeante.

Aussi désagréables que fussent les promenades à travers le jardin du Temple transformé en chantier, Élisabeth encourageait son frère et sa belle-sœur à en profiter : ils avaient besoin d'exercice, de prendre l'air, surtout les enfants ; tant pis si la présence de Santerre, obligatoire car, s'il n'était pas là, la sortie était annulée, interdisait de parler librement. Cette promenade était l'occasion d'avoir des nouvelles puisque les prisonniers ne recevaient plus les journaux. Mauvaises en général car la Commune, tout en feignant de filtrer l'accès au Temple, avait tendance à laisser y entrer, par distraction sûrement, des excités décidés à insulter le couple royal et prenait plaisir à laisser approcher les crieurs de la presse du jour, pourvu que celle-ci fût de nature à affliger les captifs. La famille royale apprit ainsi le 25 août l'exécution de Laporte, l'intendant de la liste civile, et celle du journaliste du Rosoy, des amis dont le seul crime était de n'avoir point abandonné leurs princes dans le malheur. Ils ne surent pas, en revanche, car rien ne devait leur apporter une ombre d'espoir, que Verdun, assiégée par les armées coalisées depuis le 29 août avait capitulé le 2 septembre, ce qui ouvrait la route de Paris.

Cette sortie d'une heure finie, restait à occuper des journées d'un ennui mortel, aggravé par l'interdiction de recevoir la moindre visite et de correspondre. La lettre de Madame Adélaïde que Manuel remit à Élisabeth le 20 août 1792 fut la dernière ; les prisonniers royaux seraient, à compter de cette date, coupés du monde extérieur. Officiellement... Élisabeth, en effet, s'emploierait dès qu'elle le pourrait à réorganiser son réseau de correspondance et de renseignement et parviendrait à le faire fonctionner plus d'un an dans des conditions ahurissantes.

Pour l'heure, elle était sous le choc des événements et certains inconvénients, telle la nécessité, pour se rendre aux toilettes, de traverser sa chambre, ce qui la privait d'intimité, les irruptions imprévues alors que l'on s'apprêtait à prendre un bain ou s'habiller, l'impossibilité de prier en paix, un municipal restant à portée afin de s'assurer que ses oraisons n'étaient point entachées d'esprit contre-révolutionnaire, portait sur des nerfs déjà très éprouvés. Des mouvements d'humeur la prenaient. Le départ de Mme de Tourzel, de sa fille et des autres dames, le 19 août, qui n'eurent même pas le temps de ramasser le peu d'affaires dont elles disposaient avait entraîné de sa part des récriminations inutiles que la presse commenterait méchamment, glosant sur l'absence d'humilité chrétienne d'une femme qui, dans le même temps, réclamait ses missels, ses heures et ses livres de piété laissés aux Tuileries. L'abbé de Firmont n'eût point manqué de lui démontrer qu'il convenait d'offrir cela aussi, pour le salut de la France et des âmes, mais, et ce sacrifice-là surpassait les autres, la famille royale était privée de tout soutien spirituel : plus de prêtres, de messe, de sacrements. Le but était de les amener à réclamer un assermenté mais aucun d'entre eux ne s'abaisserait jamais à cela.

Septembre 1792 commença sous un soleil éclatant ; les températures caniculaires du mois d'août persistaient et ce beau temps, cette chaleur ne contribuaient pas à calmer les esprits surexcités du Paris révolutionnaire. La nouvelle de la capitulation de Verdun, le 2, atteignit la capitale en quelques heures et y jeta l'émoi : le manifeste de Brunswick était encore dans les mémoires, et la menace de livrer la ville à des représailles militaires prenait, maintenant que les défenses de l'Est avaient cédé, une inquiétante réalité. Danton, vrai maître du pouvoir, joua de cet affolement populaire. Il convenait de détourner l'attention du peuple des erreurs de ceux qui le gouvernaient ; puisque ces gens avaient peur et qu'ils étaient furieux, on retournerait cette colère contre « les ennemis de la Nation », ces « suspects » incarcérés en masse au lendemain du 10 août, prêtres réfractaires, gentilshommes soupçonnés de s'être battus aux Tuileries, femmes qui allaient à la messe non-conformiste, multitude coupable de ne pas donner dans les idées nouvelles. Il suffisait de faire courir le bruit que ces prisonniers risquaient de s'échapper, se répandre dans les rues, et d'y égorger les familles des patriotes appelés à se lever en masse afin de défendre la patrie en danger. Ces hommes ne devaient donc pas quitter Paris sans avoir pallié au péril qui menaçait leurs proches. Péril fantasmatique, mais, dans l'ambiance du moment, et en lâchant aux endroits stratégiques des commandos de tueurs qui avaient fait leurs preuves lors d'autres journées révolutionnaires, le résultat était assuré. Pour se donner bonne conscience, et l'illusion d'une justice garantie par la Déclaration des droits de l'homme et du citoyen, on improviserait des tribunaux dans les prisons qui jugeraient sans appel, de manière expéditive, sans s'attarder aux subtilités inutiles : la liberté ou la mort, et celle-là plus souvent que celle-ci. Le sang devait couler à flots dans les rues de Paris, de sorte que ce grand massacre frappât de terreur tous ceux qui envisageaient de s'opposer à la marche en avant du progrès...

Le 3 septembre dans la matinée, Rocher, guichetier en chef du Temple, révolutionnaire forcené, se précipite dans la chambre de Louis XVI en hurlant :

– Capet, les Prussiens sont à Verdun mais ils ne te récupéreront pas vivant ! S'ils avancent encore, compte sur moi pour te plonger ce sabre dans le cœur !

On éloigne en hâte ce forcené. Il n'est pas dans l'intérêt du pouvoir révolutionnaire, alors que l'ennemi approche de Paris, de laisser assassiner l'unique monnaie d'échange à sa disposition. L'ennui étant que les faubourgs populaires, dont Rocher est un digne représentant, ne sont pas dans cette logique de prudence et partent dans une surenchère jusqu'au boutiste difficile à contrôler. Les municipaux, craignant d'être débordés, appellent des renforts et tendent en travers des portes d'accès au Temple des rubans tricolores, symboles sacrés censés interdire aux hordes d'aller plus avant... Pas question de laisser sortir la famille royale ce matin. La promenade est annulée, faute d'en garantir la sécurité.

Louis XVI et les siens regagnent leurs appartements, feignant une sérénité qu'ils sont loin d'éprouver. Cela fait trois semaines qu'ils sont sans nouvelles des opérations militaires et, s'ils savaient dès le printemps qu'elles n'étaient pas brillantes, ce qui faisait jubiler Marie-Antoinette, beaucoup moins son mari et sa belle-sœur, pris entre leurs intérêts personnels et leur patriotisme, ils ignoraient que l'ennemi avait atteint Verdun et que la ville avait capitulé.

À cause de la présence des municipaux, il est impossible d'en discuter. Combien de jours, si la pression prussienne s'accentue, avant que les troupes coalisées atteignent Paris ? Est-ce la promesse d'une libération, la fin du cauchemar, ou les extrémistes oseront-ils mettre leurs menaces à exécution ?

Du dehors, le roi et les siens entendent rouler sur Paris la sonnerie affolée du tocsin. Le roi et la reine sortent le jeu de trictrac, entament une partie avec les enfants ; Élisabeth prie. Lorsque la famille royale passe à table, à 1 heure de l'après-midi, le tumulte n'a fait que grandir. On sort de table énervés, anxieux. Dehors, le tumulte augmente, comme s'il se rapprochait.

Le sang de septembre

Soudain, du rez-de-chaussée, monte un cri strident : les « otages de la Nation » reconnaissent la voix de la nouvelle femme de ménage, Mme Tison. Le roi fait signe à Cléry de descendre voir ce qui se passe. Quand le domestique remonte, blanc comme un linge, il n'arrive pas à prononcer une parole, et, au bord de l'évanouissement, oubliant l'étiquette, s'écroule sur un fauteuil. Dehors, les cris de la foule deviennent audibles ; elle hurle : « L'Autrichienne, l'Autrichienne !!! »

Le roi demande ce que l'on veut à sa femme : on aurait fait courir le bruit que la famille royale aurait été remise à l'ennemi ; ces gens veulent s'assurer que les prisonniers n'ont pas bougé.

– Ils veulent que vous paraissiez aux croisées mais nous ne le tolérerons point !

Un homme, sur le palier, interrompt :

– C'est faux ! On veut vous cacher la tête de la Lamballe que l'on amenée à votre femme pour qu'elle baise sa putain une dernière fois ! Et je vous conseille de vous montrer aux fenêtres si vous ne voulez pas que le peuple monte ici !

Louis XVI a un mouvement vers la croisée ; l'un des municipaux s'interpose :

– Je vous en supplie, ne regardez pas ! C'est abominable ! Abominable, en effet...

Enfermée depuis le 19 août à la prison de la Force, Marie-Thérèse de Savoie-Carignan, princesse de Lamballe, en a été extraite ce 3 septembre afin de comparaître devant un tribunal populaire improvisé. Après quelques questions décousues, l'un des juges a donné l'ordre « d'élargir Madame », laissant supposer à la malheureuse que, son innocence reconnue, elle allait être remise en liberté. Elle ne pouvait deviner que cette formule convenue était un verdict de mort camouflé afin d'éviter aux victimes un mouvement de révolte. Poussée dehors, la princesse est tombée entre les mains de tueurs ivres morts qui se sont acharnés sur elle. Quand, enfin, elle a rendu l'âme au terme d'une agonie de cauchemar, ils se sont déchaînés sur son cadavre, l'ont dévêtu, éventré, éviscéré, profané de cent façons avant de lui couper la tête et la porter chez un coiffeur afin de lui redonner un coup de peigne et mettre un peu de rouge à ses joues.

Ce sont ces pauvres restes sanglants que la foule a traînés jusqu'au Temple et qu'elle brandit en braillant sous les fenêtres. Le chef tranché, enfoncé sur une pique, se balance lugubrement devant la fenêtre du premier étage dont les municipaux ont tiré les rideaux. Marie-Antoinette n'en verra rien.

En entendant, « c'est la tête de la Lamballe », elle s'est trouvée mal. Élisabeth restera près d'elle jusqu'au soir, tentant de la réconforter, et d'apaiser ses terribles remords. La reine, en effet, a fait preuve, jadis, d'une immense ingratitude envers Mme de Lamballe, l'amie de cœur de sa jeunesse, supplantée par Yolande de Polignac, plus gaie, plus légère. Pourtant, à l'heure du péril, la duchesse de Polignac s'en est allée, et la princesse de Lamballe est revenue. Fidélité que la malheureuse a payé d'une fin atroce.

Cette effroyable exhibition donne à la famille royale une idée de ce qui se passe dans les prisons parisiennes. Combien de leurs proches y sont entassés depuis le 10 août ? Combien ont connu le même sort que Mme de Lamballe ? Cette question hante le roi et les siens. Ils apprendront une à une les morts de Montmorin, l'ancien ministre qui prophétisait qu'ils finiraient tous massacrés, de Thierry de Ville-d'Avray, du Père Hébert, confesseur de Louis XVI, massacré au couvent des Carmes avec plus de deux cents trente ecclésiastiques, parmi lesquels les deux frères de La Rochefoucauld, évêques de Beauvais et de Saintes. C'était d'eux qu'Élisabeth tenait cette prière devenue si intimement sienne qu'on la lui attribuerait : « Que m'arrivera-t-il aujourd'hui... ». Brissac, arrêté en province, transféré vers la capitale, a été victime de tueurs venus exprès intercepter le convoi à Versailles. C'était le 9 septembre. S'emparant du sabre d'un massacreur, ce colosse était parvenu à en abattre quelques-uns avant de succomber sous le nombre. En apprenant ces fins tragiques qui ressemblaient souvent à des martyres, Élisabeth avait dit :

– Dieu ne nous envoie jamais plus de peines que nous ne pouvons en supporter.

Cela ne rendait pas la croix moins lourde, ni moins terrifiante.

Les bonnes nouvelles, celles de quelques sauvetages miraculeux, furent plus longues à venir, parce que les informateurs ne voulaient point causer de fausses joies. On sut enfin que Mme de Saint-Brice, femme de chambre de la reine, et Pauline de Tourzel avaient été extraites de la Force le 2 septembre de très bonne heure par un certain Hardy qui les avaient mises à l'abri. Les deux autres femmes de chambre de Marie-Antoinette, Mmes Thibault et Basire, furent des rares que le tribunal responsable de la mort de la princesse de Lamballe, et de beaucoup d'autres, épargna. Le sort de Mme de Tourzel, qui avait courageusement refusé de rien dire de nature à compromettre ses souverains[4], semblait réglé quand des gardes nationaux qu'elle avait côtoyés aux Tuileries s'avisèrent qu'elle avait toujours été aimable avec eux et prirent sa défense ; l'intervention du citoyen Hardy, l'homme qui, la veille, avait emmenée Mlle de Tourzel en sécurité, permit de sauver aussi sa mère.

Mme de Mackau eût partagé le sort de Mme de Lamballe sans la présence d'esprit de sa femme de chambre, Adélaïde Rotin, qui soutint au tribunal que sa patronne était diminuée, incapable de s'exprimer, et qu'elle ne lui connaissait point de parents émigrés. Les juges n'osèrent pas s'acharner sur cette gâteuse qui bavait avec conviction[5]. Trois autres familières des Tuileries, Mme de La Roche-Aymon, Mme de Sérent et la jeune princesse de Tarente avaient pareillement réussies se tirer de la nasse révolutionnaire.

Mille ans sont comme un jour

D'autres noms, d'autres visages occupaient les pensées de la famille royale mais il fallait pour l'heure se résigner à n'en rien savoir. Élisabeth s'en remit à Dieu, particulièrement en ce qui concernait l'abbé de Firmont, que sa nationalité britannique protégeait ; en principe...

Mme de Lamballe emmenée du Temple sans avoir eu le temps de prendre ses affaires, des objets qui lui appartenaient traînaient, oubliés. Élisabeth s'aperçut que ces pauvres vestiges d'une vie tragiquement interrompue causaient à sa belle-sœur une douleur insupportable, et les fit disparaître. Le paquet était destiné au duc de Penthièvre, beau-père de la pauvre princesse qu'il aimait comme sa fille. Ces reliques lui seraient une consolation[6].

Penser aux autres permettait à Élisabeth de pas s'attendrir sur ses propres malheurs. Elle trouvait sa consolation dans le soulagement qu'elle pouvait apporter aux siens. Là se justifiait sa volonté de rester en France.

Cette abnégation, la sérénité qu'elle conservait en toutes circonstances ou presque, commençaient à faire effet sur son frère et sa belle-sœur. La reine, qui avait entretenu tant de préventions injustes contre elle, les sentait fondre. Et Louis XVI, qui s'était agacé de l'obstination de sa cadette à demeurer près de lui quand il eût préféré l'éloigner, saisissait, pensif, la grandeur d'un choix et d'un renoncement médités qui avaient poussé Élisabeth à rester précisément parce que tous les autres qui, souvent, lui devaient tant, avaient déserté à la première ombre de péril. Ce choix héroïque qu'il mesurait enfin lui ferait bientôt dire : « Elle s'est attachée à mes malheurs comme d'autres s'étaient attachés à mes prospérités[7]... »

Elle l'édifiait. Sous son influence, qui perçait déjà aux Tuileries et avait agacé la reine, le roi se libéra de ce penchant qu'on lui avait inculqué en son adolescence pour la philosophie des Lumières, revint à l'intégrité de la foi et de la doctrine catholiques. À vues humaines, il n'était plus temps, il le savait. La machine révolutionnaire qu'il avait contribué à mettre en marche et n'avait pas su arrêter continuerait son chemin destructeur aussi longtemps que Dieu le permettrait. Il porterait sa part dans les désastres qu'elle occasionnerait. Sa charité déplacée l'avait rendu complice du mal qui se perpétrerait. Pour avoir voulu épargner le sang des méchants, il serait comptable de celui des justes qui, il le devinait, allait couler à flots. Son seul rachat était de s'offrir en sacrifice, pour le pardon de ses propres péchés et pour ceux de la France. À l'instar de sa sœur, il acceptait tout. Grâce à elle, lui qui avait manqué tant de choses serait grand jusqu'au bout.

Ce fut dans cet état d'esprit, cette acceptation que la famille royale apprit, le 21 septembre 1792, la proclamation de la République. Louis XVI mesurait sa responsabilité dans cet écroulement, invraisemblable moins d'un an plus tôt. En même temps, parce qu'il avait pleinement repris conscience de sa naissance, de son rôle, de la valeur du sacre et du pacte qui unissait, devant Dieu, la France à sa dynastie, il savait, comme une certitude que nul désastre ne pourrait ébranler, que la Convention n'avait aucun pouvoir lui permettant d'abolir un ordre des choses intemporel, éternel, qui ne dépendait pas d'elle.

Cette certitude expliquait l'indifférence, incompréhensible à leurs gardiens, avec laquelle ils avaient accueilli la nouvelle, complaisamment hurlée toute la journée sous leurs fenêtres. Dépités, les municipaux, quand ils iraient au rapport, noteraient que « Louis était resté plongé dans sa lecture, Marie et Élisabeth dans leur ouvrage de tapisserie ». Ils se mouvaient, déjà, dans une autre réalité, vivaient d'autres vérités.

Cela n'empêchait point qu'ils fussent encore capables de se réjouir, eux que l'on présentait en ennemis de la Nation[8], d'une victoire française. La veille de la proclamation de la République, Dumouriez avait vaincu les coalisés à Valmy. En l'apprenant, Louis XVI s'était écrié :

– Ah c'est admirable ! La France sera toujours une terre de héros !

Peut-être eût-il modéré son enthousiasme s'il avait su que cette modeste canonnade, dont les observateurs et les commentateurs s'expliquaient mal comment elle avait pu entraîner un repli massif des coalisés, n'était que la dernière carte, la plus savamment jouée, du citoyen Danton. De même obédience maçonnique que Brunswick, le tribun révolutionnaire connaissait à son « frère » une faiblesse pour les diamants. Or, quelques jours plus tôt, le garde-meuble avait fait l'objet d'un cambriolage ; les diamants de la Couronne, les plus beaux du monde, avaient disparu.

Il ne fallait plus espérer cette délivrance entraperçue lors de la reddition de Verdun, quand la victoire semblait tellement à portée de main que Louise de Raigecourt écrivait à son mari, à l'armée des Princes, pour lui demander si elle devait le rejoindre afin d'être au plus tôt auprès de sa princesse. La même semaine, Mme de Bombelles écrivait[9] que, selon leur amie Mme de Chazet, Élisabeth « espérait leur salut par l'intelligence de quelque personne gagnée », et suppliait sa correspondante de ne rien dire du secret qu'elle éventait.

L'improbable réseau

Mme de Chazet était bien renseignée. En ce début d'automne 1792, il commençait à surgir dans l'entourage de la famille royale, non « quelque personne » mais quelques personnes gagnées à sa cause et prêtes aux dévouements les plus extrêmes afin de l'aider. Élisabeth se trouva à l'origine de plus d'une de ces conversions au royalisme.

Fin août, le journaliste révolutionnaire Prud'homme nota que l'attitude de la princesse avait subitement changé. De sa « fierté » des débuts, qui insupportait ce vrai républicain, Élisabeth était passée à une amabilité exquise : « Rien de plus pénible que cette fonction de geôlier, surtout pour celui qui est chargé de la sœur de Louis XVI. Cette petite prude est un démon de mobilité incroyable. Elle descend et remonte plus de cent fois par jour de chez elle chez sa belle-sœur, et il faut la suivre partout. [...] Il n'est pas de manèges, de minauderies dont ces deux femmes, Élisabeth et Marie, ne s'avisent pour tromper leurs gardiens. Il est bon de les changer souvent. La petite sœur surtout joue de la prunelle avec un art infini ; l'homme le plus exercé, le plus au fait de la petite politique des femmes s'y laisse prendre au second jour. Ses yeux de lynx qui, d'ailleurs, sont rien moins qu'indifférents, lisent dans les pensées, pénètrent au fond de l'âme. On est tout étonné et confus de se voir deviné à l'instant qu'on y pense le moins. Il faut commencer par bien étudier tous ses mouvements pour se garantir contre sa séduction[10]. »

Malgré sa misogynie, cet article était intéressant. D'abord, il attestait qu'à la différence de la reine, vieillie et enlaidie par les épreuves, Élisabeth, à 28 ans, atteignait la plénitude de sa beauté. Ces rondeurs, que lui reprochait Diane de Polignac, plaisaient beaucoup à ces hommes du peuple qui, chez une femme, aimaient les poitrines abondantes et les hanches larges. Ils la jugeaient belle, et désirable, ce qui, d'ailleurs, les faisait enrager parce que, à la différence de Pétion, prompt à prendre ses rêves pour la réalité, ils la savaient toujours aussi inaccessible. Cela nourrissait autour de « la grosse Babet » des fantasmes érotiques inattendus, à l'instar de ceux du citoyen Palloy, obligé, pour raison de sécurité, de dormir au Temple tandis qu'il supervisait la finition des travaux, qui prétendait « qu'il baisait » Élisabeth[11]... Il n'était pas le seul à en avoir envie. Prud'homme admettait à mi-mots qu'elle l'attirait, qu'il avait besoin de toute sa probité républicaine pour résister à « ce petit démon » qui jouait si savamment de la prunelle...

Cependant, il était possible de lire différemment ce changement d'attitude. On lui avait reproché dans la presse une fierté déplacée et ces athées s'étaient permis de dénoncer là un manquement grave à l'humilité chrétienne. Il se pouvait que ce reproche lui fût revenu aux oreilles, car on laissait parfois traîner à la portée de la famille royale les journaux qui lui étaient hostiles, et qu'elle en eût été frappée. Elle avait par conséquent décidé de se corriger, de faire preuve de charité envers ces gardiens dont elle se rendait compte, à les fréquenter, qu'ils n'étaient pas tous mauvais et pervertis. Plusieurs d'entre eux étaient récupérables. Elle s'y employa. Les résultats ne se firent guère attendre.

Prud'homme notait le trouble qu'il éprouvait à se sentir percé à jour par ce regard trop clairvoyant. Il avait raison. Élisabeth possédait le don de sonder les âmes, d'y découvrir ce qu'elles conservaient de vertus et d'en tirer le meilleur parti. Plusieurs municipaux allaient être retournés par ses soins, au moins sept, voire dix ou davantage. À la différence de nombreux surveillants du Temple, que le gouvernement choisissait dans la sans-culotterie fanatisée, incapable de voir encore des personnes humaines dans « les animaux de la ménagerie royale[12] » qu'on leur faisait garder, ces hommes-là appartenaient à la moyenne bourgeoisie parisienne. Ils avaient de l'éducation, conservaient des principes moraux, parfois religieux, demeuraient capables de rougir du métier qu'on les obligeait à faire. Il faudrait bientôt même recourir à la coercition pour les obliger à se rendre au Temple.

La dizaine de municipaux « gagnés » par Élisabeth n'y répugnerait jamais, au contraire, puisque leur tour de garde donnait l'occasion d'aider les prisonniers. C'étaient le pharmacien Follope[13], le docteur Leclerc, professeur d'obstétrique à la faculté de médecine, le limonadier Michonis[14], le libraire Adrien Toulan[15], François Lepître, François Moëlle et Charles Goret, employés de bureau[16]. Élisabeth les « recruta » en leur manifestant l'attention, la gentillesse qu'elle montrait toujours à son entourage, ce qui acheva de les convaincre qu'elle n'était pas le monstre peint par la propagande révolutionnaire.

Ces gens composèrent un réseau qui permit aux nouvelles de circuler, à la famille royale de n'être pas aussi coupée du monde que le souhaitait la Convention, d'envisager des solutions d'évasion. Un homme, étranger au service de garde, fut au cœur de ce réseau et l'anima jusqu'au bout : François Turgy.

Turgy appartenait au service de la Bouche du roi, et, en poste à Versailles, avait suivi les princes aux Tuileries, puis au Temple où il exerça, pour cause de réduction de personnel, deux emplois : responsable de l'approvisionnement, ce qui l'obligeait à sortir faire les courses, et service de la table royale. Trois fois par jour en contact avec les princes, plusieurs fois par semaine en contact avec l'extérieur, il fut un agent de liaison parfait et insoupçonnable[17].

Quand Hue avait compris qu'il ne serait pas réintégré dans ses fonctions, il avait proposé à Turgy d'assurer la correspondance entre la famille royale et ses amis. Il irait lors de ses sorties chez Mme de Sérent, en se faisant passer pour l'un de ses hommes d'affaires. Mme de Sérent lui remettrait des billets codés, à l'encre sympathique, dont il rapporterait les réponses en usant du même système. Failles dans le dispositif de surveillance, Turgy n'était pas escorté quand il sortait ; la fouille des aliments se faisait aux cuisines, ce qui permettait de glisser le courrier entre l'office et la salle à manger : dans les carafes. En quittant la cuisine après contrôle, ces flacons étaient fermés par des bouchons de papier que Turgy remplaçait par d'autres, faits avec les messages ; il recommençait ce tour de prestidigitateur dans l'autre sens quand il y avait une réponse. Et cela tous les jours, ce qui était suprêmement dangereux. Élisabeth doubla la transmission écrite d'un code gestuel, les signes de la main gauche rendant compte des décisions de la Convention, ceux de la droite des progrès de la guerre. Toulan, qui se mérita le pseudonyme de « Fidèle », compléta le dispositif. Le jeune libraire avait, dans ce qui devait passer pour du zèle républicain, loué un appartement en face du donjon et, deux fois par jour, au désespoir du voisinage, il se mettait à la fenêtre et sonnait des airs de chasse convenus d'avance qui transmettaient les nouvelles. La mise en place de ce réseau d'agents bénévoles prit toute sa valeur fin septembre 1792, quand s'aggravèrent les conditions d'incarcération de la famille royale.

Une haine attentive

Le 29 septembre, Louis XVI fut emmené dans la grande tour. La reine et Élisabeth s'affolèrent, ce qui ne leur était encore jamais arrivé, échafaudèrent à partir de rien les pires hypothèses. Une séparation aussi brutale pouvait être définitive et c'était ce qu'elles redoutaient. Pour la première fois, Élisabeth, si digne, mêla ses pleurs à ceux de sa belle-sœur et de ses neveux. Au bout de vingt-quatre heures, fatiguée de ce concert de sanglots, la Commune autorisa le roi à rejoindre sa famille aux repas et durant la promenade. Cléry, qui avait accompagné son maître, put aller de l'une à l'autre tour selon les nécessités de son service, et maintenir le lien. Non sans difficultés.

Le domestique était épié autant que ses princes. Les municipaux dépliaient le linge qu'il apportait, au cas où il eût dissimulé une correspondance dans les plis de la nappe, le petit couteau en or d'Élisabeth, qu'elle lui avait remis pour nettoyage, fut désossé, dans l'idée que l'on avait caché un message dans son manche. On confisqua également, pendant qu'on y était, une tapisserie que la princesse envoyait à Mme de Sérent dans l'intention de la vendre et d'en donner le prix aux pauvres, et un livre de piété parce que les marges avaient pu être remplies à l'encre sympathique... Suivirent tous les objets usuels susceptibles de se muer « en armes offensives ou défensives » : fourchettes et couteaux de table, ciseaux de couture et de broderie[18], aiguilles. Puis ce fut le tour du papier, des plumes, de l'encre et des crayons. On parvint à en sauver quelques-uns que Madame Royale cacha. Le code gestuel prenait tout son intérêt. Cependant, borné à un nombre limité de messages ayant trait à la guerre, il fallut le compléter par d'autres moyens.

Puisque la famille royale n'avait plus de quoi écrire, Élisabeth, jamais à court d'idées pratiques, imagina de tracer de brefs billets à coups d'épingles, ce qui prenait un temps fou.

Le mot était ensuite glissé dans une pelote de laine ou un écheveau de fil à broder qu'elle ou la reine faisaient tomber par terre devant Turgy, qui les ramassait et soustrayait le billet par l'un de ces tours de passe-passe où il excellait. Les réponses, confiées à Cléry, étaient dissimulées dans le linge sale, le panier à bois, sous une plaque de cheminée descellée. Élisabeth reprit ainsi ses relations épistolaires avec l'abbé de Firmont, que ses papiers étrangers avaient efficacement protégés.

Si des explications orales s'avéraient nécessaires, on demandait à Louis Charles et Marie-Thérèse de crier et faire tout le bruit possible afin de couvrir les propos échangés en feignant de lire chacun dans son coin. Certains municipaux « gagnés » usaient de subterfuges[19] pour parler aux prisonniers, à l'instar de Leclerc, le professeur de médecine, qui encourut un blâme parce qu'il se mêlait des leçons du dauphin, se penchait sur les livres de l'enfant en braillant que, si c'était le sien, il lui apprendrait autre chose et en profitait en fait pour chuchoter au roi les nouvelles concernant le procès que la Convention entendait lui intenter[20]. C'était officiel depuis le 4 octobre mais on s'employait à gêner au maximum la défense du prévenu en le privant d'informations et d'assistance.

C'était le temps, mais Louis XVI n'en fut pas informé, où le ministre Roland affirma à la Convention avoir découvert dans le bureau du Tyran « une armoire de fer » secrète regorgeant de courriers et notes confidentiels démontrant la complicité de personnalités révolutionnaires avec Capet. La prétendue « armoire de fer » était un petit placard qui ne fermait pas à clef dans lequel le roi n'eût jamais rien serré de valeur. Quant aux documents prétendument découverts dedans, c'était une partie des rapports et conseils rédigés par Mirabeau, puis Barnave, et ce n'était pas dans le bureau royal que Roland avait mis la main dessus, mais par d'autres arcanes beaucoup plus troubles. Cela n'atteindrait plus Mirabeau, mort et enterré, mais contribuerait à perdre Barnave, incarcéré à Grenoble.

Le 26 octobre 1792, la reine, les enfants et Élisabeth furent autorisés à emménager dans le donjon, et réunis au roi.

La grande tour se révéla plus sinistre encore que la petite. Aux incommodités précédentes s'ajoutaient la pénombre qui augmentait de jour en jour, la nuit tombant plus tôt tandis que l'automne avançait, et obligeait à laisser les lampes allumées, une humidité tenace qui pénétrait jusqu'à l'os sans que l'énorme vieux poêle y remédiât, l'impression sinistre produite par un papier peint qui imitait les pierres d'une forteresse. Ultime délicatesse, les portes palières qui n'avaient pas été repeintes s'ornaient de graffitis souvent réactualisés, qui promettaient « de faire danser l'Autrichienne », de « mettre le gros Cochon au régime » et « d'expédier au Ciel la grosse Babet ». Les vexations abondaient : fouilles au corps, perquisitions pendant lesquelles les municipaux s'amusaient à laisser la famille royale debout le plus longtemps possible, réveils en sursaut sous prétexte que la garde montante avait besoin de vérifier la présence de « la ménagerie » dans sa cage…

Au cours de ce mois de novembre, Élisabeth osa aborder avec Louis une question qui la préoccupait. Si le procès qui se préparait devait aboutir à une condamnation à mort, le roi avait-il pris ses dispositions pour recevoir les sacrements ? Depuis le 9 août, aucun d'entre eux n'avait pu entendre la messe, communier, se confesser ; le père Hébert, directeur de conscience du souverain, avait péri aux Carmes. En cas de malheur, Louis prévoyait-il de recourir aux services d'un prêtre schismatique, ou de se passer des consolations de la religion ? Possibilités pareillement angoissantes. Élisabeth suggéra l'unique solution, dont elle avait elle-même usée : appeler l'abbé de Firmont que sa nationalité mettait à l'abri des poursuites auxquelles se fût exposé un prêtres français. À toutes fins utiles, s'ils devaient être à nouveau séparés, elle donna au roi l'adresse du confesseur : 433, rue du Bac.

Toujours par précaution, elle dit à son frère que, puisqu'ils logeaient l'un au dessus de l'autre, et les affreux volets préservant paradoxalement certains agissements, elle lui ferait passer des billets, non par Cléry qui serait consigné, lui aussi, mais par la fenêtre : il suffirait de les attacher à des bouts de ficelles et de les faire descendre, puis remonter.

À ces angoisses se superposèrent, mi-novembre, des souffrances physiques. Le 14, le roi se réveilla atteint d'une fluxion dentaire, réclama son dentiste, qu'on s'empressa de lui refuser. Devant les protestations de sa sœur, on envoya le vieux docteur Lemonnier, protégé par sa notoriété internationale de savant. Ce fut une grande joie de le revoir mais pas un soulagement. Le médecin ne pouvait rien faire, sinon prescrire du laudanum. Ce laudanum, la municipalité le refusa : que ne pouvait-on glisser dans le flacon, y compris du poison pour soustraire Louis à ses juges ? ! Le pharmacien Follope prit sur lui d'en apporter en cachette, comme, la semaine suivante, il apporterait clandestinement la pommade prescrite par le docteur Leclerc à Madame Royale atteinte d'une dartre au visage[21]. À l'avenir, aucun médecin ne serait plus autorisé à visiter les captifs sinon celui des prisons. Les médicaments prescrits seraient délivrés après autorisation officielle, et au compte-gouttes.

Cette mesure ne pouvait plus mal tomber puisque, fin novembre, toute la famille royale attrapa la grippe qui alita le dauphin, le roi, la reine, Élisabeth et Madame Royale. Cléry fut atteint à son tour mais le domestique, dans ce monde égalitaire qui affichait dans le salon de la famille royale la Déclaration des droits de l'homme, ne figurait pas sur la liste des bénéficiaires de médicaments... Élisabeth se priva des siens. Et, puisque le valet devait garder le lit, elle le remplaça, toute souffrante qu'elle fût, au chevet du roi et du dauphin, changeant leurs draps et leur linge, faisant leur toilette, les coiffant, leur faisant prendre cachets et potions. Jamais elle n'avait imaginé, quand elle dirigeait avec le cher Dassy le dispensaire de Montreuil, que ses talents d'infirmière et ses connaissances médicales lui serviraient un jour à cela...

Ils émergeaient à peine de cet état grippal que le froid, l'humidité et l'absence de lumière n'avaient pas amélioré lorsque, le 10 décembre, on informa Louis XVI que son procès débuterait le lendemain et qu'il ne serait plus autorisé à voir les siens ni à communiquer avec eux jusqu'au verdict. Le roi s'y attendait mais accusa le coup. Il demanda, comme une grâce, la permission de rencontrer chaque jour ses enfants. La Convention accepta, mais à condition que les deux petits n'auraient plus de contact avec leur mère et leur tante. Louis XVI, le cœur déchiré, prétexta qu'il n'était pas décent de laisser une adolescente seule avec des hommes, et refusa. La vraie raison était qu'il n'eût pour rien au monde privé sa femme de leurs enfants, mais le dire eût équivalu à les faire retirer aussitôt à la reine, que leurs tortionnaires cherchaient à briser. Au petit matin du 11 décembre, date de l'ouverture du procès, il embrassa Louis Charles qui partageait sa chambre, le regarda s'en aller vers le second étage avec lequel il n'avait plus le droit de communiquer.

Le soir même, Élisabeth expérimentait l'efficacité de ses bouts de ficelle, et constatait, satisfaite, que cela fonctionnait à merveille. Ce courrier improvisé s'échangea tous les soirs après le souper. Elle y donnait les nouvelles du jour, de la santé de la reine et des enfants, première préoccupation de son frère ; lui ne disait rien d'un procès inique conduit par des juges dont il ne reconnaissait pas la légitimité, qui lui posaient des questions aberrantes, lui brandissant sous le nez des documents qu'il ne se souvenait pas avoir jamais vus, encore moins signés[22]. Le frère et la sœur n'éprouvaient pas le besoin d'en parler : ils connaissaient d'avance le dénouement de cette parodie de justice, préféraient s'en remettre à Dieu. Élisabeth le redit dans sa réponse aux vœux désolés adressés par Louis XVI à sa fille à l'occasion de son quatorzième anniversaire : « Si près de vous, mon frère, et en être séparée plus que si les mers étaient entre nous ! Ne pouvoir entendre le son de votre voix ! Pourquoi nous priver du bonheur de vous revoir ? Que pourrions-nous vous apprendre, nous qui ne savons rien ? La reine demande sans cesse aux commissaires quand nous pourrons être réunis. Ils répondent d'une manière froide et énigmatique, quelquefois insolente, qui mettrait en colère si je ne savais que la patience peut seule rendre méritoires les maux que nous souffrons. Qu'ils sont cruels depuis le 11 ! [...] Que ce que vous dites à Charlotte[23] pour le jour de sa naissance est touchant ! Quelle différence, en effet, du morne silence qui règne dans cette tour au concours du peuple qui se pressait pour voir votre premier-né ! Pompes, gloire, bonheur... tout a disparu pour nous sur la terre, mais nous retrouverons une nouvelle Patrie où rien ne nous séparera. La reine conserve des espérances que je crois bien illusion. Vos enfants sont tristes mais se portent bien. Pour moi, je ne vis que pour vous aimer. Puis-je encore vous le dire ?[24] »

Ces billets quotidiens ne suffisaient pas à rassurer sa tendresse. Soupçonnant que son frère pouvait lui dissimuler des ennuis de santé, comme elle-même, afin de ne pas aggraver ses angoisses, ne lui disait pas tout, elle avait imaginé un autre stratagème de communication : le linge du dauphin partant à la blanchisserie avec celui de son père, elle confia à Cléry un mouchoir bien identifiable qu'il devrait mettre avec le linge propre si le roi tombait malade ; il y ferait un nœud d'une certaine façon pour indiquer si le cas était grave ou bénin.

Ces multiples trouvailles occupaient le temps et la pensée, distrayaient d'un quotidien désespérant. L'ambiance de la tour, la pénombre, les vexations continues, la maladie de Madame Royale, les pleurs des enfants qui réclamaient leur père, la peur d'un verdict fatal portaient sur les nerfs. La nuit qui avait suivi la séparation d'avec le roi, la reine, en proie à un chagrin si violent qu'elle en tremblait, était restée jusqu'à l'aube immobile dans le noir, les yeux dans le vide. Marie-Thérèse avait cru que sa mère devenait folle. Ce n'était pas le cas mais, fin décembre, Marie-Antoinette menaçait de sombrer dans la dépression et ressassait, avec l'éventualité de l'exécution de son mari, la possibilité de la sienne. Il devenait impossible de la distraire de ces funestes idées et Élisabeth, témoin des haines acharnées contre sa belle-sœur, se demandait s'il fallait, par pitié, tenter de la rassurer ou, au nom d'une charité plus haute, l'aider, au contraire, à affronter un destin cruel auquel elle n'était guère préparée.

Contrairement à Cléry et aux municipaux « gagnés » acharnés à la convaincre d'une issue heureuse qui aboutirait à la « déportation » du roi et des siens, elle s'attendait à une condamnation à la peine capitale. Ce verdict était dans l'ordre des choses. Le roi devait périr, victime expiatoire. Elle le disait :

— Je n'ai aucun espoir que le roi soit sauvé[25].

Aucun espoir humain. Elle n'attendait plus, en plein hiver, un succès des armées coalisées qui redonnerait à la vie de Louis XVI valeur de monnaie d'échange ; ni un soulèvement en province car les massacres de Septembre avaient commotionné l'opinion et la peur paralysait jusqu'aux plus braves ; encore moins la réussite d'une opération de la dernière chance qui tenterait de les faire évader.

Du procès, ni elle ni la reine ne savaient rien. Une fois, Cléry avait réussi à cacher la gazette de la veille dans le meuble des toilettes, pièce que l'on fouillait avec un peu moins de zèle, mais les Tison, mués d'homme à tout faire et de femme de ménage en gardes-chiourme, avaient dénoncé le valet à la Commune. Ce dernier lien avec le roi avait été aussitôt rompu. Toulan et les autres, outre qu'ils réduisaient au strict essentiel les communications avec les prisonniers, ne trouvaient pas le courage de leur apprendre la vérité sur des débats dirigés dès le début par la gauche de l'Assemblée dont les députés avaient réussi à imposer l'idée que « si Louis était innocent, la Révolution était coupable » – donc eux tous des rebelles bons pour la roue, voire l'écartèlement –, puis décrété que « la mort d'un roi n'était point celle d'un homme ». Il était loisible de saigner « le gros cochon ». Pourquoi se gêner ? Il n'était pas humain. Élisabeth avait tout compris de cette déshumanisation de l'adversaire qui autorisait à recourir contre lui aux pires atrocités sans jamais se sentir coupable du moindre crime.

Ceux qui se poseraient encore des questions seraient taxés de modérés, mot qui tue en période révolutionnaire. Et, quand la gauche obtiendrait que le vote de condamnation ou d'acquittement se fît nominalement et publiquement, chaque député montant à la tribune exposer ses arguments, elle finirait d'emporter la partie. Rares seraient les hommes assez braves pour exposer leur vie dans l'espoir de sauver celle du roi.

Louis XVI ne conservait aucune illusion. Il l'avait dit à ses avocats, Tronchet[26], Malesherbes[27] et Raymond de Sèze. L'admirable plaidoirie que celui-ci prononcerait le 26 décembre 1792 n'y changerait rien. Perdu pour perdu, il avait osé réclamer l'acquittement, en appeler au jugement des siècles. C'était sublime, héroïque, mais ne ferait aucun effet.

À la première visite de Malesherbes, Louis XVI lui avait remis l'adresse de l'abbé de Firmont, l'avait prié de le joindre. Il n'attendait plus de secours que de Dieu. L'après-midi de Noël, il rédigea son testament. De cela non plus, il ne parla pas à sa sœur. Pourtant, ce texte, adressé à un fils dont il redoutait qu'il eût un jour « le malheur d'être roi[28] », était, non seulement un sublime appel au pardon, à l'oubli des offenses et à la réconciliation des Français, mais aussi un témoignage rendu à Élisabeth : « Je recommande à Dieu ma femme, mes enfants, ma sœur, mes tantes, mes frères, et tous ceux qui me sont attachés par les liens du sang[29]. […] Je prie Dieu particulièrement de jeter des yeux de miséricorde sur ma femme, mes enfants, et ma sœur, qui souffrent depuis longtemps avec moi, de les soutenir par Sa grâce s'ils viennent à me perdre, et tant qu'ils seront dans ce monde périssable. Je recommande mes enfants à ma femme, je n'ai jamais douté de sa tendresse maternelle pour eux. […] Je prie ma sœur de vouloir bien continuer sa tendresse à mes enfants, et de leur tenir lieu de mère s'ils avaient le malheur de perdre la leur. […] Je les prie de regarder ma sœur comme une seconde mère. »

Peu de mots, mais qui allaient au cœur du rôle qu'elle avait voulu assumer. En resongeant au passé, à ce qui aurait pu, ce qui aurait dû être, Louis XVI voyait la figure de sa cadette s'éclairer d'une lumière mystérieuse, ce qu'il exprimerait sobrement en disant à ses avocats :

– Ma sœur, dont la vie n'a été qu'affection, dévouement et courage... L'Espagne[30] et le Piémont avaient paru désirer son alliance... Les chanoinesses de Remiremont lui offrirent de l'élire abbesse, mais rien n'a pu la séparer de moi.

Il le comprenait maintenant : Élisabeth, dont on se moquait jadis à Versailles, et qu'il s'était si longtemps refusé à prendre au sérieux, s'était instituée son ange gardien. Sans discuter ni reprendre, par la seule valeur de son exemple, l'indéfectibilité de son affection, la solidité d'une foi mieux trempée et plus éclairée que la sienne, elle l'avait peu à peu ramené d'égarements funestes, libéré de ses erreurs, converti. Eût-elle ceint la couronne portugaise ou épousé le Piémontais, eût-elle accepté l'abbatiat qu'on lui offrait, eût-elle même, comme il l'en avait pressé, accepté de partir avec leurs tantes ou d'aller les rejoindre en Italie, que fût-il advenu de lui ? Fût-il resté complice aveuglé de la Révolution et persécuteur indirect de l'Église ? Seul, eût-il vu le piège où il tombait ? Trouvé la force de s'en tirer ? Bien sûr, peut-être, en échange de ses complaisances et ses renoncements, eût-il un temps sauvé sa couronne et sa vie ? Mais ces biens périssables valaient-ils ce prix ? Grâce à sa sœur, il savait maintenant que non. S'il se retrouvait enfin lui-même, si, dans le malheur, face à la mort, il redevenait le lieutenant de Dieu, conformé au Christ jusqu'au Calvaire, il le devait à sa cadette. Jamais il n'oserait le lui dire ; d'ailleurs, elle l'eût fait taire, persuadée d'avoir accompli son strict devoir d'état. Cette sainte, jamais, ne se reconnaîtrait telle. Au moins espérait-il que, dans la joie éternelle, elle serait payée au centuple pour ce qu'elle avait consenti. Dans l'immédiat, peut-être son testament, quand elle l'aurait sous les yeux, lui exprimerait-il la tendresse, les regrets et l'admiration d'un frère convaincu de n'avoir pas su apprécier le trésor remis entre ses mains.

Ce testament, Élisabeth n'en prendrait jamais connaissance. En revanche, un écho en reviendrait à la presse révolutionnaire. Hébert s'empresserait de réécrire à sa façon le codicille la concernant : « Je lègue à ma sœur Babet tous mes bréviaires, tous mes livres de piété. Je voudrais avoir un don plus solide à lui faire mais je n'ai plus à ma disposition ni aumônier ni chapelain[31]. »

Décidément, les fantasmes érotiques et religieux de ces obsédés ne désarmaient pas.

Si Louis est innocent, la Révolution est coupable !

Les dernières journées de décembre 1792, les quinze premières de janvier 1793 se traînèrent. Aucune information ne filtrait des municipaux qui se refusaient à se faire porteurs de mauvaises nouvelles. Quant au roi, certain de sa condamnation, persuadé que ses juges, non contents de le tuer, méditaient l'assassinat de sa femme, il avait choisi de ne rien laisser deviner, à l'étage au dessus, de ses sombres pressentiments.

Le verdict de mort prononcé le 17 janvier ne le surprit pas. Le bannissement ou l'emprisonnement l'eussent bien davantage étonné. Ses avocats, en pleurs, reçurent de sa part des consolations qu'ils eussent été incapables d'offrir. Ils s'accrochaient à l'appel qu'ils avaient interjeté, aux arguties juridiques qu'ils mettaient en avant, valables et légitimes face à un véritable tribunal, mais dépourvues de valeur devant cette Assemblée au visage de laquelle Raymond de Sèze, écrasant de mépris, avait lancé :

– Je cherche ici des juges, et je ne vois que des bourreaux !

C'était un procès politique, inique par définition, une parodie de justice. Louis XVI le savait. Le 20 janvier, Malesherbes, suffoquant de douleur, annonça que le pourvoi était rejeté, comme l'appel au peuple dont la Convention ne voulait surtout pas, et le sursis que les avocats réclamaient. L'ancien ministre évoqua ses craintes pour la reine et Madame Élisabeth ; il n'osait imaginer qu'on s'en prît aux enfants. Aux premiers mots, Louis XVI répondit :

– Ne croyez pas que la reine, ou ma sœur, montrent moins de force et de résignation que moi. Mourir est préférable à leur sort.

Il avait raison s'agissant du courage et de la résignation de sa cadette, mais se trompait sur ses motivations profondes. Si la princesse envisageait la mort[32], elle n'y voyait pas un moyen d'échapper à leurs persécuteurs, n'y songeait pas par désespoir mais pour se conformer à la volonté de Dieu. Louis XVI, lui, y voyait, plus humainement, le terme de ses malheurs.

Résigné, il exprima les demandes qu'il espérait voir agréées : un sursis de trois jour qui lui donnerait le temps de se préparer chrétiennement et revoir les siens « librement et sans témoin » ; l'assistance de l'abbé de Firmont ; et qu'on lui épargnât d'être gardé à vue nuit et jour comme il l'était depuis le verdict. La Convention, magnanime, accorda le prêtre et la permission de rencontrer la famille royale sans témoin, mais refusa le sursis. La condamnation était exécutoire sous vingt-quatre heures. Quant au « sans témoin », Louis XVI constata qu'il signifiait « sans auditeur ». Il reverrait les siens dans la salle à manger du premier étage, les commissaires surveillant l'entretien par la porte vitrée. Enfin, l'heure même des adieux était imposée ; ce serait 8 heures et demie ce soir-là. Louis XVI ne discuta pas, tout au soulagement d'avoir obtenu la visite de l'abbé de Firmont.

La reine et sa belle-sœur connaissaient déjà leur malheur. Suivant une habitude maintenant enracinée, les prisonniers apprenaient en priorité les catastrophes qui les frappaient parce que les crieurs de journaux, ces jours-là, étaient admis à vendre au pied de la tour.

Vers midi, le 20 janvier, elles entendirent donc brailler sous les fenêtres que « Louis Capet » subirait la peine de mort le lendemain. Elles avaient beau s'y être préparées, le choc fut terrible. Il fallut dire l'insupportable vérité aux enfants, tenter de leur expliquer ce qui relevait de l'inexplicable. Élisabeth s'y employa. Pénible tâche dont Marie-Antoinette était incapable. Personne n'étant venu officiellement les prévenir, elles ignoraient si on les autoriserait à revoir le roi une dernière fois. Quand elles surent, à 7 heures le soir, que l'entrevue était accordée, le soulagement se mêla à la douleur.

S'ils s'étaient tous intimement exhortés au courage, les retrouvailles firent éclater leur résignation. Pendant un quart d'heure, ce ne furent que pleurs, sanglots, cris et larmes[33]. Enfin, on arriva à parler calmement. Élisabeth, de blanc vêtue – deuil des reines et des princesses – qui s'était d'abord accrochée au bras de son frère, se tenait un peu en retrait, pour ne pas empiéter sur les prérogatives de l'épouse et des enfants. Elle mesurait à sa propre détresse ce que devait être la leur, ne voulait pas leur dérober les précieuses secondes qui leur restaient.

Louis XVI fit un rapide compte-rendu des débats puisqu'elles n'en avaient rien su, les exhorta au pardon. Comme dans son testament, il parlait d'abord pour son fils au cas où celui-ci monterait un jour sur le trône. Il fit jurer à l'enfant, qui ne comprenait pas et sanglotait, qu'il « ne songerait jamais à venger sa mort ». Ce qu'il dit aux autres demeura un secret entre eux. Au terme de deux heures de conversation, Louis XVI demanda à sa famille de se retirer. Il voulait prier et se reposer. Il promit à la reine qu'il les verrait avant de quitter le Temple. Il n'en avait pas l'intention, car la scène l'avait épuisé, mais préférait mentir.

Dans l'escalier, Louis Charles exigea de voir les commissaires de service, et, comme on s'étonnait, l'enfant répondit :

– C'est pour leur dire que je veux parler au peuple, je veux le supplier qu'il ne tue pas mon Papa.

Il fut très difficile de l'en dissuader.

Élisabeth pensait que son frère lui demanderait d'assister à la messe, qu'elle pourrait se confesser et communier. Cet espoir la soutint toute la nuit. Elle n'imaginait pas dormir, s'installa dans la chambre de sa belle-sœur, chercha à la réconforter mais Marie-Antoinette, murée dans son désespoir, était au-delà de toute consolation.

La pendule, sur laquelle un imbécile avait dissimulé l'inscription « fournisseur de Sa Majesté le roi », égrena six coups. On frappa à la porte de la chambre. C'était Cléry, monté emprunter le missel d'Élisabeth car le roi ne retrouvait pas le sien. Elle le donna sans un mot : elle comprenait le choix de son frère, et qu'il désirât, à l'instant suprême, être seul et occupé uniquement de Dieu.

La reine et Marie-Thérèse, réveillées d'un sommeil habité de cauchemars, renouaient avec une réalité pire encore. Elle leur proposa de s'unir au roi par la prière, de lire l'office que l'abbé de Firmont célébrait à l'étage en dessous.

À 9 heures, Louis XVI, accompagné du prêtre, monta dans un carrosse qui l'attendait, ultime et dérisoire privilège.

Le roi est mort, vive le roi !

À dix heures passées de dix minutes, un grondement de canon et des cris de « Vive la République » apprirent aux princesses que tout était consommé. Alors, la reine, Madame Royale et Élisabeth s'agenouillèrent devant Louis Charles, interloqué, et l'appelèrent « Sire ». Sublime illustration de ce principe du droit royal qui dit qu'« en France, le roi ne meurt pas ». La Convention avait tué Louis XVI, mais n'avait pas le pouvoir qu'au Temple, sur le front des armées des princes, à travers le pays et l'Europe, des milliers de fidèles ne vinssent s'incliner devant Louis XVII. Et si celui-ci venait à disparaître, devant ses oncles, Provence et Artois, puis devant les fils de ce dernier.

Le cœur du drame était là. Les régicides s'apercevraient bientôt que ce petit garçon prisonnier, dans son extrême dénuement, était infiniment plus dangereux pour eux que tous ses ancêtres au sommet de leur gloire et de leur puissance. Quelques semaines, cependant, seraient nécessaires avant d'arriver à ces conclusions, et, aussitôt après la mort du roi, le quotidien du Temple connut un certain relâchement.

Pourquoi s'encombrer de la veuve, des orphelins et de la sœur de Capet ? Beaucoup se le demandaient. Le journaliste Prud'homme écrivait fin janvier[34] : « Voici le chef des assassins terrassé, délivrons-nous de tous les dépositaires de ses pensées. [...] Sa femme et sa sœur sont encore parmi nous. C'est dans leur sein qu'il épanchait ses barbares douleurs ; il leur ouvrait son cœur et elles y infusaient encore le crime. Des femmes accoutumées à l'intrigue peuvent encore trouver des esprits faibles et vacillants et conduire par de perfides conseils des malheureux à l'échafaud. Elles y ont bien conduit ensemble un époux et un frère ! Les femmes raisonnent peu. Cette famille sera soulagée en nous quittant et la France elle-même s'en trouvera allégée. L'on n'aura rien à nous reprocher. »

L'ennui de cet appel à la clémence, qui demandait « la déportation » des « restes des Capet » loin de la France régénérée, était qu'il pouvait s'interpréter d'une autre manière : puisque « ces femmes » étaient si coupables, plus que le roi, abusé par leurs intrigues, pourquoi ne pas les punir, elles aussi ?

Ce que l'on allégea, à défaut du fardeau que la famille royale faisait porter à la France, c'était le train de vie des captifs. On daigna faire livrer, le 27 janvier, des trousseaux de deuil au Temple, mais, en parallèle, on rogna sur l'abondance et la qualité des repas, l'on envisagea de supprimer porcelaine, cristaux et argenterie. L'eût-on fait, la famille royale ne s'en fût même pas aperçue. L'immensité de son malheur la plongeait dans une hébétude douloureuse. Goret, qui n'avait pas été de garde au Temple depuis près de deux mois et reprit son service le 21 janvier, fut stupéfait du changement survenu chez les prisonniers.

La reine, livide, amaigrie, était méconnaissable, les enfants hébétés et Élisabeth qui, peu avant, trouvait la force de fredonner des cantiques, plongée « dans un morne silence ». Elle avait perdu ses rondeurs[35]. Cet état dura plusieurs semaines.

Pour ne rien arranger, Marie-Antoinette se refusait, tétanisée, à traverser le palier du premier et passer devant la porte de l'appartements de son mari, ce qui équivalait à refuser de sortir puisqu'il n'y avait pas d'autre issue pour descendre au jardin. Élisabeth dut user d'une patience infinie, non pour la faire revenir sur cette répugnance, mais pour l'amener à accepter de monter au sommet de la tour. L'endroit, clôturé de planches, était lugubre, mais sur l'ancien chemin de ronde, l'air était frais et cela évitait aux enfants de rester confinés. Ce choix épargna aux captives les plaisanteries grasses des guichetiers, ce salut que le linteau trop bas des portes les obligeait à leur faire en se baissant, et les insultes des gens qui traînaient dans les allées. Les malheureuses ne demandaient plus pourtant qu'une chose :

– Laissez-nous pleurer en paix, de grâce...

Lepître et Toulan avaient cru bien faire en apportant les gazettes qui relataient la mort du roi, mais cette initiative accrut la douleur des siens, de sorte que les deux hommes, décontenancés, ne savaient plus quoi dire. Toulan, qui se piquait de versifier, eut l'idée de composer une ballade sur la mort de Louis XVI. L'intérêt de cette pièce, mièvre et larmoyante à souhait, intitulée *La Piété filiale*, était de se faire l'écho du testament du roi que ses proches n'avaient pas lu, et de leur en transmettre le contenu. Ce fut par ce biais détourné qu'Élisabeth connut le dernier souhait de son frère : « *Reste toujours près de leur mère/Et mes enfants en auront deux !* »

Madame Royale l'interpréta au clavecin, un jour que Lepître et Toulan étaient de service. Élisabeth qui reprenait ses esprits, leur dit de ne pas « multiplier les paquets » car « il était important que notre secret ne fût connu de personne ».

La reine accablée

Le danger de dénonciation semblait pourtant un peu moindre. Depuis la mort du roi, les commissaires n'étaient plus que six et ne se sentaient plus tenus de surveiller les moindres faits et gestes des prisonniers. Turgy en était le premier bénéficiaire, il pouvait parler aux prisonnières. Ce fut lui qui, courant février, les informa du plan mis au point par Toulan, avec la complicité de M. de Jarjayes, qui devait permettre de fuir.

Chaque soir, un allumeur de réverbères passait allumer les quinquets du Temple, accompagné de son apprenti, gamin de treize ans de la taille de Marie-Thérèse, et de son fils de huit ans, qui, de loin, ressemblait à Louis XVII. On s'arrangerait pour que, fin février ou début mars, l'allumeur fût empêché. Un ami de Toulan prendrait sa place. Et ressortirait accompagné du petit roi et de sa sœur, habillés en enfants des faubourgs. Quant à la reine et Madame Élisabeth, elles revêtiraient des tenues de commissaires. Elles avaient tellement maigri que, dans la pénombre, elles feraient illusion. Les commissaires étaient nombreux, les gardes aussi, ils ne se connaissaient pas tous et ne s'étonneraient pas de croiser des nouveaux venus.

Le principal danger venait des Tison. Follope avait prévu de leur faire absorber un somnifère, puissant mais inoffensif, que l'on mélangerait à leur tabac. Dès qu'ils en auraient pétuné, ils s'écrouleraient et les prisonniers seraient loin quand ils se réveilleraient. Une fois dehors, les réseaux royalistes prendraient les évadés en charge et les conduiraient vers la côte normande, d'où ils passeraient en Angleterre. C'était risqué, mais jouable. Or, tout s'en mêla pour anéantir le projet.

Et d'abord la reine. Marie-Antoinette, devant une possibilité d'échapper à la prison, mit à la repousser autant de raisons qu'en avait objecté son époux pour ne pas quitter les Tuileries. La plus absurde, à laquelle elle s'accrocha, était son exigence de ne pas partir si elle ne récupérait d'abord les reliques du roi : son alliance, son cachet aux armes de France, le sceau royal qui authentifiait ses actes, des mèches de cheveux du premier dauphin et de la petite Sophie.

Ces objets étaient en possession de la Commune et placés sous scellés. Toulan, prêt à n'importe quelle folie, trouva des complices qui lui procurèrent des copies des bagues, et parvint à les échanger contre les originaux qu'il rapporta au Temple. Il les remit à la reine, convaincu d'avoir désarmé ses réticences.

Il n'en fut rien. Marie-Antoinette serra les précieux souvenirs dans une cachette du mur où Élisabeth dissimulait le petit reliquaire de la vraie Croix légué par sa mère, avec une mèche de cheveux du roi que Hue avait réussi à se procurer. Puis elle trouva une nouvelle raison de ne pas partir. En vérité, la reine avait peur. Elle n'avait pas le courage de courir de nouveaux risques, et d'en faire courir aux enfants. Marie-Antoinette éprouvait-elle un obscur besoin de se punir ? Elle tenait à Élisabeth des propos morbides qui le laissaient penser, se reprochant de « n'avoir pas donné au roi tous les conseils qui pouvaient le sauver », répétant qu'elle « le rejoindrait sur l'échafaud ».

De la mi-février, le projet fut ajourné au 8 mars 1793. Cela laissait à Lepître le temps de faire établir les faux passeports, besogne acceptée d'enthousiasme mais qui s'avérait plus compliquée et dangereuse que prévue. Il ne caponnait pourtant pas puisqu'à chacun de ses tours de garde, comme Toulan, il se présentait au Temple engoncé dans son uniforme sous lequel il cachait les déguisements des prisonniers.

Fin février, la hausse des prix à Paris atteignit de tels sommets que des émeutes éclatèrent ; des boulangeries furent pillées, comme au temps du Tyran. Ce n'était pourtant plus lui qu'il fallait accuser d'affamer le peuple. Le 7 mars, le mécontentement monta d'un cran, les manifestations se multiplièrent, que le nouveau pouvoir réprima impitoyablement avant de créer, sur la lancée, un tribunal révolutionnaire chargé de régler leurs comptes aux ennemis de la Nation, appellation qui englobait beaucoup de monde. Puis la nouvelle que l'Ouest, le 10 et les jours suivants, refusait la levée de trois cent mille hommes censés arrêter l'ennemi aux frontières et se soulevait au cri de « Vive le roi », incita la Convention à resserrer autour de ses otages, soudain réévalués, sa surveillance. Mi-mars, faire sortir Louis XVII, devenu aussi précieux que son père, ne fut plus possible. Les atermoiements de sa mère avait tout perdu.

Toulan s'inquiétait moins pour l'enfant que pour les femmes. Reprenant des bruits qui couraient, la presse étrangère annonçait la mise en accusation d'Élisabeth, coupable « d'avoir envoyé ses diamants à ses frères » émigrés. Quant à la reine, on pouvait craindre le pire. Il suggéra de faire évader seulement Marie-Antoinette, s'en ouvrit à Élisabeth, qu'il supplia de la part de Jarjayes, d'amener sa belle-sœur à la raison. La princesse s'y employa :

– Vos jours peuvent être menacés, tandis que ceux de vos enfants et les miens même ne sont exposés à aucun danger. Vos enfants sont couverts par leur âge, moi par ma nullité. Sans doute, ma sœur, les bruits odieux qui ont quelquefois troublé votre oreille sont imprégnés de l'exagération populaire mais cependant, ils arrivent au vrai lorsqu'ils expriment l'animosité publique excitée contre vous. L'égarement du peuple à votre égard est tel que vous deviendriez coupable d'en attendre les effets. Vous avez une grande confiance en M. de Jarjayes et, vous le voyez, il vous envoie lui-même ses supplications les plus vives pour vous engager à vous prêter à l'exécution du nouveau plan dont Toulan vous apporte les détails. Peut-être est-ce la main invisible de la Providence qui vous tend cette planche dans le naufrage. Ne la repoussez pas, je vous en supplie ; je vous le demande au nom de vos enfants, au nom de celui dont la mémoire vous est sainte, et, si vous le permettez, au nom de mon amour pour vous !

Ce discours parut faire son effet ; la reine accepta. Tout était prêt, même le chapeau de commissaire municipal qu'elle coifferait, caché sous le lit d'Élisabeth quand, le jour prévu, elle prit Toulan à part, lui expliqua qu'ils avaient « fait un beau rêve », qu'elle ne quitterait jamais ses enfants et ne supportait pas la pensée que sa belle-sœur se sacrifiât pour la sauver.

– Mieux vaut mort que remords, conclut-elle.

Attitude empreinte de noblesse mais absurde, qui s'aggrava d'un nouveau caprice : Marie-Antoinette, après avoir tant combattu ses beaux-frères, prétendait maintenant leur faire passer le sceau royal... Toulan, dont le dévouement était sans limites, consentit. Élisabeth en profita pour tracer trois lignes à l'un et à l'autre. Elle écrivit à Provence : « Je jouis d'avance du plaisir que vous éprouverez en recevant ce gage de l'amitié et de la confiance. Être réunie avec vous et vous voir heureux est tout ce que je désire. Vous savez si je vous aime. Je vous embrasse de tout mon cœur. EM. »

Et à Artois : « Quel bonheur pour moi, mon cher ami, mon frère, de pouvoir, après un si long espace de temps, vous parler de tous mes sentiments ! Que j'ai souffert pour vous ! Un temps viendra, j'espère, où je pourrai vous embrasser et vous dire que jamais vous ne trouverez une amie plus vraie et plus tendre que moi. Vous n'en doutez pas, j'espère. EM. »

Cet envoi, imprudent, serait le dernier. Depuis quelques semaines, Élisabeth sentait la surveillance redevenir sévère. L'insurrection de l'Ouest, les victoires des Blancs en Vendée, les succès des coalisés aux frontières, le passage à l'ennemi, fin avril, de Dumouriez qui, soupçonné par la Convention, avait préféré, sage précaution, rejoindre les Autrichiens avec son protégé, le duc de Chartres[36], fils aîné du duc d'Orléans, Philippe « Égalité », rendaient les autorités nerveuses. Les Tison se servaient de ce climat de suspicion pour satisfaire leur besoin de nuire à des captifs dont, paradoxalement, ils restaient les domestiques.

La vengeance d'une folle

Mi-mai 1793, alors que la crise girondine atteignait son paroxysme[37], la fille unique des Tison, Pierrette, se vit interdire de rendre visite à ses parents. Avait-elle essayé, comme d'autres, d'adoucir le sort des captifs et passé des billets, ou cette interdiction ne la visait-elle pas en particulier[38] ? En tout cas, les Tison, gens frustres humiliés par leur condition inférieure qui avaient pris les prisonniers en haine, ressentirent cette défense comme une attaque personnelle, aggravée par l'interdiction faite aux personnes employées au Temple d'en sortir, ce qui était auparavant permis. La mère Tison alla se plaindre à la Commune qu'on lui interdisait de voir « son enfant unique » alors que ces salopes de la tour correspondaient avec l'extérieur, parlaient à qui bon leur semblait et recevaient des visites. Peu avant, en effet, Toulan avait réussi à faire entrer au Temple le comte de Jarjayes.

La dénonciation de cette démente, à laquelle on promit, sans avoir l'intention de le lui donner, un laisser-passer en faveur de sa fille, fut prise au sérieux. Peu après, les représentants de la Commune arrivaient au Temple, procédaient à une fouille minutieuse des appartements, cherchant les objets que les Tison leur avaient signalés en possession des captives : papier à lettres, crayons, cire à cacheter... et firent chou blanc. Excepté des résidus de cire rouge sur le bougeoir de la chambre d'Élisabeth, qu'elle affirma très anciennes, et un chapeau d'homme qu'elle prétendit « un souvenir de son frère », il n'y avait rien. Les Tison jurèrent qu'ils avaient vu, de leurs yeux vu, les objets en question, et lâchèrent des noms : ceux de Toulan, Lepître, Follope, Moëlle, Brunod, Vincent, surpris en conversation avec les captives.

Ce n'était pas suffisant pour perdre ces hommes, mais assez pour les rendre suspects. Suspendus, ils eurent interdiction de retourner au Temple. En y regardant de plus près, on constaterait que, tandis que la plupart des commissaires et municipaux cherchaient des excuses pour ne pas s'y rendre, eux en multipliaient les occasions, remplaçaient ceux qui n'en avaient pas envie, et trichaient lors du tirage au sort pour décrocher un tour de garde.

La mère Tison comprit plus vite que ses victimes la portée de ses actes, et qu'elle avait fait tout cela pour rien : aucune permission de sortie ne lui avait été accordée pour aller voir sa Pierrette et celle-ci n'avait plus de droit de visite. Comme les interrogatoires se multipliaient à propos du « complot » qu'elle avait éventé, la misérable comprit que ses dires serviraient à intenter le procès de la reine et de sa belle-sœur. Rongée de remords, elle finirait internée...

Folie accordée à l'air du temps. La chute des girondins, la création du Comité de salut public mettaient en avant les partisans les plus fanatiques de la Révolution. Ceux-là n'étaient point amis des mesurettes ni de la clémence envers « la race des Capet ». Le bannissement de la famille royale n'était plus d'actualité. Louis XVII était un otage trop précieux ; quant à sa mère et sa tante, elles serviraient de défouloir à la haine populaire.

Courant mai, Louis XVII fut pris de fièvre, mais on refusa la visite de son pédiatre, remplacé, au nom de « la sainte égalité », par le médecin visiteur des prisons. Au bout de quelques jours, le petit roi se portait assez bien pour se lever et sortir. Marie-Antoinette accepta, en raison de cette convalescence, de descendre avec lui dans le jardin, effort qu'elle refusait depuis le 21 janvier. En jouant avec une branche, l'enfant se blessa au bas ventre et aux testicules. Cette fois, la reine obtint la visite du docteur Pipelet, qui la rassura sur les conséquences de l'accident, prescrivit pommades et bandages. Une dizaine de jours, la reine et sa belle-sœur, infirmière expérimentée, se relayèrent, suivant ses ordonnances, pour prodiguer à l'enfant les soins nécessaires. Par malheur, Hébert, rédacteur du *Père*

Duchesne, était alors commissaire de service au Temple. Ayant assisté une fois au pansement, une idée perverse germa dans son imagination vicieuse, idée qu'il testa en répétant autour de lui que Marie-Antoinette, dont la dépravation était célèbre, se livrait sur son fils, avec la complicité active de sa belle-sœur, à des manipulations onanistes et incestueuses. Les plus tarés y crurent, et quelques pères de famille pudibonds qui pensaient de bonne foi ces Messaline capables de toutes les perversions. Hébert se promit de s'en resservir.

Fin juin, de nouvelles rumeurs d'évasion se répandirent dans Paris, on arrêta le général de Dillon. Et ce plan inexistant ruina celui mis au point par le baron de Batz et Jean-Baptiste Michonis, seul des commissaires impliqué dans le réseau de correspondance d'Élisabeth que les Tison n'avaient pas identifié. Ces bruits inquiétèrent assez les autorités pour leur faire envisager de retirer le petit roi à sa mère, mesure si contraire à la sensibilité rousseauiste qu'on l'avait auparavant écartée. On serait assuré, en séparant l'enfant de sa famille, que celle-ci n'envisagerait plus de fuir sans lui.

La mère douloureuse

Il fait très beau, le soir du 3 juillet 1793. Élisabeth, la reine et Madame Royale en profitent pour travailler à leurs broderies à la lumière naturelle. Comme à l'ordinaire, elles ont mis Louis Charles au lit après souper et l'enfant dort.

Un peu avant 10 heures, on frappe brutalement à la porte de la chambre, une demi-douzaine de commissaires surgissent, porteurs du décret de la Convention ordonnant de soustraire le « petit Capet » à sa famille. Sachant l'amour passionnel, fusionnel, de la reine envers ses enfants, impossible de lui infliger pire souffrance.

Une heure durant, dressée devant le lit de son fils, Marie-Antoinette en appellera à la pitié, aux droits d'une mère, à la justice, hurlera, suppliera. En vain. Les commissaires veulent faire monter la garde pour lui arracher de vive force l'enfant quand Élisabeth, afin d'épargner cette angoisse supplémentaire à son neveu, entreprend de la raisonner, lui démontrant qu'elles ne peuvent s'opposer à la force et que, si atroce que soit cette séparation, elles n'ont d'autre choix que l'accepter.

Livide, Marie-Antoinette lève son fils, l'habille, le prend un instant à part afin de lui prodiguer des recommandations que, bien entendu, on s'ingéniera à effacer de sa mémoire, puis l'abandonne à ses ravisseurs, trouvant la force, comme le petit s'accroche à sa robe, de détacher ses mains et le pousser vers ces hommes insensibles.

La porte refermée sur Louis Charles qu'elles entendraient, deux jours et deux nuits, hurler et sangloter à l'étage en dessous[39], Marie-Antoinette s'assit sur une chaise, le regard fixe, muette, indifférente à tout, et d'abord aux exhortations pieuses que sa belle-sœur tentait de lui dispenser.

Morne, silencieuse, privée d'appétit, la reine ne vivrait plus que dans l'espoir d'apercevoir, depuis la terrasse de la tour ou l'étroite fenêtre de la garde-robe, la silhouette de son fils jouant dans le jardin, d'entendre sa voix, trop souvent couverte par celle du nouveau « gouverneur de Sa Majesté », le savetier Simon, moins mauvais homme qu'on le prétendrait et même assez attaché à ce gamin qu'on leur donnait, à sa femme et lui qui n'avaient pas eu la chance d'en avoir, mais incapable de s'en occuper.

Soupçonnant des mauvais traitements, et il y en avait, à commencer par des coups de ceinture et des gifles qui relevaient, dans l'idée de Simon, d'une éducation normale, Élisabeth essaya de s'informer. Mission quasi-impossible. Depuis qu'on leur avait retiré l'enfant, les contacts entre les gardiens et les trois femmes avaient été réduits à l'indispensable : leur porter à manger trois fois par jour, s'assurer qu'elles ne s'amusaient point à scier les barreaux des fenêtres... Tout échange verbal était interdit. Turgy prenait d'énormes risques pour continuer à faire passer des billets de Toulan et Mme de Sérent, laconiques puisque l'ancien commissaire, écarté du Temple, ne savait pas grand-chose, l'ancienne dame d'honneur pas davantage. Tison, seul depuis que sa femme était enfermée chez les fous, venait faire le ménage et glissait en passant un renseignement ou deux. Désespérants. Était-ce la vérité, cruelle, ou une façon subtile de se venger de ses propres malheurs en ajoutant au chagrin de celles qu'il en tenait responsables ? Après quelques anecdotes édifiantes sur les méthodes éducatives de Simon, sa brutalité, les révoltes dérisoires de l'enfant qui refusait de plier et courait se cacher sous les meubles ou dans les jambes des adultes afin d'échapper aux coups, l'habitude de lui servir du gros rouge à table, lui qui n'avait jamais bu que de l'eau minérale de Ville-d'Avray, et le fait qu'il ne sortait plus que coiffé du bonnet rouge, Élisabeth, voyant le désespoir de sa belle-sœur, pria Tison d'épargner « ces atrocités » à la reine, recommandation qu'elle étendit à toute personne susceptible de transmettre des nouvelles de l'enfant. Elle, en revanche, tenait à savoir la vérité, dans les moindres détails, quitte à en fournir à Marie-Antoinette une version charitablement édulcorée.

Une fois, Élisabeth parvint à évoquer le sort de son neveu avec l'un des municipaux, Barelle, lui demanda d'intervenir auprès de Simon pour faire cesser les maltraitances. Il s'y essaya. Sans résultats. Simon ne voyait rien de mal à ses méthodes éducatives : il traitait « Charlot » comme il eût traité ses gosses s'il en avait eu, était naïvement heureux de lui apprendre les rudiments de son métier en même temps que des gros mots et des jurons « virils », et Marie-Jeanne, sa femme, adorait le gamin.

Surtout, et de cela, Simon n'était pas l'instigateur, juste l'exécutant manipulé, ce traitement s'inscrivait dans le droit fil du projet conjoint de démoralisation, voire d'assassinat feutré, de l'enfant, et d'accumulation de charges contre la reine. Il fallait qu'on eût altéré profondément le caractère de l'enfant pour l'amener, le moment venu, à témoigner contre sa mère et sa tante. Le frapper, l'enivrer étaient des moyens rapides et sûrs d'y parvenir. Hébert le disait sans vergogne : « Qu'est-ce qu'un enfant, quand il s'agit du salut de la république ? »

Élisabeth, au courant de certaines choses, et qui en devinait d'autres, avait raison d'essayer de les épargner à la reine mais la douleur de Marie-Antoinette ne faisait que croître. Elle en oubliait, dans son besoin obsessionnel d'apercevoir son fils, que sa fille était là. Marie-Thérèse ressentait vivement ce désintérêt et s'effrayait de l'état de sa mère. Fin juillet, elle s'en ouvrit à sa tante.

C'était inédit. Marie-Antoinette, jusque-là, avait veillé à ne laisser personne s'interposer entre elle et ses enfants. Élisabeth laissa la fillette s'épancher, ne se permit pas un mot contre sa belle-sœur :

– Votre mère est triste, il est vrai, chère enfant, mais non pas de chagrins nouveaux. Ceux que vous lui connaissez et que toutes deux nous partageons l'ont accablée un peu plus aujourd'hui peut-être que ces jours passés. Il est des moments où l'émotion des souvenirs domine l'âme la plus forte. Priez, chère enfant, demandez à Dieu que ces souvenirs soient moins poignants pour votre mère.

Elle parvenait toujours à exprimer avec une infinie délicatesse des réalités très douloureuses, et à les replacer dans la lumière divine. Plus le temps passait, plus elle comprenait que la foi resterait leur unique, leur dernière consolation.

Depuis quelques jours, une rumeur selon laquelle son fils serait transféré à Choisy-le-roi, hantait Marie-Antoinette. La pensée de cette séparation, qui parachèverait la première, achevait de lui briser le cœur. En réalité, ce n'était pas Louis XVII qu'on entendait éloigner du Temple, mais elle.

Chapitre XIV

L'ACCOMPLISSEMENT

Tard dans la soirée du 1ᵉʳ août 1793, les municipaux firent de nouveau irruption dans l'appartement des princesses. Élisabeth, qui, en dépit de l'heure tardive, ne s'était pas encore couchée, absorbée par ses prières ou la nécessité de raccommoder les vêtements, maintenant que les fournitures leur étaient comptées, se leva, donna un tour de clef à la chambre de la reine et de sa fille, dit posément :

– Messieurs, je ne vous ouvrirai pas cette porte tant que je n'aurai pas la certitude que ma nièce et ma belle-sœur sont debout et habillées.

Souci de décence inspiré par une crainte très concrète, fondée, que ces hommes, dans leur besoin d'assurer leur domination, fussent capables de violer la veuve, la fille et la sœur du Tyran[1]. Contre cela, Élisabeth, trop souvent objet de plaisanteries obscènes et de sous-entendus salaces, entendait se protéger, et protéger ses proches.

Ce départ de la reine s'inscrivait dans la politique du décret de salut public voté ce jour qui, ayant énoncé des mesures visant à la défense nationale, la sécurité des ports, la confiscation des biens appartenant aux personnes mises hors la loi, s'intéressait ensuite au sort de la famille Capet. Les articles 6 à 11 s'articulaient ainsi :

6 : « Marie-Antoinette est renvoyée au tribunal extraordinaire. Elle sera transférée sur-le-champ à la Conciergerie. »

7 : « Tous les individus de la famille Capet seront déportés hors du territoire de la République, à l'exception des deux enfants de Louis Capet et des personnes de la famille qui sont sous le glaive de la loi[2]. »

8 : « Élisabeth Capet ne pourra être déportée qu'après le jugement de Marie-Antoinette. »

9 : « Les membres de la famille Capet qui sont sous le glaive seront déportés après le jugement s'ils sont absous. »

10 : La dépense des deux enfants de Louis Capet sera réduite à ce qui est nécessaire pour l'entretien et la nourriture de deux individus. »

11 : « Les tombeaux et les mausolées des ci-devant rois, élevés dans l'église de Saint-Denis, et autres lieux dans toute l'étendue de la République, seront détruits le 10 août prochain[3]. »

Il ne fallait surtout pas omettre ce dernier article qui apprenait aux prisonnières que les tombes de leurs proches allaient être profanées, leurs restes jetés à la voierie... La pensée des corps de ses deux enfants exhumés et précipités dans la chaux vive raviverait la peine de la reine, c'était voulu. Élisabeth avait trop la foi pour se laisser entamer par cette considération. Des cadavres étaient des cadavres et rien ni personne n'empêcherait Dieu de les ressusciter, glorifiés et immortels, au dernier jour. Aussi ne s'attacha-t-elle pas à ce détail macabre ; il la frappait moins que la pensée du sanctuaire, parmi les plus vénérés de France, dévasté.

Dans ce fatras, qu'on leur lut précipitamment, Élisabeth dégagea l'essentiel : la reine allait être jugée, la libération des enfants était exclue et elle-même, pour des motifs qu'elle ne cherchait pas à percer, ne serait éventuellement « déportée » qu'après qu'on eut statué sur le sort de sa belle-sœur, et peut-être intenté son propre procès puisque les Capet ne seraient bannis de France que s'ils avaient été au préalable « absous », détournement du vocabulaire religieux au profit de la sacralisation de la république qui lui arracha un sourire de « mépris et de douleur[4] ». Dans ces conditions, puisqu'elles restaient toutes trois condamnées à la prison, la princesse ne voyait aucune raison de les séparer. Elle le dit, « sollicitant du Comité de salut public de lui permettre de partager la nouvelle prison de sa sœur ». Elle se doutait qu'on ne déférerait pas à ce vœu mais estimait nécessaire de l'émettre.

Elle aida Marie-Antoinette à rassembler ses affaires. Les commissaires étaient pressés et ne l'autorisèrent qu'à prendre que le minimum. Elle embrassa sa fille, dit à Élisabeth : « Ma sœur, je vous confie mes enfants », puis, sans se retourner, les yeux secs, sortit pour ne plus revenir. En arrivant devant le guichet de l'horrible Rocher, dont le linteau trop bas obligeait à se baisser, dans une parodie de salut au bonhomme, la reine, qui avait oublié d'incliner la tête, se cogna violemment. Aux municipaux qui lui demandaient si elle s'était fait mal, elle répondit durement :

– Il y a longtemps que rien ne peut plus me faire mal.

On lui avait tout pris. Que pouvait-on lui faire endurer de pire ?

Restée seule à l'étage avec sa nièce qui sanglotait, Élisabeth la prit dans ses bras, et, à son tour, elle qui se refusait à pleurer, fondit en larmes.

Le lendemain, Michonis, de garde au Temple, l'informa qu'il prendrait son service en alternance à la Conciergerie, proposa de se servir de lui afin de faire parvenir des nouvelles à la reine, sous couvert d'apporter les vêtements qu'elle n'avait pas eu le temps d'emballer. L'occasion de se rendre utile, de s'oublier pour les autres soulagea momentanément l'angoisse de la princesse. Aidée de Marie-Thérèse qu'elle cherchait à distraire, Élisabeth emballa, avec le soin qu'elle mettait à la plus humble besogne, chemises, fichus, mouchoirs, robes, bas, bonnets, déshabillés du matin et du soir, chaussures et rubans. Quand elle ouvrirait le paquet, Marie-Antoinette, les larmes aux yeux, s'exclamerait :

– Je reconnais à la manière soignée de tout ceci les attentions et la main de ma pauvre sœur Élisabeth[5].

Le pain des pauvres

Le départ de la reine marqua un nouveau palier dans les restrictions infligées, sous prétexte d'économies, à la sœur et la fille Capet. À compter du 21 septembre 1793, elles furent mises au régime commun des prisons. Les chandelles de suif remplacèrent les bougies de cire, la faïence grossière la porcelaine, les couverts en étain l'argenterie, les draps « d'écurie » le linge de fil. La table suivit. Plus de poisson les jours maigres, ni d'œufs, pour le plaisir de contrarier ces bigotes qui s'obstinaient à respecter l'abstinence catholique. Élisabeth en arriva, certains jours, à ne plus rien manger pour ne point l'enfreindre, mais refusait que sa nièce, qui n'avait pas atteint l'âge prévu par les canons[6], l'imitât. La viande se raréfia, et eût fini par disparaître sans le cuisinier qui prit sur lui de continuer à servir de la volaille. La pâtisserie fut supprimée. Le pain de son remplaça le pain blanc ; il soulevait le cœur, et l'estomac, de Marie-Thérèse qui ne parvenait pas à l'avaler. Élisabeth qui s'y forçait, disait :

– Ma nièce, c'est le pain du pauvre, et nous sommes pauvres... Mais combien d'infortunés en ont moins encore ?

On les avait privées de leur eau minérale, mises à celle de la pompe de ville, puisée à la Seine, qui rendait malades ceux qui n'étaient pas habitués à en boire.

Dans la crainte d'une perquisition qui pouvait survenir à n'importe quel moment, Élisabeth préféra détruire ses crayons et son papier. Elle redoutait de compromettre Turgy qui les lui fournissait ; l'étau se resserrait aussi autour de Toulan, qu'elle suppliait de prendre ses distances, et qui s'y refusait.

Les dernières lignes qu'elle écrivit furent pour demander des nouvelles de Mmes de Sérent, de Bombelles et de l'abbé de Firmont ; pour savoir, aussi, s'il y avait eu « des exécutions de gens connus ». Elle craignait toujours le pire pour les autres, non pour elle. Enfin, elle fit savoir à Turgy qu'elle n'avait « plus rien, que de la noix de galle[7] », qu'elle s'était « défaite de tout à mesure » qu'il le lui donnait, et que l'on pouvait fouiller à l'aise. On ne découvrirait rien. Sauf un rouleau de mille louis d'or, rangé dans un tiroir de la commode de sa chambre, qu'elle dirait avoir reçus de Mme de Lamballe au mois d'août précédent : c'était peu crédible, l'appartement avait été plusieurs fois fouillé sans les découvrir. Cet argent provenait de Jarjayes dont la richesse était inépuisable, pécule constitué en vue de l'évasion manquée. En l'état, Élisabeth ne lui accordait plus aucune valeur. Toute fuite était devenue inenvisageable et si, par miracle, une occasion s'était offerte, elle ne l'eût pas saisie, maintenant qu'elle avait juré à son frère et à sa belle-sœur, qu'elle ne se séparerait jamais des enfants.

Les nouvelles de la Conciergerie se raréfiaient. Grâce à Michonis, Élisabeth parvint une dernière fois à transmettre quelques menus objets à sa belle-sœur, quelques nouvelles, largement imaginaires et faussement rassurantes, de Louis XVII. Elle ne voulait pas que la reine se préoccupât de son fils à l'heure où se jouait son propre sort. Mieux valait lui mentir, lui laisser croire que la situation de l'enfant s'améliorait. Ces pieuses inventions ne serviraient à rien puisque la Commune allait se charger de les démentir, et de la plus épouvantable façon.

Le crime le plus odieux

Le 7 octobre 1793, en début de matinée, on frappa à la porte de l'appartement, ce qui devenait mauvais signe. Les princesses, privées de domestiques, faisaient leur chambre elles-mêmes ; elles venaient de finir et Marie-Thérèse était encore en déshabillé. Sa tante lui fit signe de se vêtir, se plaça devant la porte pour interdire l'accès. La jeune fille présentable, elle ouvrit, s'enquit de ce qu'on leur voulait. On lui répondit que « sa nièce devait descendre tout de suite ». Elle demanda à l'accompagner. Chaumette, procureur de la Commune qui s'était déplacé en personne, s'y opposa. Continuant à feindre un calme qu'elle n'éprouvait guère, Élisabeth demanda si sa nièce « remonterait bientôt ? » Chaumette répondit :

– Elle remontera, citoyenne ! Tu peux compter sur la parole d'un bon républicain !

Cela ne rassura nullement Élisabeth...

L'absence de Marie-Thérèse dura plus de trois heures, ce qui parut interminable à sa tante, rongée d'angoisses. Quand elle revint, atterrée, des traces de larmes sur le visage, on poussa Élisabeth sur le palier à son tour. Pas question de leur laisser l'occasion de se concerter.

Élisabeth fut introduite dans la salle à manger de son frère ; elle n'y était pas revenue depuis le 20 janvier et les représentants de la Commune, Pache, Chaumette, le peintre David, jadis pensionné et protégé par la famille royale qui admirait son talent, aujourd'hui régicide, comptaient sur l'émotion pour déstabiliser leurs victimes. David avait sorti une tabatière et prisait sans se gêner. Grossièreté calculée mais que la princesse apprécia parce qu'elle souffrait d'un rhume de cerveau et n'avait pas obtenu les médicaments qu'elle demandait[8]. À l'avenir, les filles Capet, comme elles le constateraient, devraient se passer de médecins, de remèdes et de tout ce qui était nécessaire à leur santé ou leur hygiène. Dussent-elles en crever, ce qui était bien un peu le but recherché. Leur disparition arrangerait le gouvernement.

Élisabeth, qui avait autrefois souvent rencontré David et l'avait obligé, lui demanda aimablement s'il lui permettait de lui prendre une pincée de son tabac. Il rétorqua :

– Apprenez que vous n'êtes pas faite pour mettre les doigts dans ma tabatière !

Cela valait Simon qui, un jour que Marie-Antoinette, le voyant grippé, proposait un verre de vin, avait répondu : « je ne bois pas avec n'importe qui ». David versa un peu de son tabac dans sa main, le tendit à la princesse, qui lui tourna le dos.

On passa aux choses sérieuses, un interrogatoire qui l'inquiéta dès la première question parce qu'elle montrait la Commune bien renseignée ; quant à la source des renseignements, Élisabeth pensa d'abord aux Tison, s'aperçut vite qu'il existait un autre informateur, plus dangereux à cause de son âge et son incapacité à mesurer la portée de ses paroles : son neveu...

Conscientes des risques que faisait courir à son entourage cet enfant de sept ans bavard et irréfléchi, la reine et sa belle-sœur avaient toujours pris soin d'éloigner Louis Charles quand elles s'entretenaient avec les municipaux. Marie-Thérèse, en ces cas-là, entraînait son frère dans la tour des toilettes et l'y retenait. Ce qu'elles n'avaient pas prévu, c'était que Louis XVII, blessé dans sa vanité enfantine de cette défiance et qui détestait les stations prolongées dans la garde-robe, en voudrait aux gens qui accaparaient l'attention de sa mère et sa tante. Sans mesurer la gravité de son acte, l'enfant, harcelé par Simon, dont il avait peur, et ivre car on lui avait fait ingurgiter quantité de vin et de rhum, raconta des choses qu'il ne comprenait pas, mais que les adultes sauraient remettre dans le bon ordre pour nuire mortellement à sa mère et sa tante. La première question, donc, posée à Élisabeth, avait été :

– Vous souvenez-vous avoir vu Dangé[9] embrasser Charles en le prenant dans ses bras et lui dire : « Je voudrais vous voir à la place de votre père ? »

– Je ne m'en suis pas aperçue.

En fait, elle se souvenait de l'incident, en juin, durant la convalescence de Louis Charles. Ce municipal, en voyant le petit, s'était agenouillé devant lui et avait murmuré, les larmes aux yeux, cette profession de foi royaliste. Il n'était pas le seul qui désirait la restauration de Louis XVII, Élisabeth se souvenait d'un autre municipal qui avait passé toute une soirée, chuchotant à travers le trou de la serrure, à lui confesser la douleur qu'il éprouvait à voir ses princes dans le malheur sans pouvoir les aider. À la fin, il pleurait et il avait fallu qu'elle le réconfortât.

Ce minime incident avait frappé l'enfant, qui avait une excellente mémoire. Après Daugé, son témoignage accablait Toulan et Lepître :

– Vous rappelez-vous une soirée froide où l'on avait enfermé les deux enfants dans une tourelle tandis que vous vous entreteniez avec Toulan et Lepître ?

– Je ne me le rappelle pas.

Oh que si... C'était fin février, et il faisait très froid, quand on fignolait le plan d'évasion déguisés en commissaires et en apprentis de l'allumeur de réverbères. Mais, ce qui importait, c'était de protéger Toulan qui avait recommencé à sonner de la trompe de chasse de l'autre côté de la rue pour lui dire qu'elle n'était pas seule et que leurs amis pensaient aux captives. Il était en danger, comme la troisième question l'attestait :

– Vers quelle époque à peu près Toulan vous a-t-il promis de faire venir des colporteurs aux environs de la tour pour faire crier les nouvelles qui pouvaient vous intéresser ?

Les soupçons se focalisaient sur le malheureux.

– Jamais Toulan, ni aucun autre, ne nous a fait pareille promesse.

C'était vrai. Aucun d'eux n'avait jamais essayé ce moyen de communication. Louis Charles, marqué par les hurlements des crieurs sous la tour annonçant la condamnation de son père, s'il avait compris que ses proches arrivaient à s'informer, n'avait pas saisi comment. Il fallait espérer que cela le décrédibiliserait.

Suivit une série de questions moins brûlantes, ayant trait aux préparatifs de la fuite à Varennes. Élisabeth restait sur ses gardes mais l'attaque suivante la laissa sans voix. Chaumette lui lut une déclaration, extorquée la veille à l'enfant roi fin saoul qu'il avait contresignée d'une main tremblante : le petit garçon racontait que, surpris plusieurs fois par la mère Simon en train de se masturber, « à commettre sur lui des indécences nuisibles à sa santé... » pour employer les termes d'Hébert, il avait avoué « avoir été instruit dans ces habitudes pernicieuses par sa mère et sa tante, que différentes fois, elles s'étaient amusées à lui voir répéter ces pratiques devant elles et que, bien souvent, cela avait eu lieu alors qu'elles le faisaient coucher entre elles. [...] Qu'une fois, sa mère l'avait fait approcher d'elle, qu'il en avait résulté une copulation, et un gonflement à l'un de ses testicules, connu de la citoyenne Simon et pour lequel il porte encore un bandage. Que sa mère lui avait recommandé de n'en jamais parler et que ces actes avaient été répétés plusieurs fois. »

Élisabeth vacille. À la différence de sa nièce, à laquelle on a lu le même tissu d'ignominieuses absurdités et qui, par chance, n'a pas saisi, elle comprend de quoi Louis Charles les a accusées. Elle ne sait ce dont il faut s'épouvanter : de la perversion de ceux qui ont imaginé cette accusation d'inceste, qui en dit plus long sur leurs fantasmes de malades que sur la supposée débauche des Messaline versaillaises ; de la dégradation morale de l'enfant ; du choc ressenti par Marie-Thérèse, à la pureté si protégée, en lisant ces saletés. Comme d'habitude, des conséquences de ce torchon sur son propre sort, et même sa réputation, Élisabeth ne se soucie pas. Qui, parmi ceux qui la connaissent, y prêterait foi ? Personne[10].

Très digne, elle toise les trois hommes et reprenant le grand ton versaillais, inimitable, qui clouera le bec à des dizaines de procureurs improvisés :

– Une pareille infamie est trop au-dessous et trop loin de moi pour y répondre. D'ailleurs, l'enfant a cette habitude depuis longtemps. Il doit se rappeler que sa mère et moi l'en avons grondé plusieurs fois. Quant au reste de cette déclaration, cela ne regarde que moi. Je n'y répondrai pas plus qu'au reste et je crois devoir être, par ma conduite, à l'abri de tout soupçon.

C'est incontestable et c'est cela qui les fait enrager. S'il se trouve des gens prêts à accabler Marie-Antoinette, personne, hormis ce détraqué d'Hébert, n'ose toucher à l'intouchable réputation de la princesse. Même Robespierre, sondé à plusieurs reprises sur l'éventualité d'un procès contre Élisabeth Capet, refuse d'en entendre parler. Chaumette, furieux, s'emporte :

— Baissez un peu le ton ! Vous êtes devant vos magistrats ! Laissez-là vos élégances de cour.

Il ajoute que « Charles » est dans la pièce voisine, prêt à réitérer ses déclarations devant sa tante, comme il l'a déjà fait devant sa sœur. On le fait entrer, asseoir dans l'un des grands fauteuils. Il est si petit que ses pieds ne touchent pas le sol. Le cœur serré, Élisabeth voudrait se précipiter, le serrer dans ses bras, mais l'enfant, avec un aplomb déconcertant, répète comme un perroquet toutes ses déclarations et refuse, l'air sournois, d'en démordre. La princesse se rend-elle compte que son neveu est ivre, car Simon le fait boire toute la journée et il ne faut pas grand chose pour enivrer un enfant de sa taille ? Voit-elle que ce discours lui a été dicté, à partir de quelques faits sans gravité, qu'il s'agisse de sa curiosité « coupable » ou des soins médicaux que la reine et elle lui ont dispensés en juin ? Qu'on l'a forcé à apprendre ce texte odieux par cœur et le réciter avec conviction, sous la menace du ceinturon de Simon ? Que Louis Charles a peur des violences de ses faux éducateurs, et de la colère de sa tante après avoir déjà essuyé celle de sa sœur aînée ? Louis XVII est malade, abruti, terrifié et surtout pitoyable. Elle le sait, mais ne peut retenir un cri indigné en l'entendant répéter, mécaniquement, les mêmes mensonges, tout en soutenant son regard avec des yeux vides qui semblent ne pas la reconnaître.

— Ah le monstre !

Le monstre, ou les monstres ? Est-ce à l'enfant qu'elle s'adresse, ou aux adultes qui ont monté cette comédie sordide ? Marie-Antoinette, à qui on aura répété le cri de sa belle-sœur, lui écrira dans dix jours une lettre d'adieux que les princesses ne liront jamais, la suppliant de « pardonner au pauvre enfant ce qu'il a pu dire et faire sans le comprendre ». Bien sûr. Le coupable, ce n'est pas Louis Charles, enfant battu, enfant martyr. Sa tante le sait.

Elle quitte la pièce sans se retourner, sans imaginer qu'elle ne reverra jamais plus le petit roi. À l'étage, Marie-Thérèse, bouleversée, lui résume son interrogatoire, qui recoupe le sien, assure qu'elle a tout nié en bloc. Évidemment, mais ce n'est pas leur voix que l'on écoutera, le 15 octobre, dans la salle où comparaîtra la reine. Pourtant, le montage frappera de stupeur l'assistance, et quand Marie-Antoinette se retournera vers la salle, les bancs où s'asseyent tricoteuses et poissardes, et s'écriera : « J'en appelle à toutes les mères ! », elle sera dangereusement près de retourner la foule en sa faveur... Le Comité de salut public ne pardonnera pas cette bévue à Hébert ; il la paiera de sa tête à la première occasion, qui ne tardera pas.

Élisabeth n'aura pas connaissance, au printemps suivant, de cette justice immanente, pas plus qu'elle n'apprendra la condamnation et la mort de sa belle-sœur, le 16 octobre. Au retour de son interrogatoire, elle n'y pense même pas. Consternée, elle mesure seulement le mal que leurs geôliers ont fait en deux mois à Louis XVII. Si jamais, par un miracle qu'elle n'ose imaginer, la délivrance venait, l'enfant serait-il encore apte à régner ? Sa dégradation physique et morale n'a-t-elle pas atteint un point de non-retour ? C'est toute la légitimité qu'il incarne qui est atteinte à travers sa frêle personne... Les larmes aux yeux, Élisabeth répète :

– Oh mon Dieu, ils l'ont rendu fou, ils l'ont rendu fou... C'est le pire de tous nos malheurs.

Et pas le dernier... Louis XVII manipulé, abusé, n'a pas fini de déposer contre sa mère que Chaumette et les autres l'obligent à contresigner de nouveaux aveux, cette fois contre sa tante. Quand il est ivre, et en vérité il ne dessaoule plus, le pauvre enfant parle d'abondance, livrant pêle-mêle à ses tortionnaires des souvenirs qu'ils utilisent. Intelligent et vif, Louis Charles a perçu l'ascendant qu'Élisabeth prenait sur la reine, vu que, dans les conversations avec les commissaires, « les complots » comme disent Simon et ses amis, sa tante s'impliquait davantage ; voilà ce qu'il raconte et qui devient, sous la plume de ces hommes décidés à perdre la princesse, symbole de vertus qu'ils exècrent et haute image d'un ordre monarchique qu'ils combattent : « Le petit Capet a dit que sa mère craignait sa tante et que sa tante était celle qui exécutait le mieux les complots ».

L'intention de la perdre était flagrante. On le sentait à l'étranger où Artois, malade d'inquiétude, écrivait à Vaudreuil qu'il « frémissait pour sa sœur ».

La femme à abattre

« Je m'indigne que la sœur de Capet soit encore existante ! » écrivait à un journal parisien un bon bourgeois de province. Refrain entonné à tout bout de champ par Hébert : « Il est mille traits de cette femme atroce qui devraient déjà l'avoir conduite à l'échafaud[11] ! Le résultat de cette intervention du 13 novembre 1793, 23 brumaire de l'an I de la République selon le nouveau calendrier révolutionnaire, ne se ferait pas attendre : le soir même, les Jacobins réclamaient à la Convention « le renvoi de la sœur de notre dernier tyran devant le tribunal révolutionnaire ».

Robespierre, mis ainsi en demeure, répliqua par le mépris. Selon lui, « à qui persuaderait-on que la punition de la méprisable sœur de Capet en imposerait plus à nos ennemis que celle de Capet lui-même et de sa criminelle compagne ? ». Stratégie politique intéressante, qui repousserait de six mois le dénouement, mais peu glorieuse et qui lui serait reprochée par la droite comme par la gauche. En cet hiver 1793-1794, un bruit bizarre, d'ailleurs, se répandit, d'abord dans les cercles proches du Comité de salut public, puis jusqu'à l'armée des Princes : Maximilien « protégeait » la sœur et la fille de Louis XVI avec l'arrière-pensée d'épouser l'une ou l'autre et d'obtenir, grâce à cette union et aux enfants qui en naîtraient, une couronne républicaine légitimée... Cette rumeur revint aux oreilles du comte d'Artois en novembre : « Mes inquiétudes sur ma sœur sont loin de diminuer. [...] Ces infâmes pensent à marier la petite Madame avec un sans-culotte ! Tout ceci est une suite de crimes... »

De son côté, Hébert renchérissait[12] : « Nous aurions pu marier la petite sœur au meilleur bougre des patriotes des 83 départements, et à Robespierre s'il l'eût voulu ! »

Quel crédit attacher à cette folie ? En dépit de ses fiançailles avec la fille de son logeur, le menuisier Duplay, l'Incorruptible n'avait pas la réputation d'aimer les femmes, ni l'amour. On l'imaginait mal rêver de jeter Élisabeth dans son lit, si tant est que cette femme de vingt-neuf ans au caractère trempé se fût prêtée à cette parodie.

Heureusement, les prisonnières ne recevaient aucun écho extérieur. Le 12 octobre, Turgy avait été remercié, prié de quitter le Temple en fonction du décret du 21 septembre qui isolait les princesses et réduisait leurs dépenses. La veille, Élisabeth lui adressait cet ultime billet : « Ménagez-vous pour le temps où nous serons plus heureux et que nous pourrons vous récompenser. J'espère que Dieu auquel vous avez été fidèle vous soutiendra. »

Dans l'esprit de la princesse, conforme aux anciennes façons d'être et de penser, servir Dieu et servir le roi équivalait. Des dizaines de milliers de Français, soulevés « Pour Dieu et le roi », se faisaient tuer en cette fin d'automne 93 parce qu'ils partageaient cette conception de la vie et du pouvoir. Cela aussi, Élisabeth l'ignorait, et qu'ils avaient fixé sur leurs étendards et leurs chemises cet emblème du Sacré-Cœur qu'elle avait tant prié pour le salut de la France et des lys.

Le 6 novembre, un crieur de journaux – nullement appointé par Toulan mais autorisé par la Commune qui oubliait les consignes de silence quand les nouvelles ajoutaient aux tourments de ses captifs – brailla sous les fenêtres du Temple l'exécution du duc d'Orléans. Louis XVI, sa sœur le tenait de sa propre bouche, avait pardonné à leur cousin son vote régicide ; il ne restait qu'à prier pour l'âme du prince égaré et repentant. Élisabeth s'y employa.

L'information la persuada que sa belle-sœur était en vie. Comment supposer que leurs bourreaux eussent résisté au plaisir de leur annoncer la mort de la reine ? C'était méconnaître leur capacité de nuisance : le doute était pire que la certitude. Des mois, les princesses vivraient dans l'espoir des retrouvailles.

Il leur en fallait pour supporter leur quotidien. Leur isolement, maintenant, était complet. Hormis le bois qu'on leur montait et les plats déposés sans mot dire devant la porte, rien ne leur parvenait plus du dehors. Fin novembre, effet du régime carcéral, Élisabeth souffrit d'un furoncle au bras, n'obtint ni médecin ni médicaments. Même le linge n'était plus changé, et, comme elle protestait, on lui répondit qu'elles n'avaient qu'à le laver. On leur donna de l'eau et du savon noir.

Toute sortie avait été interdite, l'accès à la plateforme de la tour fermé. Il convenait de miner leur santé et les pousser vers la tombe. Élisabeth devinait ces calculs et entendait les déjouer. Sa nièce et elle étaient jeunes, en bonne santé, d'un remarquable équilibre psychique et moral, sans quoi elles fussent cent fois devenues folles. Il n'était pas question de se laisser aller.

Levées avec le jour, couchées avec lui, horaire imposé par le refus de leur fournir des bougies, elles s'imposaient une heure de marche forcée de long en large à travers la chambre, faisaient le ménage à grande eau, prenaient des ouvrages de couture, compliqués depuis que l'on avait confisqué à Élisabeth son petit dé en or, un souvenir d'enfance et qu'on ne l'avait pas remplacé.

La princesse astreignait sa nièce à travailler. Elles n'avaient plus de quoi écrire mais avaient encore des livres, qui servaient de base aux leçons. L'important était de ne pas s'abandonner au désespoir.

Ce silence et cette solitude étaient rompus à l'improviste par l'intrusion de gardes nationaux, de préférence ivres, qui venaient fouiller l'appartement, mettaient tout sens dessus dessous pour le plaisir, laissaient les prisonnières debout contre un mur, deux, trois, quatre heures d'affilée, leur soufflaient à la figure leur haleine chargée de vinasse et de tabac, juraient, sacraient, les insultaient. Il arrivait aussi que ceux de garde sur le palier s'amusassent à brailler à pleine voix des chansons obscènes.

Cruauté plus savante, parce qu'elle utilisait Louis XVII afin de faire souffrir celles qui l'aimaient, Simon s'amusait à lui faire chanter le *Ça ira* et *La Carmagnole*, de préférence les couplets qui insultaient sa mère. L'enfant, malade, aviné, obéissait, pour s'épargner les coups, et parce qu'il ne comprenait plus ce qu'il faisait. Un matin qu'à l'étage au dessus, sa sœur et sa tante, occupées à ranger après une perquisition, poussaient les meubles, il s'écria, si haut qu'elles l'entendirent :

– Comment ? ! Ces bougresses-là n'ont donc pas encore été guillotinées ? !

Se souvenait-il d'elles ?

Élisabeth ne voulait pas entendre, incitait Marie-Thérèse à l'imiter. Elles devaient être au-dessus de ces bassesses et ces ignominies. Dieu les y aiderait. La prière continuait à tenir une place prépondérante dans sa vie et elle s'ingéniait à initier sa nièce à cette spiritualité où elle était maîtresse, seule capable d'ouvrir, au-delà des sinistres murs et du présent terrifiant, des perspectives de bonheur, de plénitude et de liberté. Il importait d'en pénétrer la jeune fille, au cas, qui paraissait à Élisabeth de plus en plus envisageable, qu'elle vînt à disparaître et à la laisser seule. Aux avertissements de bon sens, de prudence, de pudeur, aux mises en garde contre les hommes qui les entouraient, elle joignait des exhortations pieuses. Elle n'avait pas eu d'enfant mais faisait de Marie-Thérèse sa fille spirituelle. Cet enseignement, répété, illustré par l'exemple de résignation, de patience et de foi qu'elle donnait, s'inscrirait profondément dans l'âme de Madame Royale :

– Les souffrances de cette vie n'ont aucune proportion avec la gloire future qu'elles nous font mériter. Jésus-Christ n'a-t-il pas marché devant nous chargé de sa croix ? Souvenez-vous, mon enfant, des paroles que votre père vous adressait la veille du jour où, pour la première fois, vous alliez recevoir le sang de l'Agneau. Il vous disait : « la religion est la source du bonheur et notre soutien dans l'adversité. Ne croyez pas que vous en soyez à l'abri. Vous ne savez pas, ma fille, à quoi la Providence vous destine. »

Un autre jour, coupant une mèche de ses cheveux, elle la glissa dans l'enveloppe qui contenait déjà ces reliques du roi et de la reine, dit à Marie-Thérèse en la lui remettant :

– Gardez ces tristes souvenirs[13]. C'est le seul héritage que puissent vous transmettre votre père, votre mère qui vous ont tant aimée, et moi qui vous aime aussi bien tendrement. On m'a enlevé plumes, papier, crayons, je ne puis rien vous léguer par écrit. Du moins, ma chère enfant, retenez bien les consolations que je vous ai données : elles suppléeront aux livres qui vous manquent. Élevez votre âme à Dieu : Il nous éprouve parce qu'Il nous aime, Il nous apprend le néant des grandeurs. Ah mon enfant, Dieu seul est vrai, Dieu seul est grand !

Et cette grandeur-là, qu'insultaient leurs geôliers, demeurait intangible, pour les siècles des siècles.

Depuis le début janvier 1794, les princesses n'entendaient plus Louis XVII crier, jouer et brailler *La Carmagnole* à l'étage en dessous. Ce silence soudain, qui faisait présager un nouveau drame, les troublait. Élisabeth se demandait si l'on n'avait pas transféré son neveu dans une autre prison, écartait l'idée qu'il lui fût arrivé malheur. Là encore, ne se serait-on pas réjoui de le leur dire ? Elle s'entêtait à le croire, et à en persuader Marie-Thérèse. En vérité, pour sa part, elle n'espérait plus rien de ce monde-là. À l'aide d'une point d'aiguille, puisqu'elle n'avait plus de quoi écrire, elle s'occupa, pendant le Carême, à graver dans le mur ces invocations extraites des Litanies des Saints : « *Per Agoniam et Passionem Tua, libera nos, Domine ! Per Mortem et Sepulturam Tuam, libera nos, Domine*[14] *!*

Cette liberté-là était la seule qu'elle revendiquât encore.

Tout le Carême, puisqu'on leur refusait du poisson et des œufs et qu'on leur servait, en guise de plat unique, car on avait encore restreint l'ordinaire des repas, de la viande bouillie, Élisabeth jeûna au pain sec et au café. Elle avait tant maigri que Hébert n'osait plus, dans *le Père Duchesne*, l'appeler « la grosse Babet », et disait « la jeune Babet ». Il disait aussi « la guenon ». Comment il l'appelait n'avait pas d'importance ; son but restait constant : il souhaitait sa mort. Pourquoi ? Un jour, Élisabeth avait dit à Michonis :

– Les hommes de la Révolution ne s'appartiennent pas et ils ignorent où Dieu les mène[15].

Hébert n'était que l'instrument, grimaçant, de la Providence, mais son instrument quand même. « Que m'arrivera-t-il aujourd'hui, ô mon Dieu ? Je n'en sais rien. Tout ce que je sais, c'est qu'il ne m'arrivera rien que Vous n'ayez prévu de toute éternité. Cela me suffit, ô mon Dieu, pour être tranquille. »

Pour cela, la princesse demeurait hors d'atteinte des fureurs et des calomnies déchaînées autour d'elle et qui ne parvenaient pas à la salir, faute de trouver un public. On en était arrivé à raconter qu'elle avait « imité en secret les désordres dont la Cour était le théâtre », que le « Petit Montreuil servait à des rendez-vous qui consultaient moins l'égalité que le plaisir » ; mais l'on ajoutait aussi que « l'on n'avait rien articulé de positif sur ces prétendus rendez-vous ». Et pour cause… Hébert lui prêtait une liaison avec le municipal Manuel, guillotiné en novembre pour le crime, gravissime, de modérantisme. Élisabeth ne lui avait pas adressé trois fois la parole.

À défaut de lui imputer des débauches imaginaires, dernier avatar des délires pornographiques que cette princesse captive, jeune, belle, séduisante, et trop pure, inspiraient, on reprenait une accusation politiquement beaucoup plus grave : elle avait été la conseillère et la complice de son frère et sa belle-sœur dans leurs crimes contre la Nation ; elle avait fait passer ses diamants au comte d'Artois qui les avait vendus afin d'armer des troupes contre les soldats de la liberté.

Conseillère, jamais écoutée, malheureusement, Élisabeth l'avait été. Et ce n'était pas des diamants, mais des liquidités qu'elle avait envoyées à Artois. Cela suffisait à la condamner, si l'on voulait sa mort.

L'arrestation de Hébert, le 14 mars, son exécution le 24, avec ses partisans, accusés d'avoir « corrompu les mœurs du peuple et préparé un changement de gouvernement », en mettant fin à la parution du *Père Duchesne*, eût dû finir la campagne de presse contre la princesse. Ce ne fut pas le cas. La Convention, à travers son Comité de sûreté générale, prit le relais. Non parce qu'elle nourrissait des griefs personnels contre Élisabeth mais parce qu'elle fournissait un prétexte indirect à s'attaquer à Robespierre. Maximilien commençait à faire peur. Les exécutions précipitées des hébertistes en mars, des dantonistes en avril, avaient effrayé les députés : qui seraient les prochains ? Une lutte à mort débutait entre l'Incorruptible et ses futurs tombeurs de Thermidor. Dans cette lutte, Élisabeth ne représentait qu'un pion parmi d'autres. Ils la sacrifieraient sans scrupule. Il y allait de leurs têtes.

Début mai 1794, le Comité de sûreté générale mit à l'ordre du jour le sort de la princesse. Deux fois déjà, en octobre 93 et mars 94, Robespierre avait rejeté de telles motions inspirées par Hébert. Cette troisième fois, s'y opposer devenait risqué. Maximilien se savait attaqué de toutes parts, haï. On cherchait un prétexte pour le perdre. S'il prenait encore la défense de Madame Élisabeth, n'allait-on pas l'accuser, sur sa gauche, de modérantisme, monter en épingle cette fable délirante selon laquelle il aspirait à la royauté, et à la main de la sœur ou la fille de Louis XVI ? Et s'il ne la défendait pas, il serait accusé, sur sa droite, d'avoir immolé une innocente dont la popularité restait forte. Maximilien se débattit quelques jours avec ce dilemme puis, le 9 mai, consentit au procès[16]. Il se dédouana en donnant ce gage, qui ne lui coûtait rien, aux extrémistes. L'aspect moral du problème n'entrait pas en ligne de comptes.

Golgotha

Il fait mauvais, ce 9 mai 1794. Toute la journée, la pluie a tambouriné contre les énormes contrevents. La pénombre a empêché les prisonnières de coudre ou lire. Elles ont prié, leur échappatoire ordinaire. Puis, vers 8 heures le soir, se sont mises au lit. Que faire d'autre dans l'obscurité ?

À 8 heures et demie, des coups frénétiques sont frappés à la porte. De l'autre côté, une voix hurle :

– Ouvrez, citoyennes !

Élisabeth crie :

– Un instant. Laissez-nous passer une robe !

Elle a beau se hâter, Marie-Thérèse aussi, dans la crainte qu'ils entrent sans attendre, on s'impatiente, on les insulte. Elles ont l'habitude. Enfin, elle ouvre. Onze hommes se précipitent :

– Citoyenne, veux-tu bien descendre ?

– Et ma nièce ?

– On s'en occupera plus tard.

Élisabeth regarde l'adolescente, se force à sourire :

– Ne vous inquiétez pas, je vais remonter.

L'un des municipaux rétorque, brusque :

– Non, citoyenne, tu ne remonteras pas. Prends ton bonnet.

Élisabeth ne laisse rien transparaître de l'angoisse qui lui serre le cœur en comprenant qu'elle abandonne sa nièce seule dans ce séjour de cauchemar, au pouvoir de gens qu'elle sait capables de tout. Elle se penche vers la jeune fille, murmure, reprenant le tutoiement qu'elle s'efforce pourtant de ne jamais employer pour ne pas avoir l'air de donner dans le républicanisme ambiant :

— Sois courageuse. Espère toujours en Dieu. Ne manque jamais aux dernières recommandations de tes parents.

L'essentiel résumé en trois courtes phrases. Elle finit posément de nouer son fichu, fixer son bonnet de linon. On la pousse dehors. Elle descend l'escalier, passe devant la porte de l'appartement de son frère, silencieux : qu'est devenu son neveu ? Douze guichets, et à l'un d'entre eux, Rocher, jubilant, qui lui souffle sa bouffée de pipe au visage et ricane parce qu'elle a été obligée « de le saluer en passant devant lui ». Ne pas s'en préoccuper, ne pas laisser ces petitesses troubler sa sérénité intérieure.

Voici la cour, l'air libre, qu'elle n'a pas respiré depuis septembre. Des arbres avec des feuilles, l'odeur de la terre humide, la sensation de la pluie sur son visage... Un fiacre stationne. On l'y fait monter. Stores baissés, évidemment : elle ne verra pas Paris, et s'en moque. Elle a toujours détesté cette ville.

Il faut vingt minutes pour atteindre le palais de justice, se garer dans la cour de Mai. Il pleut toujours à verse. On la fait descendre, entrer au greffe de la Conciergerie. Le gardien s'appelle Richard. C'est un brave homme qui, préposé avec sa femme à la surveillance de Marie-Antoinette, s'est employé autant qu'il était en son pouvoir à lui améliorer l'existence. En se voyant dans la prison où elle sait que la reine a été conduite, Élisabeth a un élan d'espoir :

— Peut-être vais-je revoir ma sœur...

Richard préfère ne pas entendre. Il abandonne le soin de sa nouvelle détenue à sa femme qui la conduit dans une petite chambre, lui propose de la lecture, s'enquiert de ce qu'elle aimerait manger le lendemain au petit déjeuner. Élisabeth a un sourire las :

— Ce que vous voudrez. Toutes choses me sont égales. Savez-vous, Madame, où se trouve ma sœur, Marie-Antoinette ? Dites-le-moi, s'il vous plaît !

Embarrassée, Mme Richard s'enfuit en marmonnant :

— Citoyenne, cela ne te regarde pas.

La princesse veut croire que, comme au Temple, ces gens sont astreints à une consigne de silence et craignent de l'enfreindre. Elle continue de repousser l'idée que la reine ait été exécutée.

Une heure passe. On vient la chercher pour interrogatoire. Dans le bureau, Quentin Fouquier-Tinville, président du tribunal révolutionnaire, l'homme le plus craint et le plus haï de Paris, l'un de ses adjoints, Gabriel Deliège, et un huissier. Quand on lui demande son nom et sa condition, la princesse se redresse :

— Élisabeth de France. La tante de votre roi.

Voilà de quoi les indisposer tout à fait et elle en est ravie. Qu'y a-t-il entre elle et eux ? Les questions fusent : a-t-elle « entretenu des correspondances, des intelligences avec les ennemis intérieurs et extérieurs de la République, notamment avec les frères Capet, et leur a-t-elle fourni de l'argent ? »

Les termes employés lui fournissent l'occasion de biaiser sans mentir, ce qui lui répugne : elle « n'a jamais connu que des amis des Français », puisqu'elle considère que les princes, les émigrés, les royalistes et les puissances étrangères en guerre contre la Révolution sont les amis et les défenseurs de la France. Jamais elle n'a fourni de secours à ses frères ni n'a reçu de leurs nouvelles depuis le mois d'août 1792. Là encore, elle biaise : elle n'a pas fourni directement les secours, ils sont passés par d'autres.

On lui demande si elle a fait passer ses diamants à ses frères, ou les a fait vendre afin que le prix de la vente leur soit remis, si elle n'a pas distrait une partie des parures disparues du garde-meuble en septembre 1792, ces diamants de la Couronne que Danton a donnés à Brunswick contre « la victoire » de Valmy. L'amalgame est perfide, qui confond le bien inaliénable de la Couronne, que le roi prête aux princesses mais dont ni elles ni lui ne peuvent disposer, et les bijoux des cassettes personnelles qui leur appartiennent et dont elles peuvent faire ce qu'elles veulent. Élisabeth nie : elle n'a jamais entendu parler du cambriolage du garde-meubles, ni vendu ses diamants. En fait, Marie-Antoinette les lui a demandés début juin 1791 et les a faits passer avec les siens en Belgique. Justement, on en vient à l'affaire de Varennes : savait-elle l'intention de son frère de sortir de France, et que c'était la raison de son insistance à se rendre à Saint-Cloud en avril 1791 ? La raison de son insistance, c'était de pouvoir faire ses Pâques des mains d'un vrai prêtre mais il ne faut pas le dire. Élisabeth répond que son frère venait d'être malade, que les médecins lui conseillaient un changement d'air. L'avait-elle encouragé à ce départ ? Non.

N'est-ce pas sur sa sollicitation et celle de la reine qu'il a accepté de s'enfuir le 20 juin 1791 ? Il s'agit de démontrer que Louis XVI a été la victime des deux femmes. Puisque l'une l'a payé de sa tête, il est normal que l'autre suive... Élisabeth soutient qu'elle a été tenue dans l'ignorance du projet jusqu'à l'après-midi du 20 juin ; c'est vrai. Savait-elle que son frère voulait sortir de France ? Non, son frère voulait aller à Montmédy. Elle ne parle pas de la reine, qu'elle se refuse à compromettre, et qui avait d'autres vues. Savait-elle qu'un « comité autrichien » se réunissait chez Marie-Antoinette pour y tenir ses conciliabules ?

— J'ai parfaite connaissance qu'il n'y en a jamais eu.

Où était-elle les 28 février 1791, 20 juin et 10 août 1792 ? Aux Tuileries. Qu'a-t-elle fait la nuit du 10 août ? Comme elle répond qu'elle est restée près de son frère, on lui déclare que, possédant ses propres appartements, il est étrange qu'elle ait passé la nuit dans ceux de son frère, sauf à supposer de sombres menées. Il n'y a pas de limites au grotesque. Est-ce que les événements, l'angoisse qu'ils éprouvaient ne justifiaient pas leur désir de rester ensemble face au danger ?

Ne s'est-elle pas rendue cette nuit-là avec Marie-Antoinette dans une salle où se trouvaient des Suisses occupés à faire des cartouches ? Ne les ont-elles pas fait boire, n'ont-elles pas confectionné des cartouches qu'elles mâchonnaient[17] ? L'accusation, délirante, mêle deux fantasmes révolutionnaires : les orgies supposées des Messaline royales qui, après les avoir fait boire, se sont certainement prostituées aux Helvètes pour les inciter au combat et la volonté de provoquer un massacre de patriotes, accusation reprise depuis le 10 août, alors que Louis XVI s'est opposé à ce qu'il fût fait usage des armes. Élisabeth répond :

– Cela n'a pas existé et je n'en ai aucune connaissance.

Les autres insistent, péremptoires, ridicules :

– Les faits sont trop notoires pour ne pas vous rappeler les différentes circonstances relatives à ceux par vous déniés et pour ne pas savoir le motif qui avait déterminé le rassemblement des troupes de tout genre qui se sont retrouvées réunies cette nuit aux Tuileries. Je vous somme à nouveau de déclarer si vous persistez dans vos précédentes dénégations et à nier les motifs de ce rassemblement ?

Quel charabia...

– Je persiste dans mes précédentes dénégations.

– Est-ce vous qui, le 20 juin, avez emmené les enfants ?

– Non, je suis sortie seule.

– Avez-vous un défenseur, ou voulez-vous en nommer un ?

Voilà l'unique concession aux formes de la justice. Encore Fouquier-Tinville a-t-il l'intention, une fois l'avocat nommé, de lui refuser l'accès aux pièces, inexistantes, et de le maintenir dans l'ignorance de la date du procès, qu'il lui présentera comme lointaine alors qu'il a ordre d'en finir avec Élisabeth Capet sous vingt-quatre heures.

Des avocats, Élisabeth en connaît : ceux qui ont défendu son frère. Elle ne sait pas que Malesherbes l'a payé de sa vie, guillotiné voilà quinze jours avec sa femme, ses enfants et ses petits-enfants. D'ailleurs, elle ne le nommerait pas, ni Tronchet, ni De Sèze, afin de ne pas les compromettre plus qu'ils ne le sont déjà.

– Je n'en ai pas.

On commettra donc d'office Maître Chauveau-Lagarde qui, en octobre, a essayé de défendre la reine. En ayant soin de lui interdire la parole, car il a du talent et du courage.

Élisabeth est raccompagnée à sa cellule. Elle se couche, et s'endort.

Le matin du 10 mai 1794 se lève. La pluie a cessé, un rayon de soleil caresse la chambre, et la cour sur laquelle donne l'étroite fenêtre. Un énorme figuier, vieux de quatre siècles, y prend toute la place. Élisabeth le contemple en buvant une tasse de chocolat : il y a si longtemps qu'elle n'a pas vu d'arbres.

Hier soir, dans sa hâte à s'habiller, elle a saisi la première robe qui lui tombait sous la main. Le hasard a voulu que ce ne soit pas l'un des vêtements de deuil qu'elle n'a pas quittés depuis le 21 janvier 93, mais une robe chemise blanche qui l'embellit en la rajeunissant. Ce détail frappera l'assistance, qui la trouvera étrangement radieuse. Ce phénomène n'est pas dû à cette robe immaculée qui concentre la lumière mais à la transformation intérieure en train de s'opérer dans l'âme de la princesse, tandis qu'elle comprend qu'elle va mourir. La certitude de la délivrance, la grâce du martyre la transfigurent.

« On n'allume pas une lampe pour la mettre sous le boisseau »

Au tribunal, en la faisant asseoir tout en haut du banc des prévenus, ses juges accomplissent sans le savoir la parole évangélique : « On n'allume pas une lampe pour la mettre sous le boisseau. Au contraire, on la place sur le lampadaire afin qu'elle éclaire toute la maisonnée. » Toute sa vie, qu'elle a voulu cachée, silencieuse, Élisabeth s'est soustraite aux places d'honneur. Par dérision, ses ennemis la lui octroient, à son dernier jour.

Fouquier-Tinville a préféré céder la présidence à son suppléant, Dumas, rouquin hargneux et malfaisant. Ce n'est pas un scrupule de conscience mais de la prudence : il sait la princesse entourée de l'estime publique, et ne tient pas à être trop impliqué dans la parodie de procès, encore moins dans le verdict de mort qui sera rendu. En revanche, il a pris grand soin à choisir les vingt-trois autres prévenus. Comme l'a dit en ricanant Dumas, lorsqu'ils ont relu ensemble la liste des futurs condamnés :

– Et de quoi se plaindrait-elle, Élisabeth *de France* ? Ne lui avons-nous pas formé aujourd'hui une cour d'aristocrates digne d'elle ? Rien ne l'empêchera de se croire encore dans les salons de Versailles quand elle va se voir au pied de la sainte guillotine entourée de toute sa fidèle noblesse !

Voilà qui a au moins le mérite de la clarté : le verdict est prononcé d'avance, cette parodie de justice une mascarade destinée à la galerie.

En les voyant entrer tour à tour, et s'incliner très bas en la reconnaissant, Élisabeth jugera en effet qu'on l'a mise en bonne, en très bonne compagnie. Il y a là Mme de Montmorin, veuve du ministre assassiné lors des massacres de Septembre, et son fils unique, Calixte, vingt-deux ans ; la marquise de Sénozan, octogénaire, coupable d'être la sœur de Malesherbes ; l'ancien ministre de la Guerre, Loménie de Brienne, sa nièce et ses trois neveux dont l'un, Martial, a prêté serment à la Constitution civile du clergé, ce qui lui a valu un évêché honteux et éphémère ; un prêtre réfractaire, le chanoine de Champbertrand ; la jeune Mme de Sérilly, dont le mari a fait partie d'une précédente « fournée » du Tribunal révolutionnaire ; la marquise de Crussol d'Amboise et la marquise de L'Aigle, Mmes de Rosset et de Rosset-Cercy, un jeune officier, Claude de Cressy. Voilà pour les aristocrates par la naissance. Les autres le sont au sens où l'entend le pouvoir révolutionnaire : hostiles au changement et nostalgiques de l'Ancien Régime. Ce qui explique la présence de Georges Follope, l'ancien commissaire du Temple, ce pharmacien qui avait pris sur lui de livrer aux prisonniers les médicaments qu'on leur refusait ; un bourgeois de vingt et un ans, Letellier, deux jeunes domestiques, Dubois et Lhoste. Cela constitue un remarquable tableau de la vraie France, celle que Dumas et ses comparses souhaitent anéantir.

Maître Chauveau-Lagarde est là, mais par le plus grand des hasards. Commis d'office tard la veille au soir, l'avocat s'est inquiété d'avoir accès au dossier et a demandé à rencontrer sa cliente. Fouquier-Tinville lui a dit qu'il avait le temps et ne lui a accordé ni de consulter l'acte d'accusation ni un entretien avec la princesse. Chauveau-Lagarde, familier des méthodes du personnage, n'a pas cru un mot de ses allégations et s'est précipité au palais de justice à l'heure de l'audience. Pour y découvrir sa cliente sur le banc des accusés, sans conseil. À coup sûr, le tribunal n'aurait pas manqué d'alléguer qu'il ne s'était pas présenté. Si on lui donne la parole, que pourra-t-il dire d'une affaire qu'il ne connaît pas ? Ne reste qu'à écouter la partie adverse, et tenter d'en tirer profit.

Il revient à l'accusateur public d'ouvrir les débats par l'exposé des charges. Lui a eu tout loisir de préparer ses attaques, ce qui n'en rend pas le style moins discutable :

– C'est à la famille Capet que le peuple français doit tous les malheurs sous les poids desquels il a gémi pendant des siècles. […] Les forfaits amoncelés de Capet, de Messaline Antoinette, des frères d'Élisabeth sont trop connus.

Voilà qui est pratique en diable, puisque cela évite de les énumérer…

– Élisabeth a partagé tous ces crimes, elle a coopéré à toutes ces trames, à tous les complots formés par ces infâmes frères, par la scélérate et impudique Antoinette.

Élisabeth, si elle prête l'oreille à ces pompeuses âneries, se rend-elle compte que Dumas ne parvient pas à prononcer le prénom entier de la reine ? Marie ne passe pas. Quand elle disait à ses proches que tout, dans cette affaire, venait du Démon.

Des bribes de phrases l'atteignent sans qu'elle y attache d'importance : « Hordes de conspirateurs, assassins de la patrie, complots de juillet... » C'est ridicule.

– Toute cette chaîne ininterrompue de conspirations pendant quatre ans entiers ont été suivis et secondés de tous les moyens qui étaient au pouvoir d'Élisabeth. »

Les présomptions d'hier soir se sont muées en certitude, malgré ses dénégations. Oui, elle a donné ses diamants à Artois afin « de soudoyer des assassins contre la patrie » ; elle continue d'entretenir avec Provence, « objet de la dérision et du mépris des despotes coalisés chez lesquels il est allé déposer son imbécile et lourde personne la correspondance la plus active » ; c'est « elle qui voulait, par son orgueil et le dédain le plus insultant avilir et humilier les hommes libres qui consacraient leur temps à garder leur tyran ». Oui, elle a mâché des balles la nuit du 10 août, en compagnie de « jeunes personnes que des prêtres fanatiques avaient conduites au château pour cette horrible occupation » et dans l'espoir d'être « témoins de ce carnage nocturne ». On est en plein délire fantasmagorique.

Une seule allégation est vraie : elle a en effet aidé à soigner les gardes nationaux de la section des Filles Saint-Thomas, les derniers fidèles blessés dans une altercation armée avec les fédérés marseillais. Voilà qu'on s'avise de le lui reprocher au même titre que les balles qu'elle aurait mâchonnées pour donner la gangrène aux braves de Marseille... Dumas aurait préféré qu'elle achevât ces traîtres et gardât sa compassion pour « des hommes libres ».

Il y a dans la salle des gens pour écouter d'un air scandalisé ce tissu de mensonges et de sottises. Élisabeth y a renoncé. Elle a compris que ce procès était aussi truqué que celui de son frère, que ces accusations étaient de la même eau que celles des faux témoins, la nuit du vendredi saint, devant Caïphe et le Sanhédrin : « Cet homme a dit qu'il détruirait le Temple et le reconstruirait en trois jours. » « Et Jésus se taisait. » Élisabeth est décidée à en faire autant. Seule attitude digne d'elle, qui achèvera de la conformer à Son Sauveur.

On reprend les questions posées la veille. C'est inutile puisque Dumas a déjà décrété qu'elle mentait :

– L'accusée Élisabeth dont le plan de défense est de nier tout ce qui est à sa charge, aura-t-elle la bonne foi de convenir qu'elle a bercé le petit Capet dans l'espoir de succéder un jour à son père ?

– Je causais familièrement avec cet infortuné qui m'était cher à plus d'un titre et je lui administrais les consolations qui me paraissaient capables de le dédommager de la perte de celui qui lui avait donné le jour.

– C'est convenir en d'autres termes que vous nourrissiez le petit Capet des projets de vengeance que vous et les vôtres n'avez cessé de former contre la Liberté et que vous vous flattiez de relever les morceaux d'un trône brisé en l'inondant du sang des patriotes !

Élisabeth pense-t-elle aux dernières recommandations de son frère à ses enfants : « Promettez-moi de ne jamais songer à venger ma mort » ? Que cet homme aux cheveux roux est donc éloigné de la vérité, et de la Vérité, celle qui rend libre, malgré tous ses semblables et les chaînes qu'ils forgent aux innocents. Elle ne répond pas, ne répondra plus.

Maître Chauveau-Lagarde, lui, n'est pas là pour méditer la passion du Christ et l'imiter mais pour essayer de sauver sa cliente. Il ne sera pas dit, pour l'honneur de sa robe, qu'il n'aura pas tout tenté. Il se lève, à la fureur de Dumas qui pensait qu'il n'aurait pas le cran de plaider. Tout à l'heure, à la sortie de l'audience, il exigera l'arrestation et la mise en accusation immédiates de cet avocat qui n'a pas appris les mérites du silence. Et ne les obtiendra pas. Un fond de légalisme interdit encore à ces juristes de faire trancher la tête de la défense sous prétexte qu'elle a voulu jouer son rôle.

Pâle et superbe, l'avocat prend la parole, sans notes, dans une improvisation complète. Résumant brièvement les dires de la partie adverse, il souligne qu'il s'agit d'un protocole d'accusation, dépourvu de pièces, d'interrogatoires, de témoins.

– Par conséquent, là où il n'existe aucun élément légal de conviction, il ne saurait y avoir de conviction légale ! On ne peut donc opposer à l'auguste accusée que ses réponses aux questions qu'on vient de lui faire puisque c'est dans ces réponses seules que tout le débat consiste. Mais ces réponses elles-mêmes, loin de la condamner, doivent au contraire l'honorer à tous les yeux puisqu'elles ne prouvent rien autre chose que la bonté de son cœur et l'héroïsme de son amitié. [...] Au lieu d'une défense, je n'ai à prononcer qu'une apologie, mais dans l'impossibilité d'en trouver une qui soit digne d'elle, il ne me reste plus qu'une seule observation à faire. C'est que la citoyenne qui a été, à la cour de France, le plus parfait modèle de toutes les vertus, ne peut pas être l'ennemie des Français.

Maître Chauveau-Lagarde se rassied. Ce qu'il vient de dire ne sauvera pas la princesse, mais il fallait, impérativement, que quelqu'un se lève pour prononcer ces mots. Au risque de périr avec « l'Auguste accusée ». Où a-t-il trouvé l'audace de tenir ces propos ? Élisabeth se penche vers lui, émue, murmure quelques mots. Pour le remercier et pour s'inquiéter : elle craint qu'il se soit mis en danger. Il y a de quoi s'émouvoir lorsque Dumas, la face aussi rouge que la tignasse, se dresse en hurlant :

– Vous corrompez la morale publique !

En quoi faisant ? En rappelant les vertus d'une femme que la propagande républicaine a dépeinte sous les traits d'un monstre de corruption et d'hypocrisie[18]. C'est une coupable qui doit quitter, condamnée, le tribunal ; pas une victime innocente auréolée de la gloire du martyre.

C'en est fini. Les vingt-trois autres n'ont été amenés ici que pour « former la cour » de la princesse. On se moque de ce qu'ils ont pu faire ou ne pas faire. Leurs noms, leur condition suffisent à les perdre.

Les quinze jurés, triés sur le volet, des purissimes, sont venus voter la mort, comme tous les jours. Sans se poser de questions. Ils font confiance à la justice républicaine qui ne saurait déférer devant eux que de grands coupables. Et, comme ces gens représentent ce qu'ils ont pris en haine, les faire éternuer dans le panier ne leur cause aucun pincement de conscience. Ce soir, ils se mettront à table avec le doux sentiment du devoir accompli et dormiront du sommeil du juste.

Sans aucune surprise, Élisabeth Capet et ses vingt-trois coinculpés sont condamnés à la peine capitale. Elle n'a pas bronché. Fouquier-Tinville glisse à Dumas :

– Il faut avouer qu'elle n'a pas eu une plainte...

Dépit, ou admiration ?

Cette horrible comédie a paru très longue aux prévenus. En fait, elle n'a pas duré plus de trois ou quatre heures, ce qui, eu égard au nombre d'accusés et à la gravité de la condamnation, est scandaleusement bref. On raccompagne les condamnés vers la Conciergerie voisine. Dans les couloirs et les cours, des badauds, habitués du spectacle, sont venus s'amuser. Élisabeth ignore qu'il s'y trouve aussi des proches essayant d'apercevoir une dernière fois un être aimé, et des prêtres réfractaires qui, au tribunal, dans la prison, sur le chemin de l'échafaud, donnent l'absolution aux agonisants. Si elle le savait, elle ne se risquerait pas à réclamer l'assistance d'un prêtre. Fouquier-Tinville grommelle quand on lui répercute la demande :

– Allons, elle peut bien mourir sans la bénédiction d'un capucin !

La seule excuse de l'accusateur est de vivre dans une peur panique. Il tremble devant le Comité de salut public, qui, s'il ne se montre pas zélé à exécuter ses ordres, et ceux qu'il lui envoie, pourrait l'expédier les rejoindre ; et dans l'obsession du vengeur masqué capable de surgir de l'ombre et lui plonger un poignard dans le cœur.

Des prêtres, il s'en trouve deux dans la fournée : Martial de Loménie, évêque constitutionnel de Sens, mais c'est un « Intrus » et, même si *in articulo mortis* ses sacrements retrouvent leur validité, Élisabeth ne peut, pour l'exemple et par constance envers sa ligne de conduite, s'adresser à lui. Peut-être se tourne-t-elle vers le chanoine de Champbertrand, qui donnera l'absolution à plusieurs de leurs compagnons d'infortune. À moins que l'un des aumôniers clandestins, l'abbé Magnin, ait réussi à s'introduire auprès d'eux et confesser la princesse.

Élisabeth réclame du papier et un crayon. Comme on lui demande quel usage elle veut en faire, elle répond que c'est pour « écrire à sa sœur ». Un silence médusé saisit les autres. Enfin, Mme de Crussol d'Amboise dit :

– Madame, je vois que vous ignorez que Sa Majesté la reine a subi le sort que nous allons subir à notre tour[19].

Depuis de ce matin, Élisabeth s'en doutait. Si elle accuse le choc, c'est en pensant à Marie-Thérèse qui espère tant le retour de sa mère. Elle ne pense qu'aux autres.

Tout à l'heure, Mme de Sérilly a été prise d'un malaise. Élisabeth a trop souvent vu ses amies en proie à ces symptômes pour s'y tromper. Plusieurs femmes ont eu le même sentiment et entourent la jeune veuve, lui demandent si elle a des raisons de se croire enceinte. Pas des raisons, des certitudes, mais Mme de Sérilly veut mourir, tout de suite, aller retrouver son mari adoré sans qui elle n'a plus envie de vivre.

– À quoi bon, à quoi bon, sans lui ? répète-t-elle.

Élisabeth s'approche, lui parle de ses devoirs d'état. Cet enfant que Dieu lui a fait la grâce de lui accorder, qui continuera l'homme qu'elle pleure, elle se doit à lui, elle a l'obligation de vivre pour qu'il vive et reçoive le baptême. Elle exige que Mme de Sérilly fasse devant elle une déclaration de grossesse. La jeune femme obtempère. On la renverra à la prison subir des examens. La chute de Robespierre la sauvera.

Pour une qui voulait périr et qu'Élisabeth arrache à l'échafaud, dix autres sont en pleine révolte face à une mort injuste. Loménie, qui correspondait avec Voltaire, a reçu Rousseau, croyait aux Lumières et s'est appliqué à en faire bénéficier ses gens, ne peut admettre ce qui lui arrive. Il est scandalisé et le crie. Élisabeth lui dit :

– Monsieur, s'il est beau, comme vous l'avez fait, de mériter l'estime de vos concitoyens, il est encore plus beau, croyez-moi, de mériter la clémence de Dieu. Vous avez montré comment faire le bien, vous montrerez comment on meurt quand on a la conscience en paix.

Depuis combien d'années personne n'avait-il tenu un tel discours à l'ami des philosophes ? Loménie se calme, s'absorbe dans ses pensées.

La princesse va de l'un à l'autre, dit quelques mots à chacun. L'une des dames, pourtant, est au-delà des consolations : Mme de Montmorin qui sanglote. Non sur elle mais sur l'injustice qui condamne son fils unique. Elle veut bien mourir, mais pas son Calixte ! Gêné, le lieutenant de Montmorin ne sait plus quoi faire pour apaiser sa mère et l'empêcher de les donner tous deux en spectacle. Élisabeth connaît bien Mme de Montmorin, des dames de sa tante Sophie, et qu'elle a souvent revue aux Tuileries. Elle passe un bras autour de ses épaules, lui dit :

– Comment, madame ? Vous qui aimez tant votre fils... Vous allez tout à l'heure trouver les félicités du Ciel et vous voulez qu'il demeure seul sur cette terre où il n'y a aujourd'hui que tourments et douleurs ?

Ces paroles produisent un effet immédiat sur Mme de Montmorin qui, ses larmes taries, serre son fils contre elle à l'étouffer et s'écrie :

– Viens, mon enfant, viens ! Oui, nous monterons ensemble !

Un bref instant a suffi à la princesse pour se faire une idée de l'état spirituel de ceux qui l'entourent, constater que certains ne sont pas prêts à comparaître devant Dieu, et quelques-uns, dont Martial de Brienne, excommunié *de facto* à cause du serment schismatique, en rupture ouverte avec l'Église. Que leur dire alors qu'il n'est plus temps de faire pénitence ? Pour ceux-là, sa présence est une chance. Dans une époque plus portée à parler de la sévérité de la justice divine et brandir la menace des feux de l'enfer qu'à prêcher l'espérance et l'abandon à la bonté divine, Élisabeth fait exception. Toute sa courte vie, elle a enseigné la confiance en Dieu, diffusé la dévotion au Sacré-Cœur, cru qu'un retour sur soi-même, un repentir profond, fût-ce au dernier instant, sauvaient tout. Même le pire des pécheurs, le plus grand coupable n'a rien à redouter s'il trouve assez de courage pour se jeter, repentant, dans la fournaise d'amour du Cœur du Christ, qui consumera ses fautes. Cette certitude, il lui reste quelques minutes pour la faire partager aux bons catholiques que leur dévotion craintive fait trembler à la pensée du Jugement, aux tièdes, aux philosophes, aux athées. Elle n'a peut-être vécu que pour se trouver là, près de ces gens, au moment crucial, et entraîner avec elle ces âmes qui lui sont données à l'heure de la mort.

Ils n'ont plus le temps de rien dire, rien faire, mais, pour expier, il leur reste l'offrande de cette mort injuste, parfois prématurée, profondément cruelle. Puisque aucune intervention humaine ne les sauvera, qu'ils l'offrent de tout cœur ; qu'ils fassent de leur supplice un acte d'amour et de réparation ; qu'ils partent dans une parfaite union au Christ qui leur ouvrira grands les célestes parvis. Elle le leur dit, en quelques mots simples, susceptibles de les toucher tous, les endurcis et les fervents, les intellectuels et les simples :

– Voyez-vous, mes chers amis, il faut nous réjouir. On n'exige même pas de nous, comme des anciens martyrs, le sacrifice de nos croyances. On ne nous demande que l'abandon de notre misérable vie. Faisons avec résignation ce faible sacrifice à Dieu[20].

Il y a quatre ans, elle disait en plaisantant à ses amis qu'elle n'avait pas « de goût pour ce genre de mort », et c'est celle que Dieu lui réservait. En fait, elle ne redoutait pas tant le martyre que sa propre faiblesse. Elle craignait de préférer cette existence passagère, à chaque instant exposée à finir, aux joies du Ciel. Voilà que, dans Sa bonté, Dieu ne l'a pas confrontée à ce choix. Il lui est demandé de périr, ce qui serait arrivé un jour ou l'autre, pas de choisir entre la vie et la fidélité. En cela, elle considère qu'elle ne peut se regarder, au sens strict du terme, comme une martyre : nul n'a explicitement déclaré qu'elle périssait en haine de la foi. Cela ne lui interdit pas de faire de son trépas un sacrifice parfait « et d'agréable odeur », pour le salut de la France, et pour une autre âme à laquelle, en ce jour, elle pense. Ce 10 mai 1794 marque le vingtième anniversaire du décès de Louis XV. Élisabeth n'a jamais douté que son grand-père, malgré sa vie débauchée, ait été sauvé pour son repentir des derniers jours et sa foi sincère. Elle ne doute pas non plus d'obtenir dans quelques instants sa délivrance du Purgatoire, si les prières de sa tante Louise n'y ont déjà pourvu. Si elle osait, elle penserait qu'en dépit des apparences contraires, Dieu la comble. À vues humaines, qui le croirait ?

Le sang de France

Mais voici Sanson, le bourreau, et ses aides. Dans la bousculade qui accompagne leur arrivée, quelqu'un s'approche d'Élisabeth, lui glisse trois mots à l'oreille : quand la charrette sortira de la cour de la Conciergerie, qu'elle tourne les yeux vers les mansardes de l'immeuble en face de la prison. Il y aura un prêtre à la fenêtre qui donnera l'absolution *in articulo mortis*. Ce prêtre est l'un de ces « aumôniers de la guillotine » dont la princesse ignorait ce matin encore l'existence. L'abbé de

Sambucy est jeune et s'expose sans compter pour le salut des âmes. Avec plusieurs de ses confrères, il s'est fait embaucher comme « ouvrier tourneur » chez une patronne catholique du quartier, Mme Bergeron, qui tient atelier et boutique de quincaillerie 27, rue de la Barillerie, en face de la Conciergerie. Toutes les charrettes de l'échafaud passent devant sa porte, et ses prétendus ouvriers se relaient pour absoudre. En général, ils ne peuvent prévenir les condamnés mais, pour Élisabeth dont la réputation de piété, voire de sainteté, est grande, l'abbé de Sambucy a pris le risque d'avertir, lui apportant la plus précieuse des consolations.

Avant de couper les cheveux des condamnés et échancrer les cols de leurs vêtements, dans le louable souci de ne pas émousser le couperet de la guillotine, les commis de Sanson procèdent à une dernière fouille. Sur Élisabeth, pourtant priée la veille au soir au Temple de vider ses poches, ou découvre son sceau à cacheter, un médaillon contenant une mèche de cheveux de Louis XVI, une médaille représentant l'Immaculée Conception, et une petite croix en or dans un médaillon. On lui confisque le tout, elle ne proteste pas. La médaille « de la ci-devant vierge » comme l'écrira un greffier à la théologie chancelante était un souvenir de sa mère... Mais qu'importe !

En dégageant la nuque d'Élisabeth, le commis taille trop large la robe, découvre le haut des seins. La princesse laisse échapper son unique protestation :

– Monsieur, au nom de votre mère, couvrez-moi !

Sanson, qui aime de moins en moins son métier, rattache le fichu de la jeune fille. Il fixe aussi un foulard blanc sur sa tête, comme sur celles des autres femmes, pour leur épargner la honte de se montrer tondues[21].

À 4 heures de l'après-midi, les charrettes se rangent devant le perron. Elles sont équipées de ridelles, parfois de chaises, pour faire asseoir les condamnés. Sanson conduit Élisabeth vers la première voiture, l'aide à monter à l'avant, fait monter les deux femmes les plus âgées et les mieux nées de la fournée,

Mmes de Sénozan et de Crussol d'Amboise, puis grimpe derrière elles. Ses aides hissent les autres dans les véhicules qui suivent, les grilles de la cour s'ouvrent, le cortège s'engage sur le quai. En sortant de la Conciergerie, Élisabeth et ses compagnes, qu'elle a prévenues, voient l'abbé de Sambucy à la fenêtre du dernier étage, et, faute, les mains liées dans le dos, de pouvoir se signer, inclinent très bas la tête tandis qu'il trace sur elles le signe de la croix en prononçant les paroles de l'absolution.

Deux kilomètres à peine séparent la Conciergerie de la ci-devant place Louis XV devenue place de la Révolution[22], mais le passage des charrettes de la guillotine attire les foules, et les badauds achèvent d'encombrer des rues étroites et biscornues où les attelages avancent au pas. Et puis, c'est le jeu de faire durer le plaisir : pour la distraction des bons patriotes et l'effroi des opposants. Il va falloir une heure et demie pour franchir le pont au Change, remonter le quai de la Mégisserie, prendre les rues de la Monnaie, du Roule, « Honoré ».

Tandis qu'on approche du but, l'atmosphère change. Au départ, il s'agissait de gens occupés à leurs besognes quotidiennes qui, par prudence, ont appris à cacher le dégoût, la pitié ou l'horreur que leur inspirent ces convois de la mort. En haut de la rue Saint-Honoré et au pied de la guillotine siègent les véritables amateurs, venus voir mourir et se réjouir du spectacle. Ceux-là, pour mettre de l'ambiance, hurlent, insultent, menacent, avec de telles expressions de haine que Mme de Sénozan en défaille. Élisabeth se penche, lui dit :

— Du courage, madame ! Songez que nous serons bientôt avec nos familles dans le sein de Dieu.

Jusqu'à l'échafaud, elle ne cessera plus de parler à ses deux compagnes et de les soutenir. Occupée à cette charitable tâche, elle ne prête pas attention à ce qui l'entoure, ne voit rien, ne reconnaît personne. Si elle scrutait la foule, Élisabeth verrait le commissaire municipal Moëlle, qui faisait partie de son réseau et qui, en la reconnaissant, a décidé de lui faire escorte ; puis,

deux jeunes femmes de ses relations, Mmes du Quesnoy et Beugnot, qui plongent dans une révérence et crient :
– Bénissez-nous, madame[23] !

Preuve que, sur une partie du trajet, les Parisiens ne sont pas partisans du divertissement, personne ne les agresse. Élisabeth ne les entend pas, ne les voit pas. À la hauteur de l'église Saint-Roch, fermée au culte, le tumulte et les cris de haine augmentent. Un homme très beau, très séduisant, débouche d'une rue transversale à l'instant où la voiture arrive. Soudain blême, il s'adosse à un mur pour éviter de tomber. C'est le docteur Dassy que le hasard a mis sur le chemin de celle qu'il a tant aimée, que l'on conduit à l'échafaud. Élisabeth ne l'a pas vu, et cela vaut mieux. Dassy aura été son amour secret, impossible, qu'elle a éloigné pour éviter d'entretenir des nostalgies absurdes et des rêveries sans espoir. Elle l'a écarté, poussé à se marier, à l'oublier. Il lui a obéi. Le découvrir là, en cette minute, ne serait pas une consolation, seulement le rappel douloureux de ce qui aurait pu être si elle n'avait pas été la sœur du roi de France et lui un pauvre médecin roturier. N'en déplaise à ceux qui glosent sur les orgies mystérieuses du Petit Montreuil, jamais elle n'a même songé à faillir à son devoir. Déjà, la voiture est passée, l'entraînant vers le couperet. Elle ne verra pas non plus Dassy glisser au sol, victime d'un malaise, le cœur littéralement brisé. Quand des voisins le ramèneront chez lui, il dira à sa femme :

– J'ai reçu le coup de la mort. Je viens de voir un Ange conduit à l'échafaud.

L'Ange... le nom de code dont Vaudreuil et lui désignaient leur princesse bien-aimée au sein de leur réseau. On prétend qu'on ne meurt pas d'amour ni de chagrin. Le docteur Dassy prouvera le contraire. Il ne survivra pas à celle qu'il a adorée en silence[24].

Voici la place de la Révolution, noire de monde, comme chaque jour à cette heure-ci. Les voitures se garent au pied de l'échafaud. Sanson détache les condamnés, propose son aide à la princesse pour descendre de la charrette. Elle refuse, comme elle a refusé tout à l'heure qu'il lui remette son foulard qui avait glissé ; la voyant tête nue, les autres femmes se sont débarrassées du leur pour ne pas rester couvertes devant elle[25]. Ce n'est pas de la répugnance vis-à-vis du bourreau de Paris, qui exerce son métier en y mettant toute l'humanité possible, mais le refus de laisser un homme porter la main sur elle.

Attention inusitée, prise de son propre chef, Sanson a fait installer une banquette au pied de l'échafaud, lui tournant le dos, pour permettre aux condamnés, et surtout à la princesse, de s'asseoir. On lui a donné l'ordre d'expédier les vingt-trois autres en priorité et de finir avec elle. Pure cruauté, doublée de l'espoir qu'elle flanchera[26]. En prenant place sur la banquette, « au milieu de sa cour », Élisabeth dit :

– Nous allons tous, dans quelques minutes, nous retrouver au Ciel.

Tous, cela inclut, comme une promesse, Loménie de Brienne, l'ami de Diderot et de la philosophie, si mal récompensé de ses ferveurs, et l'abbé de Loménie, le jureur excommunié. De ces deux-là aussi, elle a pris les péchés sur elle.

La première appelée est Mme de Crussol d'Amboise. Elle se lève, esquisse, l'exercice est malaisé, à soixante-quatre ans, les mains attachés dans le dos… une révérence, demande à la princesse la permission de l'embrasser :

– Très volontiers, madame, et de tout mon cœur !

Toutes les femmes du groupe l'imiteront, les hommes se contentant de s'incliner, très bas. La scène suscite l'ire d'un sans-culotte qui braille :

– Allons, ils peuvent bien lui faire des salamalecs ! Elle est foutue, la bougresse, tout comme l'Autrichienne !

Le propos ne suscite pas l'adhésion espérée, la foule, tout à l'heure hargneuse et bruyante, est devenue bizarrement silencieuse.

À chaque nom appelé, c'est le même rituel : la victime se lève, salue la princesse, monte, avec ou sans l'aide des commis, l'escalier très raide de la machine. Samson maîtrise à la perfection la technique. Entre l'appel et la chute du couperet, il ne s'écoule pas deux minutes. Mais deux minutes multipliées par vingt-trois font trois quarts d'heure… En de telles circonstances, c'est épouvantablement long, épouvantablement éprouvant, même pour les plus braves.

Élisabeth ne compte pas les minutes qui la séparent encore de l'éternité. Elle est déjà Ailleurs. Sereine, rayonnante. À celui qui se lève, elle répète :

– Courage ! Et foi en la miséricorde de Dieu…

Elle a entamé la récitation à haute voix du *De profundis,* que ses compagnons reprennent avec elle. En chœur, mais un chœur qui va diminuant.

À chaque fois que le couperet s'abat, un roulement de tambour donne le signal, on hurle « Vive la République ! ». C'en est trop pour Calixte de Montmorin et Claude de Cressy. À vingt ans, les convictions politiques l'emportent sur la piété. Ils répliquent : « Vive le Roi ! » Jean-Baptiste Dubois, le jeune domestique coupable d'attachement à ses maîtres, vient de se trouver une raison de mourir. Il les imite. Élisabeth ne juge pas utile de les reprendre. Comment pourrait-elle leur reprocher leur attachement, qui les tue, au principe qu'elle incarne ? Et puis, Dieu et le roi, n'est-ce pas la même cause ?

À la fin, il ne reste plus qu'elle, et le chanoine de Champbertrand. Vient le tour du prêtre, ils se sourient, se murmurent quelques mots. Elle est seule.

La voix hurle une dernière fois :

– Élisabeth Capet !

Ils ne lui auront même pas permis de mourir sous son vrai nom. Et c'est sans importance. Qu'il leur convienne ou non, elle est Élisabeth de France, petite-fille, sœur et tante de leurs Rois. Elle s'avance, impassible, vers l'estrade, monte les marches. La pluie a cessé, il fait un temps splendide. La Seine brille sous un soleil neuf, aux Tuileries en face, tous les marronniers sont en fleurs.

Élisabeth a atteint la plateforme, rouge et gluante de sang dans lequel elle est obligée de marcher. Torses nus, Sanson et ses aides en sont largement éclaboussés, eux aussi : les retombées du « soleil » comme ils appellent l'énorme giclée pourpre jaillie des gorges tranchées.

Encore quelques secondes, et le sang de la princesse se mêle à celui des autres. Le Sang de France et le sang de France. L'holocauste est accompli.

Dans un silence absolu. Le roulement de tambour qui salue la chute du couperet n'a pas résonné. L'officier de la garde nationale chargé de commander le détachement, le capitaine Macé, s'est évanoui. Jadis de service aux Tuileries, puis au Temple, il connaissait Élisabeth, s'était efforcé de lui être obligeant en toutes occasions. C'est pourquoi on l'avait réquisitionné aujourd'hui. Histoire de lui apprendre comment finissent les tyrans, et ceux qui les servent[27]. Pas de roulements de tambour, pas de cris. La foule est moutonnière, elle a besoin de meneurs. Plusieurs femmes, de celles que l'on surnomme les « lécheuses de guillotine », paraissent saisies de panique et s'enfuient sans demander leur reste. Est-ce à cause du parfum de roses qui, à la seconde où est tombée la tête de la princesse, s'est répandu sur la place et y flotte, couvrant la puanteur ordinaire du sang en train de cailler sous le soleil ? Certains témoins le jureront[28].

Ce qui est sûr, c'est que l'ambiance n'y est plus. La foule se disperse rapidement, sans commenter la fournée du jour ni l'attitude des suppliciés ; Sanson et ses aides ont l'air soulagé d'abandonner les cadavres, entassés au fur et à mesure dans deux paniers d'osier, l'un recevant les corps, l'autre les têtes. Les dépouilles y ont été balancées sans précaution ni respect. Dans une société qui prône l'athéisme et souhaite faire inscrire, sur la suggestion du député Fouché, à l'entrée des cimetières, « La mort est un sommeil éternel », les restes humains ont perdu leur sacralité de temples du Saint-Esprit, promis par le baptême à la Résurrection, pour redevenir des charognes. Les fossoyeurs sont pressés de s'en débarrasser. Il est tard, et il fait chaud.

L'Enclos du Christ

Voilà encore quelques semaines, les cadavres étaient portés au cimetière de la Madeleine, où ont été enterrés Louis XVI et Marie-Antoinette. Mais, depuis le mois de mars, le rythme des condamnations prononcées par le Tribunal révolutionnaire s'est tellement accru que le cimetière a débordé et qu'il faut maintenant emporter les suppliciés au-delà de la folie Monceau du feu duc d'Orléans. Là, près de la barrière, en haut du petit chemin des Errancis, se situait un jardin, dit l'Enclos du Christ, à cause d'un calvaire miraculeux où les Parisiens aimaient aller en pèlerinage. Au mois de janvier, en pleine campagne de déchristianisation, le calvaire a été démoli, le terrain confisqué, puis transformé en cimetière[29]. C'est là qu'on a jeté les dépouilles de Hébert et ses amis « les exagérés », puis les dantonistes, puis les victimes du prétendu complot des prisons qui a permis de soulager l'insupportable surpopulation carcérale et de se débarrasser au passage de deux encombrantes innocentes, Lucile Desmoulins et Françoise Hébert, veuves du « cher Camille » lâché par son ami Robespierre, et du père Duchesne. Des dizaines d'autres ont suivi, dont la famille Malesherbes, assassinée sur trois générations. C'est là qu'on va jeter les vingt-trois nouvelles victimes, et Madame Élisabeth. Le fossoyeur Joly a préparé une tranchée longue de quinze pieds[30] et beaucoup plus profonde car il faut pouvoir y enfouir, en les superposant, plusieurs couches de cadavres. Avant d'y placer les corps, les fossoyeurs doivent les déshabiller, les vêtements des suppliciés étant offerts aux hospices parisiens qui, depuis que l'Église ne pourvoit plus à leurs nécessités, se contentent de peu. Besogne désagréable dont ces hommes s'acquittent en plaisantant pour se donner du cœur à l'ouvrage, et en faisant des commentaires douteux sur ces anatomies dénudées. La blague suprême consiste à mélanger les cadavres des deux sexes dans des poses suggestives, puis à placer, au petit bonheur la chance, les têtes entre les cuisses, sans se soucier de rendre à chacun la sienne...

Dans vingt ans, Joly, très embarrassé, se gardera de raconter ces détails scabreux aux enquêteurs diligentés par Sa Majesté Louis XVIII dans l'espoir de retrouver la dépouille de sa jeune sœur et la faire inhumer à Saint-Denis. Il dira, avec toutes les circonlocutions imaginables, « avoir placé Madame Élisabeth tout au fond de la fosse, près du mur, entre deux corps de sexe masculin, couchée face contre terre ». Quant à la tête, il éludera, affirmant pudiquement « ne pas se souvenir[31] ».

Pour l'heure, et comme tous les soirs, les drôles s'amusent à palper ces chairs de femmes encore tièdes, à les accoupler, les jeunes avec les vieux, les vieilles avec les jeunes. Distraction pas très avouable. Pour être tranquilles, ils ont fermé la porte de l'enclos.

De l'autre côté, à genoux dans le soir qui tombait, l'abbé de Sambucy récitait l'absoute des morts...

NOTES

Notes du chapitre premier, p. 11

1. Marie Zéphyrine, un petit duc d'Aquitaine, et, en 1761, l'héritier, Louis Joseph, duc de Bourgogne, emporté à neuf ans par la tuberculose.
2. Ordre de dévotion fondé en 1668 par Éléonore d'Autriche, épouse de l'empereur Léopold Ier.
3. La patronne de la fillette est Élisabeth de Hongrie, princesse de Thuringe morte à vingt-quatre ans, qui, après son veuvage, endura de sa belle-famille des avanies qui la réduisirent avec ses enfants à la misère.
4. Comtesse Diane de Polignac, *Souvenirs*, manuscrit, BNF, cote 8 LK 7 37, 309.
5. Horace Walpole.
6. Elle mourut le 13 mars 1767.
7. L'archiduchesse Josépha d'Autriche.
8. Marie.
9. Prononcez Babette.
10. Elle est née le 24 février 1762.
11. Témoignage accordé par Angélique de Mackau, marquise de Bombelles, au comte Ferrand en 1795 en vue de la publication de son *Éloge historique de Madame Élisabeth de France*, Paris, 1814.
12. Goldoni, *Mémoires*, Paris, Mercure de France, « Le temps retrouvé », 2003.
13. 1758-1824.
14. Marie-Antoinette, Louis XVI et la famille royale, journal anecdotique tiré des « Mémoires secrets pour servir à l'histoire de la république des lettres », mars 1763-février 1782, Paris, 1866.
15. Qu'il ne faut pas confondre avec « la grande vérole », la syphilis, mais les chansonniers ne manquèrent pas d'en plaisanter : « la vérole par un bienfait a mis Louis XV en terre. En dix jours la petite a fait ce que

pendant vingt ans la grande n'a pu faire ! » et le curé de Versailles de renchérir : « La petite vérole ? Mais, chez les grands, rien n'est petit ! »
16. Probablement la varicelle.

Notes du chapitre II, p. 37

1. En France, la reine n'était jamais sacrée, ni systématiquement couronnée. Marie-Antoinette assista aux cérémonies de Reims en spectatrice, non en actrice.
2. Le déjeuner.
3. Ses filles Marie-Josèphe et Marie-Thérèse, comtesses de Provence et d'Artois.
4. Félix Sébastien Feuillet de Conches, *Louis XVI, Marie-Antoinette et Madame Élisabeth. Lettres et documents inédits*, Paris, Plon, 1864.
5. Titre porté par l'héritier de la couronne de Portugal.
6. Bachaumont, *Mémoires secrets pour servir à l'histoire de la république des lettres en France de 1762 à nos jours*, Paris, 1777-1789.
7. Archives des Yvelines, E 435.
8. 26 avril et 1er mai 1777.
9. Titre palatin qui n'a pas la valeur d'un titre français.
10. Qu'il ne faut pas confondre avec la commune homonyme de la banlieue parisienne.
11. Pour romanesque qu'elle paraisse, l'anecdote, rapportée par son tailleur, Bousquet, semble authentique et avoir marqué Élisabeth.

Notes du chapitre III, p. 59

1. Il ne s'attardera pas dans la place, qu'il troquera contre l'ambassade de France à Londres.
2. Mmes et Mlles de Cimery, de Lau, de Saint-Gand, Poirier de Saint-Brice, de Roube, du Prat, Malivoire, Cagny, Bénard, Pernot, Tergat, Navarre, Blarenberghe.
3. *Almanach royal* de 1779.
4. Lettre de Mme de Bombelles à son mari, 14 mai 1778. Toutes les lettres échangées entre les époux Bombelles proviennent de : Marc et Angélique de Bombelles, *Lettres intimes, 1772-1782. Que je suis heureuse d'être ta femme*, Paris, Tallandier, « La bibliothèque d'Évelyne Lever », 2009. Nous ne le mentionnons plus.

5. *Ibid.*, 25 avril 1778.
6. Élisabeth, incapable de rancune, enverra dès le 20 mai une lettre à la princesse de Guéméné. Archives nationales, 273 AP 8.
7. Lettre de Mme de Bombelles à son mari, 19 juin 1778.
8. Élisabeth confiera souvent à ses proches qu'elle aimait surtout Versailles.
9. Bachaumont, *op. cit.*, 30 juin 1778.
10. Félix de France d'Hézecques, *Souvenirs d'un page à la cour de Louis XVI*, Paris, 1873.
11. Lettre au marquis de Bombelles, 1er mai 1778.
12. Lettre de Mme de Bombelles à son mari, 19 mars 1778.
13. Bachaumont, *op. cit*, 25 janvier 1777.
14. Lettre de Madame Élisabeth à Mme de Bombelles, août 1778, sans précision du quantième.
15. Comte Fleury, *Angélique de Mackau*, Paris, 1905.
16. Madame Élisabeth prenait encore des cours de mathématiques et de sciences à dix-neuf ans, ce qui lui donnerait aujourd'hui un niveau universitaire.
17. Lettre de Mme de Bombelles à son mari, 11 novembre 1778.
18. Au Musée Garinet de Châlons-en-Champagne.
19. Trois ans plus tard, Élisabeth n'aura plus cette silhouette fragile, et Diane de Polignac soulignera l'embonpoint de la jeune fille. Mme Vigée-Lebrun dira dans ses *Souvenirs* : « Les traits de Madame Élisabeth n'étaient pas réguliers mais son visage exprimait la plus douce bienveillance et sa grande fraîcheur était remarquable ; en tout, elle avait le charme d'une jolie bergère. »
20. Lettre du marquis de Bombelles à sa femme, 16 janvier 1779.
21. Lettre de Mme de Bombelles à son mari, 27 janvier 1779.
22. *Ibid.*, 25 mars 1779.
23. Pierre de Nolhac, *Le Trianon de Marie-Antoinette*, Paris, 1914.
24. Lettre de Mme de Bombelles à son mari, 22 avril 1779.
25. Lettre de Mme de Bombelles à son mari, 7 novembre 1779.
26. *Ibid.*, 27 octobre 1779.
27. *Ibid.*, 16 novembre 1779.
28. Marquis de Bombelles, *Journal*, 26 novembre 1780, Paris, Droz, 1997-2002.
29. Afin de donner une idée des fantaisies orthographiques, et pour cette seule fois, le texte de la lettre n'a pas été corrigé.
30. Lettre de Madame Élisabeth à Mme de Bombelles, 24 novembre 1779. Sauf mention contraire, toutes les lettres de Madame Élisabeth sont

tirées de F. Feuillet de Conches, *Correspondance de Madame Élisabeth*, Paris, Plon, 1868.
31. Lettre de Mme de Mackau au marquis de Bombelles, 7 novembre 1780. Archives nationales, Mackau, K 50754.
32. *Ibid.*, 11 juillet 1780.
33. Souvenirs du vicomte de Causans, cité par Albert Savine, *Madame Élisabeth et ses amis*, Paris, Louis Michaud, 1910.
34. L'un des nombreux talents manuels de Madame Élisabeth.
35. Savine, *op. cit.*
36. Lettre de Mme de Bombelles à son mari, 9 mai 1781.
37. Ibid.
38. Ibid.
39. *Ibid.*, 9 mai 1781 et 21 mai 1781.
40. *Ibid.*, sd (fin mai 1781).
41. *Ibid.*, 30 juin 1781 et du 7 juillet 1781.
42. *Ibid.*, 24 août 1781.
43. *Ibid.*, 19 juin 1781.

Notes du chapitre IV, p. 81

1. Hézecques, *op. cit.*
2. Lettre de Mme de Bombelles à son mari, 27 juin 1781.
3. *Ibid.*, 28 juillet 1781.
4. Le futur Paul Ier, fils de l'impératrice Catherine II et père du tsar Alexandre Ier.
5. Baronne d'Oberkirch, *Mémoires*, Paris, Mercure de France, « Le Temps retrouvé », 2000.
6. Cet appartement n'existe plus. Lors des travaux effectués sous Louis-Philippe, qui sauvèrent Versailles, les cloisons de l'appartement furent abattues pour constituer une grande salle continuant la galerie des Batailles.
7. Hézecques, *op. cit.*
8. Lettre de Mme de Bombelles à son mari, 27 octobre 1781.
9. Lettre de Mme de Bombelles à son mari, 17 octobre 1781.
10. *Ibid.*, 5 novembre 1781.
11. Ibid.
12. *Ibid.*, 7 novembre 1781.
13. *Ibid.*, 5 novembre 1781.
14. *Ibid.*, 22 décembre 1781.

15. *Ibid.*, 12 décembre 1781.

16. Il se peut que les tendances saphiques de Marie-Josèphe aient contribué à lui faire prendre ses distances...

17. Lettre de Mme de Bombelles à son mari, 27 décembre 1781.

18. Pour des raisons de sécurité, les allées du parc et du château étant ouvertes à tous, Louis XVI, qui redoutait la hardiesse de sa femme et de sa sœur à cheval, avait fait baliser les parcours qu'elles suivaient, afin de leur éviter de se mêler à la circulation. Ces parcours devaient être entretenus. La décision fut prise dès 1778 mais sa mise en place ne fut effective qu'à l'été 1781 et ne fonctionna jamais à la perfection. Son itinéraire habituel est décrit avec précision dans le *Plan routier des allées qui sont fréquentées par Madame Élisabeth, sœur du roi, et par la Famille royale lors de leurs promenades dans les grands et les petits parcs.*

19. Lettre de Madame Élisabeth à Mme de Bombelles, novembre 1781.

20. Cela ne servit pas de leçon puisque, le 9 juillet 1787, on fit remonter cette plainte : « Messieurs les écuyers commandant les écuries du roi et celles des princesses de la cour ne cessent de se plaindre de ce que les marchands de bois qui ont exploité les arbres dans les avenues du parc ont laissé les troncs de ces arbres sur les rives des routes pratiquées par la cour, qui effarouchent les chevaux au point de causer les accidents les plus funestes. Et notamment dans l'avenue de Bailly où une dame de la cour dont on ignore le nom a été culbutée sans, toutefois, heureusement, avoir été blessée. Si Madame Élisabeth n'était pas aussi bonne cavalière qu'elle l'est, elle aurait succombé aux pointes que ses chevaux ont fait sous elle à l'aspect de ces bois. » Archives nationales, O1 1804.

21. *La Gazette*, 22 janvier 1782.

22. Lettre de Mme de Bombelles à son mari, 21 janvier 1782.

23. *Ibid.*, 3 février 1782.

24. *Ibid.*, 3 février 1782.

25. *Ibid.*, 4 mars 1782.

26. Ibid.

27. Lettre de Madame Élisabeth à Mme de Bombelles, 30 octobre 1782.

28. Marquis de Bombelles, *Journal*, 2 juillet 1782.

29. 1er mai 1783.

30. Hézecques, *op. cit.*

31. Manuscrit de Saint-Cyr, seconde partie, année 1781. Bibliothèque de Versailles, F 630, p 321.

32. Bachaumont, *op. cit*, 2 mai 1783.

33. Marquis de Bombelles, *Journal*, 26 mai 1783.
34. Un fils né le 4 mars 1783, prénommé François Henri Louis Ange Bitche.
35. Bombelles avait quitté son poste de Ratisbonne en mai 1782.

Notes du chapitre V, p. 111

1. Bachaumont, *op. cit.*
2. Les météorologistes pensent que la France essuya les retombées d'une exceptionnelle éruption volcanique en Islande et que le nuage de fumée fut à l'origine non seulement des phénomènes observés mais aussi d'un déséquilibre du climat qui fit alterner jusqu'en 1789 étés de canicules, ou au contraire glacés, et hivers d'une grande rigueur, ce qui contribua, en perturbant les cycles agricoles, à déclencher la crise économique.
3. Montreuil vient du latin *monasterium* rappelant un monastère fondé au VIe siècle par saint Germain de Paris et détruit deux cents ans plus tard dans un raid viking.
4. Rue Durieux.
5. Racheté en 1984 par le Conseil général des Yvelines, ouvert au public, Montreuil a subi au début du XIXe siècle des modifications qui, sans toucher aux bâtiments du temps de Madame Élisabeth, interdisent de s'en faire une idée exacte.
6. Archives nationales 01 3491.
7. Preuve que la ferme était loin de pourvoir à l'alimentation du domaine, les frais de table quotidien s'élevaient à 362 livres et 16 sols les jours gras, 472 livres 10 sols les jours maigres (chiffres cités par Monique de Huertas, *Madame Élisabeth, sœur de Louis XVI*, Paris, Perrin, 1984), différence s'expliquant par le prix élevé du poisson. Sommes à relativiser en se souvenant que la princesse nourrissait chaque jour entre cinquante et soixante personnes de sa suite et de sa domesticité. Le vendredi et les jours maigres, durant l'Avent, le Carême, les trois jours trimestriels des Quatre Temps, la veille des grandes fêtes religieuses, la desserte de la table était portée au couvent des Filles de la Charité.
8. Témoignage de la marquise de Bombelles recueilli par le comte Ferrand, *op. cit.*
9. Un jour, un marchand lui proposa une très belle garniture de cheminée qu'elle repoussa parce qu'il en demandait 400 livres : « Je ne puis, soupira-t-elle ; avec une telle somme, j'aurais de quoi monter deux petits ménages. »

10. Elisabeth Guénard, *Histoire de Madame Élisabeth*, Paris, 1802.

11. Cette intervention avait-elle abouti ? Une autre demande fut adressée à Vergennes, rappelant que le roi pensionnait les centenaires. Jean Jacob obtint cette rente. Devenu célèbre sous le nom de « Vieillard du Mont Jura », il fut invité à Paris en 1789 et mourut en janvier 1790 à cent vingt et un ans.

12. Entre autres la Maison royale de l'Enfant Jésus, rue de Sèvres, à Paris, qui fonctionnait sur le modèle de Saint-Cyr.

13. Chamfort avait été nommé secrétaire ordinaire de la princesse en 1784.

14. D'après l'inventaire établi en 1789, Archives nationales, K 507.

15. Calcul réalisé par Jean de Viguerie dans *Le Sacrifice du soir. Vie et mort de Mme Élisabeth, sœur de Louis XVI*, Paris, Cerf, 2010. Il ne faut pas perdre de vue que la somme restante servait aux nécessités quotidiennes, mais aussi à payer le personnel domestique, ce qui représentait plus de soixante salaires.

16. Quatre mille livres, c'est le montant annuel des honoraires d'une dame à accompagner de la princesse.

17. Prononcez « Ragecourt », d'où le surnom amical de Rage donné à Louise, allusion à son caractère un peu vif.

18. Marquis de Bombelles, *Journal, op. cit.*, 30 juin 1784.

19. C'est l'équivalent de 548 ans du salaire d'un journalier, de dix ans de pension de la princesse...

20. 1er mars 1786.

21. Charlotte Philippine de Noailles, duchesse de Duras, avait vingt ans de plus que la princesse et ne faisait pas partie de ses dames mais, excellente cavalière, elle devint la compagne habituelle de Madame Élisabeth dans les courses ou les promenades équestres.

22. Lettre de Madame Élisabeth à Mme de Bombelles, 27 novembre 1787.

23. Charlotte Julie Hyacinthe de Labriffe d'Amilly épousa Louis François Augustin de Monstiers-Mérinville en janvier 1785.

24. Pour des Monstiers, l's du milieu ne se prononçant pas.

25. Née Charlotte Hélène de Lastic.

26. Elle épousera en 1789 M. Tussaud. Émigrés en Angleterre, ils y vivront du talent de Marie pour le modelage sur cire en ouvrant la galerie londonienne qui porte toujours leur nom.

27. Il ne semble pas que ces œuvres aient survécu, ou, si elles existent encore, qu'elles aient été attribuées à Madame Élisabeth.

28. Le futur Louis XVII.
29. La reine Marie-Caroline de Naples, sœur de Marie-Antoinette.

Notes du chapitre VI, p. 129

1. Le bijou était destiné à Mme du Barry mais la mort du roi fit échouer la transaction.
2. Il s'agissait d'une demoiselle de petite vertu, Nicole Legay, officiellement modiste, en réalité « barboteuse de ruisseau », racoleuse sur la voie publique, dite Mlle Oliva, que les escrocs avaient repérée en raison de sa ressemblance avec la reine. Étrangère au complot, la jeune femme pensait tenir un rôle dans une comédie à la demande de Marie-Antoinette.
3. Lettre de Madame Élisabeth à Marie de Mauléon, novembre 1785.
4. *Ibid.*, 28 août 1785.
5. *Ibid.*, novembre 1785.
6. Lettre du 8 décembre 1785.
7. Lettre de Madame Élisabeth à Marie de Mauléon, 22 novembre 1785.
8. *Ibid.*, 10 décembre 1785.
9. Mineure, Mauléon ne peut exercer la tutelle de sa sœur.
10. Lettre de Madame Élisabeth à Mme de Mauléon, 24 mars 1786.
11. Lettre du 3 juin 1786.
12. D'après le comte Ferrand, *op. cit.*
13. Mme Campan, *Mémoires*, Paris, Mercure de France, « Le temps retrouvé », 1988.
14. Les chanoinesses en charge d'un office : cellérière, secrétaire, etc.
15. C'est-à-dire religieuse faisant vœu pour sa vie entière de chasteté, obéissance, pauvreté et stabilité dans son monastère.
16. Marquis de Bombelles, *Journal, op. cit,* 18 mars 1786.
17. *Ibid.,* 22 mai 1786.

Notes du chapitre VII, p. 149

1. Lettre de Madame Élisabeth à Mme de Mauléon, 10 avril 1786.
2. *Ibid.*, 20 avril 1786.
3. Une demoiselle pauvre surnommée Minette qu'elle avait dotée et qu'elle établissait.

4. Lettre de Madame Élisabeth à la marquise de Bombelles, sans date précise, été 1786.
5. Prédicateur mort en 1767.
6. Lettre de Madame Élisabeth à Mme de Bombelles, 27 novembre 1786.
7. *Ibid.*, 9 avril 1787.
8. Ou plus exactement celui de son installation à Saint-Cyr.
9. Manuscrit de Saint-Cyr, année 1786.
10. M.-A, de Beauchesne, *La Vie de Madame Élisabeth, sœur de Louis XVI*, Paris, Plon, 1869.
11. Marquis de Bombelles, *Journal, op. cit*, 13 mars 1786.
12. En fait dérisoire pour un pays aussi riche et puissant que l'était alors la France, première puissance mondiale, un milliard deux cent cinquante millions de livres, soit plus ou moins l'équivalent en euros, ce qui n'est rien comparé à notre endettement actuel.
13. Beaucoup d'impôts d'Ancien Régime sont votés pour une durée précise puis supprimés.
14. Quatre ecclésiastiques, six nobles et deux membres du tiers état.
15. La France d'Ancien Régime a des maires, mais ils ne sont pas élus.
16. Lettre de Madame Élisabeth à Mme de Bombelles, 5 mars 1787.
17. *Ibid.*, 9 avril 1787.
18. *Ibid.*, 25 juin 1787.
19. *Ibid.*, 9 avril 1787.
20. Lettre de Madame Élisabeth à un correspondant anonyme, 6 juin 1788. Citée par Élisabeth Guénard, *Histoire de Madame Élisabeth de France, sœur de Louis XVI*, Paris, Lerouge, 1802, 3 vol. et par le comte Ferrand, *op. cit.*
21. Madame Royale.
22. Lettre de Madame Élisabeth à Mme de Bombelles, 25 juin 1787.
23. Beauchesne, *op. cit.*
24. La médecine moderne conclut que Buisson succomba aux suites de sa commotion cérébrale, une hémorragie interne dont sa perte de connaissance après le choc est la preuve.
25. Beauchesne, *op. cit.*
26. Lettre de Madame Élisabeth à Mme de Bombelles, 2 juillet 1787.
27. Future comtesse de Boigne et mémorialiste célèbre.
28. Mme de Boigne, *Mémoires*, Paris, Plon, 1909.
29. Le changement de temps est dû au fait que le marquis, ayant repris son *Journal* après la mort de la princesse, tenta d'en adoucir le ton moqueur.

30. Les Bosson eurent une fille le 29 mai 1790. Ils devaient payer cher leur attachement à Madame Élisabeth. Arrêtés, ils échappèrent de peu à l'échafaud et repartirent dès qu'ils le purent en Suisse.

Notes du chapitre VIII, p. 171

1. Diane de Polignac, *Souvenirs*, cités par Fennebresque, *Madame Élisabeth d'après des documents inédits, Revue de l'histoire de Versailles*, août 1907.
2. Hézecques, *op. cit.*
3. Le comte d'Artois, le comte de Provence, ses fils Angoulême et Berry.
4. Lettre de Madame Élisabeth à Mme de Bombelles, 9 juin 1790.
5. Élisabeth Guénard, *op. cit.*
6. Équivalent du maire de Paris.
7. Marquis de Bombelles, *Journal*, 3 juillet 1789.
8. Pont de la Concorde.
9. Croate.
10. Place de l'Hôtel-de-Ville.
11. Propriété des Raigecourt en Picardie.
12. Lettre de Louis XVI au roi de Suède Gustave III, 29 février 1792, citée par Jean-François Chiappe, *Louis XVI,* Paris, Perrin, 1987-1989, 3 vol., t. III.
13. Lettre de Madame Élisabeth à Mme de Bombelles, 15 juillet 1789.
14. Ibid.
15. Il ne nous est rien parvenu de la correspondance entre Clotilde et Élisabeth, pas une lettre n'ayant subsisté côté français ou côté italien.
16. Diane de Polignac, *Souvenirs, op. cit.*
17. Montmorin aux Affaires étrangères, Saint-Priest à la Maison du roi, dont dépend entre autres le contrôle de Paris, La Luzerne à la Marine, Mgr Champion de Cicé, archevêque de Bordeaux, garde des Sceaux, Mgr Le Franc de Pompignan, évêque de Vienne, aux Bénéfices, La Tour du Pin Gouvernet à la Guerre, Necker et Lambert.
18. Lettre de Madame Élisabeth à Mme de Bombelles, 5 août 1789.
19. Comte Ferrand, *op. cit.*
20. Lettre de Madame Élisabeth à Mme de Bombelles, 5 août 1789.
21. La nuit du 4 août 1789.
22. Les vœux de religion.
23. Lettre Madame Élisabeth à Mme de Bombelles, 5 août 1789.

24. Largement méconnus, les actes d'anthropophagie marquent maintes journées révolutionnaires. Citons, sans prétendre à l'exhaustivité, outre Belsunce, la grande grillade et mangeaille de Suisses qui marquera la prise des Tuileries le 10 août 1792, le journaliste royaliste François Suleau, assassiné alors qu'il était venu couvrir l'événement, venant compléter le festin. Mais aussi, en avril 1794, à Montfort en Ille-et-Vilaine, l'exécution de plusieurs chouans qui se termina par le dépeçage des cadavres dont les républicains locaux emportèrent des morceaux chez eux où ils les mirent à cuire avant de se vanter de les avoir mangés...
25. Lettre de Madame Élisabeth à Mme de Bombelles, 15 septembre 1789.
26. Ibid.
27. Ibid.
28. Effectif le 21 septembre 1789, il permettait au roi de bloquer le projet pendant deux législatures de deux ans chacune.
29. Jusqu'à l'été 1789, le mot n'a pas de raison d'être puisque la France entière est royaliste.
30. Aucun témoin ne reconnaîtra avoir poussé des cris séditieux ni foulé les trois couleurs.

Notes du chapitre IX, p. 197

1. Mme de La Tour du Pin, *Mémoires*, Paris, Mercure de France, « Le temps retrouvé », 1989
2. Madame Royale, *Mémoires*, Paris, Plon, sd.
3. Saint-Marcel.
4. Ces dames sont mal renseignées puisqu'elles ignorent que Yolande de Polignac a quitté la France.
5. Si l'on se souvient que Foulon et Bertier étaient responsables de l'approvisionnement en farine de la capitale, et qu'il entrait dans les plans des révolutionnaires de provoquer une pénurie de pain, leur assassinat apparaîtra tout, sauf gratuit et fortuit.
6. Madame Royale, *Mémoires, op. cit.*
7. Beauvau, La Luzerne et La Tour du Pin.
8. Ferrand, *op. cit.*
9. Auguste Seguin, *Les Actes du martyre de Louis XVI*, Paris, F. Jamonet, 1837
10. Mme de La Tour du Pin, Mémoires, *op. cit.*
11. Weber, *Mémoires*, Paris, 1822

12. Mme de La Tour du Pin, *Mémoires, op. cit.*
13. *Mémoires* de Madame Royale.
14. Marie-Antoinette, après la naissance de Sophie, avait estimé avoir fait assez pour la succession. D'où fermeture des portes...
15. Gouverneur Morris, *Journal*, Paris, Plon-Nourrit, 1901.
16. Officiellement, deux morts parmi les gardes du corps, un chez les manifestants.
17. Hézecques, *op. cit.*
18. Mme de Tourzel, *Mémoires*, Paris, Mercure de France, « Le temps retrouvé », 1979.
19. Lettre de Madame Élisabeth à Mme de Bombelles, 13 octobre 1789.
20. *Ibid.*, 2 novembre 1789.
21. Hézecques, *op. cit.*
22. Lettre de Madame Élisabeth à Mme de Bombelles, 8 décembre 1789.
23. *Ibid.*, 4 novembre 1789.
24. *Ibid.*, 1er mars 1790.
25. Cette immense tapisserie n'était pas terminée le 10 août 1792. La reine et Madame Élisabeth obtinrent la permission de la faire venir au Temple où elles continuèrent d'y travailler. En 1814, la tapisserie fut remise à Madame Royale. Celle-ci la fit diviser en trois panneaux, l'un déposé à la Chapelle expiatoire, le second offert à Louise de Condé, supérieure de la communauté installée à l'emplacement du Temple, le troisième donné à l'église Sainte-Geneviève. Deux panneaux subsistent encore et sont aujourd'hui au château du Breuil dans l'Eure.
26. Lettre de Madame Élisabeth à Mme de Bombelles, 8 décembre 1789.
27. Il ne reste rien de cette correspondance chiffrée qui permettrait de prendre l'exacte mesure de l'implication de la princesse dans l'action contre-révolutionnaire. On sait par Vaudreuil, qui l'admirait de plus en plus et ne l'appelait plus que « l'Ange », que ces rapports étaient les meilleurs dont disposait Artois. Celui-ci utilisait la valise diplomatique, confiant sa correspondance à son beau-père, qui l'envoyait à son ambassadeur à Paris, lequel la remettait, par l'entremise de M. de Nicolaÿ, à Élisabeth. La princesse usait de la même voie pour lui répondre. Les choses se compliquaient quand elle écrivait en Allemagne, à Venise ou Bruxelles et usait de messagers plus ou moins fiables.
28. Lettres de Madame Élisabeth à Mme de Bombelles, 22 décembre 1789 et 16 février 1790.

29. Édit du 29 janvier 1788 qui leur rendait un état civil mais ne reconnaissait pas le plein et libre exercice du culte réformé, contraire au serment du sacre.

30. L'Assemblée lui laisse le Louvre, les Tuileries, Versailles, Fontainebleau, Compiègne, Saint-Cloud, Saint-Germain, Rambouillet et Pau, autrement dit la plupart des châteaux de la Couronne, mais la chose perd de son intérêt dans la mesure où il ne lui est plus possible de s'y rendre.

31. Lettre de Madame Élisabeth à Mme de Bombelles, 29 janvier 1790.

32. *Ibid.*, 22 décembre 1789.

33. *Ibid.*, 12 janvier 1790.

34. *Ibid.*, 1er décembre 1789. Le second Stanislas n'a pas survécu au sevrage.

35. Ibid.

36. *Ibid.*, 8 décembre 1789.

37. Ibid.

38. Lettres du 15 avril et du 1er mai 1790.

Notes du chapitre X, p. 231

1. Mme Campan, *Mémoires, op. cit.*
2. La Fayette et Bailly.
3. Octobre 1789.
4. Lettre de Madame Élisabeth à Mme de Bombelles, 3 janvier 1790.
5. *Ibid.*, 1er mars 1790.
6. *Ibid.*, 29 janvier 1790.
7. De jurer devant l'Assemblée de défendre la Constitution, démarche regardée comme une caricature sacrilège du serment de Reims, et d'ailleurs invalide puisque contraire aux engagements du sacre.
8. Lettre de Madame Élisabeth à Mme de Raigecourt, 15 février 1791.
9. Lettre de Madame Élisabeth à Mme de Bombelles, 9 juin 1790.
10. Artois.
11. Erreur du mémorialiste ; il s'agit encore de la Constituante.
12. Celle du comte d'Artois.
13. Comte Esterházy, *Souvenirs*, Paris, 1905.
14. Idem.
15. Mirabeau les dispensait sous forme de notes transmises à Montmorin, quarante-neuf en tout. Ce service n'était pas gratuit puisqu'il se faisait payer 50 000 livres par mois pour ce travail.

16. Lettre de Madame Élisabeth à Mme de Bombelles, 10 juillet 1790.
17. *Ibid.*, 9 juin 1790.
18. *Ibid.*, 10 juillet 1790.
19. *Ibid.*, 18 mai 1790.
20. Mgr de Cicé se repentira amèrement d'avoir incité Louis XVI à signer le décret.
21. La plupart de ses biographes, soucieux d'exonérer le roi, mettent en avant cette coïncidence : le roi signe le 22 juillet, le bref arrive le 23. Certes, mais, comme le souligne Viguerie, la signature du 22 juillet n'est qu'une « acceptation » sans valeur légale. Ce qui importe, c'est la « sanction » donnée le 24 août.
22. Lettre de Madame Élisabeth à Mme de Bombelles, 2 août 1790.
23. *Ibid.*, 10 juillet 1790.
24. Lettre de Madame Élisabeth à à Mme de Raigecourt, 16 octobre 1790.
25. Elle fut béatifiée en 1864 et canonisée en 1920.
26. On ne s'étonnera pas que le Sacré-Cœur, ou le Double Cœur, deviennent en 1793 les insignes du soulèvement vendéen et de la chouannerie, ni que la dévotion « cordicole » soit perçue comme contre-révolutionnaire par les autorités, au point d'envoyer à l'échafaud des catholiques coupables de détenir des images les représentant.
27. Ô véritable Adorateur et unique Ami de Dieu, ayez pitié de nous. Amen.
28. Lettre de Madame Élisabeth à Mme de Bombelles, 2 août 1790.
29. Claude Auberive, *L'héritière du vœu de Madame Élisabeth, Charlotte Hélène de Lastic, comtesse de Saisseval*, Spes, 1946.
30. Lettre de Madame Élisabeth à Mme de Raigecourt, 3 avril 1791.
31. *Ibid.*, 29 août 1790 et à Mme de Bombelles, 30 août 1790.
32. *Ibid.*
33. Lettre de Madame Élisabeth à Mme de Raigecourt, 29 août 1790.
34. Lettre de Madame Élisabeth à Mme de Labriffe d'Amilly, 29 août 1790.
35. MM. de Jarjayes, de Chaponay, des Pommelles et peut-être de Virieu.
36. Marquis de Bombelles, *Journal, op. cit*
37. Lettre de Madame Élisabeth à Mme de Bombelles, 20 septembre 1790.
38. Nom de code de Madame Élisabeth.
39. Lettre de Madame Élisabeth à Mme de Bombelles, 18 octobre 1790.

40. Lettre de Madame Élisabeth à Mme de Raigecourt, 16 octobre 1790.
41. *Ibid.*, 24 octobre 1790.
42. *Ibid.*, 1er décembre 1790.
43. Jean-Pierre-René de Sémallé, *Souvenirs du comte de Sémallé, page de Louis XVI*, Paris, Picard et fils, 1898.
44. Le mot déjà utilisé pour évoquer un départ.
45. Lettre de Madame Élisabeth à Mme de Raigecourt, 20 novembre 1790.
46. Lettres de Madame Élisabeth à Mme de Bombelles, 28 novembre 1790, et à Mme de Raigecourt, 1er décembre 1790.
47. Lettre de Madame Élisabeth à Mme de Raigecourt, 1er décembre 1790.
48. *Ibid.*, 30 décembre 1790.
49. Lettre de Madame Élisabeth à Mme de Bombelles, 28 novembre 1790.
50. Lettres de Madame Élisabeth à Mme de Raigecourt, 6 décembre 1790, et à Mme de Bombelles, 10 décembre 1790.
51. Lettre de Madame Élisabeth à Mme de Raigecourt, 16 décembre 1790.
52. 7 janvier 1791, à Mme de Raigecourt.
53. Par la voie officielle et non par porteur spécial.
54. Lettre de Mme de Bombelles à Mme de Raigecourt, 29 janvier 1791.
55. Élisabeth et Artois ayant obtenu une pension annuelle de douze mille livres de la reine de Naples, placée sur la tête des enfants Bombelles afin qu'elle leur fût continuée même si leurs parents venaient à disparaître, Angélique crut cette aide due aux mérites de son mari et à la générosité de Marie-Caroline. En 1794, quand elle accoucha de sa seule fille, elle la prénomma Caroline. C'est Élisabeth qu'il eût fallu l'appeler.
56. Lettre de Madame Élisabeth à Mme de Bombelles, 24 janvier 1791.
57. Lettre Madame Élisabeth à Mme de Raigecourt, 15 février 1791.
58. Hézecques, *op. cit.*
59. Lettre de Madame Élisabeth à Mme de Bombelles, 1er février 1791.
60. Comtesse d'Armaillé, *Madame Élisabeth, sœur de Louis XVI*, Paris, Perrin, 1886.
61. Lettre de Madame Élisabeth à Mme de Bombelles, 13 mars 1791.
62. Lettre à Mme de Raigecourt, 12 mars 1791.
63. Lettre à Mme de Bombelles, 13 mars 1791.

64. Lettre du 7 février 1791 à Mme de Bombelles
65. Lettre du 11 février 1791 à Mme de Raigecourt.
66. M Woodgate, Le Dernier Confident de Louis XVI, l'abbé Edgeworth de Firmont. Téqui 1946.
67. Lettre de Madame Élisabeth à Mme de Bombelles, 7 février 1791.
68. Lettre de Madame Élisabeth à Mme de Raigecourt, 24 février 1791.
69. Lettre de Madame Élisabeth à Mme de Bombelles, 28 février 1791.
70. Hézecques, *op. cit.*
71. Lettre du 2 mars 1791 à Mme de Raigecourt.
72. Lettre du 19 juin 1791.
73. Lettre de Madame Élisabeth à Mme de Raigecourt, 11 mars 1791.
74. *Ibid.*, 18 mars 1791.
75. *Ibid.*, 15 février 1791.
76. Lettre de Madame Élisabeth à Mme de Bombelles, 20 mars 1791.
77. Lettre de Mme Élisabeth à Mme de Raigecourt, 19 avril 1791.
78. *Ibid.*, 23 avril 1791.
79. *Ibid.*
80. *Ibid.*, et à Mme de Bombelles, 21 avril 1791.
81. Lettre à Mme de Raigecourt, *ibid.*
82. Cité par Monique de Huertas, *op. cit.*
83. La liste civile puisque Madame Élisabeth a été privée de ses revenus propres et dépend des finances de son frère.
84. Lettre de Madame Élisabeth à Mme de Raigecourt, 11 mai 1791.
85. La lettre grecque Thêta désigne Artois dans la correspondance codée.
86. Lettre de Madame Élisabeth à Mme de Raigecourt, 3 avril 1791.
87. *Ibid.*, 11 mai puis mai 1791 (sans quantième).
88. Lettre de Madame Élisabeth à Mme de Bombelles, 4 juin 1791.
89. Lettre de Madame Élisabeth à Mme de Raigecourt, 3 avril 1791.
90. *Ibid.*, 4 juin 1791.
91. *Ibid.*, 29 mai puis 4 juin 1791.

Notes du chapitre XI, p. 289

1. Mme de Tourzel *Mémoires*, *op. cit.* Tivoli, ou la Folie Boutin, était un ensemble de jardins ouverts au public, avec attractions, fontaines, kiosques, cafés, glaciers, sur l'emplacement de l'actuelle rue de Clichy. L'endroit demeura très prisé des Parisiens jusqu'à la Restauration.
2. Louis XVIII, *Souvenirs*, cités par Monique de Huertas, *op. cit.*

3. Plus de 320 kilomètres.
4. Itinéraire du voyage de Sa Majesté Louis XVI, roi de France, lors de son départ pour Montmédy et son arrestation à Varennes, par M. de Moustier. Archives départementales de la Meuse I J.
5. Mme de Tourzel *Mémoires, op. cit.*
6. Lettre de Madame Élisabeth à Mme de Raigecourt, 29 juin 1791
7. Mme de Tourzel *Mémoires, op. cit.*
8. Préfontaine, ancien major au régiment de Condé, lequel soutiendra avoir été absent le soir fatal et que Moustier s'était adressé à son domestique. On ne saura jamais s'il a dit vrai.
9. Duc de Choiseul, *Souvenirs*, Paris, Mercure de France, « Le temps retrouvé », 1983.
10. Le montant de la liste civile, regardée comme le salaire du roi.
11. Moustier, *op. cit.*
12. Mme de Tourzel, *op. cit.*
13. Lettre de Madame Élisabeth à Mme de Bombelles, 10 juillet 1791.

Notes du chapitre XII, p. 313

1. Mme de Tourzel, *op. cit.*
2. Lettre de Madame Élisabeth à Mme de Bombelles, 29 juin 1791.
3. Lettre de Madame Élisabeth à Mme de Raigecourt, 29 juin 1791.
4. Lettres de Madame Élisabeth à Mme de Bombelles, 10 juillet 1791, et à Mme de Raigecourt, 14 juillet 1791.
5. Lettre de Madame Élisabeth à Mme de Bombelles, 10 juillet 1791.
6. *Ibid.*, 23 juillet 1791.
7. Lettre de Madame Élisabeth à Mme de Raigecourt, 27 juillet 1791.
8. Lettre de septembre 1791 à Mme de Raigecourt.
9. Lettre de Mme de Raigecourt à Mme de Bombelles, 16 octobre 1791.
10. Mme de Tourzel, *Mémoires, op. cit.*
11. Bibliothèque Nationale, ms fs 12763, f 253.
12. Lettre de Madame Élisabeth à Mme de Raigecourt, 25 septembre 1791.
13. Costa de Beauregard, *Le Roman d'un royaliste sous la Révolution, Mémoires du comte de Virieu*, Paris, Plon, 1911.
14. 28 septembre 1791.
15. Artois lui-même, la « belle-mère » désignant la reine, le « père » le roi.

16. L'ambassadeur d'Autriche Mercy d'Argenteau.
17. Marquis de Bombelles, *Journal, op. cit.*, 14 juin 1792.
18. Pierre-Victor Malouet, *Mémoires*, Paris, Plon, 1874.
19. Cité par Jean de Viguerie, *Louis XVI, le roi bienfaisant*, Le Rocher, 2003.
20. Lettre de Madame Élisabeth à Mme de Raigecourt, 28 septembre 1791.
21. Lettre de Madame Élisabeth au comte d'Artois, 23 février 1792.
22. Lettre de Mgr de Salamon au cardinal Zelada, 28 novembre 1791.
23. Lettre de Madame Élisabeth à Mme de Raigecourt, 16 novembre 1791.
24. Beauchesne, *op. cit.*
25. Lettre de Madame Élisabeth à l'abbé de Lubersac, 14 novembre 1791.
26. Lettre de Madame Élisabeth à Mme de Raigecourt, 18 janvier 1792.
27. Mme Campan, *Mémoires, op. cit.*
28. Lettre de Madame Élisabeth à Mme de Raigecourt, 29 février 1792.
29. Lettre de Madame Élisabeth à Mme de Bombelles, 28 février 1792
30. Lettre du 8 février 1792 à Mme de Raigecourt.
31. Lettre du 11 janvier 1792 à la même.
32. Madame Élisabeth qui ne dispose plus de revenus personnels est mise dans l'impossibilité pratique de secourir les miséreux. Elle fera un effort considérable pour venir en aide à un couple de menuisiers de la rue Roquépine à Paris et à leurs trois enfants « mourants, nus et affamés », mais devra ensuite refuser, désolée, ses secours aux prêtres persécutés.
33. La reine a pris le deuil des particuliers, en noir, non le deuil royal, blanc pour les femmes, afin de souligner qu'il s'agit d'un deuil familial.
34. Lettre de Madame Élisabeth à l'abbé de Lubersac, 15 mai 1792.
35. Malouet, *Mémoires, op. cit.*, et Mme d'Armaillé, *op. cit.*
36. Lettres de Madame Élisabeth à Mme de Raigecourt, 16 mai 1792, et à Mme de Bombelles, 17 mai 1792.
37. Lettre de Madame Élisabeth à Mme de Raigecourt, 3 juin 1792.
38. Lettre de Madame Élisabeth à l'abbé de Lubersac, 22 juin 1792.
39. Lettre du 13 juillet 1792 à la comtesse d'Artois.
40. 73 sur 83.
41. Malouet, *Mémoires, op. cit.* et La Fayette, *Mémoires*, Paris, 1837.
42. Lettres de Madame Élisabeth à Mme de Raigecourt, 11 et 18 juillet 1792, à Mme de Bombelles, 16 et 19 juillet 1792.

43. Mme de Tourzel, *Mémoires, op. cit.*

44. C'est le débat de la semaine, dont les députés favorables à la royauté ont été exclus.

45. Transmettre ses lettres codées au comte d'Artois et en obtenir une réponse.

46. Lettre de Madame Élisabeth du 8 août 1792.

47. Elisabeth Guénard, *op. cit.*

48. Surnom de Madame Royale dans la presse révolutionnaire.

49. Duc de La Rochefoucauld-Liancourt, *Souvenirs du 10 août 1792 et de l'armée de Bourbon*, Paris, Calmann-Lévy, 1929.

50. Au moins 600 morts chez les Suisses, 100 gardes nationaux des sections royalistes, 200 ou 300 parmi les autres défenseurs du château, soit plus d'un millier de tués ; 376 de l'autre côté.

51. Madame Royale, *Mémoires, op. cit.*

52. Bousquet de Saint-Pardoux, La journée du 10 août 1792, extraits des Mémoires du vicomte de Saint-Pardoux publiés par son petit-fils le marquis de Cardaillac, Bordeaux, 1892.

Notes du chapitre XIII, p. 357

1. Confidence de Mlle de Tourzel à sa sœur, Mme de Sainte-Aldegonde.

2. François Hue, *Dernières Années du règne et de la vie de Louis XVI*, Paris, Plon, 1860.

3. Madame Royale, *Mémoires, op cit.*

4. Mme de Tourzel, *Mémoires, op. cit.*

5. En revanche, ils retinrent Mlle Rotin ; condamnée juste après la princesse de Lamballe, la jeune fille fut témoin de son assassinat, et se trouva mal. L'essentiel du plaisir résidant dans la terreur d'une victime consciente, les tueurs se désintéressèrent d'elle, non sans l'avoir violée. Laissée pour morte, Mlle Rotin dut la vie à un gendarme qui l'arracha aux bourreaux. Elle mourut en 1835.

6. Le duc de Penthièvre ne reçut jamais l'ultime héritage de sa bru.

7. Paroles de Louis XVI à ses avocats.

8. Mme de Tourzel, *Mémoires, op. cit*

9. Lettre de Mme de Bombelles à Mme de Raigecourt, 21 septembre 1792.

10. *Les révolutions de Paris*, n° 163, semaine du 18 au 25 août 1792.

11. Hébert écrit dans le n° 173 du *Père Duchesne* : « Quant à la sœur de M. Veto, c'est une grosse gaillarde assez bien découplée et qui paraît de bon appétit. C'est dommage, f..., qu'elle soit née d'une pareille race. Elle a plutôt l'air d'une grosse meunière que d'une ci-devant princesse. Il faut qu'elle ait été fabriquée par quelque fort de la Halle ou par un gros rustre. Au lieu de faire l'orgueilleuse parce que prétendument issue du sang des rois, elle devrait au contraire renier ce sang impur afin d'épouser un payeur d'arrérages... »

12. L'expression, qui fit florès, est une trouvaille d'Hébert dans son *Père Duchesne*.

13. Guillotiné avec Madame Élisabeth pour avoir apporté des médicaments à la famille royale.

14. Guillotiné le 14 juin 1794 pour activités contre-révolutionnaires.

15. Guillotiné le 2 juillet 1794, même motif.

16. Deux autres municipaux, Brunod et Vincent, furent écartés du Temple au printemps 1793 pour cause « de conférences secrètes avec les prisonniers. » La liste n'est peut-être pas exhaustive.

17. Turgy sera le seul à n'être ni dénoncé par les Tison comme ayant des relations louches avec les captifs, ni soupçonné de les aider.

18. Louis XVI soupirera : « Dire, ma sœur, que vous ne manquiez de rien dans votre cher Montreuil... » et la princesse de répondre : « Mon frère, comment pourrais-je avoir des regrets puisque je partage vos malheurs ! »

19. Toulan, guillotiné pour son dévouement à ses souverains, s'applique, quand il est de garde, à leur témoigner une muflerie appuyée.

20. Leclerc fut écarté du Temple pour complicité avec les prisonniers, cela n'empêcha pas les royalistes, ignorant son double jeu, de le maudire à cause de sa grossièreté...

21. Pris, Leclerc, qui avait fait son devoir de médecin, « s'étonna que l'on voulût punir une enfant à la place de ses parents, dit que le visage de cette petite était un chef-d'œuvre de la nature et qu'il serait dommage de la laisser défigurer. » À quoi la Commune répondit : « La peau du serpent aussi est un chef-d'œuvre de la nature. » Quant à Follope, son geste le voua à l'échafaud.

22. Entre les papiers de l'armoire de fer que le roi savait, ayant brûlé ses documents compromettants, être faux, et la masse des affaires courantes qu'il ne paraphait même pas, des secrétaires spécialisés disposant de sa signature, Louis XVI fut volontairement noyé sous une masse de dossiers que ni lui ni ses avocats ne pouvaient étudier dans les délais impartis.

23. En famille, ses parents appelaient Madame Royale par son dernier prénom, usage courant alors.

24. Souvenirs de Jacques François Lepître, inédits, cités par Lenotre, La captivité et la mort de Marie-Antoinette ; les Feuillants, le Temple, la Conciergerie d'après des relations de témoins oculaires et des documents inédits, Librairie académique Perrin, 1954.

25. Cléry, Journal de ce qui s'est passé à la tour du Temple pendant la captivité de Louis XVI, Londres, sd.

26. Louis XVI avait demandé l'assistance de ce maître du Barreau, et celle de son confrère Target, ancien défenseur du cardinal de Rohan lors de l'affaire du Collier, mais celui-ci se défaussa, prétextant son âge « avancé » – cinquante-neuf ans – et sa santé, pour ne pas courir ce risque.

27. Beaucoup plus âgé que Target, Malesherbes réclama le périlleux honneur de défendre le roi dont il avait été le ministre ; il se croyait, et n'avait pas tort, des responsabilités dans les malheurs de Louis XVI à qui il avait transmis son goût pour la philosophie des Lumières. Il en mesurait trop tard les conséquences. Il paierait son courage de sa vie, et de celles de sa femme, ses enfants et petits-enfants qui l'accompagneraient à l'échafaud en 1794. Quant à de Sèze, les deux autres, consternés par l'énormité du dossier, l'avaient appelé à l'aide, il ne s'était pas dérobé. Il faut préciser, à l'honneur des avocats et juristes français, qu'il s'en proposa par dizaines, de province, pour assurer une défense qu'ils savaient redoutable. La Convention ne jugea pas utile d'en avertir le roi. Ce lui eût été pourtant une consolation à l'heure où il pensait toute la France aveuglée et complice de sa mort.

28. Formule fénelonienne inculquée à Louis XVI en son enfance, qui explique une partie de ses malheurs, en cela qu'elle lui fit perdre le sens de son rôle.

29. Une phrase où Louis XVI inclut à demi-mot son cousin le duc d'Orléans et qui a valeur de pardon.

30. Non, le Portugal.

31. Le Père Duchesne, n° 200.

32. Elle travaillait alors à un ouvrage de broderie représentant une pensée dont le centre était une tête de mort, accompagnée de la devise : « Elle (la mort) est mon unique pensée. »

33. *Souvenirs* de l'abbé de Firmont.

34. *Révolutions de Paris*, semaine du 19 au 26 janvier 1793.

35. Lettre de Mme de Bombelles à Mme de Raigecourt, 22 avril 1793.

36. Le futur roi Louis-Philippe.

37. La lutte entre les députés fédéralistes, dépassés sur leur gauche, s'achèvera le 31 mai par leur mise en accusation, l'arrestation et la condamnation d'un certain nombre d'entre eux, exécutés le 31 octobre.
38. Pareillement, Turgy et Cléry ne peuvent plus rencontrer leur femme, ce qui bloque l'information.
39. *Souvenirs* de Madame Royale.

Notes du chapitre XIV, p. 401

1. Même si, pendant deux siècles, l'hypothèse que Madame Royale ait pu être sexuellement et collectivement abusée, est restée taboue, elle expliquerait beaucoup de choses, et s'appuie, comme le rappelle Ghislain de Diesbach dans *Les Secrets du Gotha*, sur des rumeurs bien informées.
2. Madame Élisabeth, le duc d'Orléans, ses fils cadets, Montpensier et Beaujolais, détenus à Marseille depuis l'émigration du duc de Chartres, la duchesse d'Orléans.
3. Archives parlementaires, tome 70, séance du 1er août 1793.
4. *Souvenirs* de Monin.
5. Rosalie Lamorlière, *La Dernière Prison de Marie-Antoinette*, Paris, Henri Gautier, 1897.
6. Le jeûne n'est obligatoire pour les catholiques en bonne santé qu'entre dix-huit et soixante ans.
7. Pour écrire à l'encre sympathique.
8. Le tabac à priser s'utilisait à l'époque pour soigner rhumes et sinusites.
9. L'un des municipaux.
10. Le greffier Daujon, qui prend en note l'interrogatoire, avouera que, tout en écrivant, il pensait : « Je n'en crois rien... »
11. Discours du 28 octobre 1793.
12. Le Père Duchesne, n° 312.
13. Ils iront rejoindre dans sa cachette le reliquaire de la Vraie Croix qu'y avait dissimulé Madame Élisabeth. Madame Royale, lors de sa libération, ne pourra pas récupérer ces reliques. Elles seront découvertes pendant les travaux de démolition du Temple sous l'Empire, par un jeune ouvrier qui les conservera, puis, à sa mort, remettra le tout à un prêtre.
14. Par Votre agonie et votre Passion, libérez-nous, Seigneur ! Par Votre mort et votre Sépulture, libérez-nous, Seigneur !
15. Beauchesne, *op. cit.*

16. Beaulieu, *Essais historiques sur les causes et les effets de la Révolution de France*, Paris, 1801-1803.
17. Une balle mâchonnée avait de fortes chances d'entraîner une infection et la mort.
18. Maître Chauveau-Lagarde, *Notice historique sur le procès de Marie-Antoinette, reine de France, et de Madame Élisabeth*, Paris, 1816.
19. Marquis de Bombelles, *Journal*, op. cit., 28 décembre 1794.
20. Témoignage du gardien Geoffroy.
21. Témoignage de Mme de Sérilly.
22. La place de la Concorde.
23. *Mémoires* du comte Beugnot.
24. Note trouvée dans les papiers du comte Ferrand, qui le tenait de Mme veuve Dassy.
25. Moëlle, *Souvenirs*, Paris, Dentu, 1889.
26. On mesure le désappointement du Comité de salut public à l'interdiction faite à la presse de relater le moindre détail de l'exécution.
27. Rapport de l'agent de police Chantelauze, cité par Mme d'Armaillé, *op. cit.*
28. Ce parfum de roses, phénomène mystique appelé « odeur de sainteté » est rapporté par Mme de Genlis, mais sous la Restauration. Certaines traditions, entre autres dans la famille Costa de Beauregard, en font également état mais aucun document officiel ni témoin.
29. Au 97, rue de Monceau où une plaque a été apposée rappelant ces fosses communes et les 119 victimes de la Terreur qui y furent inhumées.
30. Environ six mètres de long.
31. Il fut impossible de retrouver la princesse. On le reprocha à Louis XVIII et Charles X. Ils renoncèrent aussi à acquérir le cimetière des Errancis et y faire élever un monument expiatoire. Ce choix s'explique cependant par la diversité des suppliciés ensevelis en ce lieu. S'il était bon d'honorer la mémoire de la princesse et de ses compagnons, de Malesherbes et des siens, des victimes « innocentes » de la Terreur, et même de Mmes Desmoulins et Hébert, il était inenvisageable d'en faire autant pour Danton, Desmoulins, Westermann, Fabre d'Églantine, Chaumette, et plus encore Hébert et ses amis. Mieux valait renoncer. Provence avait été tellement saisi en apprenant la mort d'Élisabeth qu'il resta malade de douleur pendant trois jours « et sans pouvoir pleurer » ; le chagrin d'Artois fut pire encore. On ne peut les soupçonner d'avoir « oublié » leur sœur. Les années passant, le souvenir se perdit. Les entrepreneurs qui lotissaient vers 1860 le quartier du Parc Monceau tombèrent sur des restes

NOTE DE LA PAGE 442

humains dont ils ne cherchèrent pas à connaître l'origine et qui furent portés aux Catacombes où reposaient les défunts sortis, sous Louis XVI, du cimetière des Innocents. Peut-être Madame Élisabeth y repose-t-elle encore.

BIBLIOGRAPHIE

Biographies

ARMAILLÉ comtesse d', *Madame Élisabeth, sœur de Louis XVI*, Paris, Perrin, 1886.
BALDE Jean, *Madame Élisabeth*, Paris, Spes, 1935.
BEAUCHESNE M-A de, *La Vie de Madame Élisabeth, sœur de Louis XVI*, Paris, Plon, 1869.
BROSSIN GUÉNARD Élisabeth, *Histoire de Madame Élisabeth de France, sœur de Louis XVI*, Paris, Lerouge, 1802, 3 vol.
DESTREMAU Noëlle, *Une sœur de Louis XVI, Madame Élisabeth*, Paris, Nouvelles Editions latines, 1983.
HUERTAS Monique de, *Madame Élisabeth, sœur de Louis XVI*, Paris, Perrin, 1985.
LYS E.-M. du, *Une grande chrétienne, Madame Élisabeth de France, sœur de Louis XVI*, Paris, 1932.
SAVINE Albert, *Madame Élisabeth et ses amies*, Paris, Louis Michaud, 1910.
VIGUERIE Jean de, *Le sacrifice du soir. Vie et mort de Madame Élisabeth, sœur de Louis XVI*, Paris, Cerf, 2010.

Ouvrages généraux

ARMAILLÉ comtesse d', *Mémoires*, Paris, Perrin, 1886.
AUBERIVE Claire, *L'Héritière du vœu de Madame Élisabeth, Charlotte Hélène de Lastic, comtesse de Saisseval*, Paris, Spes, 1946.
BACHAUMONT, *Mémoires secrets pour servir à l'histoire de la république des lettres en France, de 1762 à nos jours*, Paris, 1777-1789, 36 vol. (Une anthologie en a été publiée chez Tallandier en 2011.)
BEAULIEU, *Essais historiques sur les causes et les effets de la Révolution de France*, Paris, 1801-1803.

BOMBELLES Marc de, *Journal*, Paris, Droz. 1977-2002.
–, et Angélique de, *Lettres intimes, 1772-1782. Que je suis heureuse d'être ta femme*, Paris, Tallandier, « La bibliothèque d'Evelyne Lever », 2009.
BOUSQUET DE SAINT-PARDOUX, *La Journée du 10 août*, Bordeaux, 1892.
CAMPAN Jeanne, *Mémoires*, Paris, Mercure de France, « Le temps retrouvé », 1988.
CHAUVEAU-LAGARDE Claude François, *Notice historique sur le procès de Marie-Antoinette, reine de France, et de Madame Élisabeth*, Paris, 1816.
CHIAPPE Jean-François, *Louis XVI*, Paris, Perrin, 1987-1989, 3 vol.
CLÉRY, *Journal de ce qui s'est passé à la tour du Temple pendant la captivité de Louis XVI*, Londres, sd.
COSTA DE BEAUREGARD, marquis de, *Le Roman d'un royaliste sous la Révolution. Mémoires du comte de Virieu*, Paris, Plon, 1911.
ESTERHÁZY comte, *Souvenirs*, Paris, 1905.
FENNEBRESQUE, « Madame Élisabeth d'après des documents inédits », *Revue de l'histoire de Versailles* (souvenirs de Diane de Polignac), août 1907.
FERRAND Antoine, comte, *Éloge historique de Madame Élisabeth de France*, Paris, 1814.
FEUILLET DE CONCHES F., *Louis XVI, Marie-Antoinette et Madame Élisabeth. Lettres et documents inédits*, Paris, Plon, 1864.
–, *Correspondance de Madame Élisabeth*, Paris, Plon, 1868.
FLEURY comte, *Angélique de Mackau*, Paris, 1905.
FRESNE DE BEAUCOURT G. du, *Étude critique sur les lettres de Madame Élisabeth*, Paris, Victor Palmé, 1869.
HÉZECQUES comte d', *Souvenirs d'un page à la cour de Louis XVI*, Paris, Tallandier, 1989.
HUE François, *Dernières Années du règne et de la vie de Louis XVI*, Paris, Plon, 1860.
LA FAYETTE marquis de, *Mémoires*, Paris, 1837.
LA ROCHEFOUCAULD-LIANCOURT, duc de, *Souvenirs du 10 août 1792 et de l'armée de Bourbon*, Paris, Calmann-Lévy, 1929.
LAMORLIÈRE Rosalie, *La Dernière Prison de Marie-Antoinette*, Paris, Henri Gautier, 1897.
LEPÎTRE, *Quelques souvenirs*, Paris, 1914.
MADAME ROYALE, *Mémoires*, Paris, Plon, sd.
MALOUET Pierre-Victor, baron, *Mémoires*, Paris, Plon, 1874.
MARIE-ANTOINETTE, LOUIS XVI ET LA FAMILLE ROYALE, *Journal anecdotique tiré des Mémoires secrets pour servir à l'histoire de la république des lettres de Bachaumont, mars 1763-février 1782*, Paris, 1866.

BIBLIOGRAPHIE

Marie-Thérèse Charlotte de France, *Mémoires sur la captivité des Princes et des Princesses ses parents depuis le 10 août 1792 jusqu'à la mort de son frère survenue le 9 juin 1795*, Paris, Plon, sd.

Moëlle, *Souvenirs*, Paris, Dentu, 1889.

Morris gouverneur, *Journal*, Paris, Plon-Nourrit, 1901.

Nolhac Pierre de, *Le Trianon de Marie-Antoinette*, Paris, 1914.

Oberkirch baronne d', *Mémoires*, Paris, Mercure de France, « Le Temps retrouvé », 2000.

Parroy Guy Le Gentil, comte de, *Mémoires. Souvenirs d'un défenseur de la famille royale pendant la Révolution*, Paris, Plon, 1895.

Saint-Priest, comte de, *Mémoires*, Paris, Mercure de France, « Le temps retrouvé », 2006.

Salamon, abbé de, *Correspondance secrète de l'abbé de Salamon, chargé des affaires du Saint Siège pendant la Révolution avec le cardinal Zelada*, Paris, Plon, 1898.

Seguin Auguste, *Les Actes du martyre de Louis XVI*, Paris, F. Jamonet, 1837.

Sémallé Jean-Pierre-René de, *Souvenirs du comte de Sémallé, page de Louis XVI*, Paris, Picard et fils, 1898.

Tarente princesse de, *Souvenirs*, Nantes, 1897.

Tourzel Mme de, *Mémoires*, Paris, Mercure de France, « Le temps retrouvé », 1979.

Tussaud Mme, *Mémoires et souvenirs sur la Révolution française*, Paris, Seuil, 2005.

Valfons marquis de, *Souvenirs*, Paris, Mercure de France, « Le temps retrouvé », 2003.

Valory comte de, *Précis historique du voyage entrepris par SM Louis XVI le 21 juin 1791*, Paris, Michaud, 1815.

Vigée-Lebrun Louise-Elisabeth, *Souvenirs*, Paris, 1835-1837.

Viguerie Jean de, *Louis XVI, le roi bienfaisant*, Paris, Le Rocher, 2003.

Woodgate M, *Le Dernier Confident de Louis XVI, l'abbé Edgeworth de Firmont*, Paris, Téqui, 1946.

INDEX DES NOMS DE PERSONNES

A

Adélaïde de France, Madame Adélaïde, fille de Louis XV, *voir aussi* Mesdames Tantes : 14, 33, 51, 74, 90, 92, 162, 266, 330, 363
Adhémar, Balthazar, comte d' : 60-62
Aiguillon, M. d' : 130
Alacoque Marguerite-Marie, sainte : 28, 247
Albignac, comte d' : 274
Alexandre Ier, Tsar : 446
Aligre, président d' : 143
Ampurie, chanoinesse d', *voir* Françoise de Causans
Angoulême, Louis Antoine, duc d' : 43, 69, 452
Antoinette, Messaline : 426
Antonia, archiduchesse d'Autriche, « l'Antoine », *voir* Marie-Antoinette
Aoste, duc d' : 55
Aquitaine, duc d' : 443
Artois, Charles Philippe, comte d' : 14, 17, 31, 38, 40-41, 45, 47, 54, 61, 69, 85, 88, 93, 146, 151, 171, 176, 182-188, 191-193, 204, 221-223, 229, 237, 239, 252-254, 257, 262-263, 265, 267, 274, 285, 287, 317-324, 342-343, 388, 394, 412-413, 418, 452, 454-455, 457-459, 461, 465
Artois, Marie-Thérèse de Savoie, comtesse d' : 31, 43, 47, 87-89, 174, 204, 444
Asselin, abbé : 152
Audinot : 30
Aumale, Antoine d', vicomte du Mont Notre-Dame : 79
Aumale, Rosalie d', vicomtesse du Mont Notre-Dame, sous-gouvernante des Enfants de France, puis gouvernante de Madame, fille du Roi : 23, 25, 28, 47, 63, 70, 79-80, 85, 96-97, 99-100, 103-108, 112, 119, 122, 125, 144, 146, 160, 328

B

Bachaumont : 54, 101, 104, 445
Bachmann, major : 351
Bailly, Jean Sylvain, maire de Paris : 176, 212, 228, 233, 290, 455
Barelle : 399
Barentin, Charles Louis François de Paule de : 175, 179
Barnave, Antoine Pierre Joseph Marie : 303-304, 306-309, 311, 313, 315, 321-323, 345, 377
Barry, Jeanne Bécu, comtesse du : 31-34, 165, 450
Basire, Mme : 369
Bassange : 129, 132
Batz, Jean-Pierre, baron de : 397
Bayon : 299
Beaujolais, Charles de Bourbon Orléans, duc de : 464
Beaumont, Mgr de, archevêque de Paris : 27
Belsunce, lieutenant de : 191, 453
Bénard, Mme : 444
Bergeron, Mme : 435

471

Bernis, Henri Joachim Pierre, cardinal de : 245, 266
Berry, Louis Auguste, duc de, puis Dauphin, puis Louis XVI : 14, 17, 34, 37
Berry, Louis Ferdinand, duc de : 69, 452
Bertier de Sauvigny, Louis Bénigne François, intendant de Paris : 179, 199, 307, 453
Bésenval, Pierre Joseph Victor, baron de : 180
Beugnot, Mme : 437
Bigault de Signemont : 300
Blangy, Claudine Louise d'Estampes, comtesse de : 125
Blarenberghe, Désiré van : 67
Blarenberghe, Mme : 444
Boehmer : 129-132, 143
Boigne, Adèle d'Osmond, comtesse de : 166
Boisgelin, Jean de Dieu Raymond, Mgr de, archevêque de Paris : 241, 245, 323
Bombelles, Angélique de Mackau, marquise de, « le Cher Ange », « Bombe » : 23-25, 28, 47-48, 53, 55-59, 62, 64-67, 70-81, 85-86, 89, 91, 93, 97, 100, 104, 107-108, 112, 114, 119, 122, 124-125, 145-146, 150-151, 154, 158, 160-161, 166, 168, 173, 179, 184, 189, 197, 220, 225-226, 228-229, 232, 235, 245, 253-254, 257, 260, 262-264, 268, 278, 284, 286, 318, 321, 325, 328, 330, 346, 369, 372, 404, 444-445, 456
Bombelles, Caroline de : 457
Bombelles, Charles de : 150
Bombelles, famille : 105, 107, 121-122, 254, 256, 262, 264-265, 267
Bombelles, François Henri Louis Ange Bitche de : 86-87, 448
Bombelles, Henri de : 179
Bombelles, Louis-Philippe de, dit Bombon : 75, 77, 463
Bombelles, Marc Henri, marquis de : 53, 55-56, 66, 77-78, 119, 121, 146, 150-151, 158, 166-168, 173, 190, 229, 262, 264-265, 325, 445, 448
Bombelles, Mlle de, *voir* marquise de Travanet

Bonal, François, Mgr de, évêque de Clermont-Ferrand : 275, 278, 291
Bordeu, docteur de : 32
Bosserelle, Mme : 62
Bosson, Jacques : 160, 168-169, 202, 452
Bosson, Marie Magnin, Mme : 168-169, 202, 229, 452
Bouillé, François Claude Amour, marquis de : 250-252, 291-292, 295, 297-299
Bouillé, lieutenant de : 294, 298-302
Bouillon, duc de : 97
Boulainvilliers, Mme de : 133
Bourbon Condé, duc de Bourbon : 40, 157, 192
Bourbon Condé, Louis Antoine de, duc d'Enghien : 61, 192
Bourbon Condé, Louis Joseph, prince de Condé : 40, 157, 164, 192
Bourbon Condé, Louise Adélaïde de : 30, 90-91, 137-138, 146-147, 454
Bourbon, Bathilde d'Orléans, duchesse de : 60-61
Bourdeilles, Mme de : 62
Bourgogne, Louis Joseph, duc de : 16, 37, 55, 443
Bousquet : 444
Brésil, prince du : 47, 52
Breteuil, Louis Auguste Le Tonnelier, baron de : 132, 135, 141, 143, 179, 318
Broglie, Victor François, maréchal de : 178-179, 184
Brunier, Mme : 298, 314
Brunod : 395, 462
Brunswick, Charles Guillaume Ferdinand, prince de : 343, 364, 371, 422
Buisson, famille : 162-164, 451
Buisson, Mme : 164

C

Cadouet de Villers, Mme : 131
Cagny, Mme de : 444
Calonne, Alexandre de : 116, 155-159, 166, 274
Campan, Jeanne Louise Henriette, Mme : 95, 130-131

Canillac, Dorothée de Roncherolles, comtesse de : 60-63, 88, 151
Capet, Louis : 402
Catherine de Médicis, reine de France : 213, 290
Catherine II, impératrice de Russie : 446
Causans, famille : 120, 141
Causans, Françoise de, chanoinesse d'Ampurie : 48, 75, 140, 142, 149, 164, 284, 286
Causans, Louise de, chanoinesse de Vincens, marquise Raigecourt, dite Rage : 48-49, 75-76, 119-122, 124-125, 136, 138-141, 150, 164, 179, 182-184, 248, 251, 254 255, 260, 263-264, 266, 268, 274, 278, 280, 284-287, 318, 324, 342, 346, 372, 456
Causans, Marie de, chanoinesse de Mauléon : 48, 75-76, 119, 121, 123, 138-142, 149-150, 164, 179
Causans, marquise de, bru de la suivante : 142
Causans, née Louvel, en première noces comtesse de Glissy, puis marquise de : 48, 62-63, 75-76
Chamfort, Sébastien Roch Nicolas : 61, 117, 449
Chamilly, M. de : 357
Champbertrand, chanoine de : 425, 431, 439
Champion de Cicé, Jérôme Marie, archevêque de Bordeaux : 201, 241, 245, 452, 456
Chantelauze, de : 465
Chaponay, M. de : 456
Charles X : 465
Chartres, Louis Philippe, duc de : 40, 394
Châteauroux, duchesse de : 32
Chaumette, Pierre Gaspard Anaxagoras : 406, 408, 410-411, 465
Chauveau-Lagarde, Claude François : 424, 426, 428-429
Chauvelin, Mme de : 62
Chazet, Mme du : 372
Chimay, Mme de : 90
Choderlos de Laclos, Pierre : 198
Choiseul, Étienne François, duc de : 297-298

Cicéron : 27
Cimery, Mme de : 195, 265, 444
Clermont-Tonnerre, Stanislas, comte de : 124, 340
Clermont-Tonnerre, *voir* Delphine de Rosières-Sorans, comtesse de
Cléry, Jean-Baptiste Claude Hanet, dit : 361, 366, 376-377, 379, 381-382, 388, 464
Clotilde de France, Madame Clotilde, dite « Gros Madame », princesse de Piémont : 14, 17, 19-22, 25-27, 29-31, 33-34, 38-39, 42-43, 45-46, 48, 54, 62, 65, 85, 186, 220-221, 237, 452
Clovis, roi des Francs : 40
Coigny, Gabriel, comte de : 60, 62
Condé, *voir* Bourbon Condé
Conti, prince de : 157, 357-358
Cook de Butler, Sophie, sous-gouvernante des Enfants de France : 22
Corneille, Pierre : 137
Cossé-Brissac, Louis Hercule Timoléon, duc de : 165, 333, 368
Costa de Beauregard : 465
Courtomer, de : 257
Cressy, Charles Claude de Champmilon de : 425, 439
Croisard : 220, 241-243
Cromwell, Oliver : 270
Crussol d'Amboise, Claude Louise Angélique de Bersin d'Amboise, marquise de Curtius : 125, 425, 431, 436, 438

D

Damas, colonel comte de : 295, 297
Dampierre, comte de : 301-302
Danton, Georges Jacques : 237, 331, 342, 347, 364, 371, 422, 465
Dassy, Docteur : 118, 136, 138, 141, 160, 172, 238, 255-256, 260, 276, 285, 305, 321, 343, 379, 437
Dassy, Mme : 465
Daugé : 407-408
Daujon : 464
David, Jacques Louis : 406-407
Delally : 293
Deliège, Gabriel : 421

« Démon », *voir* marquise des Monstiers-Mérinville
Des Huttes, M. : 204, 211
Desmoulins, Anne Lucile Laridon Duplessis, Mme : 441, 465
Desmoulins, Camille : 180, 441, 465
Destez : 296
Deux-Ponts, vicomtesse des : 62
Diderot, Denis : 438
Diesbach, Ghislain de : 464
Diesbach, Mme de : 160
Dillon, Arthur, général comte de : 397
Doudeauville, Mme : 269
Drouet, Jean-Baptiste : 294
Dubois, abbé : 257
Dubois, Jean-Baptiste : 426, 439
Dumas, René François : 425-430
Dumouriez : 332, 371, 394
Duplay, Maurice : 413
Duras, Charlotte Philippine de Noailles, duchesse de : 124, 449

E

Edgeworth de Firmont, Henry, abbé : 270, 276, 281, 283-284, 316, 327, 330, 339, 346, 364, 369, 377-378, 383, 386, 388, 405
Edgeworth, famille : 270
Éléonore, impératrice d'Autriche : 443
Élisabeth de Hongrie, princesse de Thuringe, sainte : 443
Élisabeth Farnèse, reine d'Espagne : 14
Enghien, Louis Antoine de Bourbon Condé, duc d' : 192
Escars, baron d' : 223
Essarts, marquise de Lombelon des, née de Tilly : 62, 125, 220, 286, 328
Estampes, Louise d', comtesse de Blangy : 125
Esterhazy, Valentin, comte : 60, 239, 245

F

Fabre d'Églantine, Philippe : 231, 465
Favras, marquise de : 231, 272
Favras, Thomas de Mahy, marquis de : 227-228, 230-232, 238, 246, 301

Felipe, infant d'Espagne, duc de Parme : 14
Ferdinand, archiduc d'Autriche : 152
Ferrand, comte, biographe de Madame Élisabeth : 443
Fersen, Axel, comte de : 290, 293, 321, 324
Feuillet de Conches, Sébastien : 444
Firmont, *voir* Edgeworth de Firmont
Flesselles, Jacques de, prévôt des marchands : 179, 181, 183, 188, 199, 221, 307
Follope, Georges : 374, 379, 391, 395, 426, 462
Fouché, Joseph : 440
Foulon, Joseph François, conseiller d'État : 179, 199, 453
Fouquier-Tinville, Antoine Quentin : 421, 423, 425-426, 430
Fournes, Mme de : 286
François Ier, roi de France : 48, 133
François II, empereur d'Autriche : 322, 333

G

Genlis, marquise de : 465
Germain, évêque de Paris, saint : 448
Gerville : 340
Gilliers, Charles Ferdinand, baron de : 69, 321-322
Gluck : 50-51, 90
Goetz, docteur : 71-72
Goguelat, M. de : 297
Goldoni, Carlo : 26
Gonchon : 216
Goret, Charles : 374, 389
Grétry : 195
Grosbois, Mme de : 116
Grosholtz, Marie, *voir* Mme Tussaud
Guéméné, famille : 112-113
Guéméné, prince de : 97, 160
Guéméné, princesse de, sous-gouvernante puis gouvernante des Enfants de France : 22, 45-46, 49, 57, 63-64, 70, 79, 98, 113, 445
Guénard, Élisabeth Potron de Méré, Mme : 68
Gustave III, roi de Suède : 452

INDEX DES NOMS DE PERSONNES

H

Hanet, Claude, *voir* Cléry
Hardy : 369
Harvelay, M. d' : 78
Hébert, Françoise, Mme : 441, 465
Hébert, Jacques René, « le Père Duchesne » : 271, 275, 282-283, 289, 396-397, 400, 409-413, 417-418, 441, 462, 465
Hébert, Père : 368, 378, 385
Hélène, sainte : 152
Helvétius : 79
Henri II, roi de France : 133
Henri IV, roi de France : 284
Henry VIII, roi d'Angleterre : 244
Hézecques, Félix, comte d' : 102, 445
Hue, Pierre François : 313, 357, 359-361, 375, 392
Huertas, Monique de : 448
Hugues Capet, roi de France : 40

I

Imbert, M. : 62
Imecourt, Mme d' : 62
Isabelle de Hainaut, reine de France : 41

J

Jacob Jean, dit le Vieillard du Mont Jura : 116, 449
Jarjayes, chevalier de : 391, 393, 395, 405, 456
Jean Népomucène, saint : 19
Joly : 441-442
Joseph II, empereur d'Autriche : 52-54, 78, 80-82, 144, 223, 235
Josépha, archiduchesse d'Autriche, électrice de Saxe : 443
Juigné, Mgr de, archevêque de Paris : 174

K

Korff, baronne de : 292-293, 296

L

L'Aigle, Anne Duwaes, marquise des Acres de : 425

L'Isle, Mme de : 310
La Fare, Mgr de : 175
La Fayette, Gilbert Mottier, marquis de : 202-203, 206-208, 212, 217, 228, 233, 235, 243, 251, 272-273, 279-280, 290, 311, 313, 324, 332, 339, 341, 455
La Ferté Imbault, Mme de : 27
La Luzerne, César Guillaume, duc de : 452
La Martinière, premier chirurgien du Roi : 32
La Motte, comte de : 133
La Motte-Valois, Jeanne de Saint-Rémy Valois, comtesse de : 132-134, 143
La Porte, Arnaud de : 327, 332, 345, 349
La Roche Fontenille, marquise de : 62
La Roche-Aymon, Mgr de, archevêque de Reims, grand aumônier : 14, 16, 34-35, 40
La Roche-Aymon, Mme de : 369
La Rochefoucauld, François Joseph, Mgr de, évêque de Saintes : 368
La Rochefoucauld, Pierre Louis, Mgr de, évêque de Beauvais : 368
La Rochefoucauld-Liancourt, François Alexandre Frédéric, duc de : 352
La Tombelle, M. de : 272-273
La Tour du Pin Gouvernet, marquis de : 452
La Tour-Maubourg, Marie Charles César, comte de : 303
La Vauguyon, M. de : 179
Lage, Mme de : 151
Lamballe, Marie-Thérèse de Carignan Savoie, princesse de : 90, 351, 353, 355, 357, 359-360, 367, 369, 371-372, 405, 461
Lambert : 452
Landrieux Jean : 307
Laporte : 363
Lastic, Anne François, comte de : 125
Lastic, Anne-Marie de Montesquiou Fézensac, comtesse de : 125, 286
Lastic, marquise de : 62
Lau, Mme du : 444
Launay, Bernard René de, gouverneur de la Bastille : 181, 183, 185, 188, 272, 307

475

Le Franc de Pompignan, Jean Georges, Mgr, évêque de Vienne : 201, 241, 245, 452
Le Gouvello de Cormerais, M. : 239
Leblond, Guillaume : 28, 67, 277
Leclerc, docteur : 374, 377, 379, 462
Legay, Nicole, « la d'Oliva » : 143, 450
Lemonnier, Louis Guillaume, docteur : 29, 32-33, 57, 118, 136, 163, 379
Lenfant, Père : 282
Léopold Ier, empereur d'Autriche : 235, 317, 330, 443
Léopold II, empereur d'Autriche : 322
Lepître, François : 374, 390, 392, 395, 408
Leszczynski, Stanislas, roi de Pologne, puis duc de Lorraine : 17
Letellier, Louis Pierre Marcel : 426
Levellery, née Marie-Thérèse Hecquet, Mme, nourrice : 14
Lhoste, Jean-Baptiste : 426
Liancourt, duc de : 341, 345
Ligondès, Mme de : 340
Loménie de Brienne, Alexandre Charles, colonel comte : 425, 438
Loménie de Brienne, Anne Marie Charlotte : 425
Loménie de Brienne, Athanase Louis Marie, comte de : 425
Loménie de Brienne, Charles : 425
Loménie de Brienne, Étienne Charles, Mgr de, archevêque de Toulouse : 158, 438
Loménie de Brienne, Martial, évêque constitutionnel de Sens : 425, 431-433
Lorraine, Anne Charlotte de, abbesse de Remiremont : 145-146
Louis Charles, duc de Normandie, puis dauphin, puis Louis XVII, « Charlot » : 126, 174, 195, 207, 209-210, 214, 217, 292, 311, 317, 337, 351, 354-355, 359, 377, 380, 387-388, 397-398, 407-412
Louis Ferdinand, Dauphin : 11-13, 16-17
Louis IX, saint Louis : 284
Louis Joseph Xavier, Dauphin : 84, 87, 99, 157, 161, 172, 174, 176, 184

Louis XIII, roi de France : 156, 234, 249
Louis XIV, roi de France : 213-214, 247, 284
Louis XV, roi de France : 11-13, 15, 17, 24, 31-37, 42, 51, 212, 247, 434, 443
Louis XVI, roi de France : 37-42, 47, 49-51, 53, 57, 62-64, 75, 81, 83, 91, 93, 95-96, 103, 105-106, 108, 112, 114, 118, 126-127, 131-132, 134-135, 142, 144-147, 155-159, 161, 165-166, 171-173, 175-181, 183-186, 188, 192-195, 197, 201-202, 205-208, 210, 212, 216-217, 219, 223-226, 232, 234, 239-241, 244-248, 251-255, 257-259, 264-267, 270-271, 273, 275-276, 278-281, 286, 290-292, 294, 296-299, 301-305, 307, 309-311, 313, 315, 317, 319-321, 323-324, 326, 328-334, 336, 340-345, 347-348, 350-353, 357, 359-360, 365-368, 370-372, 376-378, 380, 382-388, 390, 413-414, 419, 422-423, 435, 441, 447, 456, 461-463, 466
Louis XVII, roi de France : 388, 391, 393, 396, 400, 405, 407-408, 410-411, 415-416, 450
Louis XVIII, roi de France : 442, 465
Louise de France, Madame Louise, en religion Louise de Saint-Augustinn, fille de Louis XV : 26, 49-50, 92, 95-96, 100-101, 103-105, 162, 434
Louis-Philippe : 446
Lubersac, Jean-Baptiste Joseph, abbé de : 209-210, 218, 330, 337-338
Luxembourg, Charles François Frédéric, duc de : 202-203

M

Macé, capitaine : 440
Mackau, Angélique de, *voir* marquise de Bombelles
Mackau, baron de, ambassadeur de France à Ratisbonne : 23, 56, 63
Mackau, baron de, fils du précédent : 262

INDEX DES NOMS DE PERSONNES

Mackau, Marie-Angélique de Fitte de Soucy, baronne de : 23-25, 48, 53, 55-57, 63, 65-66, 68, 70, 74-76, 79, 85, 97, 99, 112, 122, 205, 319-320
Madame Royale, *voir* Marie-Thérèse de France
Madier, abbé : 27-28, 38, 44-45, 62, 265-267, 269, 276
Magnin, abbé : 431
Magnin, Marie, *voir* Mme Bosson
Maillé, duc de : 197, 200
Mailly, maréchal de : 350
Malden, M. de : 295, 300
Malesherbes, Chrétien Guillaume de Lamoignon : 224, 383, 385, 423, 425, 441, 463, 465
Malivoire, Mme : 444
Malouët, Pierre Victor : 321, 323, 326, 331-333, 341-342, 345, 349
Mandat-Grancey, Antoine Jean, marquis de : 343, 347, 349-350
Manuel, Louis Pierre : 359, 363, 418
Marat Jean-Paul : 282, 289
Marie de Médicis, reine de France : 156
Marie Zéphyrine de France : 443
Marie-Antoinette, archiduchesse d'Autriche, reine de France : 22, 37, 41, 43-44, 47-53, 57, 60-61, 69-71, 78-79, 82, 84, 87, 90, 93, 98-100, 103, 105, 107-108, 111-112, 117, 122, 126, 129-135, 142-146, 151, 160, 167, 172, 174, 176, 184, 188, 194-195, 199, 201-209, 214, 216-217, 222, 228, 235, 239, 243, 259, 274, 279, 289, 291-292, 298-300, 302-304, 310-311, 313, 318, 320-322, 324-325, 330, 332, 337, 339, 343, 350-351, 359, 366-367, 369, 376, 381, 387-388, 390-394, 396-400, 402-403, 407, 410-411, 420-423, 441, 444, 450, 454
Marie-Caroline, archiduchesse d'Autriche, reine de Naples : 265, 450, 457
Marie-Josèphe de Saxe, Dauphine : 11-20, 27, 443, 447
Marie-Thérèse Charlotte de France, Madame Royale : 69, 79, 87, 99, 104, 174, 205, 207, 209, 219, 234, 243, 292, 297, 302, 313-314, 351, 359, 376-377, 379, 381, 388, 390-391, 397, 400, 403-407, 409, 411, 415-417, 419, 431, 451, 454, 461, 464
Marie-Thérèse d'Espagne, Dauphine : 13
Marie-Thérèse, impératrice d'Autriche : 51-52, 130-131
Marsan, Charles de Lorraine, comte de : 20
Marsan, Geneviève de Rohan Soubise, comtesse de, gouvernante des Enfants de France : 19-25, 27, 29, 34, 43, 45-47, 56, 64, 113, 142-143
Martineau, M. de : 62
Mauduit, M. : 67
Mauléon, chanoinesse de, *voir* Marie de Causans
Mellefort, Mme de : 62
Menou, marquise de : 117
Mercy d'Argenteau, Florimond Claude, comte de : 460
Mesnard de Chouzy, M. de : 62
Michonis, Jean-Baptiste : 374, 397, 403, 405, 417
Miomandre, M. de : 204, 219
Mirabeau, Honoré de Riquetti, comte de : 177, 182, 192, 227, 240, 243, 245-246, 291, 345, 377, 455
Miromesnil, M. de : 132
Moëlle, François : 374, 395, 436
Monstiers-Mérinville, Charlotte Julie Hyacinthe de Labriffe d'Amilly, marquise de, « Démon » : 124, 251, 286, 449
Monstiers-Mérinville, marquis de : 251, 449
Monstiers-Mérinville, marquise douairière des : 124, 229
Montalbano, comte de : 322-323
Montégut, abbé de : 26-27, 62, 67
Montesquiou, abbé de : 323
Montmorency-Laval, Mgr de : 281
Montmorin Saint-Hérem, Antoine Hugues Calixte, lieutenant comte de : 368, 425, 432, 439, 455
Montmorin Saint-Hérem, Armand Marc, comte de : 179, 321, 323, 344-345, 349, 432, 452
Montmorin Saint-Hérem, Françoise Gabrielle Caneffe, comtesse de : 425, 432
Montpensier, Antoine de Bourbon Orléans, duc de : 464
Mouchy, maréchal de : 336

Mounier, Jean Joseph : 202
Moustier, François Melchior, marquis de : 294, 296, 300, 459

N

Nattier : 92
Navarre, Mme : 265, 290, 357, 359, 444
Necker Germaine, *voir* baronne de Staël
Necker, Jacques : 158, 175, 179, 182, 185, 201, 203, 228, 251, 341
Neuville, Mme de : 298-299, 314
Nicolaÿ, M. de : 454
Normandie, Louis Charles, duc de, *voir* Louis Charles, ou Louis XVII

O

Oberkirch, baronne d' : 446
Oliva, la d', *voir* Legay
Orléans, Antoine de Bourbon Orléans, duc de Montpensier : 464
Orléans, Charles de Bourbon Orléans, duc de Beaujolais : 464
Orléans, Louis Philippe de Bourbon Orléans, duc de Chartres puis d' : 40, 464
Orléans, Louise Adélaïde de Bourbon Penthièvre, duchesse d' : 464
Orléans, Philippe de Bourbon Orléans, duc d', dit Philippe Égalité : 40, 157, 173, 182, 198, 332, 394, 414, 441, 463-464
Osmond, Adèle de, *voir* comtesse de Boigne

P

Pache, Jean Nicolas : 406
Palloy, Pierre François : 361
Pancemont, abbé de : 260, 266
Parme, princesse de : 52
Paroy, comte de : 319-321, 343
Paul, tsarévitch, futur Paul Ier : 82, 94, 446
Penthièvre, duc de : 157, 370, 461
Pernot, Mme : 444
Pétion, Jérôme : 303-306, 308-311, 314-315, 331, 336, 342, 347, 349, 358, 361, 373
Philippe II Auguste, roi de France : 41
Philippe V, roi d'Espagne : 192

Pie VI, pape : 245, 267, 281
Piémont, prince de : 26, 31, 42
Pipelet, docteur : 396
Plutarque : 27, 137
Podenas, M. de : 62
Poirier de Saint-Brice, Mme : 357, 369, 444
Polastron, Louise, comtesse de : 151, 165, 187
Polignac, Diane, comtesse de, chanoinesse de Remiremont : 61-62, 66, 75, 78-79, 84, 97, 124, 187, 256, 373, 443, 445
Polignac, famille : 183, 187, 256
Polignac, Jules, comte puis duc de : 62, 66
Polignac, Yolande de Polastron, comtesse puis duchesse de, gouvernante des Enfants de France : 61, 64, 98, 104, 188, 199, 368, 453
Pommelles, M. des : 456
Pompadour, Jeanne Poisson, marquise de : 12, 15
Prat, Mme du : 444
Préfontaine, M. de : 459
Provence, Louis Stanislas Xavier, Monsieur frère du Roi, comte de : 14, 17, 26, 38, 40-41, 47, 54, 85, 93, 124, 127, 152, 184, 188, 197, 200, 205, 209, 214, 227-228, 256, 289, 291-292, 307, 315, 317, 319-320, 322-323, 388, 394, 452, 465
Provence, Marie-Josèphe de Savoie, comtesse de : 26, 31, 47, 85, 87, 126, 174, 197, 200, 203, 205, 209, 214, 289, 291-292, 315, 444
Proyart, abbé : 101
Prud'homme, Louis Marie : 372-374, 389

Q

Quesnoy, Mme du : 437
Quintin, duchesse de, dame de la comtesse d'Artois : 43

R

Radet Étienne : 298
« Rage », *voir* Raigecourt

Raigecourt, famille : 277
Raigecourt, Hélène de : 287, 321
Raigecourt, marquis de : 120-121, 229, 251, 342
Raigecourt, marquise de, *voir* Louise de Causans
Raigecourt, Stanislas de : 455
Raigecourt, Stanislas II de, dit Stani : 139, 179, 251
Rémi, évêque de Reims, saint : 40
Rétaux de Villette : 133-134, 143
Richard : 420
Richard, Mme : 421
Richer : 30
Rivarol, Antoine de : 198
Robert II, roi de France : 42
Robespierre, Maximilien de, l'Incorruptible : 410, 412-413, 418-419, 432, 441
Rocher : 365, 403, 420
Roederer, Pierre Louis : 348-351
Rohan, famille : 160
Rohan, Louis Édouard, cardinal prince de, archevêque de Strasbourg, grand aumônier : 130-135, 142-144, 159, 181, 463
Roland de la Platière, Jean-Marie : 377
Romeuf : 299
Rosières-Sorans, Delphine de, comtesse de Clermont-Tonnerre, puis marquise de Talaru : 62, 124
Rosières-Sorans, née de Maillé, d'abord marquise de Saint-Phal, puis de marquise de : 62, 64
Rosoy, M. du : 363
Rossel de Cercy, Marie Anne Catherine : 425
Rosset de Fleury, Élisabeth Jacqueline, marquise : 425
Rotin, Adélaïde : 369, 461
Roube, Mme de : 444
Rousseau Jean-Jacques : 27, 243, 432

S

Saint-Brice, *voir* Poirier de Saint-Brice
Sainte-Aldegonde, Mme de : 461
Saint-Gand, Mme de : 444
Saint-Pardoux, M. de : 336, 355
Saint-Priest, François Emmanuel de : 179, 200, 452
Saint-Rémy, Henri de Valois, comte de, bâtard d'Henri II : 133
Saint-Rémy, Jeanne de Valois, *voir* La Motte-Valois
Saisseval, Charlotte Hélène de Lastic, comtesse de : 125, 248, 449
Salamon, Louis Siffrein Joseph de Foncrose, Mgr de, internonce : 326, 330
Sambucy, abbé de : 435, 442
Sanson, Charles Henri : 434-435, 438-440
Santerre, Antoine Joseph : 272-273, 331, 342, 353, 363
Sauce, M. : 296
Sauce, Mme : 299
Sauce, Mme, belle-mère de la précédente : 297
Saxe, prince-abbé de : 13
Sémallé, Jean Pierre René de : 457
Sénèque : 27
Sénozan, Anne Nicole de Lamoignon, marquise de : 425, 436
Septeuil, M. de : 320
Sérent, Félicité de Montmorency-Luxembourg, marquise de : 62, 77, 286, 369, 375-376, 399, 404
Sérilly, Anne Marie Louise de Dommangeville, marquise Mégret de : 425, 431-432
Sérilly, Antoine Jean François Mégret, marquis de : 425
Sèze, Romain Raymond de : 383, 385, 424, 463
Simon, Antoine : 398-399, 407, 410, 412, 415
Simon, Marie-Jeanne : 399, 409
Soldini, Jacques Antoine, abbé : 27
Sophie Béatrice Hélène de France, fille de Louis XVI, la petite Madame Sophie : 92-93, 95, 100, 152, 157, 161, 392, 413, 454
Sophie de France, Madame Sophie, fille de Louis XV : 33, 432
Staël, baron de, ambassadeur de Suède : 217
Staël, Germaine Necker, baronne de : 217, 341
Suleau, François Louis : 351-352, 453

T

Talleyrand-Périgord, Louis Maurice, prince de, évêque d'Autun : 182
Tantes, Mesdames : 266, 268, 270, 275, 279
Tarente, Henriette de Châtillon, dame de La Trémoille, princesse de : 369
Target : 463
Tergat, Mme : 444
Thibaut, Mme : 357, 369
Thierry de Ville-d'Avray : 204, 206, 368
Tilly, Mlle de, *voir* des Essarts : 125
Tison Pierrette : 382, 394-397, 407
Tison, Mme : 366, 382, 394-397, 407, 462
Tison, Pierre Joseph : 361, 382, 391, 394-395, 397, 399, 407, 462
Toulan, François Adrien : 374-375, 382, 390-395, 399, 404, 408, 414, 462
Tourzel, famille : 353
Tourzel, Louise de Croÿ, marquise de : 188, 205, 209-210, 217, 290, 292, 297-298, 314, 351, 357, 359, 364, 369
Tourzel, marquis de : 157, 188, 357
Tourzel, Pauline de : 209, 351, 357, 359, 369, 461
Travanet, famille : 120
Travanet, Henri, marquis de : 72, 78, 86
Travanet, Mlle de Bombelles, marquise de : 72, 85-86, 151, 166, 168-169
Tronchet, François Denis : 383, 424
Truet : 306-307
Turgot, contrôleur des finances : 39
Turgy, François : 374-375, 377, 391, 398, 404-405, 413, 462, 464
Tussaud, M. : 449
Tussaud, Marie Grossholtz, Mme : 125

V

Vallet : 293
Valois, Henri de, comte de Saint-Rémy : 133
Valory, François Florent, comte de : 295-296, 300
Varicourt, M. de : 204, 211
Vaudreuil, comte de : 193, 254, 264, 274, 277, 285, 321, 412, 437, 454
Vergennes, Charles Gravier, comte de : 44, 77, 79, 87, 156-157, 449
Vergniaud, Pierre : 354
Vermond, abbé de : 99
Victoire de France, Madame Victoire, fille de Louis XV : 33, 74, 92, 125, 162, 265-266
Viet : 293
Vigée-Lebrun, Élisabeth Louise : 83, 445
Viguerie, Jean de : 449, 456
Villedeuil, M. de : 179
Villequier, duc de : 256
Vincens, chanoinesse de, *voir* Louise de Causans
Vincent : 395, 462
Virieu, François Henri, comte de : 321-324, 456
Vitrac, abbé de : 101
Voltaire : 243, 432

W

Walpole, Horace : 443
Weber : 202, 210, 352
Westermann, François Joseph : 465
Wurtemberg, Dorothée de : 82

Z

Zelada, cardinal : 460

Achevé d'imprimer en août 2013
par CPI Firmin Didot -Le Mesnil-sur-l'Estrée
Dépôt légal : mars 2013
ISBN : 979-10-210-0085-8
N° d'édition 3581 - N° d'impression : 119426
Imprimé en France